国家社科基金项目（批准号：09BZJ018）

西北民俗文化研究丛书　赵宗福　主编

青海民间信仰

——以多民族文化为视角

鄂崇荣　著

中国社会科学出版社

图书在版编目(CIP)数据

青海民间信仰：以多民族文化为视角/鄂崇荣著.—北京：中国
社会科学出版社，2016.3
（西北民俗文化研究丛书）
ISBN 978 - 7 - 5161 - 7605 - 4

Ⅰ.①青…　Ⅱ.①鄂…　Ⅲ.①信仰—民间文化—研究—青海省
Ⅳ.①B933

中国版本图书馆 CIP 数据核字（2016）第 025355 号

出 版 人　赵剑英
选题策划　刘　艳
责任编辑　刘　艳
责任校对　陈　晨
责任印制　戴　宽

出　　版　中国社会科学出版社
社　　址　北京鼓楼西大街甲 158 号
邮　　编　100720
网　　址　http://www.csspw.cn
发 行 部　010 - 84083685
门 市 部　010 - 84029450
经　　销　新华书店及其他书店

印刷装订　三河市君旺印务有限公司
版　　次　2016 年 3 月第 1 版
印　　次　2016 年 3 月第 1 次印刷

开　　本　710×1000　1/16
印　　张　17.75
插　　页　2
字　　数　309 千字
定　　价　68.00 元

总　序

赵宗福

2011 年秋天，在印第安纳举行的美国民俗学会年会和在潍坊举行的中国民俗学会年会上，我提出了推进"地方民俗学"的学术设想，意在实实在在地发展繁荣区域民俗文化学事业。

中国民俗文化不仅源远流长，而且由于地域辽阔，民族众多，文化样式繁多，民俗文化更是丰富多彩，多元一体是中国民俗文化的一大特色。正因为此，钟敬文先生在 20 世纪 90 年代就总结出了中国民俗学的独特性格是"多民族的一国民俗学"①。即使是分布区域很广，人数近十亿的汉族，也由于极为广泛的分布与地方化，其民俗文化也具有极强的地方性。所以各地民俗文化的地方性特点极其明显，不可一概而论，或者说一言以蔽之，需要更有针对性地对具体对象进行研究。这就需要有地方民俗学的存在。我理解的"多民族的一国民俗学"就是我国诸多地方民俗学的整体概括。

由于各地的民俗学研究队伍状况和学术兴趣点不同，逐渐就形成了富有地域性的学术个性和研究倾向，形成了不同风格的地方民俗学。特别是已经成立了地方民俗学学会和有高校民俗学学科点的地区，往往在学会或学科点的主导下，基本上有自己的学术侧重点和表述风格，成果也相对集中在某些方面。如青海民俗学界的成果往往集中在 6 个世居民族的民俗文化和在青海具有代表性的民俗文化上，古老的昆仑神话、多民族民歌花儿与花儿会、土族狂欢节纳顿、藏族史诗格萨尔、热贡文化、各民族婚礼以及歌舞风情等等，是当地学者特别关注的研究对象。这也说明事实上具有地域特色的"地方民俗学"是客观上已经存在的。

---

① 钟敬文：《建立中国民俗学派》，黑龙江教育出版社 1999 年版，第 29 页。

但是，不论地方民俗学如何发展与繁荣，都不可能与全国民俗学界绝缘，孤立地闭关而自得其乐。而是作为中国民俗学的有机组成部分，自愿地聚集在中国民俗学的大旗之下，至少与国内同行频繁交流，相互切磋，共同进步。同时，不同风格、多彩多姿的地方民俗学，也有力地支撑了中国民俗学这座学科大厦，丰富了中国民俗学的学术内涵，其地位贡献是不可忽视的。

正是以上这种局面，才形成了真正意义上的中国民俗学学科建设与学科繁荣。这里借用日本学者佐野贤治教授的一句话："21 世纪的民俗学应当在乡土、国家、世界三者的关联中推进自己的学科研究。"① 我暂且把他说的"乡土"理解为地方民俗学。就是说中国民俗学的繁荣发展离不开地方层面的民俗学研究和民俗文化土壤，同时也离不开国家层面如中国民俗学会及其相关学科点的整体发展规划、组织协调和引领指导，以及世界前沿的学术眼光和理论方法创新。

事实上三者之间是相互交叉甚至融汇的，因为民俗文化资源是大家共享的，同时地方的民俗文化所面临的问题和价值基本上也是全国性的甚至是国际性的。所以对某一地方的民俗文化研究不仅仅是本地区的学者，往往有外地（特别是北京）甚至国外的学者来直接研究，其成果既是全国性的，也是地方性的。比如青海的花儿、格萨尔、黄南六月会、土族纳顿会等，国内外的学者都在研究，而且与地方学者相互借鉴，甚至相互合作，共同建构起了青海民俗文化研究的事业。

民俗文化是我们的父老祖辈们在生产生活中创造的最具有历史底蕴和生活气息的文化。她既是历史的，也是现实的，还是未来的；既是传统的，也是现代的，更是我们的文化 DNA。自从我们降临到这个世界上，就被自己所处的民俗文化所熏染、所教化、所塑造，最终把我们社会化成了一个民族文化的享用者、传承者和创造者。而我们作为民俗文化工作者，不仅仅是一个个民俗生活者和文化传承者，还是一个个民俗文化的田野者、探索者、诠释者，我们肩负着重要的历史责任和学术使命。

地方民俗学者研究的对象虽然大多是地方的民俗文化，但其意义不凡。一是科学地挖掘地方民俗文化内涵，弘扬地方优秀传统文化，为保护

---

① 佐野贤治、何彬：《地域社会与民俗学——"乡土研究"与综合性学习的接点》，《民间文化论坛》2005 年第 4 期。

发展民族文化传统尽到一个地方学者的责任；二是通过民俗学的学术资源，参与和支持地方文化建设，发挥民俗文化在构建和谐社会与促进文明进步方面无可替代的作用；三是通过民俗研究与学科建设业绩，推助中国民俗学科的发展和国家学术事业的繁荣。这就是作为一个地方民俗学者对民俗文化应有的情感认知和责任担当。

作为地方民俗学者要真正实现以上的目标，首先必须要遵循学术规范，追求学术品质。唯其如此，方有可能以优异的业绩来实现学术愿望，否则就只能是理想上的巨人，成果上的矮子。

学术品质基于学术规范，而学术规范对学术来说就是道德品格，学术与非学术的最大区别在于是否遵循学术规范。就跟一个人一样，对社会对他人没有诚信，没有感恩之情，没有敬畏之心，没有正确的耻辱感和是非观，这个人就不可能是一个有道德的人，他所做的事情也就不可能真正有益于社会，他也不可能得到绝大多数人的认同。所以，人品是一个有道德的人的基本保证，而学术规范就是学术品质的基本保证。我们的民俗文化研究必须要自觉遵守学术规范，不断提升学术品质。

这些年来，由于整个社会大环境的影响，学术浮躁之风盛行，一些人把天下利器当成了"不食人间烟火"的玄学游戏，从概念到概念，不切实际，洋洋数十万言，管用的没几句；有的人把学问当成了坑蒙拐骗的黑市场，复制加粘贴，抄袭加改编，洋洋万言不见一个文献出处，不见自己一点个人见解，人云亦云，甚或以讹传讹，严重影响了社会科学应有的学术严肃性和文化软实力。这种现象自然也不免污染到了民俗学界，"民俗主义"乃至伪学术甚至部分地占据了神圣的学术殿堂。这是值得警惕防范的。我们主张在民俗文化研究中要"仰望星空，脚踏实地"，提倡经世致用的学术价值取向和扎实严谨的学风文风，坚决反对学术不端，严格遵守学术伦理。我相信学问无愧我心，公道自在人心。

在我们的民俗文化研究中，不仅要自觉遵守学术规范，还要大力鼓励学术创新精神。文化的发展繁荣要靠创意，科学的发展繁荣要靠理论观点方法的创新。创新是人文科学的使命和责任，人力、物力、财力的投入必须要有理论观点上的新收获，没有创新的科研过程实际上就是一种资源的全方位浪费，甚至是一种犯罪。所以我们的地方民俗学者必须要始终不渝地追求学术创新，以创新的高质量的成果来为民俗学学科建设和文化强国建设增光添彩。具体地说，就是要坚持立足地方民俗文化的实际，放眼国内国际的学术语境，以地方民俗文化研究为内核，运用学科前沿的理论方法，推出一批代表地方学术水平乃至在全国具有一定影响，能够经得起实践和历史检验的民俗文化调查研究的优秀成果，让我们的民俗文化研究走出地区，走向全国，在国内外学术平台有一席之地，从而体现出地方民俗学者应有的价值。

青海民俗学会推出这套《西北民俗文化研究丛书》，就是以严谨的学术态度，在学术规范和学术品质上下功夫，试图从较高学术层次来展示青海地方民俗学的业绩，同时也从地方民俗学层面来为中国民俗学学术事业添砖加瓦，共同推进"多民族的一国民俗学"建设。

青海是中华民族文明的发祥地之一，是中华民族文化的交融地之一，是中华民族精神的展现地之一。而以昆仑文化为主体的多元一体民族民俗文化就是这三个"之一"的鲜活表征。从古老的昆仑神话到丰富多彩的各类非物质文化遗产，都给世人留下了神圣、神奇、神秘而令人神往的大美青海印象，同时也彰显出了极为丰厚的文化内涵和十分鲜明的文化特色。因此历来得到学人们的关注和重视，至少在唐宋以来的大量古籍文献中就有对青海民俗事象的诸多记载，而在 20 世纪前叶，出现了像杨希尧的《青海风土记》、逯萌竹的《青海花儿新论》、李得贤的《少年漫谈》等民俗志记录和评论文章。新中国成立后，民族民俗文化得到了空前的重视，英雄史诗《格萨尔王传》、青海花儿、藏族拉伊、各民族民间叙事诗、民间故事、民间歌谣以及其他民俗文化的搜集整理出版卓有成效，至今惠及学界。特别是改革开放的 30 多年里，不仅整理出版了"民族民间文化十套集成"等大型资料丛书，而且高层次高质量的学术研究成果也不断涌现，呈现出了前所未有的繁荣局面。尤其是近年来，青海民俗学者先后推出了《青海花儿大典》、《昆仑神话》、《土族民间信仰解读》以及《青海省非物质文化遗产丛书》等一批富有特色的成果；还连续举办了"昆仑文化与西王母神话国际学术论坛"、"昆仑神话与世界创世神话国际学术论坛"、"昆仑神话的现实精神与探险之路国际学术论坛"、"格萨尔与世界史诗国际学术论坛"、"土文化国际学术研讨会"等高端学术会议。而青海民族大学民族学学科点、青海师范大学民俗学学科点的建设，为青海民俗文化研究队伍的学历层次提升、学术成果的规范起了重要的作用。

特别是我们多年来对昆仑神话和昆仑文化的研究与论证，得到了青海省委省政府的认可和采纳。2011 年 11 月召开的全省文化改革发展大会上，把青海文化定位为"以昆仑文化为主体的多元一体文化"，正式开启了建设青海文化名省的新征程。这既是对青海民俗学界研究成果的认同，同时也为青海民俗文化的研究带来了历史性的发展机遇。

于是，青海省民俗学会在 2012 年 5 月应运而正式成立。中国民俗学会、美国民俗学会、日本民俗学会、中国社会科学杂志社、台湾"中国民俗学会"、"中华民俗文化研究会"、中国少数民族文学学会、中国艺术人类学会等国内外 50 多家学术单位以贺信贺函方式进行了支持。学会的成立，为青海民俗文化研究从零散无依、各自为阵形成学术合力、走向集约化发展奠定了良好的学术环境和组织基础。

青海省民俗学会是目前青海省各学会中学历层次和学术阵容最强大的学会，目前有会员 100 多人，其中拥有民俗学或相近专业的硕士博士学位者近 80 人。理事会 27 人中，博士 8 人，硕士 16 人。在地方学会队伍中，这无疑是一支专业素养很高、学术研究潜力很大的难得的精良部队。如何调动全体成员的积极性，真正形成具有团队精神的地方民俗学术力量，充分展现他们民俗文化研究的优势，发挥为地方文化建设服务的功能，为中国民俗学学科建设和中国的学术大厦实实在在地尽一份力量，这是我重点思考的问题。

青海的民俗文化是青海乃至国家的重要文化资源，是青海文化软实力的组成部分，发展文化产业离不开民俗文化，"非遗"保护离不开民俗文化，建设文化名省离不开民俗文化，建设新青海也离不开民俗文化。青海民俗文化的研究任重而道远，民俗学会当然要顺应时代，乘势而上，发挥自己的学科优势和学术优势，在文化名省建设中积极进取，做出应有的贡献。

在我看来，青海民俗学会作为本土的地方民俗学会，首先立足于青海的民俗文化实际，以青海民俗文化为研究对象，以田野作业为基本功，深入基层调查研究，推出为地方文化建设服务的调查研究力作，这是毋庸置疑的。但是，立足于青海不等于学术视野局限于青海地域，而是要把青海民俗文化放置在全国乃至全世界的民俗学学术视野中。惟其如此，才能做出具有国内国际水准的学术成果来，也才能真正建设好具有青海特色的地方民俗学，在学坛上才能赢得话语份额。事实证明，没有自己的学术话语，就没有相应的学术竞争能力和文化输出能力，就不可能成为一个有实力的学科或学术团体。所以，必须立足青海民俗文化实际，面向国内外民俗学领域，追踪本学科前沿，了解相关学科及整个学术界的发展动态，兼容并蓄，提升品质，努力形成具有青海特色的理论表述风格和学术研究实绩，不断增强学术软实力，不断赢得学术话语权，真正树立起青海地方民俗学者的形象，树立起以昆仑文化为主体的多元一体民俗文化形象。

正是出于这样的思考，自学会成立之日起，我就把学会的奋斗目标定为立足青海，放眼国内国际学术语境，努力推进具有青海特色的地方民俗文化研究。也就是在采用民俗文化学及其相关学科的普遍性学术理论方法的同时，坚持青海民俗文化研究的本土化与民族化，致力于青海特色、民族特色、时代特色的民俗文化研究，以独到而不俗的学术业绩来形成具有青海特色的地方民俗学。这样的定位也得到了同仁们一致的认同。

按照学会"开展学术活动，追求卓越品质"的原则，学会对学术发展做出了具体安排。一是以不同形式不同规模开展民俗文化田野工作，摸清青海民俗文化家底，重点研究具有代表性的民俗文化事象；二是每年至少召开一次年会，选择某一主题进行民俗文化研讨，力求推出一批新成果；三是积极参与青海省各级各类学术活动，多方位地为地方文化建设服务；四是积极策划主办或者协办全国性乃至国际性的学术会议，借以提升学术层次和学会影响力；五是积极与其他学会合作开展民俗文化调查和学术研究。同时提出集中力量办几件学术实事。其中之一就是在会员成果中精心遴选组织，争取由国家级出版社出版"民俗文化研究丛书"。这套丛书就是根据这一思路，从会员中的国家社科基金项目结项课题、优秀的硕博论文和个别确有前期研究基础的自选项目中筛选，然后统一规划，统一目标，并根据出版社和编辑的要求进行修改完善，再统一推荐出版。我们的目标是做成一套具有较高品质和学术含量的纯学术丛书，计划出版20本左右。

需要说明的是，这并非是简单的把大家的成果集中出版。这些年来，我们以学会筹备组和青海师范大学民俗学学科点、青海省社会科学院为核心，每年积极组织省内民俗学者高标准地策划申报国家社科基金项目，从选题确定到申报文本写定，从获批立项到开题论证，做了大量艰苦细致的工作。比如在2012年青海民俗学者获批国家基金项目10余项，几乎无一例外地是通过我们的"民间"形式组织学者反复开会论证申报文本的，一遍遍地修改完善，个别文本甚至经过了三到五次论证才完成，最后以学者所属各单位的"官方"程序上报获批。这就是有同仁开玩笑的"辛苦归我们，荣誉归别人。"作为民间团体的工作，不仅仅是开会的费用，还有到处找会议场所、邀请专家学者、牺牲大家的休息时间、一次次地修改和打印文本，其中的酸甜苦辣，只有当事者才能体会到。当然天道酬勤酬善，多年来我们帮助策划论证后申报的民俗文化方面的项目也几乎是"无一漏网"地被获批立项。几年来的会员课题研究中，我们也是多次以不同形式参与讨论，甚至相互合作，共同完成。而一些优秀硕博论文，也基本都是在学会学术骨干的指导或协助下完成的。因此，可以问心无愧地说，我们组织出版这套丛书，在一定意义上是青海民俗学会（前期为筹备组）多年来学术成果的一次集中展示，也是我们从一个侧面对"多民族的一国民俗学"做出的一点微薄贡献。

丛书的策划在青海民俗学会成立之前就已经开始，我在 2011 年 5 月应中国社会科学出版社领导的邀请赴该社座谈中，就提出了出版青海民俗文化研究丛书的设想，得到社长总编们的赞同，回青海后与同仁们开始商量具体的丛书规划。之后在曹宏举副社长的关心下，我与编辑刘艳女士多次沟通协商，同时各位同仁按规划进行撰写或修改。2012 年 5 月，我拜访了赵剑英社长和曹宏举副总编，正式汇报丛书立意和学术标准以及进展情况，两位领导听后大加鼓励，于是进入了正式实施阶段。在编辑出版过程中，刘艳女士认真负责，一丝不苟，专业素养和敬业精神令人钦佩；宏举副总编多次过问，具体指导，关心支持学术事业和西部文化的情怀也让我感动。所以我当然无法脱俗地要真诚感谢中国社会科学出版社的领导和刘艳女士，同时也感谢多年来与我兄弟姐妹般亲密合作的青海民俗学界同仁和本丛书的各位作者。

2012 年 9 月 20 日于西宁上滨河路 1 号

目　录

绪　　论

"宗教既是一种历史现象，也是一种社会文化生活（常态的或形成某种运动），其核心是对超人间、超自然力量的信仰。人们在宗教生活中会产生不同强度和诸多形式的心理体验，会在个人或群体的层面上表现出不同程式的崇拜行为。宗教生活不仅具有不同的行为规范和组织制度，而且会形成包括神话、神学和一系列象征在内的累积的传统。人们在宗教生活中把握生活（生命）的意义价值，获得身心的转变，并由此引发（或期求）社会的或文化的转变。"[1] 民间信仰在中国汉族和少数民族地区有着深厚的历史文化积淀，尤其在农村牧区中，已经与社区或区域精神文化和生产生活融合在一起，对民众的文化心理、思想观念、生活方式等有着深刻的影响。原始信仰的延续、多宗教多民族文化是民间信仰生长发展的温床，民间信仰与多区域性社会和多民族社区的族群关系、历史记忆、社区控制、文化整合和生产生活实践有着深层次联系。

一　民间信仰的内涵及概念界定

在学界，许多民俗学、宗教学、人类学学者各自从本学科视角出发对民间信仰进行了不同的定义。[2] 如民俗学界泰斗钟敬文先生将"民间信

---

[1]　金泽：《民间信仰：推动宗教学理论研究》，载金泽、邱永辉《中国宗教报告（2008）》，社会科学文献出版社 2008 年版，第 192—193 页。

[2]　关于"民间信仰"这一学术用语，一些学者认为最早可能由日本输入。日本学者姊崎正治认为民间信仰是"一种区别于正统宗教组织的信仰习惯，包含'原始宗教的残存'和'自生性的信仰'，包括祈祷、卜筮、禁厌、守符、忌事、俗说等方面"。（参见陶思炎、铃木岩弓《论民间信仰的研究体系》，《世界宗教研究》1999 年第 1 期。）日本平凡社出版的《大百科事典》将民间信仰定义为："民间信仰是指没有教义、教团组织的，属于地方社会共同体的庶民信仰；它也被称为民俗宗教、民间宗教、民众宗教或传承信仰（世世代代流传下来的信仰）。"（《大百科事典》第 14 册，东京平凡社 1985 年版，第 558 页。转引自朱海滨《民间信仰——中国最重要的宗教传统》，《江汉论坛》2009 年第 3 期。）

仰"定义为："是在长期的历史发展过程中，在民众中自发产生的一套神灵崇拜观念，行为习惯和相应的仪式制度。"① 著名宗教人类学学者金泽先生提出"民间信仰属于原生性宗教，而不属于创生性"②，民俗与宗教可作为民间信仰的两种属性。③ 董晓萍女士提出民间信仰是"人们按照超自然存在的观念及惯制、仪式行事的群体文化形态"，核心是"超自然观"④。曾传辉先生则认为："民间信仰是中国广大民众在本民族原始宗教崇拜的基础上，不断自发地汲取其他信仰形态的成分而积淀演化形成的一套神灵崇拜观念、行为习惯及相应的仪式制度和组织方式。"⑤ 台湾学者郑志明先生则将民间信仰称为"中国传统宗教"，认为它是"传统社会保有民众集体生活记忆与传承的信仰体系"，"是民众现实生活下精神文化的智慧结晶"⑥。一些文化人类学者则将民间信仰定义为"民间宗教"（Popular Religion）⑦、民俗宗教（Folk Religion）。⑧

此外，《中国民间信仰风俗辞典》中对民间信仰的定义为："民间信仰是民间存在的对某种精神体、某种宗教的信奉和尊重。它包括原始宗教在民间的传承、人为宗教在民间的渗透、民间普遍的俗信以及一般的迷信。它有自发性、功利性、神秘性、民族性、区域性、散漫性等特征，与人为宗教相互渗透，相互影响，呈现出复杂的情况。"⑨ 乌丙安、赵匡为等先生界定民间信仰时，还注意到民间信仰的自身特点，指出其与制度性

---

① 钟敬文主编：《民俗学概论》，上海文艺出版社1998年版，第187页。

② 金泽：《民间信仰的聚散现象初探》，《西北民族研究》2002年第2期。

③ 参见金泽《民间信仰：推动宗教学理论研究》，载金泽、邱永辉主编《中国宗教报告（2008）》，社会科学文献出版社2008年版，第197页。

④ 董晓萍：《民间信仰与巫术论纲》，《民俗研究》1995年第2期。

⑤ 曾传辉：《中国的民间信仰是不是宗教?》，《中国社会科学报》2009年9月3日第7版。

⑥ 郑志明：《传统宗教的文化诠释——天地人鬼神五位一体》（自序），台北文津出版社2009年版，第1页。

⑦ 文化人类学者所指的"民间宗教"与"民间信仰"概念相同，国内宗教学界如马西沙、韩秉方等学者所指的"民间宗教"（《中国民间宗教史》，上海人民出版社1992年版）是指在历史上具有经卷，但不受官方承认的秘密教派，如白莲教、罗教等。

⑧ 并认为民间信仰包括三大体系即信仰（神、祖先和鬼）、仪式（家祭、庙祭、墓祭、公共节庆、人生礼仪、占验术）和象征（神系的象征、地理情景的象征、文字象征、自然物象征），具有草根性（非文本性）。参见王铭铭《中国民间宗教：国外人类学研究综述》，《世界宗教研究》1996年第2期。

⑨ 参见王景琳、徐甸《中国民间信仰风俗辞典》，中国文联出版公司1997年版，第10—12页。

宗教的不同之处。如赵匡为先生认为民间信仰具有以下主要特征：一是与传统宗教同起着互相补充和发展的互动关系；二是直接反映了群众在现实生活中的物质愿望和精神追求；三是带有较鲜明的功利主义；四是佛道不分和亦佛亦道。① 乌丙安先生认为民间信仰与制度宗教的区别在于：没有固定的信仰组织；没有一定的至高信仰对象；没有支配信仰的权威；没有形成任何信仰宗派；没有其信仰的完整体系；没有可遵守的一定的规约；没有专司神职的职业人员；没有进行信仰活动的固定场所；没有特定的法衣、法器和仪仗；民间信仰者没有自觉的信仰意识，从来都是自发的或盲目的。② 戴康生、彭耀先生认为："民间信仰成为庶民百姓中普遍的含有宗教性的信仰和崇拜活动，它更多地保留了氏族宗教的影响，具有低层次、功利性、宗教信仰与迷信相糅杂等特征。"③ 王守恩先生认为民间信仰是"民间文化的灵魂、民众意识的核心"，"其社会影响和作用超过了任何一种思想学说及宗教"④。

根据前人学者和笔者田野观察思考，笔者认为民间信仰包括四个层面，即信仰内容和对象（神灵、鬼怪、祖先、自然及对风水、天命、运程等神秘力量的信仰）、信仰实践与仪式（人生礼仪、祭祀、堪舆占卜、积德改运、通神等）、信仰象征（庙宇、神像、自然物、设施等）、信仰组织（仪式组织者）。民间信仰具有如下特征，民间信仰核心是神圣性，根底是原始信仰，在历史演变过程中不断选择、吸收其他宗教文化元素，废弃和调整了部分原有信仰文化因子。民间信仰具有朴素的信仰原则和观念，简朴的信仰体验，临时性或兼职性的神职人员，周期性的仪式，松散性或临时性的组织，简约或流动的活动场所和崇拜对象，非文本化的民间制度或规约。民间信仰与制度性宗教相对，主要内容与个体、家庭或社区（村落）的人生礼仪、节日庆典、巫术祭祀、求卜预测等息息相关。民间信仰是草根文化的重要组成部分，但其与精英文化并非封闭或对立，而是呈现动态性的互补态势。精英文化常常从民间汲取养料，用以维护国家与地方秩序，民间信仰常从国家仪式或精英文化中借用可利用的各种元素。

---

① 参见赵匡为《新世纪中国民间信仰问题》，《中国社会科学院院报》2004年4月8日，第3版。

② 参见乌丙安《中国民俗学》，辽宁大学出版社2002年版，第271—274页。

③ 戴康生、彭耀主编：《宗教社会学》，社会科学文献出版社2000年版，第220页。

④ 王守恩：《民间信仰研究的价值、成就与未来趋势》，《山西大学学报》2008年第5期。

二　国内外民间信仰研究现状

1. 内地民间信仰研究概述①

近代以来，许多改革志士认为迷信是国弱人愚的根源，把民间信仰作为"迷信"加以批判。② 五四运动后，对"迷信"的研究兴盛一时，出现了一批如陈大齐的《迷信与心理》③（1920），颂久、愈之、乔峰、幼雄的《迷信与科学》④，江绍原的《发须爪——关于它们的迷信》⑤，费鸿年的《迷信》⑥ 等较有影响的论著。⑦ 这一时期，钟敬文先生用"民众信仰"指称民间信仰，何思敬先生先后用"民间宗教"、"俗信与迷信"等定义，杨志成使用"民间信仰"概念。⑧ 1925 年 4 月 30 日，顾颉刚、容庚、容肇祖等学者对妙峰山香会进行考察后在《京报》副刊陆续刊出的 6 个《妙峰山进香专号》，成为以民俗学视角进行民间信仰研究的标志，学术影响重大。

1925 年至 1930 年，毛泽东运用马克思主义阶级分析视角通过实地调

---

① 关于涉及内地民间信仰研究的主要综述性成果有：王雷泉等主编的《二十世纪中国社会科学·宗教学卷》，上海人民出版社 2005 年 9 月版；王健：《近年来民间信仰问题研究的回顾与思考：社会史角度的考察》，《史学月刊》2005 年第 1 期；齐涛主编，郑土有：《中国民俗通志·信仰志》，山东教育出版社 2005 年版；吴真：《民间信仰研究三十年》，《民俗研究》2008 年第 4期；王守恩：《民间信仰研究的价值、成就与未来趋势》，《山西大学学报》2008 年第 5 期；陈进国：《传统复兴与信仰自觉——中国民间信仰的新世纪观察》，载金泽、邱永辉主编的《中国宗教报告（2010）》，社会科学文献出版社 2010 年版。路遥等：《中国民间信仰研究述评》（民间信仰与中国社会研究系列/路遥主编），上海人民出版社 2012 年版，第 41—63 页。

② 如 1904 年 9 月 11 日，卓呆在《续无鬼论演义》一文中将民间信仰划分为六类，认为"迷信"（民间信仰）导致种灭国亡。1905 年 5 月 28 日《东方杂志》中的《论革除鬼神迷信之法》一文认为国家积贫积弱的根源是"下流社会之迷信"。

③ 陈大齐：《迷信与心理》，北京大学出版部 1922 年版。

④ 颂久、愈之、乔峰、幼雄：《迷信与科学》（东方文库），商务印书馆 1923 年版。

⑤ 江绍原：《发须爪——关于它们的迷信》，开明书店 1928 年版。

⑥ 费鸿年：《迷信》，中华书局 1933 年版。

⑦ 此外，这一时期重要的著作有：容肇祖的《迷信与传说》（中山大学出版社 1929 年版）、李家瑞的《北平风俗类征》（商务印书馆 1937 年版）。容肇祖、钟敬文、杨成志等人先后分别主编《民俗周刊》《民俗》《民俗学集镌》《民间月刊》等刊物，先后发表顾颉刚的《泉州的土地神》、容肇祖的《二郎神》、邓尔雅的《石敢当》、李安宅的《巫术问题的解析》、陈梦家的《祖庙与神主之起源》、孙作云的《中国古代的灵石崇拜》等研究民间信仰的上乘之作。

⑧ 参见王雷泉等主编的《二十世纪中国社会科学·宗教学卷》，上海人民出版社 2005 年版，第 345 页。

查写出了《湖南农民运动考察报告》①《寻乌调查》② 等调查报告，对祖田庙产，与神坛、社坛等相关的神会进行分析，认为有一种自然的秩序。并认为"族权"与"神权"是束缚中国农民的两大绳索，而这两大绳索与中国传统民间信仰中的祖先和神灵崇拜密切相关。1936 年，费孝通用文化人类学视角对开弦弓村祭拜张大帝、刘皇等民间信仰神灵的相关禁忌和习俗进行了考察和探讨。③ 李景汉、许烺光通过深入调查，撰写出《定县社会概况调查》④《祖荫下》⑤ 等一系列具有学科规范的著作。这些著作在描述中国地方社会与文化变迁时不同程度地涉及了风水、神祇、宗祠等民间信仰内容。

1937 年至 1949 年，虽然民间信仰研究深受战乱影响，但仍出现了一批研究民间信仰的圭臬之作。如《中国古代的灵石崇拜》（1937）、许地山的《扶箕迷信底研究》⑥（1941）、杨堃的《灶神考》（1944）、樊恭炬的《祀龙祈雨考》（1946）、梁钊韬的《中国古代巫师的种类》（1936）等。以上大多数文章在苑利主编的《二十世纪中国民俗学经典·信仰民俗卷》一书中被集中收录。⑦

中华人民共和国成立以后，由于片面仿照苏联学术体系，再加上政治上极"左"的思想路线和学术上的教条主义，民族学、人类学、社会学、民俗学等学科在大陆一度被否定，被取消长达 30 年。20 世纪 80 年代以后，随着政治气氛日益宽松，民间信仰在大陆乡村开始复兴，这引起了人类学、民俗学、历史学和宗教学等领域学者的关注，并展开了深入的田野调查和研究，出版了一系列著作。国内许多知名的民俗学家如钟敬文、乌丙安、陶立璠、张紫晨等先生在各自出版的《民俗学概论》等著作中对中国民间信仰都作了简明扼要的介绍和准确的定义。乌丙安、宋兆麟、金

①　毛泽东：《湖南农民运动考察报告》，《战士》1927 年第 30 期。

②　毛泽东：《寻乌调查》，载《毛泽东农村调查文集》，人民出版社 1982 年版，第 41—181页。

③　参见费孝通《江村经济——中国农民的生活》，戴可景译，商务印书馆 2002 年版，第149、150 页。

④　李景汉：《定县社会概况调查》，上海人民出版社 2005 年版。

⑤　许烺光：《祖荫下》，社会科学文献出版社 2005 年版。

⑥　许地山：《扶箕迷信底研究》，商务印书馆 1941 年版。

⑦　苑利主编：《二十世纪中国民俗学经典·信仰民俗卷》，社会科学文献出版社 2002 年版。

泽、赵国华、何星亮、宗力、王景琳等学者纷纷出版专著①，专题性探讨民间信仰总体概貌、禁忌文化、生殖崇拜、图腾崇拜和自然崇拜等。特别是乌丙安先生的《中国民间信仰》② 一书，首次系统梳理和归纳了中国各民族民间信仰，并对中国民间信仰的特征及其与宗教的差异性进行了分析和探讨。向柏松的《传统民间信仰与现代生活》③ 一书，对传统民间信仰在近现代社会的变迁，社会功能等内容进行了较为系统的研究。此外，史宗主编的《20 世纪西方宗教人类学文选》④，何星亮翻译的《图腾崇拜》⑤，金泽独译或合译的《宗教的起源与发展》⑥《宗教人类学导论》⑦，金泽著的《宗教人类学导论》⑧《宗教人类学学说史纲要》⑨ 等一系列宗教人类学译著或著作，为许多大陆学者研究民间信仰提供了新的研究视角和理论方法。特别是金泽的《民间信仰的聚散现象初探》⑩ 一文提出中国民间信仰的"聚散"特征，并就两者之间互动形态进行了深刻解读和分析。

许多学者在与民间信仰相关的研究领域和方向如萨满文化、神灵信仰、庙会活动、原始信仰、巫术禁忌等方面形成了各自专长，取得了重大成绩。笔者在前人学者研究的基础上进行补充，暂时将民间信仰研究类型划分为 11 类：

1. 神灵系列，如郭松义、胡小伟、加央平措等人的关帝研究，邢莉和李利安的观音研究（1994、2003），高梧、看本加、刘霞的文昌信仰研究（2008），杨利慧的女娲研究（1997），李乔的行业神研究（1990），徐讯的财神研究（2012），赵宗福的西王母研究（1993、2005），叶春生和蒋明智等的龙母信仰研究（2003），苑利的龙王信仰研究（2002、2004）；

2. 庙会系列，如高有鹏对各地庙会的综述性研究（2000），赵世瑜对明清社会转型时期民间庙会的探讨（2001），刘铁梁、高丙中等（1997）

---

① 宋兆麟：《巫与民间信仰》，华侨出版公司 1990 年版；金泽：《中国民间信仰》，浙江教育出版社 1989 年版；宗力、刘群主编：《中国民间诸神》，河北人民出版社 1986 年版，等。

② 乌丙安：《中国民间信仰》，上海人民出版社 1995 年版。

③ 向柏松：《传统民间信仰与现代生活》，中国社会科学文献出版社 2011 年版。

④ 史宗主编，金泽等译：《20 世纪西方宗教人类学文选》，上海三联书店 1995 年版。

⑤ ［苏］海通：《图腾崇拜》，何星亮译，上海文艺出版社 1993 年版。

⑥ ［英］麦克斯·缪勒：《宗教的起源与发展》，金泽译，上海人民出版社 2010 年版。

⑦ ［英］鲍伊著：《宗教人类学导论》，金泽等译，中国人民大学出版社 2004 年版。

⑧ 金泽：《宗教人类学导论》，宗教文化出版社 2000 年版。

⑨ 金泽：《宗教人类学学说史纲要》，中国社会科学出版社 2009 年版。

⑩ 金泽：《民间信仰的聚散现象初探》，《西北民族研究》2002 年第 2 期。

对河北龙牌会的调查研究，叶涛（2009）对泰山香社的研究，刘锡诚（1996）、吴效群（2006）、樱井龙彦（2006）等中日民俗学者多年来对北京妙峰山庙会的调查；

3. "原始"信仰系列，如乌丙安（1989）、富育光（1991）、马学良（1993）、杨学政（1991、2004）、周锡银（1999）、孟慧英（2000）、色音（1992）、郭淑云（2001）、黄任远（2003）、王宏刚（2002）等对萨满教、苯教等原始宗教的调查研究，庹修明（1987）、萧兵（1992）、胡建国（1993）、林河（2001）、钱茀（2000）等人对傩文化的考察与研究；

4. 禁忌系列，如任骋（1991）、金泽（1998）、万建中（2001）等学者对禁忌进行了不同层面的深入研究；

5. 节日仪式，如萧放（2002）、高丙中（2004）对中国传统节日中的民间信仰因素进行了研究；

6. 巫术系列，如梁钊韬（1989）、宋兆麟（1990、2005）、胡新生（1998）、张紫晨（1990）、李零（1993、2001）、高国藩（1999）、詹鄞鑫（2001）等分别从考古学、民族学、历史学等角度对原始巫术、中国巫术史等进行深入的研究；

7. 巫蛊系列，邓启耀（1999）、黄世杰（2004）、陆群（2006）、于赓哲（2007）等分别重点对南方一些民族中存在的蛊毒信仰作了深入的文献梳理、田野调查和理论分析；

8. 与动物精怪相关的研究系列，山民（1994）、刘仲宇（1997）、杨念群（2004）、周星（2011）、金妙珍（2007）、刘永青（2004）、杨卫（2007）、鄂崇荣（2010）等学者对狐狸、黄鼠狼、刺猬、猫、青蛙等动物精怪进行了深入考察；

9. 风水系列，陈进国（2005）、高友谦（1992）、王玉德（1992）、温春香（2006）等学者从社会史或文化学角度对风水信仰进行了探讨；

10. 仪式系列，郭于华（2000）、安德明（2003）、王宵冰（2007）等对仪式与社会变迁、文化记忆等深层问题进行了深入考察；

11. 民间文化复兴系列，刘晓春（2005）、吴效群（1998）、岳永逸（2004）等对民间信仰复兴进行了个案考察和论述。① 赵世瑜、叶涛、陈

---

① 部分内容参见高丙中《作为非物质文化遗产研究课题的民间信仰》，《江西社会科学》2007年第3期。

春声、刘志伟、郑振满等人分别深入华北、东南等地区，深入考察民间信仰与地域社会的关系，突破了西方学者单纯以市场层级来理解中国社会的理论与视角，提出区域性神灵信仰是地域社会形成的基础，市场圈与区域性信仰有着多种深层联系。

一些历史学学者如贾二强的《唐宋民间信仰》①、贾艳红的《汉代民间信仰与地方政治研究》② 等著作，对历史上不同朝代的民间信仰进行了细致梳理和深入研究。皮庆生的《宋代民众祠神信仰研究》③ 一书将地域性信仰与时代大变革联系起来，通过对宋代张王、祠赛社会、祠神、祈雨等信仰传播进行个案性深度研究，提出商人是祠神信仰传播的主要力量等有见地的观点。许多学者还从社会史、区域史等角度对华北、华南、华东、东南等地区的民间信仰进行了较为深入的研究。如徐晓望、林国平、彭文宇等学者是系统研究福建民间信仰的拓荒者。④ 刘大可的《传统与变迁：福建民众的信仰世界》⑤ 一书，对福建民间信仰现状及特点和发展趋势进行了考察和分析，提出"防止制度化宗教过度介入民间信仰"等具有较高资政价值的建议。林继富的《灵性高原——西藏民间信仰源流》⑥ 一书提出"西藏民间信仰"包含着地域和民族双重概念，并就西藏民间信仰历史源流、发展演进及功能影响进行了深入分析。赵宗福的《地方文化系统中的王母娘娘信仰——甘肃省泾川王母宫庙会及王母娘娘信仰调查研究》一文，首次从地方社会分层的视角对民间信仰的不同解释文本进行了考察和分析，并认为处于地方文化系统中的泾川王母娘娘信仰，具有浓郁的地方性知识特征。⑦ 彭维斌《中国东南民间信仰的土著性》⑧ 一书，以文化分层学理论为指导，认为东南地区虽深受外来移民民间信仰的影响，但其原有的土著文化底蕴依然深厚。范丽珠、欧大年合著的《中

---

① 贾二强：《唐宋民间信仰》，福建人民出版社 2002 年版。
② 贾艳红：《汉代民间信仰与地方政治研究》，山东大学出版社 2011 年版。
③ 皮庆生：《宋代民众祠神信仰研究》，上海古籍出版社 2008 年版。
④ 参见徐晓望《福建民间信仰源流》，福建教育出版社 1993 年版；林国平、彭文宇：《福建民间信仰》，福建人民出版社 1993 年版。
⑤ 刘大可：《传统与变迁：福建民众的信仰世界》，社会科学文献出版社 2011 年版。
⑥ 林继富：《灵性高原——西藏民间信仰源流》，华中师范大学出版社 2004 年版。
⑦ 赵宗福：《地方文化系统中的王母娘娘信仰——甘肃省泾川王母宫庙会及王母娘娘信仰调查研究》，《民间文化论坛》2005 年第 6 期。
⑧ 彭维斌：《中国东南民间信仰的土著性》，厦门大学出版社 2010 年版。

国北方农村社会的民间信仰》① 一书，不但对中国北方农村社会民间信仰
的历史与现状进行了人类学田野个案调查，而且运用宗教学理论对民间信
仰意义与价值进行了深入思考，认为民间信仰是中国传统价值观念和道德
规则的基石。王健的《利害相关——明清以来江南苏松地区民间信仰研
究》②，侯杰、范丽珠在《中国民众宗教意识》③ 一书中，较为集中地讨
论了民间信仰所反映的中国民众宗教思想意识。郑振满、陈春声的《民
间信仰与社会空间》一书"力图把民间信仰作为理解乡村社会结构、地
域支配关系和普通百姓生活的一种途径，特别是通过这种研究加深对民间
信仰所表达的'社会空间'之所存在的历史过程的了解，揭示在这些过
程中所蕴含和积淀的社会文化内涵"④。朱海滨的《祭祀政策与民间信仰
变迁：近世浙江民间信仰研究》⑤ 从民间信仰视角出发，深入考察了在浙
江区域中央王朝与地方社会力量的互动及冲突根源。甘满堂的《村庙与
社区公共生活》⑥ 一书，从宗教社会学角度关注福建民间信仰的社会组织
特征及其在社区公共生活中的意义，运用丰富的田野调查资料对社区神崇
拜与村庙信仰活动进行了详尽的描述，资料性与可读性较强，有一定的学
术创新性，是了解当代福建民间信仰发展情况不可多得的学术著作。王守
恩的《诸神与众生：清代、民国山西太谷的民间信仰与乡村社会》⑦ 一书
深入考察和描述了清代、民国时期山西太谷地区与各类神灵信仰相关的仪
式与活动，并分析了民间信仰在乡村社会的日常生活、民间组织、生态系
统、教化控制等方面所发挥的功能。徐朝旭等著的《儒家文化与民间信
仰》⑧ 一书，将关注点集中在儒家文化对民间信仰的渗透影响和作用途
径，并分析了儒家与民间信仰相互作用的机理与性质。此外还有范荧的

---

① 范丽珠、欧大年：《中国北方农村社会的民间信仰》，上海人民出版社 2013 年版。
② 王健：《利害相关——明清以来江南苏松地区民间信仰研究》，上海人民出版社 2010 年
版。
③ 侯杰、范丽珠：《中国民众宗教意识》，天津人民出版社 1994 年版。
④ 郑振满、陈春声：《导言》，见郑振满、陈春声主编的《民间信仰与社会空间》，福建人
民出版社 2003 年版，第 2 页。
⑤ 朱海滨：《祭祀政策与民间信仰变迁：近世浙江民间信仰研究》，复旦大学出版社 2008
年版。
⑥ 甘满堂：《村庙与社区公共生活》，社会科学文献出版社 2007 年版。
⑦ 王守恩：《诸神与众生：清代、民国山西太谷的民间信仰与乡村社会》，中国社会科学出
版社 2009 年版。
⑧ 徐朝旭等：《儒家文化与民间信仰》，人民出版社 2013 年版。

《上海民间信仰研究》①，姜彬主编的《吴越民间信仰民俗》②，吴嵘的《贵州侗族民间信仰调查研究》③，刘道朝的《信仰与秩序——广西客家民间信仰研究》④，章海荣的《梵净山神——东北民间信仰与梵净山区生态》⑤，贺灵、曼拜特·吐尔地编著的《柯尔克孜族民间信仰与社会研究资料汇编》⑥，王宏刚、王海冬等撰写的《新时期的民间信仰》，张祝平的《生态文明视阈中的民间信仰》⑦ 等著作。

　　这一时期，国家层面也大力支持民间信仰研究，为民间信仰研究提供了大量的经费，推动了民间信仰的深入研究。如国家社科基金和教育部社科基金，从 1996 年至今支持了 70 多项与民间信仰相关的研究项目，有《民间信仰与 20 世纪中国文学的叙事演变》《闽台客家民间信仰的互动发展与文化认同研究》《广西客家族群民间信仰与乡村社会稳定研究》《我国民间信仰的当代变迁与社会适应研究》《本土基督教与中国民间信仰关系研究》《三教关系和民间信仰视阈下的敦煌出土佛教疑伪经》《明清山西民间信仰与区域社会研究》《民间信仰的性质、功能及当代变迁研究》《多元文化背景下多民族民间信仰互动共享与变迁研究》《民间信仰的历史与现状研究》《新疆少数民族民间信仰与民族社会研究》《贵州当代民族民间信仰文化调查与研究》《唐宋民间信仰研究——中国历史上民间信仰研究之一》《新疆突厥语诸民族萨满教研究》《萨满教昏迷术研究》《国外萨满教研究的历史与发展现状研究》《西北地区汉民族民间宗教调查与研究》《藏区民间宗教组织的现状及对基层民众的影响》等。其中路遥、李向平等少数学者还主持了民间信仰研究领域的国家社科基金重大项目。

　　进入 21 世纪以后，民间信仰的学术会议与交流活动更趋频繁，如2004 年 3 月、2005 年 10 月、2010 年 3 月，中国国际友谊促进会在北京相继举办了"民间信仰与民俗文化国际研讨会"、"民间信仰与社会和谐"、

---

① 范荧：《上海民间信仰研究》，上海人民出版社 2006 年版。

② 姜彬主编：《吴越民间信仰民俗》，上海文艺出版社 1992 年版。

③ 吴嵘：《贵州侗族民间信仰调查研究》，人民出版社 2014 年版。

④ 刘道朝：《信仰与秩序——广西客家民间信仰研究》，广西师范大学出版社 2009 年版。

⑤ 章海荣：《梵净山神——黔东北民间信仰与梵净山区生态》，贵州人民出版社 1997 年版。

⑥ 贺灵、曼拜特·吐尔地编著：《柯尔克孜族民间信仰与社会研究资料汇编》，民族出版社 2013 年版。

⑦ 张祝平：《生态文明视阈中的民间信仰》，暨南大学出版社 2014 年版。

"民间信仰、教派形态与现象"学术研讨会，与会学者先后围绕民间信仰的界定及现状，区域性与个案性调查研究等议题进行了研讨。2005 年 8 月 21 日至 25 日，四川大学中国俗文化研究所在都江堰市举办"中国民间信仰国际学术研讨会"。2005 年 12 月和 2006 年 11 月，中央民族大学民俗学博士点先后在北京承办了"东北亚民间信仰学术研讨会"和"神话与民间信仰学术研讨会"。2006 年 2 月 18 日中山大学人类学系举办"田野中的宗教"综合性学术研讨会，其中民间信仰成为具有人类学、民族学、民俗学及宗教学等不同学科背景学者讨论的重要话题之一。2008 年 4 月 5—6 日，复旦大学复旦文史研究院在上海举行"中国民间信仰的历史学研究方法与立场"学术研讨会，"中国民间信仰"成为与会学者讨论的重要内容。2009 年 11 月 6 日至 8 日，由美国哈佛大学东亚系、复旦大学长三角研究院、复旦大学中国历史地理研究所、浙江省社会科学院等研究机构主办的"中国东南地域文化国际学术研讨会"在温州、泰顺举行。其中台湾"中央研究院"近代史研究所康豹、中国社会科学院世界宗教研究所叶涛、福建省艺术研究院叶明生从民间信仰视角就"走入传统中国的乡村社会"这一会议主题进行了热烈的讨论和交流。2010 年 3 月 13—14 日，中国社会科学院世界宗教研究所和中山大学社会学与人类学学院在中山大学联合举办"中国宗教人类学的回顾与前瞻"——首届宗教人类学学术论坛。与会学者就当代藏区的多元宗教传统、多元族群视野中的宗教信仰、区域历史视野中的宗教信仰、民间信仰（宗教）与汉人社会等八个主题进行了探讨。2014 年 11 月 28 日至 12 月 1 日中国社会科学院世界宗教研究所、中国宗教学会主办"首届民间信仰研究高端论坛"，该会议紧紧围绕"中国民间信仰的当代处境与发展前瞻"这一主题，就与会海内外专家学者提交的论文内容，分为"民间信仰的管理"、"少数民族地区民间信仰发展状况"、"民间信仰与制度化宗教的互动"、"民间信仰的反思与调整"、"民间信仰的新发展"以及"东南地区和海外民间信仰发展现状"六个研讨专题进行了深入研讨。此外，2008 年中央民族大学当代重大民族宗教问题研究中心、浙江大学等单位分别在南宁、杭州召开"第二届宗教与民族学术论坛：民族民间信仰研究"、"汉学研究与中国社会科学的推进"国际学术研讨会，对"当代中国宗教问题与民族民间信仰研究"、"转型时期民俗文化和民间信仰的地位与作用"等课题进行了深入探讨。这些不同层次和不同学科领域的民间信仰研究会议的举办，促进了海内外民间信仰研究者深入交流和广泛互动，激发了多学科、多角度、多层面的民间信仰研究。

这一时期，大陆民间信仰的资料整理性研究成果也较为丰硕。如刘锡诚、宋兆麟、马倡仪主编的"中华民俗文丛"，涵盖了水神、灶神、关公、泰山信仰等20个民间信仰主题，文献考证与田野调查相结合，深刻展现了民间信仰的文化内涵和历史渊源。此外，吕大吉主编的"中国各民族原始资料集成"、路遥主编的"民间信仰与中国社会研究系列"、上海三联书店策划的"中华本土文化丛书"等系列丛书有很强的学术资料价值，影响深远。但这一时期大多数有宗教学背景的学者多偏重制度性宗教教义思想、哲学义理等方面的研究，少有人对民间信仰进行关注和研究，取得的民间信仰研究成果也远远不如人类学、民俗学、社会学、历史学等领域的研究成果那样丰硕。

2. 港澳台地区民间信仰研究述评①

台湾深受赴台大陆学者和欧美学术氛围的影响，民间信仰的研究成果较为丰硕。综述性研究成果方面：林美容编纂的《台湾民间信仰研究书目》②，张珣、江灿腾的《当代台湾宗教研究导论》③，成为了解台湾民间信仰研究状况的工具书。理论研究方面：许嘉明（1975）、施振民（1975）、林美容（1987）等对日本学者岗田谦提出的"祭祀圈"概念进行了修正，并发展出"信仰圈"的概念，一度成为研究地域性崇拜的经典概念。张珣（2002）对此进行了反思，并提出了"后祭祀圈"概念。④台湾辅仁大学郑志明（2009）将民间信仰上升到"中国传统宗教"的高度，认为它是先民们数千年的生存知识与技能，有自成系统的文化体系。并提出"天地人鬼神五位一体"、"合缘共振"、"含混多义"、"多重至上神"等关键词，认为民间信仰包含着集体生存规范、文化秩序、生活经

---

① 相关综述性研究成果有：林美容：《五十年来民间信仰研究成果》，www. tars. org. tw/project/民间信仰. doc；王见川：《台湾民间信仰的研究与调查——以史料、研究者为考察中心》、张珣：《百年来台湾汉人宗教研究的人类学回顾》，载于张珣、江灿腾合编的《当代台湾宗教研究导论》，宗教文化出版社2004年版。

② 林美容：《台湾民间信仰研究书目》，中研院民族学研究所1991年编印。

③ 张珣、江灿腾：《当代台湾宗教研究导论》，宗教文化出版社2004年版。

④ 张珣：《祭祀圈研究的反省与后祭祀圈时代的来临》，《台湾大学考古人类学学刊》（总第58期），2002年。

验与文化传承等内涵。① 此外，民间信仰方面重要的论著有：李亦园的
《信仰与文化》②、刘枝万的《中国民间信仰论集》③、郑志明的《中国社
会与宗教：通俗思想的研究》④、姜义镇的《台湾的民间信仰》⑤、李丰懋
和王秋桂的《中国民间信仰资料汇编》⑥、蔡相辉的《台湾的祠祀与宗
教》⑦、瞿海源的《台湾宗教变迁的社会政治分析》⑧，等等。台湾学者研
究民间信仰时，多注重做微观社会的精细化田野考察，或致力于某一神灵
或庙宇的个案性研究，缺少宏大的历史文化审视。

在港澳地区，许多西方学者和本地学者对港澳地区的洪神公信仰、乡
村风水信仰、黄大仙信仰、猴神崇拜、龙母信仰、石头拜祭、妈祖崇拜等
进行了深入的人类学田野调查，在香港形成了以科大卫、蔡志祥、黎志
添、廖迪生等一批学者为代表的民间信仰研究主流派。

3. 国外民间信仰研究概况

与大陆不同，国外学者很早就对中国民间信仰问题进行了关注和研
究，并逐渐形成欧美与日本两大阵营。

欧美传教士和汉学家很早就对中国民间信仰高度关注，并产生了一系
列研究成果，其中大部分成果王铭铭在《社会人类学与中国研究》⑨ 一书
相关章节中有详尽的介绍。笔者认为其中比较重要或未提及的著作和观点
有：华裔学者杨庆堃的《中国社会中的宗教：宗教的现代社会功能与其
历史因素之研究》⑩，其书提出了制度型宗教和扩散型宗教的概念，并将
中国民间信仰与国家政治、经济社会、宗族家庭等多个层面联系起来进行
详细考察，描述了民间信仰与中国传统社会的整合状况。为此，被国外众

---

① 参见郑志明《传统宗教的文化诠释——天地人鬼神五位一体》，文津出版社有限公司
2009 年版。
② 李亦园：《信仰与文化》，巨流图书公司 1978 年版。
③ 刘枝万：《中国民间信仰论集》，中研院民族所专刊之 22，1975 年。
④ 郑志明：《中国社会与宗教：通俗思想的研究》，台湾学生书局 1989 年版。
⑤ 姜义镇：《台湾的民间信仰》，台湾武陵出版社 1985 年版。
⑥ 李丰懋、王秋桂：《中国民间信仰资料汇编》，台湾学生书局 1989 年版。
⑦ 蔡相辉：《台湾的祠祀与宗教》，台原出版社 1989 年版。
⑧ 瞿海源：《台湾宗教变迁的社会政治分析》，桂冠图书 1997 年版。
⑨ 王铭铭：《社会人类学与中国研究》，广西师范大学出版社 2005 年版。
⑩ 杨庆堃：《中国社会中的宗教：宗教的现代社会功能与其历史因素之研究》，范丽珠等
译，上海人民出版社 2007 年版。

多学者奉为研究中国宗教的"圣经"。英国人类学家弗里得曼（Maurice-Freedman）的《中国宗教的社会学研究》一文认为：中国民间信仰多样性背后存在着一定的秩序，并为不同的地区和社会阶层提供了生存空间。① 武雅士主编的《中国社会中的宗教与仪式》② 一书将当时海内外学界研究中国"民间宗教和仪式"的多篇优秀报告和论文汇集成册，集中探讨了中国民间信仰体系及深层的文化内涵、象征意义和社会功能等问题。芮马丁的《中国仪式与政治》③，探讨了民间信仰中祭拜神灵仪式的基本特征及其社会、政治意义。魏勒的《中国汉人宗教的一致性与多样化》④ 一书认为中国民间信仰的基本结构与程式是一致的，但不同社会阶层对同一文化体系有不同的解释。王斯福的《帝国的隐喻》⑤ 通过分析作者在台湾、香港等地的人类学田野调查资料，对中国民间信仰与国家正统政治、文化及历史传统的关系进行了深入探讨。韩森（Valerie Hansen）撰写的《变迁之神：南宋时期的民间信仰》⑥ 一书，通过解读南宋时期一些碑铭资料和文献记载的鬼怪故事，分析区域性神祇的兴起及背后的社会经济原因，并深入考察了国家政治与社会关系的变化。杜赞奇的《文化、权力与国家：1900—1942 年的华北农村》⑦ 以华北村落冷水沟为例，考察了乡村文化网络结构及功能，提出乡村社会庙会组织、关帝信仰常称为同一区域不同的社会阶层所共享的象征。孔飞力（Phil A. Kuhn）的《叫魂——1768 年中国妖术大恐慌》⑧，则从清代中期发生的波及全国的剪辫案着手，对当时中国社会中的专制权力、官僚体制及其与普通民众之间的关系进行了探讨。此外，美国学者桑格瑞（Steven Sangren）等，20 世纪

---

① 参见 Robert Smith, Religion and Ritual in Chinese Society, Arthur Wolf ed. , Stanford, 1974, pp. 337 – 350。

② 武雅士主编：《中国社会中的宗教与仪式》，美国斯坦福大学出版社 1974 年版。

③ ［英］芮马丁：《中国仪式与政治》，英国剑桥大学出版社 1981 年版。

④ ［美］魏勒：《中国汉人宗教的一致性与多样化》，美国麦克米兰出版社 1987 年版。

⑤ ［英］王斯福：《帝国的隐喻》，赵旭东译，凤凰出版传媒集团、江苏人民出版社 2009 年版。

⑥ ［美］韩森：《变迁之神：南宋时期的民间信仰》，包伟民译，浙江人民出版社 1999 年版。

⑦ ［美］杜赞奇：《文化、权力与国家：1900—1942 年的华北农村》，刘东、王福明译，凤凰出版传媒集团、江苏人民出版社 2010 年版。

⑧ ［美］孔飞力：《叫魂——1768 年中国妖术大恐慌》，陈兼、刘昶译，上海三联书店 2012 年版。

80 年代至 90 年代也对民间信仰及汉族灵魂观为媒介的阴阳二元论作了比较细微的解释与深入的讨论。① 欧美学者通过研究得出神灵信仰和祭祀仪式构成中国传统文化象征和基本特质，并认为民间信仰研究为考察中国社会文化提供了一种草根视角，对深层次理解和解读中国民间底层文化有着重要的意义。

与欧美学者相比，日本学界在研究民间信仰问题时将关注点放在史料的挖掘上，如金井德幸、永尾龙造、中村裕一、酒井忠夫、须江隆、小岛毅等分别对城隍信仰、文昌崇拜、土地信仰、东岳信仰等问题作了重点探讨。② 近年来，滨岛敦俊教授的研究别具一格，其《明清江南农村社会与民间信仰》③ 一书从社会经济史的角度出发，对元朝后期至 19 世纪清末为止的中国江南农村社会的民间信仰现象首次进行了系统性的研究。认为三角洲地区以市镇为核心的市场圈的扩大，促使当地原来的祭祀活动突破了旧有格局。田仲一成的《中国的宗族与戏剧》④ 一书，结合作者在香港新界等地的田野考察，以珠江三角洲为主要对象，对中国的宗族、祭祀及其与地方戏剧发展的关系作了深入的剖析。渡边欣雄的《汉族的民俗宗教》⑤，对汉民族的民间信仰进行了深入的研究。日本学者如宫家准的《日本的民俗宗教》⑥、堀一郎的《民间信仰》⑦、樱井德太郎的《民间信仰》⑧、池上广正的《宗教民俗学的研究》⑨ 等一系列研究日本民间信仰的论著，对我们研究中国民间信仰提供了独特的视角与方法。⑩

---

① Steven Sangren, History and Magical Power in A Chinese Community, Stanford, 1987.

② 以上诸多成果多收集在福井康顺监修的《道教》一书中，参见福井康顺监修《道教》，上海古籍出版社 1992 年版。

③ ［日］滨岛敦俊：《明清江南农村社会与民间信仰》，朱海滨译，厦门大学出版社 2008 年版。

④ ［日］田仲一成：《中国的宗族与戏剧》，钱杭、任余白译，上海古籍出版社 1992 年版。

⑤ ［日］渡边欣雄：《汉族的民俗宗教》，周星译，天津人民出版社 1998 年版。

⑥ ［日］宫家准：《日本的民俗宗教》，赵仲明译，南京大学出版社 2008 年版。

⑦ ［日］堀一郎：《民间信仰》，岩波书店 1970 年版。

⑧ 樱井德太郎：《民间信仰》，土高书房 1989 年版。

⑨ 池上广正：《宗教民俗学的研究》，名著出版社 1991 年版。

⑩ 关于介绍日本学者研究民间信仰的综述性研究成果有：孙江：《在中国发现宗教——日本关于中国民间信仰结社的研究》，《文史哲》2010 年第 4 期；陶思炎、铃木岩弓：《中日民间信仰研究的历史回顾》，《民间文学论坛》1997 年第 4 期；铃木岩弓、何燕生：《"民间信仰"概念在日本的形成及其演变》，《民俗研究》1998 年第 3 期。

　　从以上所作的研究述评可以看出，众多学者在民间信仰领域进行了田野资料积累、文献梳理、文本解读等多方面的开拓性研究。并对民间信仰的概念、性质、地位及功能等，采用人类学、历史学、社会学、宗教学多种学科视角和理论方法进行了深入探讨。由于学科背景的局限，许多学者忽略了民间信仰作为信仰要素——宗教性本身的整体性思考，如信仰观念和体系、信仰意识、临时性宗教组织、仪式象征体系、信仰体验等。同时，民间信仰与社会历史记忆、社会控制与整合等方面的关系有待我们去整体、系统地研究。而且大部分学者研究关注点多在我国华北、华南等地区，对西北、青藏高原等地区，尤其对多元文化交融地区、农耕文化与游牧文化边界地带的民间信仰缺少探讨。如《中国各民族原始宗教资料集成》等巨著，也因受当时资料占有和关注度等因素影响，未将青藏高原汉、土、撒拉等民族中原始宗教资料收集进来。但他们所用的研究材料、理论与方法为笔者撰写本课题提供了一个指导和对比的视角。

三　青海多民族民间信仰研究的基础

　　19 世纪初至中华人民共和国成立前，青海多民族民间信仰研究的材料或成果零星见于一些官员、记者、传教士、探险家的游记、考察报告、新闻报道等中。如张得善的《青海种族分布概况》记载："青海汉人大部信仰多神教、佛、儒、道各教，寺庙到处皆有，除所谓敕建文武庙及有名之各寺庙外，尚有娘娘庙、山神庙、土地庙、水神庙、雹神庙、吕祖庙、马王庙……香火甚盛。"[①] 正闻社青海分社调查通讯《最近青海社会调查七则》也记载：西宁汉族"信奉多神，如卜筮、抽籤、算命、风鉴、驱邪、超往，以及祈福禳灾等怪现象"[②]。此外，魏崇礼的《西北巡礼》[③]、马鹤天的《西北漫游记》[④]、庄学本的《青海考察记》[⑤] 等文章对青海湖祭海及青海一些民族的山神信仰进行了简单记录。以上这些文章保存了

---

①　张得善：《青海种族分布概况》，《地方自治》1935 年第 3 期。

②　正闻社青海分社调查通讯：《最近青海社会调查七则》，《新青海》1983 年（1）卷，（11）。

③　魏崇礼：《西北巡礼》，《新亚细亚》1934 年第 8 卷第 5 期，1935 年，第 9 卷第 3—4 期，1935 年，第 10 卷第 1 期。

④　马鹤天：《西北漫游记》，甘肃人民出版社 2003 年版。

⑤　庄学本：《青海考察记》，《西陲宣化使公署月刊》1936 年，第 1 卷第 6 期。

20 世纪初青海各民族民间信仰的一些真实状况，具有一定的参考价值，但篇幅较短，内容简单，缺少分析。

近代以来，一批西方传教士、探险家和学者在青海的考察探访和记述中对青海民间信仰也有零星涉及。如 1885 年，俄国伊尔库茨克博物院副院长坡塔宁（G. N. PoTanin）在青海民和县官亭地区进行了近 4 个月的民族学考察，回国后完成《中国的唐古特西藏边区和中央蒙古》（两卷本），记录了土族地方神灵龙王爷、娘娘、黑马祖师、白马天将、羊头护法（羊头人身）等。还记录了土族抬着龙王塑像到炳灵寺祈雨的场景，以及在寺庙、路口、山冈惊走恶雷的驱雷仪式。记录了其所亲历的土族祭祀"祖师"的仪式，并拍摄"祖师"画像一幅。① 20 世纪 20—30 年代，比利时神甫许让（Le P. L. Schram）在传教之余对土族民间信仰也有着较为详细的描写。② 虽然一些国外学者、探险家和传教士的文章和报告带有偏见和歧视，但有些民间信仰方面的成果仍然成为当今学者研究青海多民族民间信仰的宝贵资料。

20 世纪 50 年代，随着我国民族大调查的开展，陈永龄、宋蜀华等一批具有历史学、民族学背景的学者的介入，使青海一些少数民族的民间信仰得到一定程度的搜集和整理。如一些调研组当时完成的《青海土族的民间信仰》③《同仁县浪加族社会调查》④ 等调研报告或多或少涉及了一些民间信仰内容。但总体而言，由于受当时政治环境和学术视野的影响，民间信仰领域未能充分深入地挖掘。

改革开放以后，随着民间信仰研究在全国的逐渐升温，受全国学术氛围的影响，20 世纪 90 年代以来，青海民间信仰研究专题性成果也比较丰硕。朱世奎主编的《青海风俗简志》⑤ 一书"第六章　社会习俗"下设"民间信仰"一节，对青海部分民间信仰状况作了描述与介绍。赵宗福、

---

① 丁淑琴：《从波塔宁考察资料看土族族源》，《民族研究》2006 年第 4 期。

② Le P. L. Schram 1957 The Monguor of the Kansu – Tibetan Frontier, II: Their Religious life ; Transactions of the American Philosophical Society , 1957.

③ 国家民委民族问题五种丛书编辑委员会青海省编辑组：《青海土族社会历史调查》，青海人民出版社 1985 年版。

④ 国家民委民族问题五种丛书编辑委员会青海省编辑组：《青海省藏族蒙古族社会历史调查》，青海人民出版社 1985 年版。

⑤ 朱世奎：《青海风俗简志》，青海人民出版社 1994 年版。

马成俊主编的《中国民俗大系·青海民俗》① 一书，将青海民俗分为村落、部落、家族、岁时节日、人生礼仪、民间信仰及其民俗等十一大类，对青海民间信仰部分内容进行了分类和描述。朱普选、姬梅的《河湟地区民间信仰的地域特征》② 一文，对历史文献中记载的青海东部地区祠庙进行了详细的统计，并分析了分布类型及特点原因。荣宁的《明清青海城镇宗教与习俗文化述略》③，从历史学的角度出发，在对青海民间信仰中一些庙宇和神灵进行了统计和说明的基础上，认为这些神灵多由汉族移民由内地带来，在青海城镇和乡村社会中有着深厚影响。

　　一些学者对青海不同民族和地区的民间信仰进行了深入的田野调查和探讨。青海籍学者丹珠昂奔的《藏族神灵论》④ 一书，系统介绍了藏族民间信仰的各种神灵系统及其形成和发展的社会原因和历史背景，其中有部分内容涉及青海藏族民间信仰内容。邢海宁的《果洛藏族社会》⑤ 一书，对青海藏族民间信仰中崇拜的阿尼玛卿山神有所涉及，对祭颂阿尼玛卿山神的部分赞词进行了详细整理。扎洛的《青海卓仓地区藏人的地域保护神崇拜——对三份焚香祭祀文的释读与研究》⑥ 一文通过对青海海东地区卓仓藏族部落山神崇拜及焚香祭祀文手抄本的深度解读，提出卓仓藏族部落地域保护神崇拜空间距离构成了以村落为圆心的三个层次，并带有卫藏色彩。索端智的《藏族信仰崇拜中的山神体系及其地域社会象征——以热贡藏区的田野研究为例》⑦ 一文，深化了山神与地域社会关系之间的研究。李存福的《青海汉族社、祖同祭习俗探议》⑧ 一文，对青海汉族祭祖仪式等进行了详细分析。法国学者桑木丹·噶尔梅在《对两个藏区地域神崇拜的比较研究》⑨ 一文中，对青海热贡地区与西藏中部尼木地区的藏

　　① 赵宗福、马成俊：《中国民俗大系·青海民俗》，甘肃人民出版社 2004 年版。

　　② 朱普选、姬梅：《河湟地区民间信仰的地域特征》，《青海民族大学学报》2010 年第 4 期。

　　③ 荣宁：《明清青海城镇宗教与习俗文化述略》，《青海民族研究》1999 年第 4 期。

　　④ 丹珠昂奔：《藏族神灵论》，中国社会科学出版社 1990 年版。

　　⑤ 邢海宁：《果洛藏族社会》，中国藏学出版社 1994 年版。

　　⑥ 扎洛：《青海卓仓地区藏人的地域保护神崇拜——对三份焚香祭祀文的释读与研究》，《安多研究》（第一辑），中国藏学出版社 2005 年版。

　　⑦ 索端智：《藏族信仰崇拜中的山神体系及其地域社会象征——以热贡藏区的田野研究为例》，《思想战线》2006 年第 2 期。

　　⑧ 李存福：《青海汉族社、祖同祭习俗探议》，《青海社会科学》1997 年第 1 期。

　　⑨ ［法］桑木丹·噶尔梅：《对两个藏区地域神崇拜的比较研究》，扎洛译，《青海社会科学》2002 年第 3 期。

族地域保护神进行了考察和比较。此外，华热·多杰、张海云、张世花等人对乐都、互助、贵德和门源等地的汉族民间信仰进行了个案性或概述性的研究分析。① 苏延寿的《家西蕃及其信仰习俗——青海宗喀地区家西蕃人的信仰现状分析》一文②，对河湟地区被称为"家西蕃"族群的历史渊源、圣地信仰和家族保护神崇拜进行了较为深入的田野考察。吕建福的《土族中的萨满教遗俗》③ 一文，结合历史文献与田野考察资料，对民和土族地区的萨满教信仰遗俗首次进行了全面挖掘、系统梳理和深入分析。马成俊的《撒拉族文化对突厥及萨满文化的传承》④ 一文，对撒拉族现存的部分萨满教遗俗进行了深入挖掘和整理，并认为萨满文化是撒拉族传统文化中不可忽视的一个组成部分，具有拓荒性研究意义。杨卫、杨德的《土族"神箭"崇拜初探》⑤，对土族"神箭"崇拜习俗作了介绍，并分析了其中的文化蕴含。文忠祥的博士论文《土族民间信仰研究》⑥《神圣建构与世俗秩序——土族民间信仰与社会生活互动研究》⑦，对土族民间信仰空间体系及求雨、禳灾等仪式进行了全面梳理和深入探讨。鄂崇荣的《土族民间信仰解读——地方性信仰与仪式的宗教人类学研究》⑧ 一书，对土族信仰体系、仪式内容、组织人员进行了系统梳理，并运用祭祀圈和信仰圈理论对部分民俗事项给予了文化解读。谢热的《村落·信仰·仪式——河湟流域藏族民间信仰文化研究》⑨ 一书，较为系统地梳理了青海河湟流域藏族灵魂观念、自然崇拜及巫术信仰等民间信仰文化事项。中国

① 参见华热·多杰《西部汉族村落中的信仰、仪式与文化——以青海省互助土族自治县总寨村为例》，《青海民族研究》2008 年第 4 期；张海云、宗喀·漾正冈布：《神圣和世俗间的信仰之旅——青海贵德汉族信仰习俗研究》，《青海社会科学》2006 年第 5 期；张世花：《门源汉族的民间信仰》，《青海民族学院学报》2005 年第 3 期。

② 苏延寿：《家西蕃及其信仰习俗——青海宗喀地区家西蕃人的信仰现状分析》，《青海社会科学》2003 年第 4 期。

③ 吕建福：《土族中的萨满教遗俗》，《社会科学参考》（内部）1985 年第 13 期。

④ 马成俊：《撒拉族文化对突厥及萨满文化的传承》，《青海社会科学》1995 年第 2 期。

⑤ 杨卫、杨德：《土族"神箭"崇拜初探》，《青海民族学院学报》2005 年第 1 期。

⑥ 文忠祥：《土族民间信仰研究》，指导教师：王希隆，兰州大学博士学位论文，2006 年。

⑦ 文忠祥：《神圣建构与世俗秩序——土族民间信仰与社会生活互动研究》，中国社会科学出版社 2012 年版。

⑧ 鄂崇荣：《土族民间信仰解读——地方性信仰与仪式的宗教人类学研究》，甘肃民族出版社 2010 年版。

⑨ 谢热：《村落·信仰·仪式——河湟流域藏族民间信仰文化研究》，社会科学文献出版社 2010 年版。

艺术研究院薛艺兵撰写的《青海同仁六月会祭神乐舞的结构与意义》① 一文,从同仁六月会祭神乐舞的结构分析入手,展开了神灵信仰与区域文化象征意义的深度解读和阐释。该文在一定程度上提高了山神信仰及其祭祀乐舞研究的学术高度。日本学者长野·贞子所撰写的《热贡六月会祭祀仪式及法师》② 一文,对热贡地区苏和日村的山神祭祀仪式进行了较为细致的考察和深入分析。此外,还有陈玮的《试论藏族的"鄂博"祭祀文化》③,才贝的《阿尼玛卿山神文化研究》④,关丙胜的《河湟西纳地区一个多民族乡村的夏季民间信仰》⑤,索南旺杰的《热贡山神祭祀文化研究》⑥,索南多杰、唐仲山的《神湖记忆》⑦ 等论著,对山神信仰、祭湖仪式等民间信仰均有独到的见解和深入的调查。

　　一些学者对受汉藏文化影响深刻的民间神灵和崇拜物进行了深入研究和解读。如看本加的《安多藏区的文昌神信仰研究》⑧《青海湖南部地区文昌神信仰的田野考察》⑨《安多藏区的文昌神信仰仪式研究》⑩ 等系列论文,结合历史文献及民间口述资料,对文昌神信仰的分布状况、信仰体系及文化特征进行了深入探讨。贾伟、李臣玲的《安多藏区的二郎神信仰》⑪ 一文对汉藏文化互动下的二郎神信仰进行了深入考察。刘永清的《河湟地区猫鬼神信仰习俗述略》⑫、杨卫的《论土族的"猫鬼神"崇拜》⑬、鄂崇荣的《"猫鬼神"信仰的文化解读》⑭ 等论文对青海海东、海北、海南等地区盛行的猫鬼神信仰源流、族群属性、奉祀规则等进行了深

————————

① 薛艺兵:《青海同仁六月会祭神乐舞的结构与意义》,《民族艺术》2003 年第 1 期。
② 长野·贞子:《热贡六月会祭祀仪式及法师》,《安多研究》2002 年第 1—2 期。
③ 陈玮:《试论藏族的"鄂博"祭祀文化》,《青海民族学院学报》1995 年第 3 期。
④ 才贝:《阿尼玛卿山神文化研究》,中央民族大学博士学位论文,2010 年。
⑤ 关丙胜:《河湟西纳地区一个多民族乡村的夏季民间信仰》,《黑龙江史志》2008 年第 5 期。
⑥ 索南旺杰:《热贡山神祭祀文化研究》,中央民族大学硕士学位论文,2007 年。
⑦ 索南多杰、唐仲山:《神湖记忆》,青海人民出版社 2005 年版。
⑧ 看本加:《安多藏区的文昌神信仰研究》,《世界宗教研究》2011 年第 1 期。
⑨ 看本加:《青海湖南部地区文昌神信仰的田野考察》,《西藏研究》2008 年第 2 期。
⑩ 看本加:《安多藏区的文昌神信仰仪式研究》,《西南民族大学学报》2009 年第 6 期。
⑪ 贾伟、李臣玲:《安多藏区的二郎神信仰》,《民族研究》2005 年第 6 期
⑫ 刘永清:《河湟地区猫鬼神信仰习俗述略》,《青海师范大学民族师范学院学报》2004 年第 2 期。
⑬ 杨卫:《论土族的"猫鬼神"崇拜》,《青海民族学院学报》2007 年第 4 期。
⑭ 鄂崇荣:《"猫鬼神"信仰的文化解读》,《青海民族大学学报》(社会科学版)2010 年第 1 期。

入考察，提出其属于"羌族文化"、"鲜卑文化"等观点。土族"於菟"也深受关注。如乔永福的《年都乎"於菟"舞分析》① 一文，最早将年都乎村"於菟"活动以文本形式公之于众。赵宗福的《丝路古羌人虎图腾舞小论》②《中国月亮神话演化新解——以月虎为主题的考证》③ 等文章认为於菟与羌人虎崇拜有着深层联系，提出月虎神话起源于昆仑神话，与西王母关系密切。秦永章的《江河源头话"於菟"——青海同仁年都乎土族"於菟"舞考析》④ 一文则认为"於菟"与古代巴楚地区的崇虎尚巫之俗一脉相承。唐仲山的《青海"於菟"巫风调查报告》⑤《仪式、仪式过程及民俗物的关系——基于象征理论的"於菟"仪式解析》⑥《"於菟"仪式的民俗学解读》⑦ 等文章，对"於菟"仪式进行了大量细致的田野考察，并就"於菟"流传范围与时间、文化内涵、仪式分析等诸多方面提出了独到的见解。此外，蒲文成的《宁玛派的民间信仰》⑧、马明忠的《民间信仰的生存状态与组织模式——以青海省湟中县徐家寨六月会为例》⑨、裴丽丽和李文学的《土族民间团体嘛呢会调查》⑩、邢海珍的《神圣的民俗化与民间信仰的多元性——青海省大通县老爷山"朝山会"调研》⑪ 等论著，在田野调查的基础上对青海各民族中民间信仰组织形态和村落系统间的关系进行了探讨。

以上论著从民俗学、人类学、历史学等学科角度或对青海多民族民间信仰的类型、分布、地域特点进行了梳理和考察，或对当地单一民族民间信仰

① 乔永福：《年都乎"於菟"舞分析》，《创作与研究》第 2 辑。

② 赵宗福：《丝路古羌人虎图腾舞小论》，《丝绸之路》1993 年第 2 期。

③ 赵宗福：《中国月亮神话演化新解——以月虎为主题的考证》，《民间文学论坛》1995 年第 4 期。

④ 秦永章：《江河源头话"於菟"——青海同仁年都乎土族"於菟"舞考析》，《中南民族大学学报》2000 年第 1 期。

⑤ 唐仲山：《青海"於菟"巫风调查报告》，《民俗研究》2003 年第 3 期。

⑥ 唐仲山：《仪式、仪式过程及民俗物的关系——基于象征理论的"於菟"仪式解析》，《青海民族研究》2008 年第 4 期。

⑦ 唐仲山：《"於菟"仪式的民俗学解读》，《青海民族学院学报》2008 年第 1 期。

⑧ 蒲文成：《宁玛派的民间信仰》，《中国藏学》2001 年第 3 期。

⑨ 马明忠：《民间信仰的生存状态与组织模式——以青海省湟中县徐家寨六月会为例》，《甘肃联合大学学报》2010 年第 3 期。

⑩ 裴丽丽、李文学：《土族民间团体嘛呢会调查》，《民族研究》2007 年第 1 期。

⑪ 邢海珍：《神圣的民俗化与民间信仰的多元性——青海省大通县老爷山"朝山会"调研》，《青海社会科学》2011 年第 6 期。

进行了研究分析，具有一定的深度和启发意义。但是，对青海多民族民间信仰进行全面、系统研究的成果尚未出现，同时对多元文化与民间信仰的互动关系给予的深层次关注较少。综观所述，以上成果都为笔者进一步整体、系统、深入研究青海多民族民间信仰提供了研究材料、线索和思路，促使笔者深入思考青海多民族民间信仰与国家地方权力、多种宗教文化的互渗消融，民间信仰与社会控制、历史记忆内在深层关系等诸多问题。

四　本课题研究的学术价值与现实意义

1. 研究民间信仰的学术价值

近百年来，许多西方学者从西方语境和基督教等制度性宗教出发，将中国人的民间信仰视作一种迷信，还将此作为西方传教士传播福音的最充分理由。国内一些学者也受这种话语权的支配，将民间信仰作为"迷信"看待。民间信仰体现了中国社会宗教信仰的特点，其不仅在汉族社会中存在，而且在少数民族中盛行，体现出中华文化的多元、层叠和融汇性。正如金泽先生指出的："当下需要的不是从建构一个新的宏大叙事理论入手，更紧迫的当是将普遍理论与地方性知识相结合而形成的'中层理论'（或理论模式）。在此基础上再建构'世界体系'，才是既有世界宗教学已有理论在中国的印证，也有中国理论范畴之贡献的宗教学。"[①] 民间信仰是生生不息的文化再生产的过程，它不仅是中国本土宗教文化生态体系的重要组成部分，而且还是地方民间文化的精神核心。民间信仰的兴衰与嬗变与国家政治权力的介入，制度性宗教的传播与发展息息相关。民间信仰中的各种繁杂的神灵、周期性仪式活动等都蕴含着民众古朴的灵魂观、空间观、时间观及对超自然力量的认识程度。研究民间信仰可以用另一种视角认识国家力量和多元宗教文化在草根社会和普通民众中间运行与传播的状况，对进一步揭示中国民众朴素的宇宙观念、乡土社会内在秩序等方面，具有独特的价值和意义。从学科意义上来讲，当前民俗学、人类学、历史学、社会学等学者对民间信仰研究用力甚多，而具有宗教学背景的许多学者多致力于制度性宗教经典、哲学义理和历史文献等方面的梳理、辨

---

① 金泽：《民间信仰：推动宗教学理论研究》，载金泽、邱永辉《中国宗教报告（2008）》，社会科学文献出版社 2008 年版，第 203 页。

析和研究，常常对草根性质的民间信仰有所忽略。从宗教学角度研究民间信仰，对于探求宗教信仰的许多基本或根本问题，具有重要的理论价值。当前区域性民间信仰研究已成为各个学科的热点之一，研究民间信仰还具有思想史和文化史意义，不仅可以继承历史学和文献研究的长处，还可以引用西方文化人类学理论与田野调查方法，在文献和历史、田野调查以及理论方法三方面，形成与国际学术界对话的有利条件，可从地方性知识和田野调查结论，对西方语境下形成的宗教学、人类学经典理论提出挑战。

2. 研究民间信仰的现实意义

近年来，民间信仰也受到国家层面的高度重视。如 2005 年 7 月国家宗教局增设业务四司，将五大制度性宗教之外的新兴宗教和民间信仰，正式纳入其管理职责范围之内。2012 年 6 月，青海民族宗教事务局等开展了民间信仰活动场所普查活动，要求各州县基层政府清楚掌握民间信仰场所及相关从业人员的基本情况，并做好建立完善相关档案工作。民间信仰还与非物质文化遗产有着紧密联系，根据有关规定和分类，民间信仰中一些关于对自然界和宇宙的知识与实践本身就属于非物质文化遗产内容。①2006 年 5 月 20 日，妈祖祖庙祭典、成吉思汗祭典、土族纳顿节、热贡六月会、白族绕三灵、祭敖包等一批民间信仰仪式和活动被列为第一批国家级非物质文化遗产名录，2008 年 6 月 14 日，汤和信俗等入选第二批国家级非物质文化遗产名录。这些事件表明，民间信仰借助非物质文化遗产保

---

① 联合国教科文组织 2003 年 10 月 17 日在巴黎通过的《保护非物质文化遗产公约·总则》第 2 条"定义"对"非物质文化遗产"作了如下界定："'非物质文化遗产'指被各群体、团体、有时为个人视为其文化遗产的各种实践、表演、表现形式、知识和技能及其有关的工具、实物、工艺品和文化场所。各个群体和团体随着其所处环境、与自然界的相互关系和历史条件的变化不断使这种代代相传的非物质文化遗产得到创新，同时使他们自己具有一种认同感和历史感，从而促进了文化多样性和人类的创造力。在本公约中，只考虑符合现有国际人权文件，各群体、团体和个人之间相互尊重的需要和顺应可持续发展的非物质文化遗产。"按照以上定义，"非物质文化遗产"包括以下方面：（1）口头传说和表述，包括作为非物质文化遗产媒介的语言；（2）表演艺术；（3）社会风俗、礼仪、节庆；（4）有关自然界和宇宙的知识和实践；（5）传统的手工艺技能。"保护"指采取措施，确保非物质文化遗产的生命力，包括这种遗产各个方面的确认、立档、研究、保存、保护、宣传、弘扬、承传（主要通过正规和非正规教育）和振兴。2005 年，国务院《关于加强文化遗产保护的通知》（国发〔2005〕42 号）对非物质文化遗产官方定义是："指各种以非物质形态存在的与群众生活密切相关、世代相承的传统文化表现形式，包括口头传统、传统表演艺术、民俗活动和礼仪与节庆、有关自然界和宇宙的民间传统知识和实践、传统手工艺技能等以及与上述传统文化表现形式相关的文化空间。"

护获得了官方认可的合法性地位。民间信仰还与构建社会主义和谐社会、社会管理创新等一系列现实问题有着深层而紧密的联系。此外，当前外来宗教传播日益兴盛，境外许多不同类型的教会组织制定了传教战略目标和规划，其针对中国草根阶层和西部地区，实施"松土工程"、"西进计划"等，试图以地下宗教占领民间信仰空间。因此，从民间信仰视角考察制度性宗教在乡村社会的传播与演变状况，研究如何保存中国传统文化底层根基，探索多元文化和谐共生，多民族多宗教和睦相处等重大主题具有重要的实践意义。

3. 研究青海多民族民间信仰的学术与实践价值

区域是一种便于操作的概念工具和分析单位，许多宗教传播多发生在一个空间范围之内。当前许多学科和学者的研究视角实现了"眼光向下的革命"，已从中心移向了边缘，从主流反向支流，从经典回归世俗。从研究的对象来说，从重点研究国家、精英、经典思想，转向同时研究民众、生活、一般观念；从研究的空间来说，从重点研究中央、国家、都市，转向兼顾研究区域、边地、交叉部位。[①] 宗教学在这方面的反应，虽有少数具有宗教学背景的学者开展了一些研究，但总体而言远比哲学、文学、历史等领域相对迟缓。为此，笔者试图利用青海这一特殊的地理和文化区域内的多民族民间信仰开展研究和探讨。

青海是黄土高原、青藏高原交汇地区，是黄河流域中人类活动较早的地区之一。青海作为西通新疆、南接西藏、北去蒙古、东往中原的中间站，是连接祖国边疆与内地的重要通道。青海历史上处于中原儒道文化、西藏佛苯文化、西域伊斯兰、北方草原萨满文化的交融地带，属多元文化汇集地、多个文明叠合区。当代青海每一个民族文化，都是历史上多民族或多地域的层层累加或相互融合而形成的。在历史长河中，古羌人、月氏、突厥、匈奴、党项、回鹘、鲜卑、吐谷浑、吐蕃等族先后驻足青海，频繁迁徙，交流交融。元明清以来形成了汉、藏、回、土、蒙古和撒拉族六个世居民族为主的儒释道文化、藏传佛教文化和伊斯兰文化"三大文化圈"格局。特殊的自然和地理位置、多元文化的传播，使青海民间信

---

① 参见葛兆光《思想史研究课堂讲演录：视野、角度与方法》，生活·读书·新知三联书店 2005 年版，第 18 页。

仰呈现出多元性、包容性特征。青海在自然环境、人文生态等方面是一个多元因素共存的区域单位，适合展开多民族民间信仰互动研究。本著作以多样自然和多元人文环境并呈的青海地区为例，研究当地多民族民间信仰互动和共享等现象和深层次原因或动力，但研究时以大区域史作为参照，适时跳出当前行政区域限制，考虑甘、青、藏地区历史文化的相联性。

民间信仰不仅仅指某一群体的信仰，更是指在某一个生活空间中的信仰。民间信仰是承载、融合多元文化的载体之一。以青海为例，从宗教学、人类学、民俗学角度探讨青海民间信仰，具有一定的学术和现实价值：一是以青海为研究区域，调查、记录、梳理和整理一些如藏族、土族、撒拉族、东乡族、保安族等少数民族鲜活的民间信仰资料，不仅可以系统地向世人展示青海民间信仰的独特魅力和永恒价值，而且还能够为学术界研究原始宗教和民间信仰提供部分新的田野资料；二是在描述青海民间信仰历史发展形态和现实存在状态的基础上，全面阐释多元文化背景下民间信仰的内在生存机制，有助于我们更好地看待在多元文化交融中多民族民间信仰如何共生、互动、磨合、采借和融合，进一步为构建和谐社会提供文化实例；三是通过青海民间信仰，我们不但可以窥视出多元文化交融下不同群体的现实处境和心理情态，而且还可以看出青海多族群间族际关系与文化共享的缩影，发现基本规律，进而为多民族地区民族团结、文化理解、宗教和睦提供一些理论支撑。

五　研究的主要内容、视角方法、创新之处及不足之处

1. 研究的主要内容

本课题研究的主要内容含以下几个方面：一是梳理、比较、修正了部分国内外学者对民间信仰概念的定义，并对青海多民族民间信仰的自然人文生态语境进行了分析。二是初步梳理和分析了青海丰富混杂的多民族民间信仰现实图景和文化特征。三是探讨了民间信仰与国家正祀、制度性宗教在青海的互渗与聚合状况。四是重点探讨了民间信仰与民间社会控制、村落历史记忆等之间的深层次关系。五是回顾了1949年以来青海民间信仰历史变迁中，发生的国家力量对民间信仰冲击、借用及官方与民间社会的博弈等诸多问题，最后对青海多民族民间信仰与地缘性多元文化和谐共

享之间的内在关系进行了一些思考。

2. 研究视角与方法

民间信仰是一种立体化的社会文化体系，民间信仰现象并非固化的、静止的、停滞的，而是一直处于流动与变化当中，这需要我们从纵向、动态、过程的视角来理解民间信仰。本文集中探讨了历史上国家正祀、多种宗教与民间信仰互动，分析了民间信仰的社会控制和历史记忆等功能。因此，本课题中主要运用了宗教人类学、历史人类学、解释民俗学等学科视角和理论研究方法。

（1）文献与田野，宏观与微观结合

历史和现实是民间信仰的基本视角，比较和田野调查是本课题的基本研究方法。在借鉴相关学科理论与方法时，笔者将保持自己学科自觉，强化宗教学学术取向，在成果中尽量彰显宗教人类学的理论价值。本著作扩大了学术视野，采用了田野考察与文献解读相结合的研究方法，努力实现了文献资料与田野考察之间的有机统一。所使用的文献主要包括甘青地方史志、档案资料、内部资料、民间手抄本、碑刻铭文等。遵循人类学与民俗学田野调查规范，笔者 2000 年至 2014 年深入青海多元文化交流频繁地区如贵德、民和、循化、同仁等地进行了多次田野调查，对海西、玉树、果洛等地进行了选点性调查。通过参与观察与无结构访谈的方式，获得了关于青海多民族民间信仰神祇与仪式的大量影像、录音、访谈笔记等第一手资料。

笔者在研究方法上采用了整体性与专题性研究互补，宏观与微观相结合，普遍与个别相结合，使青海多民族民间信仰的考察具有现场感和深入性，历史事实更具真实性。第一，除了将青海民间信仰的考察与区域发展、国家力量的干预、多元宗教的演进、民间信仰的历史重构等多种因素结合起来以外，还深入细致地研究了青海民间信仰体系内部各要素之间的关系，没有孤立地研究神祇或者巫术禁忌。第二，本课题不仅研究青海多民族民间信仰的静态结构，还涉及其变迁及发展趋势。从触摸可及的实际和特点出发，既有某镇某乡某村某人的典型调查和个案访谈，还有在大视野下考察民间信仰的图景，从微观图景中折射出大历史，从一定侧面反映了青海民间信仰的特殊性和多样性。

（2）纵向与横向立体研究

青海是个多民族多宗教地区，中原儒道文化、西藏佛苯文化、西域文化、北方草原文化等多元文化在青海共生共存，甚至互补共融。多元文化互相影响，互相渗透，形成了一种表现在民间信仰上的多元文化重叠与组合。本著作结合历史文献与田野调查，既留意宗教信仰的源流与历史变化，也照顾到了眼目所及的现象；既微观地探查一地之活动，也宏观地考察大范围的整体样貌。通过对处于农耕游牧交汇区青海多民族民间信仰的尝试性比较，对青海多民族民间信仰进行了时间、空间上的比较，较深刻地理解了多元文化交融地区青海民间信仰的特征。

3. 研究的主要观点、创新之处及不足之处

（1）主要观点及创新之处

本课题的主要观点及创新之处如下：一是在前人研究基础上，首次对青海民间信仰及其与国家正祀、多宗教间的互动进行了较全面系统的研究。对青海这一中国典型的多元文化交融、多民族相互嵌入聚居区域中的多民族民间信仰互动状况进行了初步的整体性研究，研究视角及研究内容具一定新颖性和原创性。认为青海民间信仰作为一种文化体系，在多元文化交融地带，其中所含的文化元素消长，与周边制度性宗教和多元文化的演进息息相关。青海多民族民间信仰深受多元文化影响，经过千百年的历史碰撞、变迁、磨合和传承，锻炼和升华出了原始性、功利性、农事性、神秘性、世俗性、共享性、重叠性和融合性等特点。二是认为多民族共居的地区，民间信仰中的神祇和仪式作为一种象征、一种文化边界，但由于生存合作需要和民间信仰的神圣性，常常能打破村落和族群界限，促进村落间的合作，不同族群间的文化互信，增强地方认同感和凝聚力。民间信仰仪式或活动，某种意义上象征着实现经济生产联合和不同层次的文化交流合作，展示了多个族群和多元文化系统并存的场景。三是民间信仰具有草根性、区域性和历史性，许多制度性宗教在普通民众中传播时与民间信仰发生了种种关系并受其影响。民间信仰固定内核是"神圣性"，具有强大的摄融性和旺盛的生命力，在国家精英文化或制度性宗教的改造和替代努力下，不断调试、吸纳和重构。

总之，青海多民族民间信仰历史文献资料相对其他地方匮乏，本课题运用宗教人类学、历史人类学、解释民俗学等多学科研究方法对青海民间

信仰的历史与现实进行了较为系统的论述，基本达到了历史文献、田野调查两者有机统一。

（2）不足之处

本课题研究不足之处：一是本课题涉及的地域范围广，研究内容庞杂，研究青海民间信仰的国内外文本资料也相对稀少。虽在有限的时间内完成了青海多民族民间信仰与国家正祀、多元宗教互动，民间信仰与历史记忆、社会控制等内在关系的研究，但仍觉文本分析有待提升，微观社区和个案性田野调查需进一步增加深度。二是青海民间信仰内容和体系庞杂，其中有些神灵与仪式直接来源于制度性宗教，制度性宗教经典在民间信仰中流变及碎片化，需进一步梳理和辨析。三是青海回族、撒拉族、东乡族等部分民族虽然信仰伊斯兰教，但由于受原有信仰和周边民族信仰影响，一些社区仍存在原生性民间信仰（萨满教）或使用巫术现象。笔者和其他课题组成员虽运用了一定的访谈技巧，谨慎的写作态度，但由于相关话题具敏感性，获取的相关田野调查资料相对较少，有些调查内容因基于坚守学术伦理道德规范、尊重调查者要求等原则性问题考虑，主动舍弃。四是对青海玉树、果洛、海西等地民间信仰调查时，虽聘请了具有专业水准的翻译，进行了较为深入的调查，但由于这些地区民间信仰内容丰富庞杂，调查获取的资料仍为沧海一粟。

第一章　青海多民族民间信仰的生存语境

　　民间信仰作为一种地方性知识，由多元文化层层累积和融合而成。一定区域的多民族民间信仰是一定区域文化的重要特征，并与历史上外来宗教传播、地理环境、移民来源、经济形式、生产力水平的关系都十分密切。民间信仰演变与发展处于时间和空间动态变化当中。不同的自然地理环境和人文语境孕育出不同的地域文化或信仰文化类型。"宗教是在最原始的时代从人们关于自己本身的自然和周围的外部自然的错误的、最原始的观念中产生的"[①]，而且"任何历史记载都应当从这些自然基础以及它们在历史进程中由于人们的活动而发生的变更出发"[②]。青海多民族民间信仰的建构依托于青海地区的生态环境、宗教文化、历史语境和民众的思维逻辑，显示了其鲜明的地域文化特征。

第一节　青海多民族民间信仰的自然语境

　　不同的自然地理环境对当地民间信仰特征有着决定性影响。青海省位于青藏高原东北部，东西长约 1200 公里，南北宽 800 公里，面积为 72 万平方公里。从全国地理位置来看，青海东部和北部与甘肃省相接，西南部毗连西藏自治区，东南部接邻四川省，西北部毗邻新疆维吾尔自治区。青海平均海拔 3000 多米，全境均属高原范围之内，一半以上的地区海拔超过 4000 米。境内地貌多样，地形复杂，山脉逶迤，河流纵横，湖泊棋布。昆仑山横贯于中西部，唐古拉山矗立于青南草原南部，祁连山峙立在柴达

---

　　① 中共中央马克思恩格斯列宁斯大林著作编译局编译：《马克思恩格斯选集》第 4 卷，人民出版社 1995 年版，第 250 页。

　　② 中共中央马克思恩格斯列宁斯大林著作编译局编译：《马克思恩格斯全集》第 3 卷，人民出版社 2002 年版，第 23—24 页。

木盆地南部。柴达木盆地浩瀚无垠，青南草原起伏绵延。地质学界一般将青海的地形分为柴达木盆地、青南高原和祁连山地三个自然区域。黄土高原、青藏高原和内陆盆地三种地形在青海共生，西北干旱荒漠区、东部季风区和西南青藏高寒区中国三大气候区在青海交汇。①

青海行政区划沿袭了中国古代行政区划分原则，山川形便、犬牙交错和内外轻重，具有行政区划与自然区域相统一和完整性。日月山是青海农牧区的天然分界线，东边是农业区，西边则是牧业区，物产丰富，禀赋特别。青海远离海洋，属于典型的高原大陆性气候，年平均气温 - 5.8℃ ~ 8.6℃。青海境内河流密布，雪山冰川资源富集，是黄河、长江、澜沧江和黑河等著名大江大河的发源地，素称"中国水塔"。

青海境内高山与大川相依，湖泊和冰川互连，草原与大漠相望，构成了一个多元性的生态屏障。迥异的自然环境必然会孕育出丰富多彩的地方文化，甚至不同的社会群体，文化多样性在此显露也是必然。② 受地理生态上多样性影响，青海民间信仰整体特色上呈现出多元性和丰富性。近山者崇山，近水者祀水，周边山岭、植物等都成为青海多民族崇拜的对象。如青海地区山脉众多，因此民间信仰中山神崇拜尤为盛行，并在自然崇拜的基础上融入了祖先崇拜、灵魂崇拜、英雄崇拜等内容。民间认为每一位山神都有自己的辖区，职能广泛，既能带来灾害，又能赐予福祉。例如，洛地区的阿尼玛卿（a myes rma chen）等神山，玉树称多县地区的嘎朵觉吾（ska stod co bo）等神山，海西都兰地区的诺云宏萨等神山，天峻地区的阿尼汪什达（a myes bong stag）等神山，循化地区的阿尼达杰（A myes dar rgyal），共和县地区的论布赛钦（blon po gser chen），湟中地区的阿米吉日（a myes skyes ri）、阿米果什则（a myes sgo rtse）、阿米扎拉（a myes dgra lha）、阿米觉娜（a ye jo na）、阿尼夏格日（a myes zhal dkal）、娘勒（snying ri）等神山，贵德地区的阿尼申宝（a myes srin po）、阿妈索格（a ma zo dgu）、阿尼巴泽（a myes vbav tse）等神山，乐都地区有阿伊桑曼（a ye sngs sman）、桑栋念波（seng gdong gnyan po）、扎纳公波（brag nag mgon po）、桑朵（sngs rdo）等神山，同仁地区有阿米夏琼（a myes bmya khyung）、瓦宗日朗（a myes ba brdzong）、阿米吴山（a myes

---

① 参见张忠孝《青海地理》，科学出版社 2009 年版。
② 韩昭庆：《青海历史文化多元性及地域文化命名》，《攀登》2006 年第 5 期。

buvu hran)、达尔加（a myes dar rgayl）、贝哈日朗（be har ri glang）、阿米德合隆（a myes stag lung）等神山，祁连地区有阿米东索（a myes gdong zo）等神山。此外，由于青海大部分地区地处高寒、地势起伏，大气对流活跃，常出现狂风、雷暴、冰雹和霜灾等自然灾害。据《青海自然灾害》一书统计：清代，青海西宁和海东地区共发生各类灾害564次，占灾害总数的96%，其中以雹灾最多（162次），洪涝灾次之（153次），再次为干旱（134次），即76%的灾害与降水有关。气象灾害中的旱、洪、雹灾和低温霜冻为511次，占气象灾害的96%。1957年至1990年的34年气象记录量化分析，青海轻旱、旱、大旱三级受旱年份为80%，流传着"十年九旱"之说。① 因此，青海农区一些村落遭遇干旱、狂风、冰雹时，常常利用民间信仰仪式手段去缓解水旱雹霜灾害带来的焦虑和无助，应对战争、疾病引起的恐惧。祈雨禳灾便成为青海农区乡村生活中重要的民间信仰活动，尤其在生产力落后，自救能力低下的近代以前，围绕抵御"旱灾"、"雹灾"等的民间信仰仪式活动颇为盛行。玉皇、观音、关帝、文昌、二郎神、龙王等都被认为是具有降雨职能和镇雹霜之责的神灵。

明清以来，在青海地区县、厅的治城以及人口集中的乡村，都修建有供奉相关神灵的庙宇，以祈求风调雨顺，五谷丰登。如西宁城西、北门外等多处建有龙王庙，西宁县东关雷鸣山有雷祖庙，城西通济桥东有海神庙，城北香水园有雹神祠。此外，西宁还有海神、河神、龙神、泉神等祠庙。大通、循化、贵德、化隆等地都建有城隍庙、真武庙、龙神祠、魁星楼、文昌宫、火帝庙、马神庙、子孙娘娘庙等。历史文献记载在青海河湟流域有许多祈祷雨水之地，如金山（"上有潴池，雨多则内有积水，能出云雨，居民遇旱祷之"）、黑龙池（"深九尺，宽四丈八尺，居民遇旱到之"）、龙泉（"邑民遇旱，辄祷之"）、湫泉（"遇旱祷之有雨"）、大泉（"周丈余，深不可测，中有无鳞鱼，居民遇旱祷之"）、娘娘山（"遇旱，远如狄、河之民亦来祈祷"），等等。也有因风灾而祈祷的记载，如"风岩，在小峡口山。山半有岩，下临湟水，每起大风，居民祷之"②。青海

---

① 参见史国枢主编《青海自然灾害》，青海人民出版社2003年版，第7页。
② 参见青海省地方志编纂委员会编，王昱著：《青海省志·建置沿革志》，青海人民出版社2001年版，第1047—1083页。

农业区供奉的村落保护神也多为水神，如二郎神、龙王等。青海农村牧区诸多大小江河湖泊，如黄河、青海湖、茶卡盐湖、托素湖、哈拉湖、星宿海、扎陵湖和鄂陵湖等，多被当地农牧民视为神湖、神水、天池，虔诚膜拜祭祀，其中祭祀青海湖、茶卡盐湖的仪式尤为壮观隆重。

第二节　青海多民族民间信仰的人文语境

青海北经甘肃通内蒙古、西过新疆通中亚、南经西藏通南亚、东南可达川滇等地，在文化地理上具有内陆—边疆、边疆—内陆的双重特性，地理位置和军事地位非常重要，常常是各种军事力量和政治势力拉锯式争夺或互相抗衡的地方。历史上，西宁"逼介青海，环拱诸番，径通准夷，南达三藏，自古为用武之地"①，羌中道、丝绸之路南线等是东西方文明的重要交通线，其中唐蕃古道在青海境内就长达 1500 多公里。在几千年的历史演进中，青海成为民族纷争和部落割据的重要地域，成为历代中央王朝通往西部的交通要冲和边陲要道。历史上西戎、羌、氐、匈奴、鲜卑、吐蕃、回鹘、党项、蒙古等多个民族在青海先后汇集、驻足或迁徙，产生了南凉、吐谷浑、唃厮啰等多个地方割据势力。今天的青海，已经将历史上许多部族融合为汉族、藏族、回族、土族、撒拉族、蒙古族、保安族等多个民族，在这里以大杂居、小聚居的居住形式共同生活、相互交流。

青海文化属于多向交汇传播型文化，由于历史上频繁的多民族入驻迁徙及外部政治社会等因素的影响，在长期的历史演变中，中原儒道文化、西藏佛苯文化、西域伊斯兰文化、北方草原萨满文化四大文化圈在这里共生交融。不同文化在青海地区不同历史时期扩展、壮大与衰落以及在空间结构上变化，反映了多元文化在青海推进与后退的历史。受多元文化互动

---

① （清）杨应琚：《西宁府新志》（凡例），李文实校勘，青海人民出版社 1988 年版，第 64 页。地方文献还记载："河西之地，东极黄河，南极昆仑，西极嘉峪，北极紫塞，中设五道，沿边而列于北，西宁独列于南，中隔祁连，自庄浪岐而入焉。汉初谓之湟中，今为西宁军民指挥使司，本西戎之地，海寇、番、回杂居逼处，实当四面之冲，无一郡为近援。……其地东北接庄浪；东南逾河，远通临巩；西极海隅，遂入荒服；南阻黄河，河外则属番彝；北隅祁连，山外则属凉、庄。势如斗城，内则彝、汉星列，周围番帐云集，融和少违，干戈满目。"〔（清）苏铣纂修：《重刊西宁志序》，载于中国西北文献丛书编辑委员会编《西北稀见方志文献》第 55 卷，兰州古籍书店 1990 年版，第 3 页。〕

与融合影响，青海多民族民间信仰成为多元文化交融层叠的活化石，呈现出原始性、多元性和移民性等特征。多元的文化氛围导致了信仰的多元化，即多种信仰共存，青海地区苯教、藏传佛教、伊斯兰教、道教、基督教、天主教、萨满教等宗教文化共生共存、交相辉映，有些相互融合在民间信仰当中。

多元文化间的相互交流与吸纳，常常催生出新的亚文化中心。因此，青海多元文化曾对甘肃、宁夏、青海、西藏、内蒙古等地政治文化、汉蒙藏等重大民族关系产生过重大影响。如无弋爰剑在公元 5 世纪中叶进入青海，在河湟地区发展农牧生产，繁衍子孙，其后裔遍及青海、西藏、甘肃、四川等地。自汉武帝时期起，汉族通过从军、屯垦、移民等途径从内地迁居青海东部地区，汉文化日益盛行，到汉末出现赵姓、郭姓、麴姓、田姓等大家族，曾对曹魏政权产生了重大影响，特别是郭氏闺秀明元郭太后影响曹魏政权几十年。至明清，青海成为中央政权联系蒙藏的中间缓冲区域。被称誉为"第二佛陀"的格鲁派创始人宗喀巴、清朝国师三世章嘉、喜饶嘉措、根敦群培、十世班禅等对藏传佛教及汉藏文化交流产生过重要影响的高僧大德，多出生或活动在青海。佑宁寺、塔尔寺、隆务寺、广惠寺、夏琼寺、丹斗寺、白马寺等重要藏传佛教寺院也坐落于此。伊斯兰伊赫瓦尼、虎夫耶、嘎的林耶、哲赫忍耶和库布忍耶等重大教派或门宦在青海或青海周边地区由外向内聚合，或由内向外辐射传播。

由于青海地理环境复杂，民族众多，文化多元，使得青海多民族原始信仰、宗教信仰和民间信仰都非常富有特色。尤其青海河湟地区居于周边多元核心文化势力边缘的语境，决定了青海多民族民间信仰神祇与仪式的多样化和混融化形态。青海多民族民间信仰在其原始宗教信仰的基础上，一方面受到不同制度性宗教的摄融或排斥，另一方面自身也不断吸收制度性宗教、不同民族和相邻地域的文化元素，形成了自己的地域和民族特色。青海多民族民间信仰既有自然神崇拜，又有先贤人物等崇拜，还有灵魂、巫术崇拜，许多崇拜神灵或设施成为藏传佛教、中原儒道文化融合的载体。如西宁、湟源、乐都、循化、贵德等地由于在历史上军事、政治、文化地位突出，其各类神庙宇分布较广，有雷祖庙、马神庙、火神庙、北斗宫、文昌阁、文昌庙、龙王庙、海神庙、河源神庙、星宿神庙、昆仑山祠、雹神祠、魁星楼、三皇殿、玉皇阁、水土司、八蜡祠、风云雷雨山川坛、社稷坛、关帝祠、城隍庙、三师殿、药王宫、廐神庙、财神楼、菩萨庙、炎帝宫等。

　　虽然青海及周边地区的行政区划在历史上经历多次变化，但青海多民族民间信仰内容和仪式仍与周边信仰文化有着历史文化关联性。甘青交界地区如青海民和、互助、乐都等地一些村落保护神在民间传说中是周边村落保护神的分身，或是从周边村落偷来的。青海民和等地一些村落举行庙会等活动时，也要按照旧俗从甘肃永靖、永登等地邀请法师、法拉等神职人员。因此，在本课题中，笔者主要从文化关联性的角度考察青海多民族民间信仰，以当前青海地域范围特别是青海河湟流域为研究重心，兼顾周边地区，并考虑更宏大的历史、地域文化联系，如在考察历史上"祭青海湖"、"祭西王母"、"祭河源"等重要信仰事项时，将跳出青海地理区域概念，进一步关注青海多民族民间信仰的辐射性、摄融性。

第二章　青海多民族民间信仰
源头与现实图景

青海作为一个多元互补的整体性文化区域，呈现出多元化、多重性等特征。但青海多民族民间信仰的最初源头，是考古文化和历史上曾经进驻过的各民族的原始信仰文化，这些考古文化和原始信仰文化对青海多民族民间信仰起着奠基性的作用，成为青海多民族色彩斑斓的民间信仰的底色。随着外来民族和宗教在青海不断并且持续地进入，经过与青海地区原初固有文化的长期交融、互摄与演变，逐渐形成了今天青海多民族民间信仰的多元化特征。

第一节　青海多民族民间信仰的源头

"原始人的宗教，不但是整个人类宗教的发端，在一定意义上，也是人类社会各种文化的源泉。"① 民间信仰的最初源头就是原始宗教，原始宗教对民间信仰的历史发展走向，发挥着基点与导向的功能。青海是一个多元文化汇聚的地区，当代青海多民族民间信仰与青海考古文化中的原始宗教遗迹，以及历史上迁徙驻足在青海的各民族的原始信仰和巫术，有着千丝万缕、难以割断的文化联系。

一　青海考古文化中的万物有灵信仰

人类早期都是相信万物有灵的，这已为考古学和人类学的研究所证实，而万物有灵则是原始信仰的一种典型样态。从公元前5000多年至公

① 《中国各民族原始宗教资料集成·考古卷》（总序），中国社会科学出版社1999年版，第1页。

元前 2000 年的考古文化中的彩陶、石器、骨器、青铜器以及墓葬形制及随葬品，可知当时在青海居住的人群已有原始信仰观念。从距今 5600—4000 年之间的宗日文化中常见的二次扰乱葬，祭祀用的墓上建筑，都说明了灵魂观念在当时已然盛行。公元前 2225±140 年左右的齐家文化墓葬有单人葬和合葬，其中仰身直肢葬最普遍，次为曲肢葬、俯身葬、二次葬、侧身葬、瓮棺葬等，人骨涂红是齐家文化墓葬的重要特征之一。① 这都表现出青海原始信仰，相信人有灵魂。公元前 1600 年至公元前 740 年的卡约文化最为流行的葬俗也是二次扰乱葬，约占总数的 70%，即在埋入地下一段时间后，再将墓挖开，扰乱尸骨位置，打碎或取走部分尸骨。这种葬俗可能含有让灵魂升天或得到某种解脱的意味。卡约文化的葬式中更为引人注目的是人殉、人祭、牲殉、牲祭现象大量出现。② 循化阿哈特拉墓地殉人墓墓主多为男性，都有大量随葬品，并以在棺板上和二层台上放置大量羊角作为财富的象征。③ 西宁市湟中县潘家墓地，"人殉的墓葬占发掘墓葬总数的百分之十之多，一墓中人殉一般一至三人"④。被杀殉人的地位很低，其骨骼的肢骨和脊椎骨上多有绳子绑缚的痕迹，有的作跪状，有的侧身而卧作挣扎状。喇家遗址发现的多种祭祀功能的祭坛，意味着当时青海部分地区若干聚落或群落已经共同纳入了同一个宗教信仰体系当中，举行同一的宗教仪式。青海省大通县上孙家寨遗址中的舞蹈彩陶盆场景，与当今青海河湟地区众多法师娱神和六月会的舞蹈甚为相似。以上青海境内考古出土的大量文物表明，青海地区远古原始信仰是青海多民族民间信仰产生、发展、变异和流播的底层和基础。

二　青海历史上多民族中的图腾信仰

图腾是某种社会组织或个人的象征物，它或是亲属的象征，或是祖先、保护神的象征，或是作为相互区分的象征。⑤ 图腾的象征物既可以为动物或植物，也可为自然现象或非生物。如《山海经》中记载："西王母

　　① 参见汤惠生、张文华《青海岩画：史前艺术中二元对立思维及其观念的研究》，科学出版社 2001 年版，第 2—8 页。
　　② 崔永红、张得祖、杜常顺：《青海通史》，青海人民出版社 1999 年版，第 16 页。
　　③ 许新国、格桑本：《卡约文化阿哈特拉类型初探》，《青海考古学会会刊》1981 年第 3 期。
　　④ 青海省文物志编辑委员会：《湟中、湟源县文物志》，1991 年内部编印，第 34 页。
　　⑤ 何星亮：《图腾与中国文化》，江苏人民出版社 2008 年版，第 6 页。

其状如人，豹尾虎齿而善啸，蓬发带胜，是司天之厉及五残。"① 西王母虎齿、豹尾、善啸等特征带有浓厚的图腾崇拜文化元素。又《后汉书·西羌传》记载：河湟羌人始祖无弋爰剑在逃亡藏匿岩穴中时"秦人焚之，有景象如虎，为其蔽火，得以不死"②，后诸羌以为无弋爰剑是老虎保佑的神人，将其推举为首领，这带有浓厚的图腾崇拜色彩。湟源县大华中庄出土的青铜鸠首牛犬杖首，在鸠头状杖銎之上，一端塑铸一条昂头翘尾的猛犬，另一端塑铸一头耸肩奋力的母牛，牛犬相向而立，作欲斗状。母牛腹下又有一正在吮乳的牛犊却神态安然。③ 这不仅仅是一件艺术品，其中还蕴含着宗教意象，具有图腾意味。马图腾在古代鲜卑等民族信仰中也影响深远。如慕容廆遣慕容翰袭击段部，攻入令支，夺取名马宝物。慕容廆自己有骏马曰赭白，有奇相逸力，感知吉凶，慕容廆铸铜以图其像。④

青海一些村落在举行防雹仪式时，也将白虎、黑虎灵官祭、九天圣母等防雹神灵名字写在一个柏木桩上，并与黑碗等物一起混合插在一个坑中，民间认为白虎对恶魂有恐怖威吓的作用。⑤ 每年农历十一月二十日，黄南藏族自治州年都乎村民都要在本村举行跳"於菟"的民间信仰活动。村中事先挑选的七名男青年扮"於菟"，赤裸上身，挽起裤腿，法师用墨汁在其脸上绘虎头像，上身和小腿部画虎皮斑纹，手执两根长约 1.6 米的带钩木棍，在法师引导下于村庙门前列成一队跳虎舞，其舞姿与虎行相配合，单腿、垫步和吸腿跳跃，狂奔下山。人们在村口鸣炮，驱赶"於菟"，"於菟"则舍门越墙翻入各家院落，将寻觅的肉食衔在口中，摇头摆尾似老虎吞食状。若遇卧床不起的病人，则跳跃上床，从病人身体上面跨越数次，以求祛除病魔。最后，"於菟"们集结于巷道跳跃出村。村民们将事先准备好的"曲连"馍不时套于"於菟"手持的木棍上，并送至村口，再次鸣炮驱赶。"於菟"们装作惊恐，逃窜至河边，洗净身上的所有虎纹。这时，法师举行诵经祈祷活动。"於菟"们住在附近磨房，享用"掠来"之物，隔两天才回村中。⑥ 与年都乎跳"於菟"的活动相似，每

---

① 《山海经·山经柬释》卷2。
② （宋）范晔：《后汉书·西羌传》，中华书局1965年标点本，第2875页。
③ 崔永红、张得祖、杜常顺主编：《青海通史》，青海人民出版社1999年版，第15页。
④ （唐）房玄龄等：《晋书》，中华书局1974年标点本，第2838页。
⑤ 参见房建昌《土族地区的白虎祭》，《西北民族研究》1990年第2期。
⑥ 马光星、辛玉琴：《土族"於菟"舞与三江源地区的虎节》，《青海师范大学学报》1996年第4期。

年正月十五日晚，乐都、互助等地一些村民举行"四只虎"驱邪习俗。届时村中老者在村庙中将胡麻草拧成的草绳缠绕在四位扮虎者的身上，并在其头部两侧各插象征老虎耳朵的一把香，草绳空隙间也插上香，嘴上叼一只象征"老虎"舌头的红布。然后向扮虎者敬酒，嘱咐其为全村驱鬼除邪，保佑全村平安吉祥，并禁止其开口说话，向其磕头。在场众人也向"老虎"磕头祈祷，同时点燃"老虎"身上的香柱，"老虎"在村民"老虎进村了"的高呼声中开始向村内巷道穿行。每到一户村民家门口时，这家全体成员燃放鞭炮迎接，并敬献哈达，将案桌上的糖果、酒肉敬散众人。"老虎"进门后，围绕院子中央和每个房间驱赶藏匿的鬼祟。为每家每户依次驱鬼除邪后，四只"老虎"来到村外十字路口，将身上的草绳脱下焚烧，表示赶走铲除了一切鬼祟。然后村民们跪地磕拜，在鞭炮声中，宣告一年一度的驱邪仪式结束。[1]

　　在青海柴达木地区一些岩画和海东乐都等地出土的彩陶中常出现蛙纹或蛙图案。如在青海天峻县卢森岩画点上，就有刻有群蛙欢噪情景的岩画。又如柳湾彩陶中蛙纹常饰在彩陶壶、瓮的腹部，其中大量的图案是由一组相对的圆圈纹和一组相对的变态蛙纹组成的。笔者认为这类纹饰的反复出现，有力说明了当时人们对蛙的浓厚兴趣以及崇蛙之风的盛行。[2] 在苯教中蛙具有制御强暴凶猛等巫术功能，至20世纪初仍在流行，有些持密咒者为了复仇雪恨，将糌粑捏制成"朵玛"（gtor ma）投喂青蛙，激使它完成诅咒任务。他们认为这是绝对难以回转的最威猛的诅咒法。[3] 根据民间神话和调查资料，青海汉、藏、土等民族民间信仰中不同程度保留着蛙图腾的崇拜遗风，流传着许多关于蛙与本民族息息相关的神话传说。如《龙神青蛙》是流行于青藏高原的图腾及守护神神话，并有不少变异神话体。格萨尔英雄史诗的《征服大食》部的描述较为古朴，称其为居于龙神之湖的青蛙，被梵天抛往天空，坠地后身碎肢离，脑浆化作穆神的白色圣山，眼珠变成叫作蝙蝠白骝的千里驹，毫毛被风带往神山化为十三棵古柏，溅在地上的血变成环绕神山的十三个湖泊，骨骼变成人们向往的神山即岭国的圣地阿尼玛卿雪山。[4] 土族神话传说中蛙与开天辟地、万物形成

　　① 马达学：《土族民间文化遗产"四只虎"》，《青海日报》2007年6月22日。
　　② 鄂崇荣：《试论中国少数民族中的蛙崇拜》，《青海社会科学》2004年第5期。
　　③ 参见吴均《论甘青彩陶纹饰中形等符号的演变》，《中国藏学》1993年第4期。
　　④ 参见多杰才旦主编《中国柴达木岩画》，青海民族出版社2013年版，第99页。

有密切的联系，青蛙甚至成为地球的支撑体。大通县黄家寨镇黄东、黄西
等村村民在每年春节跳社火时，脸上画上黄色和绿色的青蛙图形，蛙头朝
下，蛙身正居鼻梁，两手各捏一片骆驼骨制做的瓦状片，边跳边模拟青蛙
的扑跳动作，击打手中的驼骨瓦片，发出近似"呱"、"呱"的蛙鸣声。
当地晚上巡夜的人还要装扮成青蛙模样，在认为有邪魔出没的地方，打击
手中的驼骨瓦片，发出蛙叫声音，惊吓和驱逐鬼疫，祈求平安。① 在青海
汉族、土族、藏族、撒拉族等民族中流传着许多有关蛙的神话传说，蛙和
人成亲的故事在其中占很大比例，这些故事有可能是各民族间文化交流的
结果，源自一个神话母体。但不可否认的是，人蛙成婚的故事，突出了蛙
作为图腾最明显的一个特征，就是蛙与人的血缘关系。②

在青海漫长的历史时空中，图腾物作为吉祥物、崇拜物，领受过青海
远古先民虔诚的膜拜。而随着社会的发展和文化的变迁，蕴含着过去历史
与文化信息的一些图腾物在青海多民族中不断地被赋予新的内涵。

三 青海历史上多民族中的巫术信仰

巫术企图通过某些技术性行为控制大自然以及所有外界事物。历史上
许多民族几乎都利用巫术进行过信仰活动。吐谷浑人有原始的巫术，与漠
北匈奴、鲜卑等北方游牧民族传统的巫术相似。《晋书·吐谷浑传》记载
吐谷浑对乙那楼说："先公称卜筮之言……"卜筮即原始宗教的一种形
式。拓拔鲜卑也有"神巫"，专门卜筮未来之事。③ 与鲜卑同俗的乌桓人，
"敬鬼神，祠天地日月星辰山川，及先大人有健名者，亦同祠以牛羊，祠
毕皆烧之。饮食必先祭"④。《新唐书·吐谷浑传》也记载吐谷浑宣王以
"诈言祭山神"为名，阴谋劫走诺曷钵投吐蕃。此外，《晋书·吐谷浑传》
记吐延被羌酋姜聪刺死后，其子叶延十岁，"每旦缚草为姜聪之像，哭而
射之，中之则号泣，不中则瞋目大呼"。这种做法，属于一种模拟巫术。
这种巫术在古代匈奴人中也较为盛行，通常做木偶或草人以代表仇人，然

① 参见马达学《青海民俗与舞傩文化考释》，《青海民族研究》1999年第1期。

② 鄂崇荣：《试论中国少数民族中的蛙崇拜》，《青海社会科学》2004年第5期。

③ （梁）沈约：《宋书·索虏传》云："先是，有神巫诫开（拓拔圭），当有暴祸，讳诛清
河，杀万民，乃可以免。"此神巫即用卜筮之法，预测未来。转引自周伟洲《吐谷浑史》，宁夏
人民出版社1983年版，第130页。

④ （晋）陈寿：《三国志》，中华书局标点本1964年版，第833页。

后将草人倒埋于地下或钉在树上，并用刀剑刺杀或用箭矛刺射，认为仇人就会死去。隋唐时期，党项羌"三年一相聚，杀牛羊祭天"，"老而死，子孙不哭；少死，则曰夭枉，乃悲"①。

苯教有原始什巴苯（srid pai bon）和雍仲苯（gyung drung bon）两种宗教支派，即吐蕃王朝时期藏族全民所信仰的什巴苯与吐蕃晚期已成体系的雍仲苯。什巴苯衰落于公元 8 世纪下半叶，即赤松德赞晚年。②"苯"意为"祈祷者"、"司祭者"或"诵咒者"，什巴苯通指负责占卜、治病、诵咒、禳解、仪轨以及研究、处理世俗事务的巫师和巫教。什巴苯认为万物有灵，其思想不脱离三界神灵观念，即居于上天的赞神、住在地上的念神、伏于地下的鲁神这一神学思想。③ 其尊崇鬼神，常举行占卜、念咒、禳祓等仪式，重视杀牲祭祀，认为杀牲祭祀不仅可以取悦众神，使人免遭厄运求得幸福，而且能获得神的旨意和启示。随着吐蕃对甘青地区统治力量的加强，原始苯教文化中的一些巫术、仪轨在青海得以广泛传播和发展。

《新唐书·吐蕃传》中记载："重鬼右巫，事羱羝为大神"④，"赞普与其臣岁一小盟，用羊、犬、猴为牲；三岁一大盟，夜肴诸坛，用人、马、牛、间为牲。凡牲必折足裂肠陈于前，使巫告神曰：'渝盟者有如牲'"⑤。这段记载记述了吐蕃传统盟誓的情况，其中的杀牲祭祀是盟誓中很重要的活动，其目的是为了遍请众神作证，并由能通人神之路的"本波"遍告众神，请求它们对渝盟者折足裂肠，使盟誓具有人神共同监督的法律效力。⑥ 随着唐蕃间文化交流的频繁，中原占卜方法等一些祭祀仪式和信仰习俗在吐蕃传播，一些巫术仪式得到改革。如公元七世纪中叶以后，中原地方的"禳解法"传入吐蕃，被译成藏文，书名博唐。⑦ 如吐蕃大相结赞与唐修好结盟以牛马为牲时，唐陇右节度使张镒向结赞建议"唐非牛不田，蕃非马不战，请用犬、豕、羊"⑧，后来结赞听从了建议，盟誓时将牛马改为猪羊狗为牲。吐蕃佛苯之争后，一些苯教徒被驱逐到青

---

① （宋）欧阳修、宋祁：《新唐书》，中华书局标点本 1975 年版，第 6214 页。
② 参见桑杰端智《藏文化与藏族人》，甘肃民族出版社 2009 年版，第 24 页。
③ 同上书，第 15 页。
④ （宋）欧阳修、宋祁：《新唐书》，中华书局标点本 1975 年版，第 6072 页。
⑤ 同上书，第 6073 页。
⑥ 穆赤·云登嘉措：《藏传佛教与藏族社会》，青海人民出版社 1997 年版，第 23 页。
⑦ 孙悟湖：《唐代汉藏民间层面宗教文化交流》，《青海民族研究》2007 年第 3 期。
⑧ （宋）欧阳修、宋祁：《新唐书》，中华书局标点本 1975 年版，第 6093 页。

海等地区，这场事件在莲花生的传记中有着较为详细的描述："狐狸皮帽头上戴，半截皮鼓手中拿；一套面衣身上穿，肮脏饭食给彼尝；奔波罪习涤除尽，除邪送祟命不丧；木制鹿头插双角，纸糊牦牛面捏羊。"可见从那时起牲祭被禁止，一些苯教徒在祭祀时不得不用模型代替。这种遗俗在青海黄南同仁苏乎日等村仍以活态形式存在着。

唃厮啰时期，虽信奉佛教，但仍受原始信仰的深刻影响，如"不知医药，疾病招巫觋视之，焚柴声鼓，谓之'逐鬼'。信咒诅，或以决事，讼有疑，使诅之"①。这种原始信仰巫术活动在历史长河中具有坚韧而旺盛的生命力，至清乾隆年间，青海东部地区各族仍"习俗颇异，高上（尚）气力，轻视诗书，尚鬼信巫，乡饮不举"②。

四　青海历史上的"猫鬼"和"狗神"信仰

隋唐时期是中华文化发展繁荣的一个重要阶段，是中国历史上不同民族民间信仰相互传播交流加强，不断演变发展成形的一个重要时期，一些鬼神和巫术多定型于此。如当前青海广为流传的猫鬼神信仰就是隋唐时期"猫鬼"信仰的遗留。如《隋书》卷七九《独孤罗弟陁传》记载：

独孤陁字黎邪。仕周胥附上士，坐父徙蜀郡十余年。宇文护被诛，始归长安。高祖受禅，拜上开府、右领左右将军。久之，出为郢州刺史，进位上大将军，累转延州刺史。

好左道。其妻母先事猫鬼，因转入其家。上微闻而不信之也。会献皇后及杨素妻郑氏俱有疾，召医者视之，皆曰："此猫鬼疾也。"上以陁后之异母弟，陁妻杨素之异母妹，由是意陁所为，阴令其兄穆以情喻之。上又避左右讽陁，陁言无有。上不悦，左转迁州刺史。出怨言。上令左仆射高颎、纳言苏威、大理正皇甫孝绪、大理丞杨远等杂治之。陁婢徐阿尼言，本从陁母家来，常事猫鬼。每以子日夜祀之。言子者鼠也。其猫鬼每杀人者，所死家财物潜移于畜猫鬼家。陁尝从家中索酒，其妻曰："无钱可酤。"陁因谓阿尼曰："可令猫鬼向越公家，使我足钱也。"阿尼便咒之归。数日，猫鬼向素家。十一

---

① （元）脱脱：《宋史》，中华书局标点本 1977 年版，第 14163 页。
② （清）杨应琚：《西宁府新志》卷 11，青海人民出版社 1988 年版，第 289 页。

年，上初从并州还，陑于园中谓阿尼曰："可令猫鬼向皇后所，使多赐吾物。"阿尼复咒之，遂入宫中。杨远乃于门下外省遣阿尼呼猫鬼。阿尼于是夜中置香粥一盆，以匙扣而呼之曰："猫女可来，无住宫中。"久之，阿尼色正青，若被牵曳者，云猫鬼已至。上以其事下公卿，奇章公牛弘曰："妖由人兴，杀其人可以绝矣。"上令以㮷车载陑夫妻，将赐死于其家。陑弟司勋侍中整诣阙求哀，于是免陑死，除名为民，以其妻杨氏为尼。先是，有人讼其母为人猫鬼所杀者，上以为妖妄，怒而遣之。及此，诏诛被讼行猫鬼家。陑未几而卒。[①]

在开皇十八年（公元 598 年）五月隋文帝又"诏畜猫鬼、虫毒、厌魅、野道之家，投于四裔"，惩处和震慑畜养"猫鬼"等蛊毒之家，并将"猫鬼"列于诸蛊毒之首。可见"猫鬼"在当时有较大的影响，它的被禁具有普遍的意义。[②] 唐代，一些名医因深受"猫鬼"等蛊毒观念影响，将驱"猫鬼"等巫术手段用于治疗药方当中。如孙思邈的《备急千金要方》、苏恭撰定的《唐本草》都记载了多种医家防治猫鬼所害之病的处方。至清代猫鬼在甘青一带较为盛行，如清道光慵讷居士著的《咫闻录》（卷一）讲道："甘肃凉州界，民间崇祀猫鬼神，即北史所载高氏祀猫鬼之类也。其怪用猫缢死，斋醮七七，即能通灵。后易木牌，立于门后，猫主敬祀之。旁以布袋，约五寸长，备待猫用，每窃人物。至四更许，鸡未鸣时，袋忽不见，少倾，悬于屋角。用梯取下，释袋口，倾注柜中，或米或豆，可获二石。盖妖邪所致，少可容多，祀者往往富可立致。"[③] 现在青海许多地区猫鬼信仰依旧盛行，民间相传是一种"半鬼半神"的邪神，日常生活中如果对所供奉的"猫鬼神"毕恭毕敬，它还会帮助主人找来急需、所缺之物。如"猫鬼神"从别人家去偷肉、偷锅中的饭等的传闻也很多。"猫鬼神"反映了古代动物崇拜与蛊毒文化的融合，以及中原巫蛊文化符号在河湟流域等边陲地区的流动。[④]

青海民间信仰中除猫鬼信仰兴盛外，狗血、狗神（亦称狗头神、狗头精）在民间也较有魔力。狗神信仰的功能与猫鬼相似，如"主人不愿

① （唐）魏征等：《隋书》，中华书局标点本 1973 年版，第 1790、1791 页。
② 参见卢向前《武则天"畏猫说"与隋室"猫鬼之狱"》，《中国史研究》2006 年第 1 期。
③ （清）慵讷居士：《咫闻录》（卷一），重庆出版社 2005 年版，第 8 页。
④ 鄂崇荣：《"猫鬼神"信仰的文化解读》，《青海民族大学学报》2010 年第 1 期。

给你的东西，不敢随便拿去，因为拿去主人不愿意给的东西，他们的神狗头精必跟上去作祟，使你生病，或家中闹鬼，以致你拿去的东西送回去后，才得安然。这事虽属迷信，但亦不知其所以然"①。狗神信仰最为古老，东胡时就有，乌桓、鲜卑中盛行。②《新唐书·吐蕃传笺注》记载"犬为吐蕃图腾，唐人以为即其祖先"。《新唐书·吐蕃传》记载：吐蕃将军乞力徐在河西节度使崔希逸再三请求下，一同杀白犬立誓结盟，约定两国边将互不侵犯，并拆除屏障军垒，后唐朝违反盟约诏崔希逸出兵攻打吐蕃，乞力徐战败逃走。崔希逸因为失信，闷闷不乐，后任河南尹，不久他"与惠琮俱见犬祟，疑而死"③。在青海多民族民间信仰观念中，狗与狗血不但有镇邪驱鬼的神奇作用，而且有时还能起到镇灾祈雨的功效。如笔者2006年2月在青海乐都中坝乡调查时发现：1950年前，乐都中坝、高庙、洪水等地，如遇久旱无雨的灾情，就要下镇。下镇时需用一只活公狗，并将其绑紧活埋。等死后，阴阳先生用写有字符的黑碗扣住狗头，然后钉柏木桩，最后用石块在其周围堆起。④ 以犬作为牺牲，敬奉天地鬼神的习俗在殷商时代就很普遍，在甲骨文中就有"杀狗宁风"和"犬蛊祝"的记载，认为以犬祭祀山川、道路、城池等物，可以消灾避祸，驱除疫疾鬼魅。如《周礼·秋官·犬人》规定："凡祭祀，共犬牲……伏谓伏犬，以王车轹者。"⑤《史记》中也记载着类似的事情："（秦德公）二年，初作伏，祠社，磔狗邑四门。"⑥ "六月三伏之节起秦德公为之。故曰'初伏'……蛊者，热毒恶气，为伤害人，故磔狗以御之……按，狗，阳畜也。以狗磔于郭四门，禳却热毒气也。"⑦ 说开始设立"伏"这个祭祀节日，在祠中祭祀，又在郭城的四门杀狗，即涂狗血作"血衅"。在安多地区一些藏族村落仍盛行家中或门口埋死狗的习俗。⑧ 古藏文文献《释犬

① 载于《公道》1933年第1卷第6期；转引自吕建福《土族史》，中国社会科学出版社2002年版，第543页。

② 参见吕建福《土族史》，中国社会科学出版社2002年版，第543页。

③ （宋）欧阳修、宋祁：《新唐书》，中华书局标点本1975年版，第6086页。

④ 鄂崇荣：《对汉藏边界汉族民间信仰中神祇和仪式的田野调查——以乐都县中坝藏族乡为例》，《青海民族研究》2006年第4期。

⑤ 李学勤主编：《十三经注疏·周礼注疏》，北京大学出版社1999年版，第956页。

⑥ （汉）司马迁：《史记》，中华书局标点本1959年版，第184页。

⑦ 同上。

⑧ 参见察仓·尕藏才旦《西藏本教》，西藏人民出版社2006年版，第57页。

相》中还记载着如何根据狗的行为进行占卜的内容，现摘录如下：

> 途中遇犬，见其张口或打呵欠，表明一切顺利、年成好、无病
> 痛，凡事皆会成就；如果临行时，见犬坐于前而瘙痒，表明或有盗
> 贼、性命之忧；如果临行时，有犬于前撒尿，为得到饮食、无病、成
> 就事业之兆；如果有犬从右边，转向左边，为不会成事之兆，有舍
> 财、坏事之忧……如果见犬于道中，以其左爪而搔首，表明一定会成
> 就事业；如果见四犬相聚，与家畜嬉戏，表明当地会平安、好收成，
> 没有病痛。①

可见狗具有神性，不仅有镇邪驱祟的神奇功能，还有预卜未来之作
用，不管敬狗或杀狗，都折射出青海各民族对狗敬畏崇拜的原始遗风。

"猫鬼"、"狗神"等信仰中隐含着古老的历史记忆，许多是古代曾在
中原地区兴盛过的民间信仰，但随着人口迁徙传播到青海地区，并与青海
一些民族原有民间信仰相融合。这些都进一步说明了青海多民族民间信仰
是在原始信仰基础上，由历史上多民族、多宗教文化汇聚所形成的。

第二节　青海多民族民间信仰现实图景

民间信仰，作为一种民间社会文化的精神核心，一直对普通民众的社
会生活和精神世界发挥着重要作用。漫长的历史传承、演化史，不同信仰
和民族文化的碰撞融合，使青海多民族民间信仰具有历史历时性与时代共
时性特征。许多与神灵崇拜相关的传说、禁忌与仪式，为不同地区或民族
所共享。民间信仰从某种程度上来说与那些制度性宗教一样，也是跨越不
同民族、跨越不同地区的。青海多民族民间信仰不仅是青海多民族民间文
化的一个重要组成部分，而且又是一个多棱镜，通过它，可以对青海不同
区域和民族民间信仰维护的精神内核进行深层次探索。

一　青海多民族民间信仰现实图景举例

青海多民族民间信仰中灵魂信仰、生殖崇拜、日月星辰、山川河流、

---

① 刘勇：《关于古藏文文献〈释犬相〉的解读》，《西南民族大学学报》2011 年第 12 期。

植物动物等自然崇拜中带有浓厚的原始信仰文化因子，并与制度性宗教文化相融合，深深积淀在青海各民族的文化精神深处。

1. 青海多民族民间信仰中的灵魂观念

青海各民族认为每个生命体都有内附于身体但独立于肉体而存在的灵魂。认为灵魂离体不复归象征着生命的结束，并认为不止一种灵魂。如汉族有"三魂六魄"之说，土族、蒙古族称灵魂为"苏尼斯"，若某人出现无精打采，茶饭不思，民间认为是丢了魂，并举行一定的招魂仪式。藏族认为有"拉"（bla）、"南木西"（rnam shes）和"恩摘"（vdre）三种灵魂。"拉"平时附在人身上，当"拉"离开人体时就意味着生命的终结；"南木西"有时能离开肉体而自行飘荡，如梦境的表现；"恩摘"是不能进入天堂，不能转生，到处游荡的灵魂，是会危害生命的鬼魂。如有人抱病在床或精神不佳，则请藏传佛教僧人或苯教巫师诵经招魂；与敌发生战争时也常举行招魂巫术，认为可将敌人灵魂强行取来。回族、撒拉族受伊斯兰教经典影响，称灵魂为"如亥"，认为每个人的"如亥"由真主创造。"如亥"有三个，分别为"如亥只四马尼亚"（流动于血肉筋骨间）、"如亥王"（附在心上）和"如亥"（附在肺上）。部分撒拉族人还认为人在生前教门和行为不好，那么在去世后，其灵魂易回到人间附在活人身上闹事。如发生此类事情，就用大声斥责，或用焚烧破旧的裤子、鞋子以产生烟雾驱赶。① 对于亡人鬼魂附身的情况，信仰伊赫瓦尼的撒拉族人一般

① 本课题组成员在循化县采访到一位老人 YN，他告诉我们说，他们附近村里曾经有一位年轻人，他在世的时候不学习教门，做了一些坏事。在他去世之后不到一年，他的魂附在村里一位妇女身上。那位妇女被附身之后，行为古怪，又哭又闹，家里人立即意识到不对劲，就问她："你是谁？你是谁？"反复问了之后，她就开始哭，说她肚子痛，然后就说自己是附近那个村里的某位去世的男子。"因为那个男人是腹部受伤而去世的，所以附到她身上之后，她也腹痛。她能准确说出他生前做过的任何事情，包括他家里人之间发生的秘密都说出来了。她以他的口吻，一边哭一边讲他生前负真主的恩典、践踏教门的恶行，如今已被真主惩罚变成了其他动物的模样，扔进了火狱中。她劝在场的人们千万不要学习他。她还讲述他生前遭遇的种种不公平对待，就开始狠狠地骂曾经对不起他的那些人们。"后来，她家人一边问他生前还做了什么事情，一边骂他，还狠狠地打她，叫他的魂赶紧离开。YN 老人告诉我们说，他通过她的嘴讲出来的所有的事情都是曾经发生过的真实的故事。"家人无论怎么打她，他的鬼魂都不离开她的身体，就是一个劲地又哭又闹。于是家人拿来旧衣服和鞋子等来烧，用烟熏她，同时还打她。最后他终于忍不住了，就离开了她的身体，她也恢复了正常。之后她什么都不记得了，她说她很累，躺在那里不说话。"据 YN 老人回忆，后来这个人的鬼魂在附近的几个村子里到处附身闹，附近的人们都知道这事。YN 老人说，一般情况下，生前违抗了真主、践踏了教门的人，尤其是这种人非正常死亡的话，去世之后其鬼魂容易回来附到他人身上闹事。（应采访对象要求隐去其真实姓名。）

嗤之以鼻，甚至严加批评，他们坚决否定亡人鬼魂会附身。①

　　2. 青海多民族民间信仰中的生殖崇拜

　　人类自身的不断繁衍是人类不断续写历史的前提。"历史中的决定性因素，归根结底是直接生活的生产和再生产。但是，生产本身又有两种。一方面是生活资料即食物、衣服住房以及为此而必需的工具的生产；另一方面是人类自身的生产，即种的繁衍。"② 所以，关注和重视种族的自我生产、自身繁衍，是生殖崇拜最根本的动因。自原始宗教产生以来，生殖观念不断沿袭传承演变，生殖崇拜的精神核心贯穿始终。在青海地区，生殖观念成为许多民族民间信仰的重要内容。如在举办婚礼的家中，在未迎娶新娘之前，男方家事先要在婚床四角铺垫象征多子的瓜子、枣子、核桃、花生等物，并请一位男孩进行滚床仪式，旁边的大人要说"早生贵子，子孙满堂"、"一把瓜子一把枣，尕的跟着大的跑"等喜话。一些汉族、藏族、土族村落在六月会等民俗节日中，也常举行带有生殖崇拜的民间信仰仪式。如隆务镇浪加村和周边村民崇拜"阿妈勒毛"（a ma klu mo）（意为龙女妈妈），是一个木刻的上身是人、下身是龙的雕像，高约30厘米，平时与一个长约20厘米木雕男根供奉在浪加亚日村以北方向的"阿妈勒毛"神庙里。六月会中"阿妈勒毛"被放置在一个盛满黄酒糟的

---

　　① 如一位年轻的撒拉族伊赫瓦尼阿訇告诉我们说，人去世之后，人的灵魂被真主收到另一个世界了，再也不会来人间闹事，而附身闹事的是恶魔伊布利斯。据毛扫阿訇介绍，伊布利斯曾经是一类很顺从真主的神。后来真主用泥土造化了第一个人即阿丹，真主给了他其他众天仙所没有的智慧。当他被创造出来，开始讲话的时候，就通晓万物的名称，令众天仙非常钦佩，个个自叹不如。然后清高的真主对众天仙说："你们向阿丹点头致敬吧！"他们就都向他点头了，只有伊布利斯违抗了真主的命令，不肯向阿丹点头致敬。因为他太自高自大，他宁愿选择不信道。当真主问他为什么不点头时，他傲慢地说道："真主从火上造化了我伊布利斯，我是妙体，真主从泥土上造化了阿丹，他是浊体，尊贵的我怎么能给不如我的阿丹点头致敬呢？"于是，他被安拉变成永远不被赦免的魔鬼而赶下了天际，来到人世。伊布利斯也发下毒誓说："我要把所有的人类引向火狱。"于是，每个人出生的时候，就有一个伊布利斯跟随其后，直到这个人死亡。他们能融入人体，专门教唆人们远离主道、做坏事。信仰坚定的人洁身自好、警惕伊布利斯的教唆，意志薄弱的人受伊布利斯的蛊惑、虚度年华、远离主道、害人害己。因此，自从人类被创造以来，人类与恶魔之间始终存在着正与邪、善与恶的较量。"所谓亡人鬼魂附身，就是伊布利斯让人们远离主道、丢弃正信、相信邪恶的一种手段，让人们在迷信中失去辨别真伪的能力，从而失去正信。"毛扫阿訇说："由于伊布利斯伴随人的一生，所以他知道每个人做过的每件事情，所以他附身之后能说出亡人生前的所有事情。经常念《古兰经》、做礼拜、纪念真主、明辨是非的人，恶魔自然就会远离。容易被恶魔附身的人，本身都是远离了主道的人。"（访谈人韩得福，讲述人：毛扫，1985 年出生，撒拉族，街子镇洋库浪人，访谈时间 2013 年 4 月 3 日。）

　　② 恩格斯：《家庭、私有制和国家的起源》，人民出版社 1972 年版，第 3 页。

铁桶里，一位巫师边唱"拉伊"（la gzhas）（意为情歌），边用木雕男根在"阿妈勒毛"的阴部模拟交媾动作，时而将"阿妈勒毛"浸到铁桶中，然后将其沾的酒滴向周围抛洒。有些不生育的妇女提前与巫师打招呼，要求表演者在舞蹈时，将木雕男根戳向本人下部，求神保佑其生育。"初民对精液的崇拜，是人类生殖崇拜的一个重要内容。如希腊人相传妇女妊娠，不与性交有关，而以附着魔术之水向妇人的身上淋洒，便可怀孕。这所谓'水'谓'圣水'，便是精液的象征。希腊神话中宙斯变为'金雨'与少女达娜厄相交合，其所谓'雨'、'金雨'，也是精液的象征。"① 同样，浪加村"阿妈勒毛"立在盛满黄酒糟的铁桶中，也是人们这一观念的反映。此外，青海乐都等地部分汉族、藏族的祖坟最上端为女性始祖坟，民间认为这样本家族才能人丁兴旺，后代发达。一个家族在别处立祖坟或迁坟时，也必须是已故女性长辈先进入。这些习俗都与原始的生殖崇拜观念息息相关。

3. 青海多民族民间信仰中的自然崇拜

青海汉、藏、土、蒙古、撒拉等民族的自然崇拜由于受历史文化、宗教信仰、民族习俗等多方面的影响而各具特色。许多自然崇拜内容因社会发展、文化变迁已失去原真性和整体性，只能在一些民族神话传说和破碎的民间信仰仪式中零星找寻。如青海许多民族将崇拜的"天"作为一种客观自然空间，认为天的地位至高无上，没有具体形象和牌位，但高于世间万物众神。河湟流域汉族将"天"敬称为"老天爷"，土族、蒙古族称天为"天格尔"或"腾格尔"，他们普遍认为"天"主宰着人类的生老病死，福祉祸患。

土地能生长万物，对人类有巨大恩惠，土地和粮食历来为立国之本，社祭是土地崇拜的体现，仅次于祭天。青海许多民族对土地的崇拜也是与"天"崇拜相对应，并隐含在一些神话传说、护法神崇拜和禁忌文化当中。如在青海蒙古人的思想观念中，"长生天"是众神之首，人的命运、姻缘等都是由上天安排和规划好的。人类的能量是根本无法与之抗衡的。认为雪灾、洪灾等自然灾害都是由于人类惹怒了长生天而受到的一种惩罚。海西蒙古族谚语中有许多关于天的谚语"etsGe tenGer / eke Gazer"（天为父/地为母）、"mynk tenGer yrysia：k boltGa"（愿长生天保佑我

---

① 参见赵国华《生殖崇拜文化论》，中国社会科学出版社 1996 年版，第 338 页。

等）。把游牧生活中搬迁帐房视为"为大地母亲捶背"的行为。还有一些不能朝天大骂、不能用食指指天等禁忌。华锐藏族将地神称"萨德"（sabtag），认为它掌管大地上的一切，像母亲般孕育和供养着万物的生存发展。据苯教文献《十万百龙经》称，土主住在须弥山顶的五宝莲花垫上。回族、撒拉族虽不崇信土地，但其信仰经典《古兰经》多次提到，"天地万物，都是真主的"①。真主"他精制他所创造的万物，他最初用泥土创造人"②。"泥土创造你们，然后，你们立刻成为人类，散布各方"③。加之青海大多数回族、撒拉族以农商为主，因此他们对土地也有着深厚的感情。如撒拉族传统观念中认为土地具有生命力，禁止孩童用木棍等坚硬物敲打。撒拉族《地震牛》的故事中讲道：

> 我们所处的大地是由一头黄牛用两个角托着，这头黄牛站在一条大鱼的背上，大鱼浮游在水中，如果某个地方的人们犯有很大的罪恶，黄牛就承受不住，牛就动弹一下他们所处下方的牛毛，那个地方就会发生地震。在过去，人们用木棍用力敲打地面、用脚跺地面都是不允许的。④

这则神话反映了撒拉族民众对地震的畏惧心理和对大地本身的敬畏之心，同时告诫人们一定要爱人爱己、行善戒恶、尊重脚底下的土地。

青海许多民族与世界上很多民族一样崇拜太阳，有一些崇日、敬日的习俗或禁忌。此外，公鸡和太阳也常联系在一起，在民间信仰中的一些仪式中，杀鸡滴血成为重要内容，据说雄鸡象征阳气，其鲜血能够驱邪避恶。河湟流域民间传说世间许多妖魔鬼怪害怕日出，因此公鸡打鸣可驱赶鬼怪，其实质都与太阳崇拜有关。在日常生活中，青海汉族、土族和部分回族（受周边民族影响）忌讳在日落后探视病人，忌讳用食指单指太阳和月亮。遇到日食或月食时，民间认为天狗等恶魔正在侵害和吞噬太阳或月亮，民众常常焚香祈祷，登上屋顶等高处大声喊叫，并敲锣打鼓，击打

---

① 《古兰经》第 53 章第 31 节。
② 《古兰经》第 32 章第 7 节。
③ 《古兰经》第 30 章第 20 节。
④ 搜集整理者韩得福，讲述人：热木赞，1933 年出生，循化撒拉族自治县街子镇五土白那亥人，2011 年 6 月 8 日在其家中访谈。

铜、铁制的锅碗瓢盆，意为为太阳或月亮战胜天狗而助威。

对于星星的崇拜与日月崇拜同样久远。青海汉族人常把人间的吉凶祸福与星辰变化相对应，流传着"天上一颗星，地上一个人"的俗语。认为天上陨落一颗星，代表着地上一个有显赫地位的人去世。乐都县峰堆乡下李家村每年农历正月二十五日还举行点灯祭星仪式，届时村中每家每户都要捏制面灯，每一盏面灯代表一位家庭成员，全村还要在对面山上点代表全昴星、北斗七星、对儿星的火堆，祈祷在村及在外工作、经商、求学的家庭成员平安。

在青海一些民族的节日庆典、人生礼仪中都离不开对火的崇敬，日常民间信仰活动中点灯、焚香、煨桑等活动也蕴含着对火的敬畏。许多民族将火视为光明、洁净、兴旺之神，认为可以用来驱除邪魔，治疗疾病，带来平安富贵。青海汉、藏、土等民族对传染病和暴死者多用火葬，含有洁净驱祟之意。在送葬返回家门口时都要点一堆麦草，跨过火堆，认为这样可以祛除沾染的不祥之气。每年正月十五晚上，青海汉族、土族等民众举行跳火堆仪式，全家老小用点燃的火把象征性地熏绕家中每处角落后，出门点燃事先在门口或场院准备的十五堆麦草，一一跳三次后将火把送到村外路边或偏僻的山上。民间有"火着财门开"等俗语。蒙古族还将火神称为火母，传说她的脸庞如同红色丝绸般光鲜，并且长着许多条灼热的带叉舌头；其身上的肤色是红铜色的，像夕阳一般散发着光彩。藏族认为有四位分掌不同火供仪式的火神，分别是平和火神、细详火神、具力火神和无上火神，她们分别有自己的陪神，名叫"梅林玛"（意为"持火女"）和"薪书顿玛"（意为"集薪女"），此外还有一位专司拉风箱的火神"梅拉"（me lha）。[①]

青海海西蒙古族的祭火仪式在每年阴历的十二月二十三或三十晚上举行。主要准备的祭祀品有绵羊的胸脯、油饼、糖果、红枣、葡萄干等。等到了傍晚时分，全家进完晚餐就把事先准备好的干柴放进炉灶里将火烧得旺旺的再进行祭祀活动。先将三个或五个油饼放在盘子上再将绵羊胸脯朝上放好，然后将糖果之类的祭祀品放在绵羊胸脯上，在旁点一盏酥油灯，然后主人开始颂一些祝词并将盘中的部分祭祀品放进火炉里，等第二天早上起来将火烧旺，把刚烧开的茶水祭火。当晚不能将火炉里的火熄灭，要烧到第二天，然后把祭祀品分食。海西蒙古族殡葬习俗中，送葬归来的人

---

① 赵宗福、马成俊主编：《青海民俗》，甘肃人民出版社2004年版，第253页。

们会专门点两把火堆并从中跨过表示驱逐妖魔、净化自身，这就显示了火所具有的超自然性、神圣性和巫术性。因海西蒙古人认为火具有超强的力量和神圣性，所以在他们的日常生活中有崇拜、敬畏、进献的习俗和禁忌。每天早晨起来烧开的第一壶茶水的头份要献给火神。不许烧药或药盒，他们认为这样做病情会加重，不能往炉灶里放垃圾，不能在炉灶旁烤脚丫、烤鞋垫等，不能从炉灶上跨过、坐等。如果是搬家，不能把火人为地弄灭要让它自然地熄灭，然后再用土把灰埋了。[①]

在土族习俗中，正月十五晚上点燃的火堆火焰具有预卜功能，如火焰颜色呈红色则预示一年雨水充足，呈淡黄色预示歉收，呈白色预示产生疾病。门源、大通、祁连等地一些汉族、回族、土族和蒙古族人深夜回家进门前，也要在门前点一堆火，跨过火堆后方才进门。灶神标志着自然火崇拜向家庭保护神的转变，灶爷、灶奶象征着火崇拜已具人格化。青海汉族、藏族、土族、蒙古族都有信仰灶神、祭祀灶神的习俗。每年腊月二十三、二十四、二十五为祭灶神日。西宁地区汉族腊月二十三祭灶时，早上要用肉丁、豆腐丁、鸡蛋、白酒等原料先后炒制、熬制的炒酒泡灶饼。傍晚由男主人在灶神前祭灶，因为民间有"女不祭灶"的禁忌，供品多为灶饼、灶糖、灶马、豆料、长麦草等。在焚香化表时祷祝灶王爷上天多说好话、保一家人平安的祷告词，同时将麦草及豆料放入灶中烧化。青海河湟地区许多藏族、土族在腊月二十四祭灶神，藏族民间传说汉族的灶家娘娘骑毛驴，跑不快，而藏族的灶家阿娘骑的是大青马，走得快，虽然晚一天，但与汉族的灶家娘娘同时到达天上。

由于文化背景和历史演变不同，各民族神山和神湖信仰各有特点。神山信仰、山神信仰、神泉信仰、神湖信仰也是青海多民族民间信仰中的重要内容。著名藏族学者尕藏加认为：神山崇拜是藏族地区普遍流行的一种传统信仰文化现象，在世界宗教信仰范围内，既异于自然崇拜，又别于图腾崇拜，亦不是严格意义上的正统宗教信仰，故暂时归类于民间信仰范畴。[②] 藏族"山神"信仰还蕴含着多种复杂的称谓和文化意义，如生神

---

① 以上海西蒙古族祭火仪式及禁忌资料为青海省社会科学院民族宗教研究所吉乎林助理研究员搜集整理，讲述人：衣布新，蒙古族，1952 年出生，海西蒙古族藏族自治州德令哈市蓄集乡乌茶汗村牧民。

② 尕藏加：《民间信仰与村落文明——以藏区神山崇拜为例》，《中国藏学》2011 年第 4 期。

（skyes／ha）、念神（gnyan）、赞（btsan）、氏族神（visho bvi／ha）、地方神（yul lha）、依德（gzhi btag）、战神 dgr lha、chos skyong 护法神等，各种鬼怪精灵皆依附于山。"念"（gnyan）原为对一种凶暴神灵的称呼，后来演变为山神称谓。早期苯教称念神住于半空中，高山之顶就可理解为在半空之中。"赞"也指一种恶神，意为"雄强"，有地赞、天赞、岩赞等，其常居住在红色的山和悬崖。生神指人一出生就与本地山神发生联系，受其管辖与护佑。山神又是战神，在本地方部落与他方部落征战时与其他山神进行战斗。① 许多藏族部落祖先记忆与神山、神山、神湖联系在一起。如公元 2 世纪，吐蕃第九代赞普布德贡甲时形成了雪域九大神山分别代表着其八个儿子和赞普本身的说法，其中阿尼码卿山神是其三子。② 果洛藏族认为其部落头人最早的祖先是年宝玉什则山神女儿所生，所以他们将年宝玉什则山神视作外公；玉树藏族认为年措部落头人普桑之父是其帐房对面高大山崖山的山神；海北藏族认为扎底家族的先祖为阿尼玛卿山神之女所生。类似的传说观念在青海许多藏族部落很多，许多部落每年固定时间都要邀请藏传佛教高僧或苯教师举行诵经和献供仪式，颂扬与其部落有亲缘关系的山神。

青海各地有不同的祭祀山神仪式，各有特色。如有放风马、挂经幡、祭祀活羊、放生等多种形式的民间信仰活动。青海藏族、土族普遍敬山神仪式是在认为有山神的居所即"拉则"③ 处举行插箭活动，届时举行煨桑祈祷、敬献箭牌、行礼膜拜、转拉则等活动。此外，许多汉、藏、土、蒙古族等群众在每年正月初一有上山祭祀山神的民间信仰仪式，并认为在第一时间烧头香、煨头桑的人会走好运。有山神庙的村落，每家派一名男性携带清油、酒、年馍等物到村里山神庙添灯、磕头、燃放鞭炮，祈祷全家平安健康、吉祥如意。有些人带哈达、红被面④到山神庙中，搭在山神像

① 参见才让《藏传佛教与信仰民俗》，民族出版社 1999 年版，第 83—84 页。
② 洲塔：《阿柔部落社会历史文化研究》，青海人民出版社 2011 年版，第 267 页。
③ 在我国藏族聚居地区，无论是农区还是牧区的山顶路口常常可以看见一种特殊的用来祭祀神灵的宗教活动场所，其中心是人工垒起的石头堆，有的高不足 1 米，周长不足 2 米，也有的高数米，周长几米乃至十几米，上面插有嘛呢箭杆，箭杆上又挂有经幡和三色或五色彩线，有的还挂有哈达、白色羊毛等吉祥祛邪饰物，藏语称"拉则"或"拉资"，蒙古族、土族称此为"鄂博"。参见陈玮《试论藏族的"鄂博"祭祀文化》，《青海民族学院学报》1995 年第 3 期。
④ 或用红布条，一般为两三米长，一米宽，简称"红"。

或系在门闩、附近神树、拉什则上，俗称"搭红"。土族民歌《思不吾拉》[①] 中将历史记忆中的鲜卑山人格化，使其成为拥有财富和文明的象征。海西茶卡地区的蒙古族群众每年农历五月十五都要举行隆重的祭祀茶卡盐湖仪式，称之为"达布逊诺尔伊塔克喇嘎"。届时，附近民众云集茶卡盐湖敖包[②]附近。首先请藏传佛教僧侣点灯诵经，信众煨桑之后，围绕敖包从左向右转三圈并手撒风马，进行叩拜，然后由 13 位属龙的骑士骑13 匹白马，在其中一位手持招福棒[③]的德高望重之老人带领下，将各自怀中用五色线绑定的白布袋里的"九宝"（金、银、珊瑚、珍珠、白铜、铁、蓝宝石等）和"五谷"（青稞、麦子、豆、大米、大麦）等祭品，投进湖中。祈求湖神保佑国泰民安，风调雨顺，草场丰茂，民众安康。此外，青海汉族、藏族、土族、蒙古族民间信仰中还有石崇拜、动植物崇拜等，在此不一一举例。

---

①　《思不吾拉》词曰："哎，鲜卑之山哟，鲜卑山头上顶的是什么？哎，鲜卑之山哟，鲜卑山头上顶的是蓝蓝的天帝。哎，鲜卑之山哟，鲜卑山额上捧的是什么？哎，鲜卑之山哟，鲜卑山额上捧的是众多的神灵。哎，鲜卑之山哟，鲜卑山眼里见的是什么？哎，鲜卑之山哟，鲜卑山眼里见的是阳世的光明。哎，鲜卑之山哟，鲜卑山鼻中嗅的是什么？哎，鲜卑之山哟，鲜卑山鼻中嗅的是五谷的味道。哎，鲜卑之山哟，鲜卑山嘴里嚼的是什么？哎，鲜卑之山哟，鲜卑山嘴里嚼的是十二样的五谷。哎，鲜卑之山哟，鲜卑山耳中听的是什么？哎，鲜卑之山哟，鲜卑山耳中听的是宇宙的声息。哎，鲜卑之山哟，鲜卑山颈上戴的是什么？哎，鲜卑之山哟，鲜卑山颈上戴的是藏布汗的数珠。哎，鲜卑之山哟，鲜卑山左肩扛的是什么？哎，鲜卑之山哟，鲜卑山左肩扛的是北斗的七星。哎，鲜卑之山哟，鲜卑山右肩扛的是什么？哎，鲜卑之山哟，鲜卑山右肩扛的是南斗的六郎。哎，鲜卑之山哟，鲜卑山左手拿的是什么？哎，鲜卑之山哟，鲜卑山左手拿的是角骨的弯弓。哎，鲜卑之山哟，鲜卑山右手拿的是什么？哎，鲜卑之山哟，鲜卑山右手拿的是锋利的箭。哎，鲜卑之山哟，鲜卑山背上背的是什么？哎，鲜卑之山哟，鲜卑山背上背的是温暖的太阳。哎，鲜卑之山哟，鲜卑山怀里揣的是什么？哎，鲜卑之山哟，鲜卑山怀里揣的是皎洁的月亮。哎，鲜卑之山哟，鲜卑山膝上镶的是什么？哎，鲜卑之山哟，鲜卑山膝上镶的是银子的盖骨。哎，鲜卑之山哟，鲜卑山脚下踩的是什么？哎，鲜卑之山哟，鲜卑山脚下踩的是藏布汗的土地。"（参见吕建福《土族史》，中国社会科学出版社 2002 年版，第 10、11 页）

②　蒙古族祭敖包的仪式大致有四种：血祭、洒祭、火祭、玉祭。血祭是把宰杀的牛、羊，供在敖包的前方祭祀。以为牛、羊是天地所赐，只有用牛、羊祭祀才能报答天地之恩。洒祭是把鲜奶、奶油、奶酒、白酒、点心粮食等洒在敖包上祭祀。火祭是在敖包的前方笼一堆火，将煮熟的牛、羊肉丸子、肉块投入其中，人们向火叩拜，边转圈边念自家的姓氏。玉祭是古代人们以最心爱的玉器当供品祭祀。这些祭祀方式，都是表示对天地的虔诚，祈求天地给人们以平安和幸福。

③　招福棒由柏树枝或竹条做成，上面栓羊毛和黄、蓝、白、红、绿五色彩绸子。

二　源远流长的祖先崇拜

祖先崇拜在青海多民族民间信仰中也较为突出，许多民族认为祖先可以保佑家族兴旺发达，人丁繁盛。青海子孙们通过供奉祭品可以与已逝的祖先沟通，可以求得祖先对子孙的护佑和福运。一位逝者如果没有其后人或亲人的祭祀，其灵魂在阴间的生活会非常悲惨，而子孙们如果不恭谨地祭祀祖先，其祖先会迁怒于子孙，使其生活遭受不幸或厄运。青海汉族、土族等祭祖仪式通常分为家祭（即在家庭中举行简单祭祖仪式）、墓祭（即在祖先坟前进行祭祖仪式）和祠祭（即在宗族祠堂中举行祭祖仪式），其中墓祭、祠祭仪式由于人员较多，规模较为隆重。如平安等地汉族在七月十五中元节分户上坟烧纸，十月初一在自家门前给祖先烧纸，清明节全族上坟祭祖，届时进行献祭、压坟纸、添坟土等活动。有祠堂的家族在祠堂举行祭祖仪式，如平安县黎明村祁氏、下红庄何氏、沈家村沈氏和张家寨马氏等家族因有宗祠，在祠堂祭祖。青海一些汉族村落对祖先的沟通与崇拜，多以宗祠中供奉祖先牌位等象征形式，祖先牌位承载着子孙对逝去祖先的尊崇和怀念，凝聚整合着家族力量。在初立祖先牌位时，要举行一定的仪式，事先在牌位上写有"×××之神主"的"神"缺少右边一竖，"主"字不写上面的一点。届时选择黄道吉日，请道士或当地素有威望的人士来"串神点主"，即把"神"和"主"字所缺的笔画补上，使牌位具有神性。一些家族还将某一祖先神圣化，并为之塑像，供在祠堂或村庙里，受人香火。如乐都县白崖子村有一面头太爷坟，所葬之人为李氏家族先祖之一李椿先。民间传说李椿先乃一位将领，在抵抗外敌入侵时，不小心中奸计被俘，其头颅被敌军割下，后埋葬其遗体时因无头只好用面头代替，因而被后人称为"面头太爷"。据说后辈在其坟前找媳妇、求儿子，非常灵验。2012 年农历十一月初九，李氏族人为其捐资修建的祠堂竣工，大殿内有其塑像及神轿，周边无子或娶不上媳妇的人都到庙里烧香或抬神轿求子。① 民和回族土族自治县官亭镇秦家村和鲍家村村庙内也分别供奉着"秦五十八老倌"、"铁别帝帝"，皆为祖先神。

---

① 2013 年 3 月 1 日，在李家乡西马营村村民李忠业家中，访谈人：鄂崇荣；受访人：李忠业，汉族，西马营村村民，1970 年出生；阿存德，藏族，西马营村民，1956 年出生；贺鹏祥，土族，李家乡乡党委副书记，1973 年出生。

三 青海多民族民间信仰中的俗神

正如恩格斯所说："在原始人看来，自然力是某种异己的、神秘的、超越一切的东西，在所有文明民族所经历的一定阶段上，他们用人格化的方法来同化自然力。正是这种人格化的欲望，到处创造了许多神。"① 青海农区乡村社会信仰意象纷繁，有诸多的人格化的神灵，如二郎神、关帝、文昌、九天圣母、龙王等，有些村落供奉木雕或泥塑的神像，有些则以象征其分身的神箭、神杆代替。这些神灵被视为"福神"，其庙宇也统称为福神庙，其神的职能范围广泛，大多以祛病、驱邪、镇灾、赐福为主，凡祸福、吉凶、盈亏等诸事皆可向其祈祷。如青海民和、同仁、贵德等地民间传说二郎神来自于四川，并常常以羊为牺牲祭祀二郎神。史籍也记载宋代以来四川灌县二郎庙前祭羊的盛况，如"今逐年人户赛祭，杀数万来头羊，庙前积骨如山"②，"及因事有祈者，必宰羊，一岁至四万口"③。关帝神勇善战的历史故事在青海河湟流域传播较早，其忠义千秋的精神影响深远，宋代一些吐蕃部落就开始崇拜关帝。④《西宁府新志》《西宁府续志》等地方文献记载：清代丹噶尔城关帝庙有 12 座，西宁城有关帝庙 3 座，大通城有关帝庙 1 座，碾伯城有关帝庙 1 座，巴燕戎格城有关帝庙 2 座，循化城有关帝庙 1 座。民国时期，每年五月十三日西宁民众争先恐后去南禅寺关帝庙进香、观看神戏，常常天降小雨（民间称是"关老爷的磨刀雨"），任小雨淋身，祈求关老爷护佑。同仁保安的汉族人则认为每年的农历六月二十一是关帝诞生日，届时由一户或者两户人家做东主持庙会。邀请本村有威望的十几位老人和自家亲戚朋友等前来，并准备所需的羊肉、酒和其他食品，做好招待工作。亲戚朋友认为是积德的好事情，都要到庙里给关帝叩头上香，然后到院子里敲钟，表示来为关帝爷庆生。文昌在河湟流域颇受汉族、藏族、土族等共同信仰，在许多地区文昌神被当作地方保护神和村落保护神供奉，藏语音译为"阿米约拉"（a

---

① 《马克思恩格斯全集》第 20 卷，人民出版社 1971 年版，第 672 页。

② 《朱子语类》卷 3《鬼神篇·灌口二郎庙》。

③ （清）赵翼：《陔余丛考》卷 35《灌口神》。

④ 参见孙悟湖《宋代汉藏民间层面宗教文化交流》，《西藏研究》2006 年第 4 期。

mi yul lha)，意谓地方神。有些地方还将其视为祖先的象征。①

西王母也深受青海多民族崇拜。青海湖周边藏族民间传说中的"赤雪嘉姆"，被部分藏族群众当作家神供奉的"阿乃贡玛加毛"就是西王母化身。民间传说阿乃贡玛加毛智慧超群，英勇果敢，常常结网扣逮雄豹，掘陷坑捕猛虎。她养育9个儿女，在环青海湖地区只留下3位，分别骑狼、骑骆驼、骑狐狸，其余都派遣至四方。清代佑宁寺名僧桦巴·益西班觉在其文集中也记述：青海湖在古代叫"赤秀洁莫"，意思是万户消失的女神王。青海湖本来是一片美丽富饶的草原，有十万帐户人家，后来海心山下的泉水涌出，淹没了草原和帐户，幸亏有神（西王母）运来海心山压住泉眼，才使整个草原免于沉没。② 在青海民和、乐都等地一些汉族、土族村庙中还供奉西王母塑像，民间颂读《王母经》《王母新诗论》《王母降下佛坛经》等短小经卷。如民和县隆治乡桥头村庙为西王母庙，大殿内供有用檀木雕刻成的西王母塑像，乐都李家乡大洼村庙中除供奉观世音菩萨、九天圣母等神灵外，还同时供奉西王母塑像，其牌位上书有"敕封瑶池王母"等字样，当地村民称其为王母菩萨。同仁等地藏族、土族跳的"拉什则"，意为神舞。相传是西王母率12位地母在天宫为13位战神表演的神舞。

青海汉族民间信仰中对三霄娘娘崇拜备至，认为她们既是婚姻之神，又是主宰子嗣之神。乐都县七里店九曲黄河灯会相传与三宵娘娘有关。乐都七里店名为"赐福观"的三官庙中建有"三霄娘娘殿"一座，供奉云霄、琼霄、碧霄三位娘娘。

对龙王的崇拜，在甘青地区也较为盛行，各村落多建有龙王庙，并定期进行祭祀活动，以求雨水充沛。村庙中或供奉龙王塑像或龙王神位牌，龙王的原型和传说常常与明代著名开国将领常遇春、徐达、胡大海等人联系紧密，如常遇春为"敕封总督三边常山盖国都大龙王"，徐达为"敕封陀龙宝山都大龙王"，胡大海为"敕封威显黑池都大龙王"、"行雨四海黑池龙君"等。

---

① 参见看本加《安多藏区文昌神信仰的人类学研究——以赤嘎尤拉颇章为例》，《西北民族大学学报》2008 年第 2 期。

② 赵宗福：《论"虎齿豹尾"的西王母》《昆仑神话与西王母》，黄山书社 1998 年版，第 40 页。

四 青海多民族的巫术与禁忌文化

青海许多村落中招魂巫术、驱邪巫术等各种巫术的举行较为普遍。在青海农区乡村社会盛行的各类占卜工具较多，主要有八卦、牛角卦、八棱滚卦、灵签、骰子等。青海汉族民间与中原地区一样盛行"一命、二运、三风水、四积德、五读书"等类似的观念，认为风水好坏可以影响到个人福运和家庭兴旺。

青海许多地区在除夕之夜或家有重病人时，常端一盆水，水中放入葱蒜、食宿等物，将烧红的鹅卵石放进盆中散发出蒸汽，熏完各个房间后将盆中所盛之物泼到大门外，关闭大门，意为将家中各种鬼祟与霉气赶出了家门。如谁家有病人，或家道不安，或"闹鬼"等，常常使用一些驱邪巫术。如婴幼儿出现彻夜长哭、烦躁不安等现象时，便认为有"脏东西"①侵扰，常备一碗清水，用村庙幡纸或黄表纸做捻子，点燃纸捻儿在患儿头上左右各绕七周，祷告："一二三四五六七。走西者西去，走东者东去；我家是穷人，没吃又没喝；千里之外有富人，请你快快去找他。散了没有？散了。好了没有？好了。"尔后把纸捻儿投入水中，噼啪作响。凡七次后，再拿水碗重复一次，吮吸患儿额、胸腹、手脚等部位，唾三次于碗。水碗倒在大门后扣地，"燎喀"仪毕。

在撒拉人的观念中，当一个人无缘无故萎靡不振、面黄肌瘦的时候，人们就会考虑是不是丢了灵魂。确定是否丢魂的方法有很多种，其中最常用的一个办法就是：在碗里倒满水后，扔三根芨芨草，天亮之后观察，若三根草聚在一起，说明三个灵魂都在，若未聚拢，说明灵魂已经出窍。对于灵魂出窍者，等到夜深人静的时候，由患者母亲趁孩子熟睡时，在受惊患者的衣服袖口打个结封闭袖子，在袖子里面放一个馒头或饼子，从患者始发病或者受惊吓的地方开始，在地上拖动装有馍馍的衣袖，口中温柔悠长地呼唤："我的孩子，快过来，快过来，妈妈给你做了漂亮的衣服，给你做了好吃的馍馍，孩子快来，快来。"如此反复呼唤，直到患者熟睡处，将衣服放于枕头下。撒拉人还认为，新生儿容易受到人或鬼的伤害，因此为了避免被伤害，人们去探望新生婴儿的时候，一般不能直接进入坐月子的房子，而是要在外面歇一会儿，或者用烟熏一下再进去。也有人给

---

① 民间将一切鬼魅称为"脏东西"。

新生儿戴上 tumur①，认为这样就可以达到人不伤、鬼不伤的目的。

青海蒙古族也有招魂习俗，如某人久病治疗未愈、长时间无精打采魂不守舍时，家人便认为其丢了魂，举行招魂仪式。招魂时，"丢魂"之人穿着自己最亮丽的服装，僧侣或萨满诵经，一名亲友到室外拿着招魂的法器（木棒上拴有彩色绸条和畜须）不停地摇摆召唤，召唤的内容大致如下：回来吧、回来吧！你的畜群在这里！你的家在这里！你的五畜在叫你！你的家人在召唤你！回来吧、回来吧！②

"安镇"是一种驱邪、震慑性巫术，通常是将黑碗、刀剑、柏木桩、破褐烂毡片等物用土石垒成圆形或方形形状，设在山顶及关隘峡口等地。安大型镇时则用磨盘、水轮、车轴、缸碗盆、白狗、白公鸡、马头、蛇、各种粮食、百泉水等，用以镇妖避邪。下镇的费用比较昂贵，据有关文档记载：1949 年以前青海西宁周边曹家堡地区"常年遭雹灾，曹家堡民众化了很多钱，修起三个大'镇'，六个小'镇'，以防雹灾，一个大镇需要白洋八十元。每个大镇里放大锅一口，水缸两个，毒药十二斤，羊、猪、狗、人头各一个，蛇七条，黑碗七个，车轴车脚各一副"③。

在青海藏族、汉族、土族村落中，正月十六或出现非正常事件时，常常举行藏传佛教仪式中的堆朵玛（烧朵玛仪式）。人们普遍认为这可以起到驱魔或御邪，保护村落家庭平安的作用。举行完仪式后，将朵玛烧毁后送出村外，常常弃之于十字路口。

回族、撒拉族、东乡族等信仰伊斯兰教的穆斯林民族按教义只信奉真主和穆罕默德，禁止偶像崇拜，反对驱神弄鬼等民间信仰活动。但一些地区受周边民族文化、传统文化等因素影响，流行一些类似民间信仰中巫术活动的仪式。如"都阿"也称"都哇"、"杜阿"，阿拉伯音译，原为"祈祷"、"请求"之意。艾布·阿布杜拉·侯赛因、伊本·泰米叶等学者认为其实质是仆人向主祈求饶恕、帮助、幸福，解除困厄，与汉族地区的

---

① Tumur：菱形状，里面有写了经文的纸，用油布裹好，再用布做成菱形状，用绳子挂在脖子上。由于里面经文用油布裹住，所以洗也无妨。大人小孩都可以戴，这样可以达到人、鬼都不伤的目的。不用了就烧掉。

② 青海省社会科学院民族宗教研究所吉乎林助理研究员搜集整理，讲述人：智华，蒙古族，1970 年出生，海西蒙古族藏族自治州德令哈市阿力腾寺僧人。

③ 《民族宗教工作文件汇集（1949—1959）》，中共青海省委统战部 1959 年内部编印，第560 页。

"禳解"类似。① 在青海一些地方，"都阿"这一原来意义上的宗教祈祷形式已变成类似巫术性质的民间信仰活动了。如家中有病人，则请民间医生或阿訇将写有阿拉伯文的祷词纸条放在碗碟中，或烧化成灰，再倒入水，让病人吞服，民间称为"喝都阿"。"写都阿"是指如家中时有不顺，便请阿訇在纸片上写上祈求平安的祷词，悬挂或张贴在家中，或随身佩带，以示驱邪镇魔。

预兆巫术是人们借助一定的方式探求"神意"，以此知道事物或事件之未来或结局的巫术。预兆巫术可以分为自发显示的和人为探求的两种。自发显示的预兆巫术是根据客观世界自发呈现出来的迹象，依照一定的"道理"做出解释和判断。人为探求的预兆巫术是在无"兆"的情况下欲知"神意"，所以它的前提是通过某种人为的程序，获得"兆"，尔后再做出各种解释或判断。② 八棱滚卦一般用五寸长木条削制而成，按中间粗、两头小，周边削为八个平面，每面均有卜辞，如"国泰民安"、"风调雨顺"、"上上大吉"、"有愿不还"、"欢喜领受"等。相对应画有"乾、坤、震、巽、坎、离、艮、兑"八卦符号，意乾为天、坤为地、震为雷、巽为风、坎为水、艮为山、离为火、兑为泽。灵签，又称运签、神签、圣签等，其主要特点是以诗歌为载体，以竹签等为工具来贞占吉凶。③ 青海许多村庙设有灵签，灵签在神案签筒之内，通常是用木板制成。签条由竹条或木条做成，签上编码。问卜者抽中某签后依签上编码查阅签书，解签者依其求卜事项，结合签诗内容给予解释。最常见的抽签方法是摇签筒，即抽签者在神灵面前烧香礼拜，祷告一番，然后从神案上取下签筒，双手捧住签筒，稍将签筒倾斜，再轻轻地上下不停晃动，由于签条互相摩擦，其中先后有三支签条从签丛中露出头或跳出来。签诗分上上、上中、中上、中下、下下五类，还有一类为罚签，即罚香一炷或清油一斤。上上、上中签为吉签，中上、中下为平签，下下为"凶签"。

青海海西蒙古族民间保留着用胛骨占卜预测的一种古老巫术。《出使

---

① 贾毅、王希隆：《东乡族民间"都阿"治疗及其功用解读》，《中央民族大学学报》2013年第1期。

② 参见金泽《中国民间信仰》，浙江教育出版社1995年版，第183、185页。

③ 笔者在田野调查中也搜集到各种各样的签文，以民和县中川乡桑卜拉庙抄录的第一签为例：甲甲　上上　汉高祖入关　巍巍独步向云间，玉班仙官第一班。荣华富贵天赋你，福如东海寿南山。巍巍独步，入汉云间，身等玉殿，位列仙班。荣华富贵，天舆安间，命运亨通，福如南山。见贵吉，求官遂，婚姻成，求财聚，出入吉，行人至，孕生男，病即愈，讼事解，事如意。

蒙古记》中就记载："蒙哥汗不论做什么事都要先和绵羊肩胛'商量'，'想做什么事的时候，先下令拿来三块绵羊肩胛骨。手里拿这些骨头，心里想着要求被指示的那件事，然后让仆人把骨头烧掉。烧黑之后给可汗送回。他仔细察看，如果骨头烧的裂纹是横向或是烧掉了几块，这件事就不能做。"① 海西一些保留浓厚蒙古族传统文化的大家族，每逢重大节庆或仪式，最年长的舅舅将羊的肩胛骨肉剔净分给全家食用后，家族中最年长者会根据肩胛骨上的纹理、骨片宽窄、平整与否、骨角的锐或钝等情况来预测这一家族的家境、家畜情况以及未来发展的运势等。②

　　禁忌是自然崇拜或神灵信仰的表现形式，它表达了人们对大自然和众神灵的崇敬与畏惧，是民间信仰生活化的仪式，成为一种潜在的社会规范。青海一些汉族、藏族、土族、蒙古族由于受中原儒释道文化和藏传佛教文化影响，在各自禁忌文化上有许多相似之处。如禁止在神山狩猎、挖山掘地及砍伐树木。有挖泉引水的禁忌，认为泉眼是龙的眼睛，挖泉水将会触怒龙王，降下灾祸。还忌讳在泉眼里洗手洗脸或洗其他东西。忌在人前或在经堂里放屁。出门远行时忌遇上拿空袋、空桶和空篓子的人。生小孩或家有危重病人时忌生人进门。忌僧人犁地。忌随地丢弃或践踏佛经和写有文字的纸张等神圣之物。忌逆时针反转寺院、佛塔、圣山和刻有佛经的嘛呢石等信仰之物。忌讳出售、宰杀、骑乘以放生形式祭祀山神或地方保护神的牛羊。许多民族还认为门、窗、灶等都有神灵居住，所以忌坐、踩。如安新大门，也忌外人随便进门。商家忌讳在自己店门口打哈欠、伸懒腰、脚踏门槛手托门梁，认为这些举动将挡住财神进门。青海乐都、民和地区忌讳碾场结束后将碌碡存放庭院中。忌讳身死在异地者的遗体或棺柩进入家院，忌讳将非正常死亡者埋入祖坟。空棺材进院时，要材尾在前，材头在后，倒着进。青海原始的生殖崇拜演变为一种神秘的禁忌文化，青海各民族间或由于原始信仰遗俗影响或受周边民族文化影响，各民族普遍忌讳在晒有女人衣裤的绳杆下通行，女人的裤子忌在高处和显眼处晾晒。如祁连等地蒙古族忌讳从衣帽、枕头、桌子、粮袋、锅台、磨盘、碾台、井口、泉口上跨越。如撒拉族忌讳把帽子压在臀下或踩在脚下；忌

---

① ［英］道森编：《出使蒙古记》，吕浦译，中国社会科学出版社1983年版，第106页。
② 青海省社会科学院民族宗教研究所吉乎林助理研究员搜集整理，讲述人：衣布新，蒙古族，1952年出生，海西蒙古族藏族自治州德令哈市蓄集乡乌茶汗村牧民。

讳上衣和裤子一起洗；忌讳在横杆上挂衣裤时，裤子在上，上衣在下，尤其女人的内裤更不能挂在男子上衣的上面。

青海各民族还有许多有关火的禁忌，忌用脚跺踏锅灶或跨过锅灶，忌在火上烤脚，忌用刀剑等拨弄火，忌向火上吐痰和撒尿，忌在火中扔破布、动物毛发和骨头等异物。忌从灶堂或器物上跨过去。忌讳把脚伸向灶堂或蹬在灶上取暖，以及将靴子、裤子、袜子等穿在下身的衣物烤晒在灶堂上。部分蒙古族还忌讳将家中的火种借给外人，忌讳分家的儿媳挖走公婆家的火或灰。所有这些，无不说明了火崇拜的遗俗在青海多民族心理中的积淀传承。

第三节　青海多民族民间信仰的体系与特征

青海多民族民间信仰作为一种草根文化，深深地植根于民间社会中的沃壤之中，广泛地影响或支配着民众日常生活的各个方面，并有着丰富的文化内涵。由于历史上人口迁移、民族交融、文化流动和互动，使其不断丰富。青海多民族民间信仰经过千百年的历史碰撞、磨合、交汇和传承、变迁，锻造和升华出了特有的混融性、功利性、多元性、农事性、世俗性、包容性等特征。

一　青海多民族民间信仰体系

总体来说，青海多民族民间信仰体系由一定的职能或等级分类的崇拜物或神灵构成，但较为松散。其中既有自然崇拜的原始遗迹祖先崇拜，又有人格化的俗神信仰，还融汇有风水、巫术等手段。与中原地区的民间信仰相比较，青海多民族民间信仰内容带有浓厚的多元文化特色，同时也不具有中原地区民众信仰的谷神、虫王、麦场神、磨神、碾神、碓臼神、石碾神、宅神、上梁神、财神、药王、瘟神、井神、生育神、厕神等那样繁杂。青海多民族民间信仰根据信仰内容或对象可以分为自然崇拜、祖先崇拜、俗神信仰、鬼怪信仰、巫术禁忌等，这些信仰内容或对象常常混合在一起，并没有清晰的界限。如果以信仰空间分类可以分为地域保护神、村落保护神、家庭守护神（灶神、门神等）、家族（部落）保护神（如黑虎灵官、吉祥天女、关帝、山神等）、个人护身符等。其中除灶神以外，许多神灵既可以成为家庭守护神、家族保护神、部落保护神，也可以成为地域保护神。此外，青海一些藏族、土族受自身民族历史文化和藏传佛教影响，其家族保护神或村落保护神有尼当（myi gdong）、白哈尔（pe har）、切什羌（chos skyong）、拉莫（lha mo）等神灵，多为藏传佛教中的护法神。如许多村落中的关帝、黑虎灵官、吉祥天女等，最初是由某一家庭供养，随着家庭人口的增多，家族力量的强大，村落的分离，一些家族保护神逐渐演变为村落神（部落神）或区域神。祖先崇拜、自然崇拜、巫术、禁忌等融合在个人人生礼仪、村落仪式或部落生产生活当中。普通民众通过个人或法拉、拉哇（gla - ba）、法师、阴阳等民间神职人员举行一定的仪式，向信仰对象祈福禳灾，求得神的怜悯和帮助；或通过禁忌、巫术阻止邪魔的侵害，隔断与鬼神之间的沟通。

二 青海多民族民间信仰的主要特征

1. 青海多民族民间信仰的原始性与混融性

青海多民族民间信仰不仅承继了深厚的原始文明，也积累了丰富的多元宗教文化因子，体现了原始性与混融性特征，发挥着活态的社会功能。以水崇拜为例，青海汉族、藏族、土族、蒙古族等都忌讳将肮脏或带血的东西投掷到湖水、泉水中，认为这样做会激怒神灵，给人类带来灾难和疾病。以植物崇拜为例，河湟流域一些高大茂盛、形状怪异、粗壮古老的树木，往往被赋予了某种灵性与神力，常常挂满了哈达、红布条等，成为人们祭祀祈福之处。特别值得一提的是，在乐都至西宁的109国道上，有一古老的柳树生长在公路中间，由于附近民众的敬畏，修建公路时一直未能砍伐，造成多起交通事故，现已成为来往车辆自然减速的标志。

祭北斗星也是青海汉族、土族等民族民间信仰中古老观念之一。古代华夏先民认为北斗星有压镇鬼祟的能力，随着时代的演变被不断赋予主寿、司杀、王权、辟兵、星占、分野以及配合道法修炼等一系列信仰文化功能。[①]青海一些重要城镇还建有北斗宫，塑北斗星君等神像。北斗七星在土族民间信仰仪式中更有深厚的影响，土族法师举行重大仪式时，腰系28个铜铃（代表着二十八星宿），在地上用白灰画一幅七星图并摆放神灯、小黄旗后，做脚踏北斗七星图祭祀仪式。羊胛骨卜作为一种古老的占卜术，

---

① 参见朱磊《北斗厌胜信仰的星象学起源考证》，《宗教学研究》2012年第2期。

曾在中国古代契丹、蒙古等较为流行，现在海西蒙古族民间信仰中仍存有烤灼公绵羊肩胛骨后观察其纹路占卜吉凶的遗存。一些蒙古族老人认为肩胛骨有着与神灵对话的魔力，可以预卜未来，昭示吉凶。并特别忌讳在野外将肩胛骨随意丢弃，常用刀背敲碎，以防止坏人捡起问卜或鬼神作怪。信仰伊斯兰教的青海撒拉族民俗文化中也有诸多原始萨满教的文化因子，对此马成俊先生也认为："有一点是可以肯定的，作为一种文化现象，其（撒拉族）先民曾信仰了许多年代的萨满文化层，以或隐或现、或直接或间接的方式，至今仍然存在于撒拉族的传统文化积层中，成为撒拉族文化系统中不可忽视的一个组成部分。"①

2. 青海多民族民间信仰的世俗性与功利性

青海多民族民间信仰活动多从自身生存和发展需要出发，追求村落和谐、家庭福祉、个人安康，充满浓厚的功利性色彩。多种功利性追求建构了民间信仰庞杂多样的神灵。人们认为每一种神灵都具有特殊的功能，如崇拜西王母和药王，相信能使人脱离疾病死亡，恢复健康；崇拜灶爷或灶奶，认为他能升天言人功过；三霄娘娘可以带来子孙，保佑血脉延续；龙王可带来雨水，保佑庄稼丰收；家神可守护私财，护佑家庭成员安全与尊严；等等。与此同时，许多灵验的神祇，其法力被扩大，从降雨水的单一功能扩延至增福运、加财富、赐子孙等多种功能。

"灵验"与否是最直接、最重要的信仰标准。青海许多民众常常将世俗性、功利性的需求与对超自然力的崇拜结合在一起，并不断将一些偶然性事件累加其中。如抗日时期，因青海远离抗日战场未遭到破坏，而一些西宁人认为西宁古城有神灵庇护，因此没有遭难。1941 年 6 月 23 日，侵华的日本帝国主义军队派飞机 27 架，飞临西宁上空轰炸。事后，西宁传言纷起，里面还夹杂着谣言。最多的传言是：日机到达西宁上空后忙坏了城隍爷，他脱下黄袍盖住了西宁城。只有城东北角没盖住而挨了炸；因为日本飞机看到的是黄澄澄的一片，找不到西宁城，只见有一小块房屋和街道，便认为是西宁城，丢了些炸弹，放了一阵机关炮就飞走了。许多民众修缮庙宇，为城隍爷做新袍、新靴子，感谢城隍护佑一方的功德。又如2003 年全国非典肆虐时，青海一些村落抬出本村保护神、神轿、神箭，

---

① 马成俊：《撒拉族文化对突厥及萨满文化的传承》，《青海社会科学》1995 年第 2 期。

供放在村落路口，抵御瘟神侵袭。① 民间信仰的功利性特点还表现为不分哪路神灵出身，只求"灵验"，在敬拜新的神祇时，也不放弃旧的神祇，并层层累加。

3. 青海多民族民间信仰的农事性与保守性

青海农业区民族受自然地理环境和农耕为主的生产方式影响，最为关心的是丰歉、灾害等农牧业生产方面的问题，因此民间信仰中普遍实行农时祭祀，膜拜与农业生产相关的各种神灵、鬼怪，并由此产生了大量的祭祀和巫术活动。如青海农业区在每年农历二月二这一天，一些村落要对本村供奉的龙王举行祭祀仪式，祈祷龙王保佑本地风调雨顺，人畜平安。在中华人民共和国成立之前，西宁市郊区、湟中、大通等地区，于这天早晨，请龙灯到泉边做象征性饮水，再通过龙口将水喷洒到池里。一些村落还要举行跳神会，先将龙王从庙中请出，安放在会场中，然后由七八个法师手拿山羊皮鼓，一面敲鼓念经，一面跳神。如遇干旱时，更是大加祭奉，求赐雨水。但有时也采取反向行动，如鞭打龙王塑像、将龙王塑像抬到烈日下暴晒等，强行要求它降雨保庄稼。② 青海大多数回族、撒拉族以农商为主，因此他们对土地也有着深厚的感情。如互助地区的回族在送殡时，亡人的亲友各用双手捧三把土，撒于坑内。撒第一把土时用阿拉伯语念"真主从土里造了你"，撒第二把土时念"真主把你仍归于土"，撒第三把土时念"真主从土中将复活你"③。在撒拉族族群迁徙的传说当中，故乡水土与本民族的历史记忆、族群迁徙紧密联系在了一起。④

此外，少数地区因从事畜牧业，所以民众关注牲畜疾病、自然灾害，崇信山神、神泉、圣湖等。如青海海西蒙古族在遇到草原久旱无雨、草木枯萎时，认为是天神、水神不赐雨，举行将陨石放入泉水的求雨仪式，或组织寺院僧侣在泉源或湖泊岸边念诵《水神燃香经》《止风经》《浮云经》《招云经》《除障碍经》《求雨经》三至七天，用六好药、十三香、

---

① 2003 年 7 月 21 日，互助土族东沟乡大庄村广福寺庙官麻占山（土族，1931 年出生，完小文化程度）在黑泉草滩讲述，青海师范大学教师李少波教授、云南大学施海涛、陆双梅硕士在场，并在草滩上看到供奉的龙王神轿。

② 赵宗福、马成俊主编：《青海民俗》，甘肃人民出版社 2004 年版，第 252 页。

③ 互助土族自治县志编纂委员会编：《互助土族自治县志》，青海人民出版社 1993 年版，第 525 页。

④ 参见鄂崇荣《青海多民族神话与民俗中的土地信仰与禁忌》，《青海社会科学》2012 年第 1 期。

白山羊奶、黄牛奶、三甜食物（冰糖、红糖、蜂蜜）等煨桑。①

　　青海汉族、藏族、土族普遍认为周边一些泉眼、天池、湖泊具有神性，认为膜拜圣湖、神池可以得到平安和吉祥，饮用一点"神水"、"圣水"可以精神焕发、祛病驱邪、清除烦恼。青海多民族民间信仰活动传承和延续具有一定的神秘性和保守性。法拉、马脚、拉哇（gla－ba）神灵附体，插口签、下油锅捞钱、刀刺肚皮等仪式或活动具有神秘性，其传承一般秘而不外传，神灵授予或只由父传子、师传徒。

　　4. 青海多民族民间信仰的多元性与包容性

　　青海许多民族是历史上逐步迁徙移居而来，在保留原有信仰文化元素的同时，又不断吸收了不同民族和地域的民俗与信仰文化因子，使青海多民族民间信仰呈现出多样性和包容性特征。青海多民族民间信仰的神佛种类繁多、形态不同、功能各异，如门神、灶神、财神、土地爷、山神、关帝、龙王、释迦牟尼、宗喀巴（tsong－kha－pa）、玉皇大帝及尼当、白哈尔、切什羌、勒木等各种护法神。而且，因为不同文化背景的民族在民间信仰沃壤之中互相磨合互动，共享互融，又加强了青海类似的地域信仰文化所产生的认同心理。如青海多民族杂居区的二郎庙、关帝庙、文昌庙、山神庙等一些神庙，都由汉、藏、土等多民族共建供奉、分享香火。许多民族通过供奉同一神灵，联合举行同一祭祀仪式，促进了各村落成员间的文化交流和理解，形成了共同的精神需求与价值观。作为一种精神意识，这种具有多样性和包容性特征的民间信仰已成为青海民众生活的一种生活样态，在生产、生活、生育、婚姻等方面，都透显出民间信仰的辐射与影响。如在青海许多民族婚俗中有八字合婚、择日婚娶、跨火堆、祭拜众神等民间信仰仪式。汉、藏、土等族修建居宅重堪舆，凡都以山水方向主言吉凶，趋生旺而避衰败。旧时，先向僧人或苯教师算卦，卜问吉凶、日期等。

　　5. 青海多民族民间信仰的神秘性与庞杂性

　　青海多民族民间信仰中的诸多事项充满了神秘性与庞杂性，许多信仰内容与历史文献或笔记体小说中的记载极为相似。如青海汉族、藏族、回族、蒙古族、土族、撒拉族中均流传某人"开天眼"或"眼见鬼"的说法。认为这些人或一生下来就能看见游荡于人间的各种鬼怪，或随着年龄

---

　　①　参见《青海王旗志》，内蒙古出版集团、内蒙古科学技术出版社2012年版，第334页。

的增长，某一天突然开眼具备看到鬼怪的神奇能力。民间传言这些人的眼睛从外表看与常人眼睛不同，有点怪异。说当一个眼见鬼是很痛苦的事，许多眼见鬼晚上不敢出门，因为黑夜常有鬼怪出没。一些村落个别人家如果发生灾祸，或者家人莫名其妙地病倒，通常被认为这一定是鬼怪闹的。假如在本村或邻村有眼见鬼，病者家属派人去其家请，请来以后如看见有鬼怪存在，主人家通过举行一定驱邪仪式，便可将闯宅的鬼怪送走。在循化调研时，一位撒拉族村民告诉我们有关眼见鬼的故事：

> 在化隆的德恒隆（daghlong）地方有个眼见鬼乙布拉海米，50 岁过了，四五年前见他时快 60 岁了吧，没有胡子。他会招魂。以前村里有人请过他，他能确定是否有鬼上身，但他只说鬼魂的长相、衣着，他还会说这个人是什么原因去世的。如果有鬼魂上身的话，就请阿訇念，有时候他领来阿訇，有时候让病人家属自己找阿訇。念的不一定是阿訇，他后面跟的那阿訇也只是会念《古兰经》而已，顶多算半个阿訇。好阿訇不会给念，这是下面半拉子阿訇和无知的哈汉们做的。①

> 我大儿子，修公伯峡的时候，开车转弯时翻倒了，那是白天。之后累得不行，很久都不好，一天天瘦下去。我们就请来了乙布拉海米。他一来就知道没魂了，让我们带他去儿子绊倒的地方（晚上）。叫大儿子脱衣服，从地面上做个包起来的动作，给儿子身上穿上，那天开始就一天天好起来了，一两个月后完全好了。被招魂之前，他每天都特别累，饭吃不下，坐了不想动，但没有疼痛，去查也没病，变得又瘦又黄，那时候儿子大概有二十七八，正是年轻力壮的时候。他现在三十五六岁了。②

青海汉族、土族等民族还有一种叫"耳保神"的人，其不同于道士、法拉和法师，据说其主要供奉九天玄女和东岳帝君。据说用木头或人骨头做一人形念经以后，用一红布包起放在肩上，占卜时用耳朵根听神谕。说

---

① 访谈人韩得福，讲述人：HLL，撒拉族，1934 年出生，循化县街子镇人（应讲述人要求隐去其真实姓名），访谈时间 2014 年 4 月 26 日。

② 同上。

耳报神对过去之事历历如绘，但对将来却不甚了了。其实在道家内功法术中也有类似的巫术，称其为"灵童极千里耳报术"，说所收役的是十二岁左右之亡灵。选择一个黄道吉日（在农历上查找），选一柳树枝将其雕刻成人形。并通过掷杯莈、开光、修炼、定盟等一系列复杂的祭祀仪式和巫术手段后，每次饮食前，先请木人食之，就能告知主人一切。此外，认为见形之后，千万不能让猫、犬、产、孝之人触污，否则失灵。在青海多民族间有多种类似传闻，如 2007 年 9 月曾在民和土族地区访谈到一位土族村民 WJX 请耳报神安土的个案：

> 我在 2005 年骑摩托发生车祸，伤愈后。一直胸闷气短，失眠多梦，有时感觉浑身疼痛，到官亭镇医院、县医院看了几次，也都没有效果。亲戚朋友们说应该用迷信看看，一天我的挑担朱（他是三川朱家村的村民），说他们村有一耳报神，在其家中占卜禳解很灵验，附近的人家里不太平的都找他。2006 年农历七月下旬，我与老婆在挑担的引导下，拿了点礼物（伏茶 1 包、奶粉 1 包），到朱家耳报神家中询问病情。耳报神拿出念珠，询问我的属相后，开始用双手拨念珠，说我家的中宫处（我刚分家，只盖了三间大房，还没有放中宫）挖了窖，还说我在建宅时砍树后未添土，说我祖坟中也动了土，家中有村庙里的东西，上面有红、蓝、白三种颜色的点。我告诉他以前请阴阳对家中窖里的土安了，为何没安好？耳说这都是各自的安法。我说那么请阿吾去我们家禳解一下。耳说明天我还要去放羊，没时间，再说我腿脚也不灵便，不方便。我说，后天我找车来接你。第三天后，我亲自找车将耳接到自己家中，并准备午饭，老婆准备了狗浇尿饼、炒菜、卤肉等。吃完饭后，他给我们家重新安了土。但以后我的病一直没见好，后来到省上的大医院检查了一次，说我得的是神经性官能症，给我开了点药，症状减轻了许多，但到现在还是没有彻底好。①

青海多民族民间流传的信仰这种神物木人习俗或传闻，在南北朝就已出现。如《太平广记》卷三百六十一"王惠照"引《广古今五行记》

---

① 访谈人鄂崇荣，讲述人：王进喜，土族，1976 年出生，民和回族土族自治县中川乡美二村村民，访谈时间 2007 年 7 月 26 日。

云："武平末（580 年），广平都省主事王惠照，息休为郡学生，刻木作一小人儿、盛衣带里，每食必食之，告云奴啖，方自食，自此后迷，为魍魉著之。"

在撒拉族的民间信仰中，还有一种精灵叫 perani，我们在这里暂称其为精灵。撒拉族民间认为他们是介于人类与天仙之间的半妙体，他们有肉身和智慧，同时有一种类似于衣服的东西，附着之后，人类就无法看到他们。除此之外，他们与人类无异，他们中有善良者，也有邪恶者，有穆斯林，也有非穆斯林，他们有自己的社会，和人类一样结婚生子，有生老病死。撒拉族民间认为，精灵实际上不喜欢附于人身，他们也不喜欢被人类打搅，只有当他们受到侵犯的时候，他们才会附于人体。他们可能生活在人类周围，所以在寂静的地方，拐弯之前，应该发出声音，如咳嗽，这样精灵听到之后就会回避人类。否则，精灵来不及躲避，就被人类撞见，于是精灵害怕自己被伤害，就有可能附在人体。出于这样的考虑，以前撒拉族老人们在拐杖上悬挂一些薄金属片，走路时会发出金属片的声音，这样精灵会提前回避。由于精灵有着和人类一样的属性，因此撒拉人认为，如果遇到精灵，只要方法得当，就可以与其交流和合作。民间有许多关于精灵脱去隐身物，混在人群中共同求学伊斯兰教知识、参加摔跤、宰牛等的传说，也有被人类利用的故事。一位撒拉族村民讲述了几则与精灵有关的故事传闻：

故事 1

我们亲戚中有一位非常老实的年轻人，有一次在外出刚回到家的时候被精灵附身了，他突然变得力大无穷，无缘无故往远处农田里跑。被几个年轻人抓回来之后，他的身体开始抽搐，好像快要死的样子。于是他家人请来了一位阿訇，当阿訇念起《古兰经》的时候，该年轻人哭起来，哭得很伤心，眼泪非常多，他开始用精灵的口吻讲述了精灵的遭遇。原来是年轻人当天在山上往精灵居住的洞穴里小便，污染了精灵的身体。年轻人的家里人就给精灵讲各种好话，劝精灵要学会宽容，离开男子的身体。这样一直到了半夜，精灵才离开了年轻人的身体。但是往后每年的同一天，该精灵都会附在年轻人身上闹，附近的医生给他针灸，他才会离开。

故事 2

有一年精灵附身的时候，人们请来了一位阿訇来念经。那天我看到阿訇念到一半，年轻人就开始哭，他说他很敬重这个阿訇，然后阿訇和他交流了很多。哭了很久之后，他答应阿訇再也不来找麻烦。那次离开年轻人身体之后，精灵再也没来附身过。

故事 3

在新中国成立前后，街子地区有一位尕热阿訇，他通过念"都阿"，让精灵为他干活，在查加河滩开垦了很多的农地。当农田开垦完毕之后，尕热阿訇就命令精灵们用筛子从河里挑水浇地。由于筛子底是漏的，到农田边的时候，水都漏没了，这样反复很多次之后，完不成任务的精灵们就一个个回去了。这样让他们离开，就可以省去很多招待打发他们的费用。(这个故事在街子地区广为流传，人们对故事的内容深信不疑)①

通过调查发现，以上这些通神或与精灵交往的人员，并非如俗民社会里所传言的那样，他们所谓神奇的法术和特异能力多是在俗民社会中由各种传闻缀结而成，从而在各自社区中越发神秘。

---

① 　讲述人：HSN，撒拉族，1958 年出生，循化撒拉族自治县托隆都人（应讲述人要求隐去其真实姓名），访谈时间 2014 年 4 月 27 日。

第三章　国家正祀在青海多民族地区的推进

民族的迁徙和融合常常会带来宗教文化的自然传播，历史上各民族宗教文化的传播对现今青海多民族民间信仰产生过重要的影响。随着国家力量对青海多民族地区控制的加强，国家正祀在逐渐置入，并对青海多民族民间信仰进行不同程度的干预与调适，在青海一些多民族地区发挥了导向性作用，同时也使民间信仰成为地方社会与国家交接点，处处折射出国家的在场。

第一节　国家正祀在青海及其周边地区的推行

中国历史上历代中央政权与地方政府对民间信仰都一直抱着矛盾态度，其中既有否定和打压的一面，又有崇信、利用和倡导的一面。对符合统治秩序和伦理的民间信仰，往往是积极倡导和赐封；对威胁王朝统治，与上层伦理相左的民间信仰，则定为"淫祀"加以取缔。民间信仰中的各种神祇往往屈服于国家权力，政府不但册封神灵，控制神灵等级地位，而且对各个阶层的祭祀责任和权利做出等级化的规定，与政府任命官僚的原则非常类似。

一　国家正祀的原则及实施述略

"国之大事，在祀与戎。"祭祀在国事中的重要性源自王权与神权的紧密关系，通过祭祀王权加赋了神权的神圣性，神权则获得了王权的合法性，王权和神权以祭祀为纽带共同强化了二者之间的关系，以及二者在政权与信仰领域的影响力与控制力。因此，对于脱离或游离于神权控制之外的信仰空间，神权往往借助王权的合法性加以控制，王权自身也要对脱离或游离于神权控制之外的信仰空间进行管控,以巩固其自身的神圣性。所以,在中国古代历史上,官方对于祭祀的合法性有着严格的规定,合法祭祀称为"正祀"或祀典,非法者则被斥为"淫祀"。

《礼记·祭法》与《礼记·曲礼》是官方最早对"正祀"与"淫祀"进行界定的儒家经典。《礼记·祭法》曰:"夫圣王之制祭祀也,法施于民则祀之,以死勤事则祀之,以劳定国则祀之,能御大菑则祀之,能捍大患则祀之。……此皆有功烈于民者也。及夫日、月、星辰,民所瞻仰也。山林、川谷、丘陵,民所取财用也。非此族也,不在祀典。"①《礼记·曲礼》曰:"天子祭天地,祭四方,祭山川,祭五祀,岁徧。诸侯方祀,祭山川,祭五祀,岁徧。大夫祭五祀,岁徧。士祭其先。凡祭,有其废之,莫敢举也;有其举之,莫敢废也。非其所祭而祭之,名曰淫祀,淫祀无福。"② 上述文字成为官方界定正祀与淫祀的基本原则,赋予了理论和历史支撑。也就是说,在王权和神权合一的背景下,对维护儒家伦理准则和政治统治有积极作用的圣哲贤人、忠孝义烈可以进入祀典,同时具备宗教性功能和社会经济功能的自然神也可以成为祭祀的对象,此之谓"正祀"。凡与儒家伦理准则和政治统治所悖而"非其所祭而祭之",则为"淫祀"。

秦汉之际,历代中央王朝一直试图直接控制各地的民间祠祀,不断有诏令"禁杂祠淫祀",但中央政府基本上是通过对地方政权的控制来间接地掌控民间信仰,祭祀官员无法直接管理种类数目庞杂的祠庙,其修建、运行多由地方上层控制。《史记·封禅书》载:"郡县、远方神祠者,民各自奉祠,不领于天子之祝官。"《汉书》记曰:"始名山大川在诸侯,诸侯祝各自奉祠,天子官不领。及齐、淮南国废,令太祝尽以岁时致礼如故。"③ 马端临的《文献通考·郊社考》,专门有一章《杂祠淫祀》,其中记载,最早在汉武帝"天汉二年(99年)秋,止禁巫祠道中者"。汉殇帝延平元年(106年)"夏四月庚申,诏罢祀官不能在祀典者"④。魏文帝曹丕再次颁布禁杂祠淫祀政令,并指出理由:"先王制礼,所以昭孝事祖,大则郊社,其次宗庙,三辰五行,名山大川,非此族也,不在祀典。

①　(清)孙希旦:《礼记集解》卷45,中华书局1989年版,第1204—1205页。
②　(清)孙希旦:《礼记集解》卷6,中华书局1989年版,第150—153页。
③　(汉)班固:《汉书》,中华书局1962年标点本,第1212页。
④　(宋)范晔:《后汉书》,中华书局1965年标点本,第196页。

叔世衰乱，崇信巫史，至乃宫殿之内，户牖之间，无不沃酹，甚矣其惑也。自今，其敢设非祀之祭，巫祝之言，皆以执左道论，著于令典。"①魏明帝青龙元年（233 年）又下诏："山川不在祀典，勿立祠。"②

自秦汉以来，历代中央政府对一些影响较大的地方性神灵及祠庙不断加大册封赐额，进一步强化了中央皇权对各地民间神灵祠庙的控制与管理。西晋武帝泰始元年（265 年）十二月，诏曰："昔圣帝明王修五岳四渎、名山川泽，各有定制，所以报阴阳之功故也。然以道莅天下者，其鬼不神，其神不伤人，故祝史荐而无愧辞，是以其人敬慎幽冥而淫祀不作。末世信道不笃，僭礼黩神，纵欲祈请，曾不敬而远之，徒偷以求幸，妖妄相煽，舍正为邪，故魏朝疾之。其案旧礼具为之制，使功著于人者必有其报，而妖淫之鬼不乱其间。"③ 第二年正月，原春分时节祭祀的"厉殃及禳祠"，因不在祀典之内而被废除。《宋史·礼志八》云："自开宝、皇祐以来，凡天下名在地志，功及生民，宫观陵庙，名山大川能兴云雨者，并加崇饰，增入祀典。……凡祠庙赐额、封号，多在熙宁、元祐、崇宁宣和之时。"④

明代以来，中央政权和地方政府一直力图通过对青海多民族信仰进行干预、引导、改造和利用，加强国家意识形态向地方社会的渗透，实现中央政权在青海及其周边地区的有效统治。《大明会典》中的规定使包括青海及其周边地区民间信仰的一些神灵进入祀册，获得合法性身份，同时，明代中央政权进一步要求将所有应祀神祇的具体功用与贡献呈报中央，经过礼部审查合格，方许列入祀典，并由地方官员定期举行祭祀活动。明洪武元年（1368 年）十月，朱元璋命令中书省下文要求各地地方官"访求应祀神祇。名山大川、圣帝明王、忠臣烈士，凡有功于国家及惠爱在民者，著于祀典，命有司岁时致祭"⑤。要求把其具体的事实罗列出来并上报中央，经过礼部审查合格，方许列入祀典，并由地方官员定期举行祭祀活动。"二年又诏天下神祇，常有功德于民，事迹昭著者，虽不致祭，禁

① （晋）陈寿：《三国志》，中华书局 1959 年标点本，第 84 页。
② （唐）房玄龄等：《晋书》，中华书局 1974 年标点本，第 600 页。
③ 同上书，第 600、601 页。
④ （元）脱脱等：《宋史》，中华书局 1977 年标点本，第 2561 页。
⑤ （清）张廷玉等：《明史·礼四》，中华书局 1974 年标点本，第 1306 页。

人毁撤祠宇。"① 明洪武三年（1370 年）定诸神封号，凡后世溢美之称皆革去。天下神祠不应祀典者，即淫祠也，有司毋得致祭。② 正统八年（1443 年），明廷于敕谕"凡岳镇海渎、祠庙、屋宇墙垣或有损坏，及府州县社稷、山川、文庙、城隍一应祀典，神祇坛庙颓废者，即令各该官司修理。合用物料，酌量所在官钱内支给收买，或分派所属殷实人户备办，于秋成时月起请夫匠修理。不许指此多派，虚费民财，及修盖淫祠，妄用民力。若岳镇海渎、庙宇，焚毁不存，用工多者，布按二司、同该府官，斟酌民力，量宜起盖。仍先画图，奏来定夺。凡修完应祀坛庙，皆选诚实之人看守"③。《明会典》记曰："洪武初，天下郡县皆祭三皇。后罢。止令有司各立坛庙，祭社稷、风云雷雨、山川、城隍、孔子、旗纛及厉。庶人祭里社、乡厉及祖父母父母，并得祀灶，余俱禁止。"嘉靖九年（1530 年）又重申"各处应祀神祇、帝王、忠臣、孝子，功利一方者，其坛场庙宇有司修葺依期斋祀，勿亵勿怠"④。清代通过律法的形式进一步约束了民间祭祀的空间，《大清律》也规定："凡各府、州、县社稷山川风云雷雨等神，及境内先代圣帝明王、忠臣烈士，载在祀典，应合致祭神祇，所在有司，置立牌面，开写神号祭祀日期，于洁净处常川悬挂，依时致祭。"⑤

在封建王朝的坍塌与西学东渐的背景下，1930 年南京国民政府内政部颁布了《神祠存废标准》，称：元始天尊、三官、天师、王灵官、吕祖等，"均属无稽之谈，应废除"；日月星辰、火神、魁星、文昌庙、旗庙、五庙四渎、龙王、城隍、土地、八蜡、灶神、风雨雷云等神，"至今觉其毫无意义者，应予废除"⑥。许多民间信仰的神灵被要求废除，一些城隍庙被要求修改为"忠烈祠"，"崇祀北伐牺牲暨有功于国家、地方各先烈之牌位"。还先后出台《废除卜筮星相巫觋堪舆办法》《取缔巫医》《取缔经营迷信物品业办法》等法规。但由于当时的中国社会，错综复杂，该政策实行过程中遇到许多阻力，为此国民政府又进行了修改，将"明

---

① （清）张廷玉等：《明史·礼四》，中华书局 1974 年标点本，第 1306 页。

② 同上。

③ （明）李东阳等撰，申时行等重修：《大明会典》卷 187，广陵书社 2007 年版。

④ 同上。

⑤ 《大清十朝圣训》，北京燕山出版社 1999 年版，第 103 页。

⑥ 中国第二历史档案馆编：《中华民国史档案资料汇编》第 5 辑第 1 编文化，江苏古籍出版社 1994 年版，第 502—503 页。

令改作参考"，更使政策前后矛盾，遂导致这一政策半途而废或发生了种种变形。青海及其周边地区部分官庙或转为新式教育场所，或变卖给商人转为铺面、店房等。如《西宁府续志》记载"中营三圣庙，为人民所买。左营三圣庙，后拨归蒙番学校"① 等。

二　国家正祀在青海及其周边地区的推行

由于青海及其周边地区的特殊地缘关系及重要的军事地位，历代中央政权和地方势力一直力图通过对青海及其周边地区一些地域性信仰的改造，实现其在青海的有效统治。但由于青海位置偏远，远离中央王朝，加上重要的军事战略地位，常常成为各种军事力量和政治势力反复争夺角力的地方，如西宁"历代以来，屡收屡弃。唐陷吐蕃，宋没西夏，其中隶中国之版宇者，十曾不得二三焉"②。所以中央政权在元代以前未全面深入推行正祀信仰，其实施的一些措施常随着政治军事控制力的强弱而变化。

历史上许多有功于青海地区经济发展、社会安定的官员也被青海历史上一些民族设立祠堂纪念。如东汉章和二年（88 年），邓训任护羌校尉时采取宽柔政策，对青海河湟流域羌胡以德怀之，恩信取民。当时羌人习俗"耻病死，每病临困，辄持刀以自刺"，邓训听闻有困病者"辄拘持束缚，不与兵刃，使医药疗治，愈者非一，小大莫不感悦"③。永元四年（92 年）邓训病卒后，每天吊唁的达数千人，有些还愿意一同赴死。当时羌汉民众为感其恩德，为其立祠，每遇疾病或灾难时，就向邓训祈祷保佑安康。在历史发展过程中演变为西宁城隍的原型，至 20 世纪 50 年代，香火仍然不断。魏明帝太和二年（228 年），徐邈任凉州刺史，管辖统领青海东部地区，以及张掖、武威、酒泉、西郡、敦煌等地。徐邈在其任内在青海河湟等地采取发展农业如采取"广开水田，募贫民佃之"等之余，还"率以仁义，立学明训，禁厚葬，断淫祀"，推动儒学教育，推进正祀，革除旧俗，使境内"家家丰足，仓库盈溢"，"风化大行，百姓归心焉。

---

①　（清）邓承伟修，张价卿、来维礼等纂，基生兰续纂《西宁府续志》卷10，青海人民出版社1985年版，第501页。

②　（清）杨应琚：《西宁府新志·序》，青海人民出版社1988年版，第51页。

③　（宋）范晔撰：《后汉书》，中华书局1965年标点本，第610页。

西域流通，荒戎入贡，皆邀勋也"①。东晋时期，羌人东进，汉族豪强趁势在甘青河湟流域建立了稳定的割据政权，而中原时局混乱，故"避难之国唯凉土"②。这一时期，以儒道文化为基干的中原汉文化又一次传入青海东部地区，汉文化成为青海东部地区的主流文化。如前凉是十六国中唯一的汉族政权，占据着今甘肃、青海、新疆三省区的大部分地区，具有代领天下的意识，在当时西部延续和发展了中原文化。公元345年，张骏采纳酒泉太守马岌建议，派人在今青海天峻县青海湖畔石室，立西王母神祠祭祀。一些少数民族上层也加强了对传统神祇的重视和推广，如公元416年，沮渠蒙逊西巡，祀金山，并出兵吐谷浑，降伏乌啼、卑禾二部后，"遂循海而西，至盐池，祀西王母寺"③，西王母寺中有玄石神图，蒙逊命其中书侍郎张穆作赋颂之，并铸钟铭文于寺前。④

中央和地方政权推进正祀信仰既可宣扬国家正统思想，又可从思想上统治广大民众。明代以后，随着中央王朝对青海地区的军事和政治控制力的逐渐深入，历代君王与地方官员越来越清醒地意识到，正祀的推进可以对青海及其周边地区社会秩序的稳定起到潜移默化的作用。为了进一步控制和利用，中央政权和地方官员通过制定政策、设立正祀、修建庙宇等手段和活动来对青海多民族民间信仰进行干预、引导，加强正统意识形态向民间社会的渗透。但这种干预与渗透与中央政权的统治力、地方执政官员的施政措施以及汉族移民数量等因素密切相关。明王朝建立后，明政府对青海东部地区极为重视，大兴军屯、民屯和商屯。一些学者据地方志材料统计，洪武年间，清制西宁县在籍官军7200户，15854人；永乐年间在籍官军7200户，12092人；嘉靖年间在籍官军3578户，45613人；万历六年在籍官军2560户，在籍百姓440户，共计38892人。⑤这些身处边陲、异文化的中原人群积极参与塑建祀典中的神灵和庙宇，将国泰民安、祈雨求晴、消灾免祸、救旱除涝等希望寄托于神灵的保护，在把这些神灵和庙宇内在转化为他们乡土情怀和精神家园的同时，建立了一种中原文化象征，强化了家乡、族群和国家意识。同时，根据正祀原则，将青海地区

① （晋）陈寿：《三国志》，中华书局1959年标点本，第740页。

② （唐）房玄龄等：《晋书》，中华书局1974年标点本，第2222页。

③ 同上书，第3197页。

④ 崔永红、张得祖、杜常顺：《青海通史》，青海人民出版社1999年版，第86页。

⑤ 李健胜：《汉族移民与河湟地区的人文生态变迁》，《西北人口》2010年第4期。

一些有功于国家的少数民族忠臣烈士列入正祀，对促进和强化当时青海各民族的国家认同，起到了重要作用。如明千户李淳战功显著，后因征蜜那，至景阳川寺沟阵亡。隆庆二年，朝廷嘉其忠勇，封忠勇王，立庙在大通金娥山上。

国家正祀信仰的推行和大量外来人口的涌入，不断丰富和补充了青海多民族地区民间信仰体系。至民国时期，青海西宁、乐都、湟源、贵德等地分布着种类繁多的多种神祠，如玉皇庙、圣母宫、禹王庙、炎帝宫、三圣宫、二郎庙、城隍庙、菩萨庙、真武庙、观音庙、土地祠、太上老君庙等。还有掌管兵刑钱谷、生老病死等事的诸神。如管贮粮仓库的庞神庙，管兵刑事宜的关岳庙，管钱的财神庙，管医治百病的药王宫，管人生老病死寿命长短的寿星庙，管人福报的福神祠，管人升官获爵的禄星祠，管人生育的送子娘娘庙，管六畜兴旺的马祖庙等。有祭祀孔子的孔庙，祭祀关羽和岳飞等忠臣武将的关岳庙。还有专门拜谒在青海地区建功立业的忠节名臣的庙宇祠堂。如赵充国、强弩将军许延寿、伏波将军马援、护羌校尉邓训、隋卫尉刘权、唐经略副使娄师德、宋熙河经略使王韶、河州团练高永年、陇右节度使王厚、明长兴侯耿秉文、都指挥使李南哥、会宁伯李英、指挥陈治、千户李淳、百户葛昶、丁显、佛玄等。[①]

三　地方精英对正祀信仰的推动和传播

国家正祀信仰的神祇隐含着国家政治象征符号，这使得神圣与世俗相结合，产生一种较为稳定的国家与地方社会的互动模式，有着深刻的政治文化意义。随着中央政权对青海控制力的加强，兴建庙宇，祭祀祀典之内的神祇，青海地区地方官员、土司、士绅等地方精英从保存自身权威等角度出发也积极推进国家正祀和中原儒家文化。明清两代正祀庙宇多集中于卫、所或府、县、厅治所，尤以西宁为最多。祭坛祠庙也成为青海府、县、厅治所等政治、文化中心城镇设施的重要组成部分。清顺治时西宁城内分布着宣圣庙、启圣祠、城隍庙、旗纛庙、马神庙等庙宇。《西宁府新志》记载：

> 文庙在府署东。明宣德三年都督史昭创建。历年修缮，见诸碑记。皇清康熙四十六，教授梁景岱倡阖学，捐赏（资）重修。五十

---

① 参见邓惠君《青海近代社会史》，青海人民出版社 2001 年版，第 131 页。

二年，西宁道副使杨宗仁捐俸加葺。乾隆六年佥事杨应琚、知府申梦玺、知县王镐以泽宫库狭，不能改为，于六月吉日鸠工庀材，自大成殿、两庑戟门、棂星门、泮池、恢拓另建，又置斋房各三楹。资繁力费。嗣知县应际盛、张渡、知府刘洪绪，知县陈铦继至，共襄功役。至十一年闰三月辛酉告成。佥事杨应琚有碑记。①

《碾伯所志》记载："文庙在鼓楼北街。明成化十四年，都御史刘廷璋建"，"关帝庙在东关长街"，"城隍庙在所治西南隅。明洪武十九年建"。②《丹噶尔厅志》简略记载了许多庙宇修建时间及分布数：玉皇庙乾隆四十二年（1777 年）创修。道光二十二年（1842 年）重修。火祖庙乾隆三十三年（1768 年）创修。嘉庆四年（1799 年）重修。关帝庙筑城之初，草创三楹。至雍正十一年（1733 年）增改殿宇，塑神像而规模略具。道光时重复修理，费几万金。城隍庙在城内西大街北，近西城门处。文昌阁即灯山楼。在城内西小什字正南，北与关帝庙牌坊对。咸丰九年（1859 年）创修。昭忠祠在城内东北街。咸丰九年创修。③ 今移置城外东岳庙。关帝庙坊在西大街西庙巷口。玉皇庙坊在西大街东庙巷口。火祖阁在丰盛街南。旧建于道光时，毁于兵燹。光绪三十年（1904 年）重修。龙王庙在营盘东南湟水磨渠北。乾隆时创修，遭到焚毁，直到光绪元年（1875 年）才得以重建。④ 火祖庙在永寿街之北，乾隆时创建。由此迤东有贞节坊，坊东有万安桥，桥之南北有牌坊二。南赴沙沟，北赴北极山。北极山庙有文昌、真武、奎星、三清、兰圣、土地、雹神各祠庙，创建于乾隆时。同治二年（1863 年），回族反清事件中，惨遭焚毁，至光绪元年（1875 年）重建。文昌菩萨过街楼在万安桥之东，永寿街尽处。咸丰九年（1859 年）创建。⑤ 东岳庙内附昭忠祠在过街楼之东。光绪元年（1875 年）创建。火祖庙出西门北行十余步即是。乾隆时创建，同治回乱毁于兵。光绪二十四年（1898 年）重修。养正义学在火祖庙之北。自此而西，

---

① （清）杨应琚：《西宁府新志》，青海人民出版社 1988 年版，第 351—352 页。
② （清）李天祥：《碾伯所志》，载于青海省民委少数民族古籍整理规划办公室《青海地方旧志五种》，青海人民出版社 1989 年版，第 100 页。
③ （清）杨治平：《丹噶尔厅志》卷 6，载于青海省民委少数民族古籍整理规划办公室《青海地方旧志五种》，青海人民出版社 1989 年版，第 225 页。
④ 同上。
⑤ 同上书，第 226 页。

出碉楼栅门曰北大路，即由海北赴藏之路也。厉坛一处西门正西数十步小路儿北，土人称为隍司行宫。小路儿即赴池汗各庄之路也。小山神庙在城西北隅墩墩山上。此地与北极山相望。昔年回乱时，从此二山来攻，城勇守御颇觉费力云。[1] 小龙王庙在城南宋家磨林，湟水夹流中间。背有花园一处。有石垒小山，并石镌仙人各象，流水、茂树围其外，夏季五、六月时，携酒往游者甚众。[2]

如明代《贵德玉皇阁万寿观碑记》记载：

　　尝闻彼境古属四川崇庆府贵德州。……我太祖高皇初基，命遣邓将军征讨西域，戢番设站，建立城堡，调集河州卫中左千户所官军屯马一千，守御兹土。……闻谈于乡士者，众然欣悦，恭择城中场地，创修玉堂圣阁。叠阜悬仰，统贯诸像神宇，东西雷祖，玄帝，文昌，三官，后洞三教，前庭拜殿，钟鼓角楼，门厨房舍，余不记载，壮丽丰彩，焕然规洪。略捐施俸廪，以醑水土，答报恩宥。该所官旗乡善军民，施舍财帛，督理提调匠作、效工、劳力，无不庆诚。委官河州千户赵俊同协助祭典周善，缘自万历己丑八月兴工，壬辰岁秋告。以承发心，格天庇护，愿佑皇图永固。[3]

此文是万历二十年（1592 年）秋，河州卫世袭指挥同知、贵德游击，前授诰封怀远将军结峰长略撰书。在此次修建庙宇过程中，调动了大量的社会资源，许多地方精英捐款捐物，出力出策。如碑文中记载当时总旗王王闾、马朝用、童相、赏友德、史应海、刘淮、居泽、许友德，河州卫同缘善信童实，慕缘僧人张法同、杨雄、刘湖、许景朝、马文学、运才、马虎牙，掌印指挥李蕊、童资妇孙氏、辛法本、胡惠、童尚德、满仲良、党友智、宴哼恩、买夕列，标捕指挥胡宗舜、邓自成、胡氏，施舍信士马廷璧、赵能、居万略、秦友德、马成、陈仲良、赵景德，委官千户赵俊、郭朝季、居增、马彦朝、尹计江、魏学、石海、刘钊、仲卜、安彦海，防御把总金助国、长文、毕镗、蒋曼、刘潜、胡尚义、胡宗礼、刘润、石明、

---

① （清）杨治平：《丹噶尔厅志》卷6，载于青海省民委少数民族古籍整理规划办公室《青海地方旧志五种》，青海人民出版社 1989 年版，第 227 页。

② 同上书，第 228 页。

③ 参见谢佐《青海金石录》，青海人民出版社 1993 年版，第 96 页。

党彦童，舍人长息男、长宾、长发、辛敖、刘泽、马仲禄、石举，画塑匠石仲恩、何大全等众多地方官员、乡绅、兵丁、僧人、画师等乡村各类精英都积极参与其中，并且这些人与当前贵德县大史家、刘屯、童家等地名或村落有着千丝万缕的联系。道光十七年（1837年）撰写的《复修玉皇阁碑记》也记载：

> 道光十一年辛卯至十七年丁酉，绅士童彦博、魏进宝诸公等，同心振奋，禀署游府马公进禄及本城致仕参府史公臣，二公曰"善"，既慨然乐施，力为赞襄，而彦博诸公及合郡士庶人等分职募化，无不竭诚乐输。①

青海各级地方官绅对孔庙也推崇备至，有经过孔庙文官下轿，武官下马的礼节。民国七年（1918年）农历八月二十七，在湟源文庙"祀典开始时邑宰衣冠整洁，躬亲率领阖邑文化界人士以及各界名流、地方绅老，有回族读书人士也参加，举行公祭，以为虔诚之敬"②。

青海西宁、乐都、贵德等地所修建的庙宇常常随中央政权在青海地区统治力量的消长而兴废。如清道光十一年（1831年）开始重修了"殿宇倾颓，神座佛龛，胥失观瞻"的贵德玉皇阁，至道光十七年（1837年）竣工。《复修玉皇阁碑记》曰：

> 贵德城北，原有玉皇上帝金像，左右两廊奉雷祖，真武，文昌、三元诸像，有求必应，感而遂通。是阁也，创自前明，年历失记。至万历乙丑年间。有指挥游击长公倡率重修，于今已数百年矣。殿宇倾颓，神座佛龛，胥失观瞻。有心善举者，寓目而感慨系之。虽有好善之士振将坠之基，奈此功旧质无余，名虽重修，而去旧建新，其功更倍于创造，财费支用，不下万计，是以数经商榷，辄却步不前。……但工程浩大，支用颇多，一时未能充足。复巢公议，于本郡耕作汉番

---

① 参见谢佐《青海金石录》，青海人民出版社1993年版，第96页。
② 王志和：《湟源孔子庙及祭孔活动》，《湟源文史资料》第4辑，湟源县委员会文史资料组1997年内部编印，第52页。

人家沿门劝施，俾夏秋稞随力输将。① 碑记中"有求必应，感而遂通"。②

这些文句说明雷祖、玄帝、文昌、三官等神祇得到进一步物化传播，已在当地产生"灵验性"，对当地民众信仰生活产生了一定影响。

当时修建工程浩大，较之初建三年，时间多用了一倍。从"汉番人家沿门劝施"等内容的记载，可以推知当地汉藏群众在信仰上出现了相互认同。

明代以来，地方政府和官员不断在青海一些地方新建和重修祠庙的行为，在一定程度上引导了青海一些地区和民族民间信仰向国家正祀信仰的靠拢，并促进了青海多民族中的国家意识，影响了青海民间信仰的发展方向。如道光十七年（1837年）复修的玉皇阁"为级高三丈六尺，营建高阁三层，上奉玉皇上帝神像，其次后土尊像，又其次万岁牌位"③，将中央政权的象征即万岁牌位植入了边陲地区信仰体系当中。自光绪十三年（1887年）开始，同知张晖旸筹款对湟源等地的一些庙宇复修，并定期祭祀。当地民众"始知有不入祀典之神庙焉"④，对"玉皇、真武、财神、药王、娘娘、菩萨之类"神灵，恭敬焚香跪拜，为九天圣母、真武大帝、文昌帝等神灵在青海地区进行深入传播提供了必要的载体。

青海一些少数民族上层也积极推进正祀信仰，修建庙宇后常向中央王朝请求赐名或匾额，借用正祀神灵权威支撑其合法性，强化其统治。如明代永乐二十年（1422年）八月，土族土司西宁卫右府左都督李英⑤奏请在西宁卫兴建真武庙，最终于宣德元年（1426年）底建成，明宣宗赐名为"广福观"。

第二节　青海多民族民间信仰与国家力量的互动

明清以来中央政府对青海民间信仰中的水神、山神等民间神灵，以及少

① 参见谢佐《青海金石录》，青海人民出版社1993年版，第96页。

② 同上书，第98页。

③ 同上。

④ （清）杨治平：《丹噶尔厅志》卷6，载于青海省民委少数民族古籍整理规划办公室《青海地方旧志五种》，青海人民出版社1989年版，第288页。

⑤ 明宣德二年（1427年）李英被封会宁伯。（参见吕建福《土族史》，中国社会科学出版社2002年版，第394页。）

数民族上层修建的庙宇加以封赐，加强了国家对地方社会的控制，在民间信仰等精神领域建构起了国家与地方隶属的关系框架。民间精英也通过各种渠道，利用各种关系，努力使地方上的祠庙获得合法承认。但由于民间信仰本身所具有的发散性和自治性等特性，使民间信仰仍然具有一定自由和广阔的发展空间，在一定境况下，甚至对国家力量的强制管控产生抵制与对抗。

一　国家对民间信仰的引导和利用

1. 清代以来国家权力对祭青海湖信仰仪式的利用

青海湖古有"卑禾羌海"、"仙海"、"鲜水"、"鲜水海"、"西海"等多种命名①。藏语称青海湖"措温布"（mtsho - sngon - po），蒙古语称"库库诺尔"（Kokenuur）。青海湖不仅在青海多民族民间信仰中有着崇高的神圣性，而且在中国疆域史上有着浓厚的政治人文意蕴。② 对"青海神"的祭祀分遥祭、近祭和民间祭三种。民间祭祀青海湖的历史非常悠久，并与原始信仰中的山川水火等自然崇拜有着深厚的关系。秦汉之时青海湖就成为羌人心目中的圣湖。由于鲜卑、蒙古族、吐蕃信仰原始宗教，很早就形成了祭天地日月、山川湖泊的风俗，这些民族在青海湖周围活动时有祭祀青海湖的习俗。其中吐蕃将青海湖流域纳为势力范围后，其祭祀活动开始带有明显的政治色彩，通过祭祀和盟誓仪式举行部众会盟。

历代中央王朝对青海湖的祭祀活动非常重视。从唐代至明代，青海湖被历代统治者多次赐予封号，如唐玄宗天宝十年（751年）被封为"广润王"，宋仁宗康定元年（1040年）被加封为"通圣广润王"，元代至元二十八年（1291年）被加封为"广润灵通王"。至明洪武三年（1370年）被诏封为"大河之神"，清雍正四年（1726年）三月，被清廷诏封"灵显宣威青海神"。

元代之前官方采取祭海方式为遥祭，即每年皇帝派大臣在立秋之日于

---

　　①　青海湖最早被称称卑禾羌海，汉代先零羌移牧其地，又称青海湖为鲜水、鲜水海、异译仙水、仙水海、仙海。王莽设置西海郡，西海成为鲜水、仙海的异译。鲜卑人入踞青海湖流域，成为青海湖新的主人，"青海"之名也最早为鲜卑人所称。参见吕建福《青海湖流域的人文生态——吐谷浑人对青海湖流域的经营》，《中国历史地理论丛》2009年第4期。

　　②　西汉末年王莽在青海湖流域设置西海郡，不仅将青海湖流域最早纳入中央王朝版图，而且为青海湖流域赋予了政治地理的文化意蕴，将上古以来四海一统的政治理念付诸实践，从此中国有了实际的四海之郡。参见吕建福《青海湖流域的人文生态——吐谷浑人对青海湖流域的经营》，《中国历史地理论丛》2009年第4期。

京城西郊设祭坛进行祭祀，供太牢（牛、羊、马三牲），读祭文，行三献（初、亚、终）及三跪九叩礼。如《旧唐书》载：唐开元十三年（725年），唐玄宗曾指派"太子中允柳奕祭西海广润王，太子洗马李齐荣祭北海广泽王。取三月十七日一时礼册"①。采取遥祭方式主要原因是青海湖路途遥远，国家力量常常无法长期有效控制青海湖流域。至元宪宗四年（1254年）"是岁，会诸王于颗颗脑儿之西，乃祭天于日月山"②，并顺附祭拜黄河之神，这有可能是蒙古诸部在青海湖边会盟祭神的最早记载。

清代康熙以后，随着国家经济、军事等实力的增强，中央政权将遥祭祀改为近祭祀，并通过频繁利用祭祀青海湖和会盟等仪式，达到了加强控制蒙藏地区的目的，至民国时继续沿袭。康熙二十九年（1690年），康熙帝平定西藏叛乱，曾令各部蒙古族首领于察汉城举行会盟，进而加强对蒙古各部的笼络。康熙时期的会盟、祭海主持者皆为本族的首领。雍正二年（1724年）二月，清四川提督、奋威将军岳钟琪督师平罗卜藏丹津之乱，在青海海北哈喇河击败阿喇布坦鄂木布，追奔一昼夜，至伊克哈尔吉河，人马干渴，求水不得，岳钟琪命令就地掘水，竟获得泉水，便以"青海神显灵"奏闻清廷。雍正四年（1726年）三月，清廷诏封青海"水神"为"灵显宣威青海神"，遣官至海边立碑致祭，并筑碑亭。清军平乱后，大将年羹尧分青海地区的蒙古厄鲁特部为29旗，分别划定各自牧地，将其分而治之。雍正二年（1724年），清廷设立"钦差办理青海蒙古番子事务大臣"，又称"西宁办事大臣"，主持青海事务。清廷规定蒙古各部需在钦差大臣的监督之下，秋季定期会盟一次。从雍正三年（1725年）起，清廷的钦差大臣于察汉城主持祭祀。秋季会盟原由钦差大臣主持，西宁办事大臣协助。随着清朝政府对蒙藏地区控制力的增强，祭海会盟周期逐渐延长，乾隆十二年（1747年）改为两年一次，乾隆二十八年（1763年）延长为三年一次。从道光三年（1823年）起，环海藏族千户也参加祭祀和会盟活动，将会盟地点改为湟源东科尔寺。

光绪三年（1877年），西宁办事大臣豫师到任西宁，发现每当春夏之时，青海雨水严重不足，认为青海湖"为西疆众流汇归总司水部之神，夙昭灵显，率同官民遥望青海，虔诚祷祝，辄见云气自西南起，甘霖大

---

① （后晋）刘昫等：《旧唐书》，中华书局1975年标点本，第934页。

② （明）宋濂等：《元史》，中华书局1976年标点本，第48页。

沛。数年以来，每遇亢旱，屡祷屡应，岁得丰稔"①，遂捐个人俸禄，在西宁城西门外兴建海神庙。光绪三年七月二十三日左翼正盟长贝勒纲增却克多布，右翼正盟长郡王集克默恃纳木加立多尔吉，副盟长贝勒拉旺多布吉等人在察汉托洛亥盟所，代表青海蒙古众王公和台吉，请求豫师转奏光绪皇帝，给海神赏赐匾额，并加封号。光绪三年八月二十日内阁奉上谕："豫师奏神灵显应，请颁匾额，并加封号等语，西宁青海地方，前有回匪滋扰，仰赖海神护佑，得保安全，实深寅感。著南书房翰林恭书匾额一方，交豫师祗领，敬谨悬挂，以答神庥。所有请加封号之处，著礼部议奏。"光绪三年九月十三日准兵部火票递到钦赐海神匾额，威靖河湟。②

　　光绪二十八年（1902 年），由西宁办事大臣主持会盟。祭海时，由钦差大臣或西宁办事大臣主祭，各蒙旗札萨克、王公、千户等陪祭，如果出现祭祀缺席者，清廷的理藩院要进行处罚，如札萨克缺席者罚 3 年俸银，其他人员亦有处罚。祭海时供奉羊、猪、整牛三牲，糖果、酥油、酒及五色粮食等，上香，诵读祭文，行三拜九叩之礼，祭祀仪式多达 10 余项，隆重而繁杂。主祭完毕，各札萨克、王公及千户争相抢割献祭的牛、羊、猪肉，以先得多得为吉，这一仪式称为"抢宴"。祭海时，各王公千户带来众多随从，牧民们也纷纷赶来观礼。祭海仪式完毕后，有跑马、打靶、歌舞等活动。宴会结束或祭海次日，盟长率领王公贵族，拜见钦差，进献哈达、马匹等礼物，在东科尔寺大经堂内，举行会盟大会。众蒙古王公和藏族部落头人禀报当年各部间和内部发生的重大纠纷，以及王公千百户袭替等事件，当面对质请钦差评断处理，或事后派专员进行调查。最后钦差大臣确定次年的朝贡、觐见等诸多事项，赏赐物品。清末至民国初年祭海会盟制度，因局势动乱而遭废弃，至民国二年（1913 年）甘青局势稳定后得以恢复。当年青海办事长官廉兴担任主祭，西宁总兵马麒陪祭祀，仪式程序沿用清朝旧例，仍实行跪拜礼，仅将清代"皇帝万岁万万岁"的牌位改为"中华民国万岁"牌位。民国十六年（1927 年）改跪拜礼为鞠躬礼。此后，1929 年、1930 年、1932 年、1934 年、1935 年、1940 年国民政府先后派宋子文、朱绍良、马鹤天、马步芳等官员与青海各族上层致祭。

---

① 吴丰培编：《豫师青海奏稿》，青海人民出版社 1981 年版，第 157 页。
② 同上书，第 159 页。

青海地域辽阔，蒙藏民族居住分散，一方面蒙古王公和藏族部落头人与中央和地方政府联系较少，另外由于清朝政府实行蒙藏分而治之，蒙藏民族内部及各民族间互动联系较少。祭海仪式原为一种民间信仰内容，但清朝政府巧妙地利用了祭湖这一民间信仰仪式，并与会盟这一古老制度联结起来，加强了中央政府对蒙古王公和藏族头人的控制，不但起到了安抚人心、稳定政局的效果，还将行政任命权（指派盟长、札萨克）和司法仲裁权（处理纠纷）牢牢掌控在官方手里。在祭海仪式中通过祭拜"皇帝万岁万万岁"牌位，体现了国家的在场，为蒙藏上层灌输了国家意识。举行祭青海湖的仪式间隔周期也是随着国家力量及其对西北地区控制力的强弱而增减，如随着控制力增强间隔期延长，反之亦然。参加祭海的民族也逐渐增多，折射出中华民族凝聚力不断增强的一面。传统祭湖信仰习俗通过国家权力的引导和利用后远远超过了其信仰价值，转变成为一种体现国家政治影响力的象征，青海各民族通过参加祭海仪式，潜移默化地受到影响，进而增强了国家认同感。

至今青海湖在青海多民族民间信仰中仍有着崇高地位。藏族认为青海湖湖主是菩提心龙王大臣，龙臣周围有几十万"曼毛"侍从。青海湖边的莫日村村民专门修建了祭祀青海湖湖神的祭坛，称之为"华龛"，其外形与祭祀山神的"拉则"（la rtse）类似。每年夏季特别是藏历羊年，青海湖周边许多群众都来到青海湖畔投宝瓶，或骑马、骑摩托、开汽车顺时针转湖祈福。青海东部地区一些村落每年或隔年到青海湖湖畔举行祭海仪式。如2012年农历五月初四，互助一些土族、藏族群众跟随佑宁寺土观活佛及僧众到日月山、青海湖进行祭祀山神、海神仪式，东沟乡大庄土族民众代表16人向青海湖投掷108个宝瓶，祈求海神赐全村安康与吉祥。[①]青海多民族民间信仰中的传统祭湖仪式隐含着各民族对青海湖的崇拜，寄托着他们希望风调雨顺、五谷丰登、幸福安康的美好愿望。

2. 清代以来中央皇权对黄河神的加封

黄河神在历史上备受崇拜，历代中央政权赐予黄河多种名号，如唐封

---

① 2012年7月19日在互助东沟乡大庄村广福寺，访谈者：鄂崇荣，被访谈者：李承铎（男，汉族，1948年出生，互助土族自治县东沟乡大庄村广福寺庙官）、牛建发（男，土族，1967年出生，互助土族自治县东沟乡大庄村苗头）、刁长金（男，土族，1964年出生，互助土族自治县东沟乡大庄村青苗头）、杨成来（男，土族，1957年出生，互助土族自治县东沟乡大庄村青苗头）。

"灵源公"，宋代被进号为"显圣灵源公"，元封"灵源弘济王"，明时称"四渎大河之神"，清康熙帝封"显佑通济昭灵效顺金龙四大王"。清代以前，在黄河泛滥决口频繁之地多建有黄河神祠，民众虔诚祭祀。而在与河源相近的地方，从来没有修建过庙宇。雍正皇帝认为"三五之祭川也，皆先河而后海"，黄河神"上通云汉，光启图书"，有祷必应，无感不通，起到了如"或结为冰桥，以济师旅；或淤成禾壤，以惠黎元；或涌出沙洲，作天然之保障；或长成堤岸，屹永固之金汤河源"等多种功用或护佑功能。出于黄河为患下游的考虑，雍正九年（1731年）四月特下旨在循化城北黄河南岸建河源庙，"专祭河源之神，敬奉蒸尝，以答神贶"①。雍正十年四月二十五日，河源庙竣工，雍正皇帝亲自撰写《御制建庙记》一文，其中记载：

> 四渎之中，河为大，自星宿发源，经行数千里而入中国，亘络坤维，泽润九宇。……朕念昆仑远在荒徼，命使不能时至，而《禹贡》有"导河积石"之文，考其地在今西宁河州境内，黄河流入中国自此始，则建庙以祀。河源之神实惟此地为宜。乃命礼官详议，敕甘肃抚臣于河州相度善地，恭建新庙，高门广殿，肃穆宏深，发帑鸠工，专官董役。雍正九年冬十月告成，朕亲洒宸翰，赐额曰"福佑安澜"②。

表达了对河源神的敬畏，并祈祷护佑。雍正十三年，雍正又专作祭文，遣太常寺卿王洊祭河源之神。《御制祭文》中提到"神明默护于上游。以致庆全河之顺轨"，祈求"惠我群黎，永绥多福"。雍正皇帝派大臣举行祭河仪式，每年春秋，当地地方官择吉日照例祭祀、祈雨、求年。通过下旨修建庙宇、皇帝亲自撰写祭文等行为或活动，将黄河神信仰与政权象征性结合，在当时地处边陲、民族众多的青海河湟流域进一步彰显了国家的权威，强化了对青海部分地区政治与精神的双重统治。

3. 国家正祀对民间神灵"金花仙姑"的吸附

永靖县三条岘乡供奉的神灵为"吧咪山金花仙姑"，原为地方小神

---

① 青海省社会科学院省志办公室编：《青海方志资料类编》（下册），青海人民出版社1988年版，第1082页。

② （清）龚景瀚编：《循化志》，青海人民出版社1981年版，第238页。

灵，因其特别灵验，扩及青海民和、互助、平安、乐都和甘肃临夏等地。① 金花仙姑随其"灵验"和信仰圈的扩大而逐渐受到地方官吏关注，在地方精英积极操控下，这一信仰进入了正祀体系。清同治二年（1863年）永靖县三条岘乡吧咪山金花娘娘庙被毁于兵燹，同治五年（1866年）曹炯应等当地士绅，上报朝廷"金花仙姑祈雨辄应，御灾捍患，功德于民"，请求"准加封号，列入祀典"。同治七年（1868年）正月十九日，清朝政府令陕甘总督左宗棠修建灵感神祠。左宗棠捐出俸银五百两，通过募集获得白银五千两，委派绅士马国勋、陈焕章等莅临吧咪山，在同治二年焚毁旧址废墟上重建，手书"灵感金花仙姑清封带雨菩萨慈悲普济之君"之神位，并题写"敕建灵感神祠"铜匾一块，悬于吧咪山总庙。此外，还有刘尔炘手书"慈航普渡"和鲁大昌手书"泽被群生"等匾额。还传说民国初年，张广建主政甘肃时，遇大旱，当地士绅民众迎请金花娘娘金身祈雨后普降甘霖，因此被张广建改封为"灵感金花仙姑总统带雨菩萨慈悲普济元君"②。中央王朝和地方官员通过对影响较大的民间信仰庙宇题写匾额，可提高其在众多信徒中的威望，更标志着这一庙宇或神灵已在国家权力控制之下，获得了合法的身份。

青海民间信仰中一些"灵验"或影响较大的神灵，通过地方精英的努力，为国家和地方政府所承认，并进入到了国家正祀。历代中央政府和地方官员对部分民间信仰神灵的引导和规范，对甘青局部地区信仰秩序的重构以及青海多民族地区的社会稳定发挥了重要的作用。

二　清代以来地方官员对民间信仰活动的参与和规范

到青海任职的官员一方面利用青海多民族民间信仰的神圣空间，营造出庄严神圣的氛围，并借助青海多民族民间信仰中的民间庙宇、祭祀仪

---

① 甘肃信众集于兰州市柳沟大坪、寺儿沟、梁家湾、青石咀、新城、河湾、段家滩、钟家河、五泉山、桃园、临夏县赵关、大庙山、辛傅、大河、泉眼、贾家塬、临夏市金花古坛、东乡县河滩金花坛、永靖县砂子沟、龙汇山、陈家沟、雾宿沟、下铨、三塬、新塬、陈家、上古、太极川等地。有金花庙十余座。（参见《吧咪山志》，兰州大学出版社2007年版，第93页。）青海民和甘沟、满坪、马营等几乎全县乡镇以及青海乐都、互助、平安等地也有金花菩萨庙。（参见刘永红《传说与信仰的互动——宝卷〈金花仙姑成道传〉形成与传播》，《青海师范大学学报》2012年第3期。）

② 参见《永靖县志》，兰州大学出版社1995年版，第111页；《吧咪山志》编纂委员会编《吧咪山志》，兰州大学出版社2007年版，第94页。

式，彰显国家权力和自己的权威，维护地方社会秩序。另一方面虽然青海多民族民间信仰具有一定的非正统性，甚至一些观念和仪式背离正祀原则，但许多地方官多来自外地，对青海民俗政情不熟，需要地方精英的支持，因此对青海多民族民间信仰怀抱宽容的态度。如《丹噶尔厅志》记载：

> 祈报类每年四、五月间，四乡农民敛钱演戏以赛龙王，土人谓之青苗戏。城乡男女咸会聚焉，颇极一时游观之盛，此会百余年来未尝有。一岁之间，又或遇旱祷雨，四乡农民，家出一人，聚者数千，以肩舆请其木偶娘娘，遍历城乡庙宇及山岭水池之处，或巫者传神语，谓某日有雨，然亦无显效。而其众既聚，形势汹汹，易滋事端，必善方禁、卜，勿令辄聚为宜。或布先天八卦为坛场，书童诵《易经·天地定位》一节，执各色纸旗，互换方位，环坛三匝，每日三次，亦或验或不验也。至文武官率绅民斋素，虔诚步祷，得理之正而宇内之所同也。本境比邻青海，山高气寒，雨泽原属调匀，惟土薄石多，夏时经旬不雨，则苗必稿（应为"槁"），弥月不雨，则无麦无禾。而岁且荐饥，故虽不大旱而民情恒皇皇也。①

在上述材料中，有些民间信仰活动虽偏离国家正统，但一些地方官员参与其中，与民众一起虔诚祈祷。地方官员通过参与类似神圣性的民间信仰仪式，使其与地方精英达成一种合作，避免了因官方压制而出现的动乱和不稳定，促进了当地社会秩序的稳定和正常运转。而民间精英则通过此类合作，使民间信仰活动或祠庙获得了合法承认。

此外，风水信仰是青海汉族、土族和部分藏族民间信仰的重要内容，表达了这些民族对中原文化地理观、空间观等知识的一种认同。但民众对风水的过度依赖，常受到地方知识精英的质疑和批评。如《丹噶尔厅志》作者曾对当时湟源等地盛行的风水信仰，提出过严厉批评：

> 居宅、坟茔皆以山水方向主言吉凶，如丁、财、官、禄、贵人，

---

① （清）杨治平：《丹噶尔厅志》卷6，载于青海省民委少数民族古籍整理规划办公室《青海地方旧志五种》，青海人民出版社1989年版，第292页。

趋生旺而避衰败，然言人人殊。故谚云："风鉴亡聚三人，难起一草棚。"有捐巨资以购茔域者，卒之人为之藏否，即为盛衰之所由。彼侈谈风水者，谓皆地理主之，即有遘值祸福与所论相左者，方且多方饰辩，听者惑焉，信如所论，将成败之故皆归咎于地理，而废人事矣，可乎！且因堵塞水口，添补禽星，而修庙、建塔、起楼、筑墩，以禳之者，往往因地师一言而费巨金。以兴大役者，人以为苟利矣，虽费无伤。卒涉于影响疑似之交，而实耗其财于无用，则风水之说中人深也。[①]

三　青海多民族民间信仰的迎合与抵制

中央和地方政府虽然努力对青海东部地区一些民间信仰习俗进行改造干涉，但依然难以改变旧俗，这跟民间信仰自发性和发散性等特点有关。如《丹噶尔厅志》记载：

> 妄冀长生，或死后升天，及灵魂不昧之说。至若人死，则延僧、道诵经以解罪阸；疾病则问卜制祟驱魔。甚则巫觋师祝之辈，或妄传神言以示祸福，或传方示药以疗病灾。更有自谓神附其身，因治病而以火枪毙人，以刀刺致命者，人皆自怨其命，而不敢怼于神，嗟呼！此等恶俗，所宜急禁矣。[②] 凡有创建庙宇及重新彩画之事，虽费至三四千金，无不慨施乐捐，踊跃输将，若劝令出资，奉行新政及有益地方之事，则必相率裹足而分厘不舍，日后此将援为例也。此亦奉鬼神诚敬之心，因不学无识，故慷慨于此而吝啬于他也。至乡间公建之庙及私家所奉之神，皆以山神、土主、牛王、马祖为宗。其于山峰突起处，名曰峨博。起栅插薪，呼谓茅基，以奉随地山神者，则因蒙、番旧俗，若多创建庙宇，又风鉴家补脉之说居多，敬神之心又其次也。[③]

国家权力机构无法全部渗透到乡村社会的各个层面，对此，更为普遍

---

① （清）杨治平：《丹噶尔厅志》卷6，载于青海省民委少数民族古籍整理规划办公室《青海地方旧志五种》，青海人民出版社1989年版，第293页。

② 同上书，第290页。

③ 同上书，第288页。

的是地方官员采取与当地信仰传统密切合作的方式，对所辖地方的文化资源持尊重和引导的态度。祠堂、庙宇和寺院成为国家权力影响的辐射点，乡村精英通过寺院、祠堂、庙宇等一些场所对当地乡村生产生活、伦理教化、关系协调和秩序维持等进行较为有效的控制和引导。

民间信仰不但为普通民众构建起一种文化空间，提供着一种信念支持，而且起着制约思想、维系秩序和规范行为等作用。与此同时，民间信仰的无序发展也可能成为社会动荡的源头。许多民间信仰仪式和活动的背后隐藏着民众的集体意识，也常常会酝酿不满和混乱。因此，中央与地方政权为维护国家主流意识、地方社会稳定，常常对民间信仰进行干预和控制。民众通常也借民间信仰的习俗发泄不满，对抗国家对民间信仰的强性控制。如

> 1952 年 9 月至 1953 年 6 月之间，湟源大旱，是民国几十年来所未有的。当时草干水枯，牲畜死亡数急剧增加。地方政府虽然抽调大批干部开展生产抗旱工作，收效甚微。许多村落以村为单位，按照传统习俗，奋发举行"求雨"仪式，吹海螺、打锣，背大经，上山祭峨博，下滩拜泉眼，求神祈雨，以期风调雨顺，五谷丰登。当地政府担心因求雨而影响生产，为进一步掌握具体情况，以便适时疏导，有意安排了一些驻村干部参加群众"求雨"活动。但由于一些干部受意识形态影响，对求雨活动过度干涉，限制法拉等民间信仰教职人员活动，提出"谁参加求雨，谁就是二流子"，"谁参加求雨，谁就是反革命"等口号，引起了群众的不满，也产生了对政府的对抗情绪。1953 年 5 月 10 日至 14 日，当地村落求雨队伍达到 500 多人，抬着龙王、娘娘等神轿巡游，巡游队伍还进入学校、县政府，引起当地不小的动荡。[①]

可见，地方官员虽有权对本地的民间信仰进行一定的控制，将不合国家规制的祠庙予以禁止和取缔，但如果在乡村社会民众的信仰得不到官方的尊重，或受到限制时，容易导致民众与官方的冲突，引起一些局部动

---

①　参见林生福《湟源"求雨"骚乱》，《湟源文史资料》第 12 辑，湟源县政协文史组 1990 年内部编印。

荡。在国家力量对地方民间信仰进行排斥废除或吸纳改造的过程中，国家与地方、精英与民众、官方与民间，看似界限分明或对立对抗，但其相互之间带有主动与被动的双重角色，民间不处于完全弱势，国家力量也不能完全强行介入，其中既有民间的主动参与迎合，也有国家和官方的俯就屈尊。

第四章　多元宗教的传播与青海多民族民间信仰的互动

从青海民间信仰形成过程看，许多民间信仰内容是由每个历史时期各种民族宗教文化不断传播、沉淀融合而成的。民族的迁徙和融合常常会带来宗教文化的自然传播，历史上各民族宗教文化的传播对青海多民族民间信仰产生过重要的影响，使其一直处于动态流变过程中。

佛道中掺杂着大量的医学、历算、建筑等知识，这是一些原生性宗教如萨满教等无法匹敌的；伊斯兰教严密的组织性和超强的社会动员亦优于民间信仰；基督教、天主教在近代传入青海时也多伴以西医治疗和西方科技的推广，神父或牧师的治疗所取得的效果也往往比法师、法拉的祈祷或驱鬼更有效；此外，青海的民间宗教又常常与民间信仰重叠互渗。所以，青海各种宗教在占据部分民间信仰空间的同时，也不同程度地改变着民间信仰的部分形式与内容。一些制度性宗教也积极地将一些地方神灵纳入各自的神灵体系当中，使青海多民族民间信仰中一些神祇的神性和威力逐渐延伸和多元化，在祛病、生育、祈雨，消除兵燹、洪灾和瘟疫等方面都有功能。青海多民族民间信仰富有坚韧和旺盛的生命力、包容性，外表看似散沙其实质具有很强的吸附性和选择性，不断融合在各种宗教思想中，如儒家的伦理道德、佛教的因果报应、道教的神仙鬼怪，甚至基督教的天堂地狱等观念被碎片化吸收或改造，变得通俗易懂，融入民众日常生产生活之中，这使得青海许多民族的一些仪式和信仰对象中又常常深深刻有多重宗教的印记，具有民俗性特征。

第一节　青海多民族民间信仰与佛教的互渗

佛教与代表地方性草根文化的青海多民族民间信仰相比，无论是宗教理论还是修行实践都要比后者高深和严密。佛教在青海及周边地区传入的过程中，一方面根据自身教义改造了当地民间信仰，另一方面吸收了部分民间信仰内容使自己本土化、民间化、地方化。而青海多民族民间信仰在受佛教影响时，选择性地供奉一些佛教神灵，或吸收简化一些仪轨加以运用，为民间信仰提供了新的神灵崇奉和仪式行为，丰富了青海民间信仰的内容和内涵。

一　元代以前青海多民族民间信仰与佛教的互动

青海是佛教尤其是藏传佛教传播的重要区域。早在东汉末年，青海东部湟水河谷地区就已有僧人活动，并建有佛塔。[①] 公元 4 世纪初至 5 世纪，前凉、前秦、后凉、后秦、南凉、西秦、北凉以及吐谷浑等少数民族势力在青海或其周边展开了政治、军事角逐。社会局势的动荡和普通民众的痛苦，民间信仰中万物有灵思想、鬼神巫术等观念的流行，为佛教的传播提供了土壤。佛教为了能立足于青海，其一些仪式也效法民间信仰巫术。如南凉等地兴佛的过程在《高僧传·释昙霍》中有着较为详细的记载：

> 释昙霍者，未详何许人。蔬食苦行。常居冢间树下，专以神力化物。时河西鲜卑偷发利鹿孤怨据西平，自称为王，号年建和。建和二年（401 年）十一月，霍从河南来，自至西平，持一锡杖，令人跪之，云："此是波若眼。奉之可以得道。"人遗其衣物，受而辄投诸地，或放之河中。有顷，衣自还本主，一无所污。行疾如风，力者追之，恒困不及。言人死生贵贱，毫厘无爽。人或藏其锡杖。霍闭目少时，立知其处。并奇其神异，终莫能测。然因之事佛者甚众。
>
> 鹿孤有弟耨檀。假署车骑，权倾伪国。性猜忌，多所贼害。霍每谓檀曰："当修善行道，为后世桥梁。"檀曰："仆先世以来，恭事天地名山大川。今一旦奉佛，恐违先人之旨。公若能七日不食，颜色如常。是为佛道神明，仆当奉之。"乃使人幽守七日，而霍无饥渴之色。檀遣沙门智行密持饼遗霍，霍曰："吾尝谁欺，欺国王耶。"檀深奇之，厚加敬仰。因此改信，节杀兴慈。国人既蒙其佑，咸称曰大师，出入街巷，百姓并迎为之礼。
>
> 檀有女，病甚笃，请霍救命，霍曰："死生有命。圣不能转。吾

---

① 蒲文成：《青海佛教史》，青海人民出版社 2001 年版，第 11 页。

岂能延寿，正可知早晚耳。"檀固请之，时官后门闭。霍曰："急开
后门，及开则生，不及则死。"檀命开之。不及而卒。至晋义熙三年
（407 年），褥檀为勃勃所破。凉土兵乱，不知所之。①

从上文可知，公元 401 年昙霍到南凉弘法之前，很可能在河南②等地
传播过佛教。其来到南凉后在普通民众中弘法的主要方式，是通过神迹、
预卜、异梦、异象、异术等民间信仰元素来吸引普通民众信佛。随着其影
响的扩大，昙霍还影响到了南凉统治上层。但想改变褥檀等秃发鲜卑贵族
的原有信仰即"违先人之旨"，放弃"仆先世以来，恭事天地名山大川"
等部分民间内容，存在一定的难度。后来昙霍利用自己的奇术、可贵的品
德博取了褥檀的尊敬和支持，使南凉上层信奉了佛教，并流行国内，百姓
称昙霍为大师，顶礼膜拜，直到南凉灭亡。

《高僧传·释慧览传》记载高僧释慧览游西域后，返回时曾经路过河南
国（吐谷浑），"河南吐谷浑慕延世子琼等敬览德问，遣使并资财，令于蜀
立左军寺。览即居之"③。《梁书·西北诸戎传》记载："慕延死，从弟拾寅
立，乃用书契，起城池，筑宫殿，其小王并立宅。国中有佛法。"④伏连筹
十一年（梁天监十三年，514 年）"遣使献金装马脑钟二口，又表于益州立
九层佛寺，诏许焉"⑤。《南史·梁本纪》记载梁大同六年（540 年），吐谷
浑夸吕可汗派遣官员到南梁"献马及方物，求释迦像并经论十四条。敕付像
并制旨《涅槃》《般若》《金光明》讲疏一百三卷"⑥。普通民众所追求的不
是高深的佛教教义内涵，而是希望佛经、佛像能给他们带来平安。

唐代初年，随着唐朝西渐和吐蕃势力东进，佛教由内地和吐蕃东西两端
不断传入青海，青海成为佛教传播的主要地区之一。唐载初元年（690 年）

---

① （梁）释慧皎：《高僧传》，中华书局 1992 年标点本，第 375 页。
② 河南即西秦，西秦是陇西鲜卑乞伏氏建立的割据政权，东晋太元十年（385 年），苻坚
被姚苌杀死，前秦面临瓦解，乞伏国仁乘机独立称王，年号"建义"，曾迁都金城。因为当时西
秦占据黄河以南之地，又号河南王。参见崔永红、张得祖、杜常顺《青海通史》，青海人民出版
社 1999 年版，第 87 页。
③ （梁）释慧皎：《高僧传》，中华书局 1992 年标点本，第 418 页。
④ （唐）姚思廉：《梁书》，中华书局 1973 年标点本，第 810 页。
⑤ 同上。
⑥ （唐）李延寿：《南史》，中华书局 1975 年标点本，第 215 页。文内具体佛经名标注参见
吕建福《土族史》，中国社会科学出版社 2002 年版，第 101 页。

七月"有沙门十人伪撰《大云经》，表上之，盛言神皇受命之事。制颁于天下，令诸州各置大云寺，总度僧千人"①。一些学者认为在湟水流域的鄯州（今青海乐都），也修了大云佛寺。② 在青海湟水流域修建大云寺虽具有明显的强制性和政治性特点，但客观上推动了佛教在当地的进一步传播。

公元841年，吐蕃赞普达磨朗达玛（Gldarma）拆寺毁经，全面禁佛，迫使部分僧人外逃至西康及青海东部地区。西藏禅僧肴格迥（g·yo dge 'byung）、藏饶赛（gtsang rab gsal）、玛尔释迦牟尼（dmar sha' kya mu ni）一度活动于今青海尖扎、化隆、乐都、平安、互助等县区的湟水谷地。藏饶赛等三人被后世尊称为"三贤哲"或"智者三尊"。此外，公元846年，西藏僧人拉隆·贝吉多杰射杀达摩赞普后也逃到青海，活动于化隆、循化等地。藏饶赛等人晚年剃度当地一牧羊童子穆苏萨拔，传授其显密教法。后因其聪颖过人、智慧广大，被称为贡巴饶赛（dgongs pa rab gsal），又因他有弘法之功，又被称为"喇勤"（bla chen，意为大师）。喇勤贡巴饶赛定居丹斗，广建寺塔，弘扬佛法，为前来的卫藏卢梅等授戒。此后，卢梅等及其再传弟子弘法藏土，从而使沉寂70余年的西藏佛教再度复兴，史称"下路弘传"。③

吐蕃王朝崩溃后，其部分王室成员流落至高昌磨榆国，其后裔唃厮啰（rdzong kha，997—1065年）出生。宋仁宗时，宗哥僧李立遵与邈川大酋温逋奇立唃厮啰为王，建都青唐城（即今西宁地区），在河湟流域大建佛寺。史载："河州人谓佛'唃厮啰'，谓儿子'厮啰'，自此名唃厮啰。"④ 统治者以"佛子"之名号令百姓，加强统治。《青唐录》有这样的记载："城之西有青唐水注宗河，水西平远，建佛祠，广五六里，缭以冈垣，屋至千余楹，为大象以黄金涂其身，又为浮屠三十级夕以护之。"⑤ "吐蕃重僧，有大事必集僧决之，僧丽（罹）法无不免者。城中之屋，佛舍居半。维国主殿及佛舍以瓦，余虽主之宫室，亦土覆之。"⑥ 唃厮啰政权信奉佛教，青唐城佛寺僧舍占青唐城建筑物一半，僧人干预政权决断重大事务，

　① （后晋）刘昫等：《旧唐书》，中华书局1975年标点本，第121页。

　② 秦永章：《唃厮啰政权中的政教合一制统治》，《青海民族学院学报》1988年第1期。

　③ 蒲文成：《青海佛教史》，青海人民出版社2001年版，第26—27页。

　④ （元）脱脱等：《宋史》，中华书局1977年标点本，第14160页。

　⑤ （宋）汪藻：《青唐录》，载于青海省民委少数民族古籍整理规划办公室《青海地方旧志五种》，青海人民出版社1989年版，第10页。

　⑥ 同上。

但此时期佛教徒生活放纵不羁，戒律较差，严格的教规尚未完善。[1] 与此同时，仍保持着祭天盟誓、崇尚巫师鬼神，遇事诅咒或神判等旧有的民间信仰习俗。

二　藏传佛教格鲁派的兴盛及对青海多民族民间信仰的影响

公元 11 世纪后，藏传佛教宁玛、噶丹、萨迦、噶举、觉囊诸派相继形成，藏传佛教进入空前的活跃时期，青海是藏传佛教再度弘传的重要基地。[2]元代，僧迦拉杰直纳哇受元朝国师八思巴的委派，率众来青海黄南等地弘扬佛法，隆务寺、夏卜浪寺等相继创建。明代继续沿袭元代扶持藏传佛教的政策，在青海乐都及玉树等地分别兴建瞿昙寺、结古寺等藏传佛教寺院，作为中央王朝联系青海及蒙藏地区的宗教纽带。明永乐年间，宗喀巴创建格鲁派，青海成为格鲁派法源地。宗喀巴的著名弟子释迦益西先后两次赴京，被册封为"大慈法王"。明朝以来藏传佛教格鲁派在青海河湟流域得以迅速传播，佑宁寺、东科寺、广惠寺、德千寺等格鲁派重要寺院也相继兴建，而后格鲁派从河湟流域传入漠南、漠北和漠西蒙古。在此期间，萨迦、宁玛、噶举等一些他派的寺院纷纷改宗格鲁派。《土观宗派源流》中记载："昔日传播之萨迦、宁玛等教派，现今亦没有信奉之人，唯黄帽一派，遍播于该地也。"[3] 河州等地出现"喇嘛最多，寺庙最盛，族之大家，必有佛寺"[4]，"生有二子，必将一子披剃为喇嘛，其父置田产，一概均分以自来纳粮之民产与为僧之子带入寺内，名为香田"[5] 等现象。《西宁府新志》也记载：

> 永乐时，渐授"剌麻禅师"、"灌顶国师"之号，有加至"大国师"、"西天佛子"者。悉给以印诰，许之世袭，且令岁一朝贡，盖以番僧为羌戎所重，藉以羁縻之意。而边人见其车服赫奕，殊以为荣，故番人、土人有二子，必命一子为僧。且有宁绝嗣而愿令出家者。汉人亦有为番僧者。番、土人死，则以产业布施于寺，求其诵

---

[1]　参见祝启源《唃厮啰——宋代藏族政权》，青海人民出版社 1988 年版，第 270—272 页。

[2]　蒲文成：《青海佛教史》，青海人民出版社 2001 年版，第 11—12 页。

[3]　（清）土观·罗桑却吉尼玛：《土观宗派源流》，刘立千译注，民族出版社 2000 年版，第 233 页。

[4]　（清）龚景瀚编：《循化志》，青海人民出版社 1981 年版，第 138 页。

[5]　同上。

经，子孙不能有。①

《西宁府新志》还记载："由是形域势区，尽为番僧所据。""西宁四周皆山，而番僧寺族星罗棋布。"② 这说明明清以来，中央王朝高度推崇优渥藏传佛教的政策，不仅青海藏族、土族深受藏传佛教影响，而且一些汉族子弟也入藏传佛教寺院出家为僧。由于大多数青海藏传佛教寺院僧人与当地社区、家庭或部落有着紧密的联系，一些刻苦学修，证悟佛理的僧人常常对所在村落的民间信仰进行改造。如同仁、民和等地一些高僧利用自身影响和威望，根据佛教教义思想对当地村落祭祀地方神的时间或仪式进行了重新排序和删减。

明万历年间，格鲁派领袖索南嘉措（bso nams rgya mtsho）两次来青海活动。明万历六年（1578 年），蒙古土默特部重要首领俺答汗和索南嘉措在青海湖南岸的仰华寺会晤，许多蒙藏部落皈依格鲁派。据《安多政教史》记载：在有十余万人的大会上，洪（黄）台吉发表演说，表示信奉正法的誓愿，并由固始（国师）拔希任翻译：

　　　　而今福田与施主像太空之旭日皓月，开关了正法圣道，将涌血之湖转变为溢乳之海，深恩大泽，无与伦比。过去，蒙古人死后，按其身份的高低，要妻子、奴隶、马匹、牛只等殉葬。从今以后，决心改正，贡献于上师和比丘，请求回向和祝愿，绝不能杀生。杀人者偿命，杀牛马者罚款；动手欺侮僧人者抄家；过去称为"窝果尔"每年举行的血祭及一年一次杀生祭祀的那些阎罗的偶像等，一律要火焚之，若不火焚者抄家，兴修六臂怙主（大黑天）圣像，作为它的替代者，用三白③供品祭祀。每年望晦及逢八日要吃禁食斋。不得抢掠汉、藏人等，要象卫、藏那样对待。④

此次会面之后，藏传佛教改变了蒙藏民族原有的一些民间信仰内容，

---

① （清）杨应琚：《西宁府新志》，青海人民出版社 1988 年版，第 385 页。

② 《西宁府新志》卷十五、卷三十六。

③ 三白指牛奶、奶酪、酥油三者。

④ （清）智观巴·贡却乎丹巴绕吉：《安多政教史》，吴均、毛继祖、马世林译，甘肃民族出版社 1989 年版，第 36 页。

祭品不但以"三白"代替了血祭和牲祭祀，而且将"平日奉的恶神焚于火祭"①。藏传佛教本身所富有的讲求修法、注重仪轨、演习咒语等特点，与普通民众追求灵验、功利等民间信仰心理易融合在一起。但由于民间信仰在青海多民族中有着深厚的历史积淀，因此，佛教无法在短时间内完全消除一些民间神祇和萨满的影响。一些藏传佛教僧侣则借用武力消除和改造民间信仰。如蒙古族藏传佛教高僧咱雅班第达（dza ya pan di ta）为反对和打击萨满教仪式和萨满，借助了王公贵族等上层力量，就此颁布和出台"凡是看到祭坟者，要向他索取马、羊，并向巫师、巫婆索取马、羊，用狗屎熏巫师、巫婆"② 等类似的法令。一些法力高超的高僧大德常常通过授戒、传法、绝血食等和平方式降服山神和地方神灵，有些山神和地方神灵甚至被授五戒或菩萨戒，皈依佛门，成为佛教护法神。

三　藏传佛教对部分民间信仰神灵及仪式的吸纳改造

青海多民族崇信的关帝、文昌、二郎神等神灵通过授戒、绝血食等方式，成为许多藏传佛教寺院供奉的护法神。六世班禅罗桑丹贝意希（blo bzang yi shes）、八世达擦伊喜洛桑丹贝贡布等高僧积极倡导和推动了关帝进入藏传佛教护法神系统。青海著名藏传佛教格鲁派寺院佑宁寺的高僧三世章嘉若必多吉（lcang skya rol pa I rdo rje）作《关老爷之祈供法》、土观·洛桑曲吉尼玛（thu'u bkyan blo bzang chos kyi nyi ma）撰《三界命主贡玛赤尊赞祈文》，进一步使关帝地方化、藏传佛教化，为普通藏传佛教界僧俗所能接受。西宁金塔寺、塔尔寺、光明寺等一些寺院还将关帝奉为寺院护法神，镇守寺院，驱除邪魔。如青海许多藏族群众将文昌帝君视为黑文殊菩萨的化身，传说塔尔寺高僧阿嘉（a kya）活佛曾将文昌吸纳为藏传佛教护法神后，逐渐在青海部分藏族村落传播。嘉木样（'jam dbyangs）一世贡却久美旺布（dkon mchog jigs med dbang po）、色康巴·洛桑丹增嘉措（gser khang pa blo bzang bstan 'dzin rgyal mtsho）还撰写了文昌祭祀文。③ 黄南同仁地区一些土族、藏族村落敬奉二郎神时念诵的颂词、颂诗，也多为当地赛康巴、第一世

---

① 止贡巴·贡却丹巴然杰：《安多政教史》，星全成、尼玛太译，青海民族学院民族研究所1988年内部铅印，第21—22页。

② 马汝珩、马大正：《厄鲁特蒙古喇嘛僧咱雅班第达评述》，《新疆大学学报》1982年第3期。

③ 参见看本加《青海湖南部地区文昌神信仰的田野考察》，《西藏研究》2008年第2期。

赛仓·洛桑扎西赤列嘉措等高僧大德所著。如同仁县隆务镇二郎庙中，由藏传佛教僧人主持，念诵的经文为藏传佛教经文，并每天进行煨桑。

此外，山神刘琦在湟中塔尔寺及周边僧俗中深有影响，其具体形象为一尊头戴乌纱帽、身穿蟒袍、腰束玉带、足登朝靴、长须飘飘的汉族老者塑像。[①] 在塔尔寺各经堂门内左边墙壁上多供奉刘琦护法神画像，在祈寿殿殿外柱廊左侧专有一间小神堂供奉刘琦像，每年酥油花节，还将刘琦酥油塑像摆在花架上，供人膜拜。在距塔尔寺西北 1 公里处的金麟山山腰上还有一处庙宇，当地人俗称"刘琦庙"。据传由塔尔寺三世赛多阿旺丹贝坚赞（gser thog a bang bstan pas rgyal mtsho）活佛从西藏请来刘琦护法神绘像供奉于祈寿殿中，以庇护塔尔寺及四方安宁。后六世班禅罗桑丹贝意希（blo bzang yi shes）、四世赛多活佛阿旺嘉贝多杰（a bang jams bas rdo rje）为其在金麟山山腰上建庙，成为享受塔尔寺僧众供养，护佑当地的山神。每年农历三月十五、七月十五和九月初九刘琦山神庙都要举行盛大的庙会，塔尔寺周围的汉族、藏族群众都要到刘琦山神庙进香点灯，煨桑磕头。届时塔尔寺僧人也要上庙诵读盛赞刘琦功绩的经文，祈祷五谷丰登、风调雨顺、国泰民安。

以上高僧大德也将青海多民族信仰的阿尼玛卿（a myes rma chen）、阿米夏琼（a myes bmya khyung）等山神吸收为如隆务寺等当地藏传佛教寺院的护法神并撰写了颂词祭文，如佑宁寺高僧三世章嘉若必多吉的《玛沁奔热祭文》、拉卜楞寺高僧三世贡唐仓·丹贝仲美（blo bzang bstan pas yi shes）的《玛沁奔热福运如意悦海》等。

此外，青海一些村落中的法拉、拉哇等候选人在成为正式的萨满之

---

①　刘琦，甘肃省积石县人，明朝永乐九年（1411 年）的辛卯科进士，善骑射，声亮如铜钟。永乐十七年（1419 年），刘琦奉命前往西藏，任交际联络官，藏语称之为"通哲斜巴隆保"，意为明王与西藏政府间互通友好往来的交际官员。刘琦进藏后主动皈依格鲁派，在努力学习藏文精心研究佛学经典的同时，推行内地工农牧业先进技术，改进生产工具，促使生产发展，增加民众收入，被西藏政府聘任为"环居日隆保"，即财贸官。去世后，被特封为"业斗侯"（地方护法神），绘制其画像受各寺院供奉，护佑地方安宁。塔尔寺三世赛多活佛阿旺丹贝坚赞从西藏请来刘琦真容绘像，供奉于祈寿殿中。清乾隆四十四年（1779 年），六世班禅罗桑丹贝意希进京朝觐，为乾隆皇帝祝寿，途经都兰香日德时梦见一位头戴乌纱，身着朝服的白须官员，怀抱一桶酸奶向他敬献，并恳求在能看见塔尔寺的地方建寺让其栖身。是年冬，六世班禅抵达塔尔寺，并到各经堂佛殿点灯巡礼。在祈寿殿西头的一间小佛堂内，大师看到了与自己梦中官员容貌无二的刘琦画像，联想起梦状，即指示身边的四世赛多活佛阿旺嘉贝多杰为其建寺，把"业斗侯"刘琦安置在能看见塔尔寺的地方。翌年，金麟山山腰上的刘琦庙建成。自此，刘琦便被请进其中享受供奉。资料来源：2012 年 3 月 29 日，笔者在湟中县鲁沙尔镇刘琦山神庙调查时，由庙官张主任提供。

前，要在高僧大德面前承诺护佑佛法、利乐众生、决不伤天害理等。但由于民间信仰旺盛的生命力，分布的广阔性，文昌神、二郎神等民间神祇仍保持着其原有的一些如牲祭等祭祀内容。以文昌神为例，青海海南共和县加隆台文昌庙、贵德县上卡岗文昌庙、贵南县沙沟乡唐乃海文昌庙等庙宇中供奉的文昌神仍享受血祭①，其中加隆台文昌庙等同时有两个祭祀台，一个用于血祭，另一个用于白祭②。而贵南茫曲镇、共和幸福滩等地的文昌庙由于附属藏传佛教寺院管辖，严禁血祭。

有些藏传佛教僧侣参与一些民间信仰仪式，并对一些民间信仰活动持一种宽容的态度。

> 如湟中县共和乡每年农历四月中旬，村民求得风调雨顺、庄稼有成，举行"交苗"仪式。即意为庄稼托交给当地的山神，由山神来保管。交苗时，先从塔尔寺请来喇嘛活佛捏制朵玛、诵平安经，结束后要朵玛送到村界路口烧毁。人们普遍认为这可以起到驱魔或御邪，保护村落家庭平安的作用。这一天，村民们向山神举行献羊活动，然后将活羊宰杀，最后由在场村民分食。自交苗之日起，到收割前为山神宰双羊赎田止。③

藏传佛教僧侣参与青海多民族民间信仰中的一些仪式活动，一方面可以获取一些经济利益，另一方面可以利用民间信仰传播藏传佛教思想和观念，扩大影响，从而对地方民众信仰世界进行渗透和引导。甚至民国时期，有些汉传佛教僧侣通过改造民间信仰神祇，逐渐将一些庙宇改为佛寺。如民国时期在青海负有盛名的心道法师将互助县五其村供奉的地方神"金山圣母"改造为"金山菩萨"，并将神庙改为"观音庵"，后来又更名为"华严寺"。④

---

① 血祭又称牲祭，即奉献活鸡、活羊等物或人的鲜血来取悦神灵。

② 即用糌粑面、白酒、哈达、彩绸、蒸饼、糖果等作为祭神物，献供于神案前，答谢神灵佑护百姓健康长寿、农业风调雨顺。

③ 赵宗福、马成俊主编：《中国民俗大系·青海民俗》，甘肃人民出版社 2004 年版，第 47 页。

④ 1934 年，心道法师到互助县五其村讲授佛法时，说五其村原有的地方神"金山圣母"不灵验，并在五其村一面大场上设法坛，让当地四个小伙子按照旧俗抬着"金山圣母"的雕像坐轿"走神路"，以此方式辩服"金山圣母"落发为佛门弟子，并为其改名为"金山菩萨"。从而使五其村的地方神祇变成佛门菩萨，并把原有的神庙改为"观音庵"，后来更名为"华严寺"。参见武泰元《互助县五其村华严寺探踪》，《互助文史资料选辑》（第三辑），中国人民政治协商会议互助土族自治县委员会文史资料工作委员会 2001 年内部编印，第 167 页。

至今，藏传佛教对汉族、藏族、土族民间信仰仪式或民间神职人员的选定有着重大权力。如青海黄南州同仁县保安镇尕队村村民兰本加通过村中严格的宗教仪式，在保安二郎神庙内 20 多个法师备选人中脱颖而出，并由甘肃省佛教协会副会长、甘肃省政协常委、甘南州合作德隆寺寺主活佛赛仓·罗藏华旦认定为尕队村第五代法师（拉哇）。

同样，在青海多民族民间信仰中，许多藏传佛教护法神成为乡村社会中的家族保护神、村落保护神。如藏传佛教护法神吉祥天女，被称为"欲界自在天女"、"班丹玛索杰姆"、"修命神女铁橛自生女王"等，俗称"班丹拉姆"。其作为藏传佛教护法神体系中居首位的女性护法神，主司命运和财富。她还是历代达赖、章嘉等活佛的特别保护神，不但在各大藏传佛教寺院被广为供奉，而且被青海部分汉族、藏族、土族、蒙古族等民族作为家神、村落保护神、部落保护神，受到虔诚膜拜和精心供奉。藏传佛教一些高僧大德修炼过的山洞和山崖，也成为附近各族群众顶礼膜拜、祈福祛病的圣地。

第二节　伊斯兰教和基督教对青海多民族民间信仰的排斥和摄融

一　伊斯兰教传播对民间信仰的排斥与摄融

伊斯兰教兴起后，阿拉伯人迅速建立起东与中国边缘相邻的大食帝国。伊斯兰教大概在唐永徽二年（651 年）传入，距今已 1360 多年。当时，伊斯兰教在中国各地旅居、留居的波斯、阿拉伯商人中流行，唐代陆路丝绸之路"吐蕃道"[①] 也很兴盛和繁荣，这一时期伊斯兰教逐渐传播到青海河湟流域。宋神宗之后，经青海至西域的道路畅通，使节、商人和宗教职业者大量活跃在青海东部地区。

元代"回回遍天下，及是居甘肃者尚多"[②] 的民族和宗教布局已形成，当时西域金军、工匠等屯戍青海河湟流域。元世祖和成宗时，驻守西

---

① 即从河州境内北渡黄河，到达今青海乐都，而后沿着湟水西行，至现在的青海湖以西地方，再转而西南行，经都兰、格尔木、越昆仑山口、唐古拉山口进入西藏，经安多、那曲进抵拉萨，再由拉萨西南行，经日喀则，由聂拉木进入尼泊尔。参见余太山主编《西域通史》，中州古籍出版社 2003 年版，第 204 页。

② （清）张廷玉等：《明史》，中华书局 1974 年标点本，第 8598 页。

北地区的蒙古王室如忽必烈之孙安西王阿难答及部众多信仰伊斯兰教，阿难答政变失败后，部分部属避居青海河湟流域。后又"西平王奥鲁赤、察合台后裔、元西宁王、威武西宁王、邠王出伯及其后裔西宁王速来蛮部众也多是伊斯兰教徒"①。《马可波罗游记》曾记载此事：申州省（今青海西宁）的当地居民"大多数都是佛教徒。不过也有一些回教徒和基督教徒"②。13世纪信仰伊斯兰教的撒马尔罕人即今日的撒拉族移居青海循化、化隆甘都一带，使得伊斯兰教在青海河湟地区得到了广泛的传播和发展③。据传，元代时从西域来的传教士中哈木则率领的40位"古土布"（传教学者），以及阿里阿答率领的8位"赛义德"（首领）经河西到河州等地传播伊斯兰教，后落居于青海西宁等地。传说穆罕默德二十世孙兰巴尼·阿布杜·拉赫曼来到西宁传播伊斯兰教，后殁于西宁。当时的西宁王速来蛮特在西宁凤凰山为其修建陵寝，即为"南山拱北"。

明以前，伊斯兰教只有格底目一派。苏非派于明末清初时期传入后，先后形成虎非耶、哲赫忍耶、嘎得忍耶和库卜忍耶四大门宦及其所属支系。清末伊赫瓦尼形成，民国赛莱费耶兴起。四大门宦和三大教派信仰基本一致，均属逊尼派，皆以《古兰经》为根本宗旨。明代后期，规模不一的清真寺在西宁、民和、大通、循化等地相继建立起来，清人对此事记述曰："青海回教甚盛，且有势力，其礼拜寺到处设立，接（按）其规模八十家以上者为上寺，五十家以上者为中寺，五十家以下者为下寺，各县共计三百六十余处。计西宁大寺十七，中寺十四，小寺二十七，共五十八所。民和大寺十六，中寺十八，小寺二十四，计寺五十八所……化隆大寺六十四，中寺五，小寺十六，计共八十五所。"④ 伊斯兰教在青海地区的快速传播，使它成为元明时期多宗教格局中在青海仅次于佛教的第二大宗教。

至清朝中期，青海河湟地区伊斯兰教得到进一步发展，少数藏、蒙古、土、汉等民族皈依了伊斯兰教。如清乾隆时期，化隆回族自治县西南卡力岗阿什努、德恒隆等地的藏族受伊斯兰教花寺门宦创始人马来迟阿訇所宣扬的伊斯兰教教义影响，改信伊斯兰教。马来迟阿訇是甘肃临夏人，

---

① 青海省地方编纂委员会编：《青海省志·宗教志》，西安出版社2000年版，第198页。
② 《马可波罗游记》，陈开俊译，福建科学技术出版社1981年版，第69页。
③ 韩儒林主编：《元朝史》（下），人民出版社1986年版，第351页。
④ （清）康敷镕纂：《青海志》（卷三·寺院）（抄本影印），台湾成文出版社1968年版，第107—110页。

创建和发展了伊斯兰教苏非主义虎非耶教派华寺门宦一门，在河州、循化、化隆、贵德、同仁、西宁等地先后传教达数十年之久，教徒最多时达到20多万，名冠全国，盛行于河湟。① 民间盛传着马来迟阿訇在卡力岗等地传教的神奇故事。② 这些民间传说使马来迟阿訇带有超自然以及超人的、特殊的力量，具有浓厚的"卡利斯玛"色彩。虽然这些故事带有信仰伊斯兰教群众的宗教情感倾向，但反映了民间信仰中灵验性和神异性是人们改变和皈依某一宗教的重要基础。如佛教进入中国的早期，安世高、佛图澄、涉公、竺昙盖、竺僧法、求那跋陀罗等高僧在弘传教法时常采用治疗疾病或祈雨等手段。正如汤用彤先生所云："佛教之传播民间，报应而外，必亦藉方术以推进，此大法之所以兴起于魏晋，原因一也。"③ 任继愈先生也认为："佛教传入中国所以能被接受，首先不一定是他们那一套'安般守意'的禅法及般若学，看来他们的方术更能吸引一部分群众。"④《高僧传》中记载的故事是历史记忆，同样在草根阶层流传的传说故事也是普通民众的历史记忆，因此我们需要一种向下的视野和民间的情怀，以与精英文化平等的眼光看待这些传说故事。这些传说故事透露出强烈的实用性和功利性，无疑是受到民间信仰特性的影响。民间信仰的神圣性和实用性导致普通的宗教信徒不是特别注重高深的教理和教义，而是在

---

　　① 马通：《中国伊斯兰教派与门宦制度史略》（修订版），宁夏人民出版社 2003 年版，第 164 页。

　　② 民间关于马来迟阿訇在卡力岗等地传教主要有以下几种传说。传说一：有一次，马来迟阿訇借宿于一藏民家中，房东（或说是一位藏族阿妈）为了试探他是不是位真人，给他煮鸡蛋时，将几个好鸡蛋杂于坏鸡蛋中，看他能否识别出来。马来迟阿訇吃时，剔出坏鸡蛋，吃了好鸡蛋。传说二：马来迟阿訇去一藏民家传教，藏民说：近日，我一只心爱的猫不幸死了，假如你可以让它复活，我们家就信仰你传的教。马来迟阿訇看见躺在桌子上的死猫，于是猛拍了一下桌子，死去的猫便翻身溜了下去，喵喵叫起来。于是这家人都信了伊斯兰教。传说三：马来迟阿訇如何过黄河的故事，这个传说非常有名，有好几种说法。有马来迟阿訇抓住去阿拉伯朝觐时带回的椰枣树皮做的拜毯、克水越过黄河的传说。有马来迟阿訇在黄河上用棍子一打，六月天黄河结冰而过黄河的传说。还有马来迟阿訇在传教时和一位藏民头人关系特别好，当地藏民也很欢迎他，这位头人和大家说好了，如果他再来，都起来欢迎。有一次他来了，藏民们都起来欢迎，可他以为大家都站起来要抓他，就骑着白马逃走了，逃到黄河边上，骑马越过黄河，藏民们认为他是位真人而改信了伊斯兰教。传说四：马来迟阿訇在卡力岗地区传教时遇到当地群众请一位活佛求雨，天未下雨，活佛就请马来迟阿訇求雨，马来迟阿訇在一小屋中先做了两拜乃玛孜，然后就一直念经，念到大约沙目（昏礼）之时，空中开始下起了毛毛细雨。参见丁明俊《中国边缘穆斯林族群的人类学考察》，宁夏人民出版社 2006 年版，第 134 页。

　　③ 汤用彤：《汉魏两晋南北朝佛教史》（上册），中华书局 1983 年版，第 134 页。

　　④ 任继愈主编：《中国佛教史》（第 1 卷），中国社会科学出版社 1981 年版，第 7 页。

其最朴素的善恶观念上，关心实际功用，关注是否有奇迹发生。

"灵验"与"灵异"是民间叙事传统的原动力，神迹容易转换为充满想象和传奇韵味的民间口头文学。青海回族这则民间传说故事，在深层次上很好地将伊斯兰教与先民们固有的万物有灵观念整合在了一起。青海回族民众中流传的神话传说具有多元性特征①，因为青海回族是由历史上阿拉伯、波斯、汉、蒙古、藏等多个民族多次互动融合形成的。许多神话传说在青海被阿訇或长者作为劝化人心的教材加以传播，许多穆斯林也将这些神话传说如同对待圣训一样铭记在心。

《古兰经》教义认为天地万物为真主所创造，为信仰者提供日常所需和种种便利，所以伊斯兰教文化中并没有对自然的崇拜，仅有对全能、慈爱真主的无限敬畏和感激。但由于周边民族的影响和原有民间信仰文化的积淀，青海部分回族、东乡族、撒拉族、保安族等虽信仰伊斯兰教，但生活中仍保留着一些与周边民族相似的习俗或自然禁忌。如青海西宁、海北、海东等地一些回族、撒拉族民间习俗中有很多禁忌，如不可指画日、月，认为用手指月亮的话，会将耳朵割伤；不能在户外面对太阳着小便②；也不可在火上和水里解手；③ 早晨出门忌见空桶，认为碰见空桶，则办事会落空等。有些地区的群众，如果深夜回家，常常要用火熏燎周身，才能进入房门，这是为了用火驱散依附在人身上的"恶灵"。如果小孩不明原因而啼哭，也要用火熏燎周身，借此阻其啼闹。如果婴儿尚未满月，青海回族一般不会让陌生人贸然进入屋子，他们认为陌生成年人身上带有使婴儿生病啼闹的东西，青海回族用"冲"这个俗语来解释这种现象。假如成年人深夜回家，更不可贸然进入婴儿居所，要先至他屋稍坐，或用火堆熏燎周身才能接近婴儿。伊斯兰教忌占卜求签，青海回族打庄廓

---

① 河湟流域回族民间流传有《阿丹与海娃》《人祖阿丹》等解释人类起源的神话，也有《蜘蛛鸽子救圣人》《天仙与圣人》等与伊斯兰教创立、圣战有关的故事。

② 也有一些地区规定：不能面对、背对西方解手，因为穆斯林朝拜的"天房"在西方。

③ 在过去，当日食或月食发生的时候，撒拉族人认为那是因为太阳或月亮在被天上的某种动物吞食。于是他们一手拿锅，一手拿木棍敲打，使其发出巨大的声音。他们还用棍子打家里的狗和其他动物，让狗也叫起来。他们认为这样的声音可以赶走天上吞食太阳或月亮的动物。后来伊赫瓦尼传入撒拉族地区之后，阿訇们告诉老百姓那是自然现象，不是被动物吞食，他们还列举穆罕默德圣人在发生日食或月食时的做法，让大家效仿。于是，伊赫瓦尼传入撒拉族地区之后，很快这种做法就被杜绝了。（访谈人韩得福，讲述人：HLL，撒拉族，1934 年出生，循化县街子镇人，应讲述人要求隐去真实姓名，访谈时间 2014 年 4 月 26 日。）

建房时不看风水，而是择主麻日为吉日开工。届时，一般要请阿訇、亲友念"亥亭"，祈祷平安，告慰先人。期间，家庭富裕者还要向清真寺或贫困者散"乜提"。青海汉族、土族建房时，大梁上凿一小洞装进五色粮食和金银等物，钉好楔子后，用一红布包住，祈求粮食满仓，富贵满堂。受周边民族文化影响，许多回族建房上大梁时也用一块红布将粮食、银元或铜钱以及古兰经经文缠到梁上，意为五谷丰登、财源茂盛，并且祈求真主保佑主人家人畜平安。有的人家以少许醛面置于大梁上，以求发家致富。有的人家在门口立有照壁以表达避邪的愿望。

　　"都阿"文化在青海、甘肃等地回族、东乡族、保安族、撒拉族日常生活中具有深刻而广泛的影响。"都阿"本来指的是《古兰经》中的一些相关章节。甘青地区的回族、东乡族、撒拉族、保安族等信仰伊斯兰教的民族在一天五次的礼拜快结束的时候，要抬起双手，掌心朝向面部，口中默念《古兰经》的一部分章节，该章节一般是对"安拉"的祈愿祷词和赞颂之语，请求"安拉"能够款待亡者，给生者带来平安。有些人用阿拉伯语祈祷之后，还要用汉语赞颂"安拉"，而且还针对现实中一些问题和困难请求安拉给予解答和佑助。这个宗教仪式称为"祷都阿"，祈祷、赞颂之后双手拂面，称为"接都阿"，用此表示"安拉"悦纳其祷告，这就是"都阿"文化的由来。因为原有民间信仰的影响，青海一些回族民众在小孩出现腹痛时，请阿訇或宗教修行较高的老人低念"都阿"，并轻吹白砂糖、葡萄干等一些食品，使其具有祛病的功效。或在餐具上面书写《古兰经》章节，认为用此类餐具吃饭可起到祛病的作用，甚至有些回族认为有能治愈不育不孕症的"都阿"。在日常生活中，青海的回族人家常常于大门口或正堂的墙壁上贴有"都阿"内容的经贴，以此避免恶灵的侵害。"都阿"是穆斯林祈求真主给以佑助的仪式，使穆斯林在心理上获得安慰，使自己充满自信。但有时，"都阿"还作为一种黑巫术，用来诅咒他人不能得到真主的佑助，遭遇灾害、不幸，甚至死亡。①

　　伊斯兰教虽然对民间萨满持排斥态度，但在青海一些回族村落也有些类似萨满的民间巫医。一些巫医在治病驱邪的时候，多出现半昏迷状态，大声叫骂驱赶附着在病人身上的致病"精灵"。回族青年学者杨军在青海省

---

　　①　参见杨军《青海回族文化对萨满文化遗俗的融摄及途径分析》，《青海民族研究》2012年第1期。

大通回族土族自治县调研时，在一次亲友婚礼上看到待嫁女子的姑母突然昏厥，数分钟转醒后以该待嫁女子刚去世生父的口气，说"他"只是想见待嫁女儿一面，对大家无加害之意，恳请众人不要折磨"他"云云①。

青海门源等地部分回族在举行葬礼时，送"亡人"要举行转"菲迪耶"仪式②。信仰格底目的一些回族群众还穿白戴孝，每逢头七、二七、三七、四十天、百天、周年、三年，都要宰牲于"尔曼里"，搭救亡人。③循化撒拉族丧俗中也吸收了藏族、汉族的部分丧俗，如男子40天内不刮胡须，妻子在丈夫死后需守寡3年才能改嫁。④《循化志》卷七风俗章中也有对当时撒拉族丧俗"孝服白布，长大如道袍，腰系白布，鞋以白布幔之"等记述。

一些地区回族、东乡族、撒拉族多子多福的价值观根深蒂固。婚礼追求圆满，要求娶亲、送亲人必须家庭完美，压轿的儿童必须是双男、双女。婚礼仪式和新婚洞房床上撒红枣、花生。部分地区结婚不育或男丁少的人，除做祈祷外，还有到筛海、先贤的拱北上求雨⑤、求子的习俗，婴

---

① 参见杨军《青海回族文化对萨满文化遗俗的融摄及途径分析》，《青海民族研究》2012年第1期。

② 转"菲迪耶"是以《古兰经》或钱财等作为罚赎的补偿，替亡人赎罪的一种仪式。亡人移到坟垣后，送葬的亲友拉成圈站立或席地而跪，由亡人的家属用亡者本人的积蓄和子女们拿出的钱做"菲迪耶"，将钱用手巾包好后交给阿訇，由阿訇根据亡者的年龄和在场人数，确定转"菲迪耶"圈数。然后交给主人。从左边开始，双手放到圈内的人手中，用右手接住钱包，贴到胸前默诵一遍"清真言"后交还主人，一遍一还，依次循环，转完后将一部分钱当场散给送葬的人。留下一部分钱和死者生前的衣物施舍给家境贫寒的穆斯林。参见门源回族自治县志编纂委员会编《门源县志》，甘肃人民出版社1993年版，第593页。

③ 参见马通《中国伊斯兰教派与门宦制度史略》，宁夏人民出版社2003年版（修订版），第92页。

④ 参见马建新编著《撒拉族服饰》，青海人民出版社2013年版，第56页。

⑤ 案例1：1917年，西宁地区久旱无雨，东关清真大寺的阿訇联合宗教上层人士率两千多教众到西宁西山湾一带和回民坟园赤足高声诵经。随后又到南山拱北一带做"乃麻了"，即礼拜。据说，这天教众从南山拱北下来后，大雨倾盆而下，进城后，当时身兼"甘边宁海镇守使"及"青海蒙番宣慰使"一职的马麒在镇使衙门前迎接求雨群众，沿街汉族高举香蜡明烛，也虔诚迎接祈雨的穆斯林同胞，回汉两族共同祈祷，声势浩大。（参见班班多杰《和而不同：青海多民族文化和睦相处经验考察》，《中国社会科学》2007年第6期；马进虎《河湟地区回族与汉藏两族社会交往的特点》，《青海民族学院学报》2005年第4期。）案例2：新中国成立前，循化撒拉族遇久旱无雨时，阿訇就到伊玛目村的拱北旁祈雨，祈雨之前需大净，封3天副功斋，到第4天街子工从孕最家请上撒拉族圣物千年手抄本羊皮《古兰经》，伊玛目带领大家到拱北上诚心祈求，礼两拜祈雨的拜功，那天要赤着脚，不能穿鞋袜，伊玛目要把衣裳翻过来穿上。各工要宰牛宰羊，烙好薄油饼，煮麦仁饭。只要在这里祈雨，肯定会下雨，有的时候街子工的人还没回到家雨就开始下了。（参见马生福《现代化背景下农村撒拉族的宗教生活——以青海省循化撒拉族自治县积石镇伊玛目村为例》，陕西师范大学2012年硕士学位论文，第41页。）

儿降生后还要讲求"踏生"①，还讲求忌门即在产房门上贴一块方形红纸，禁止外人进入。婴儿满周岁时，许多回族人家同青海其他民族一样实行抓岁礼。在床上或炕桌上依次摆上笔、书、《古兰经》、刀、剑等物，让婴儿任意抓，抓到的物品预示着婴儿未来的职业。如抓到笔和书意味着其将来是学富五车的读书人；如碰到《古兰经》将意味着其会成为一位知识渊博的阿訇；如拿起刀剑预示着孩子会成为一名保家卫国的武士。撒拉人还认为"骆驼石"有神奇功能，可治疗不孕及"脏病"②。

所有以上事例都说明，伊斯兰教在青海传播时根据《古兰经》和《圣训》的规定，对青海历史上和周边民族符合伊斯兰教教义思想的民间文化因子有所吸收。如《布哈里圣训集·祈雨章》中多次讲到先知祈雨的事迹，如"先知出去祈雨时，朝着天房祈祷，反穿着披单，然后礼了两拜，在拜中高声诵念"③，"先知只有在祈雨做祈祷时才高举双手"④。如民国时期循化县街子地区撒拉族在求雨时，全街子地区男性村民头戴柳树枝编制的圆圈帽，反穿上衣，挽起裤腿，赤着脚浩浩荡荡走到坦库东⑤求雨，一位身背装有手抄本《古兰经》背篓的满拉走在求雨队伍最前列作导引。到达目的地后，求雨人群便跪坐下来，诵读手抄本《古兰经》，然后长时间张手祈祷："赞颂真主，普慈世界的主，大仁大慈的主，掌管还报日的主，万物非主，唯有真主。真主啊！请你下降甘霖于我们，请你满足我们的要求。"⑥

在撒拉族求雨仪式中，头戴柳条帽、赤脚、裤腿挽到膝盖等仪式中的细节与河湟流域汉族、土族、藏族求雨细节极其类似，并蕴含着古代求雨仪式的文化因子。如撒拉族民间文化学者马建新先生在循化孟达乡木厂村调查时，一位名叫夫赛利的老人讲述了其儿时经历的求雨仪式："我在小的时候，每年都参加村里的求雨活动。当遇到旱灾时，村里人则到一个叫

---

① 若是男孩则选择一个聪明、诚实、勇敢的家人或亲友首先踏进产房；若是女孩，要选择一个温柔、善良、勤快的家人或亲友首先踏进产房。这种习俗在河湟流域汉族、藏族、土族中间也盛行。认为孩子出生后，谁先进入产房，出生的孩子今后的气质、性格就像谁，表现了对婴孩的一种美好祝愿。

② "鬼上身"之类引起精神失常等癔症。

③ 《布哈里圣训集实录全集》（第一卷）（十五·祈雨章）（第16节·祈雨时高诵经文），祁学义译，朱威烈、丁俊校，宗教文化出版社2008年版，第214页。

④ 《布哈里圣训集实录全集》（第一卷）（十五·祈雨章）（第22节·伊玛目在祈雨中举手祈祷），祁学义译，朱威烈、丁俊校，宗教文化出版社2008年版，第215页。

⑤ 地名，位于循化街子骆驼泉向东1公里处。

⑥ 参见马建新编著《撒拉族服饰》，青海人民出版社2013年版，第78页。

黑泉①的地点求雨。求雨这一天，村里的阿訇先用一根木条（板）往一个妇女的身上拷打百遍，以示惩罪，在当地人眼里，遭受旱灾是由充满罪恶的妇女们所致。因此，以惩罚的手段来消除她们身上的祸根。之后，阿訇带领全村的男子（包括老人、儿童）脱鞋赤脚，挽上裤脚，戴树枝帽，把衣服反过来穿，一同去拱北诵经祈祷。再之后，众人边走边念走到孟达天池脚下的黑泉边围坐下来，开始高声诵读、祈祷、哭泣。眨眼间，从泉眼中隐约显出一只黑色雄性的山羊，忽而消失，这时，众人喜出望外，宰羊煮麦仁饭共食庆贺，果然不出所料，众人回家后便有了一场降雨。"②将天旱不雨的灾难归结于女性不洁的这种观念，在中国古代中原和古代希伯来民族观念中也甚为突出。如早在商代之前就有通过焚烧女巫的方式来求雨③，唐代也有将祈雨无果的女巫痛抽二十皮鞭，然后投入河中淹死的实例④。《旧约》中有"叫她除掉脸上的淫象和胸间的淫态，免得找剥她的衣服，使她赤体"，也免得"干旱之地，因渴而死"⑤，"淫行邪恶玷污了全地，因此甘霖停止，春雨不降"⑥ 等记述。

此外，一些生育信仰、巫术等观念由于顽强的生命力和实用性，在伊斯兰教思想教义未深刻影响的村落和民众中仍有流传，并占有一定市场。同时，伊斯兰教对周边民族和民间信仰有所影响，一些汉族、土族、藏族群众认为《古兰经》是圣物，认为家中收藏此物，可阻止外边邪灵进入家中。

文化间的交流整合常常催生出新的文化元素，从而使文化内涵趋于多样和丰富。循化县尕楞藏族乡和查汗都斯乡（撒拉族）大庄村交界处，距县城 30 公里左右有一座称作"夏吾"的山。附近藏族认为上面居住着阿尼夏吾（a myes sha bo）山神，并插有"拉则"。夏吾山阴面悬崖上有一山洞，不同的宗教信徒对其有不同的解释。周围信仰伊斯兰教的回族、撒拉族称它为"奄古鹿拱北"，不同的教派对奄古鹿拱北中显

---

① 位于孟达天池脚下，距木厂村 1.5 公里。
② 参见马建新编著《撒拉族服饰》，青海人民出版社 2013 年版，第 78 页。
③ 参见詹鄞鑫《心智的误区——巫术与中国巫术文化》，上海教育出版社 2001 年版，第576—577 页。
④ 参见胡新生《中国古代巫术》，山东人民出版社 2005 年版，第 257 页。
⑤ 《何西阿书》2 章。
⑥ 《耶利米书》3 章。

神迹的圣贤身份的确认各不相同。① 一些崇信奄古鹿拱北的穆斯林群众
多次来到奄古鹿拱北祈祷，当地一些民众有"一生中三次朝拜奄古鹿拱
北相当于朝觐麦加一次"② 等说法。周围信仰藏传佛教的藏族、蒙古族、
土族、汉族则认为它是山神阿尼夏吾的修行洞。③ 长期以来各民族信仰
彼此互相包容、互相尊重，从未因此发生过大的排斥与矛盾。又如卡力
岗地区的特殊族群卡力岗人，不但使用藏语安多方言，而且一些生活习
俗与当地藏族相似，但又虔诚地信奉伊斯兰教。一个卡力岗人一般有三
个名字，汉语名、教名和藏名。其住房建筑风格，带有原有的藏族村落
特征，单扇大门，屋内灶头连炕，院子中间院墙四角放置白石。背水、
拾牛粪、晾晒牛粪等生计方式仍带有藏族风格。在许多生活细微之处，
也依旧保留着藏族风俗。如吃肉时刀尖向内，卖牛卖羊时拔三束毛，对
邻村的"拉则"和"嘛呢本康"怀有一种敬畏感，不破坏等。卡力岗人
结婚时，亲朋前来祝贺，欢唱藏族人民传统的酒曲。送亲的时候，娘家
人要去婆家，婆家热情招待。双方都选派能说会道的人，赞颂对方。娘
家人告别时，婆家要给他们送羊肉、茶叶。④ 伊斯兰教经过了一个逐步
渗入民间信仰领域的传播过程，传教者个体的力量不容忽视。如据《同
仁县志》所记载的"甘肃河州马来迟阿訇深入到同仁保安地区传播伊斯

---

① 一说很久以前，来自巴格达的穆圣后裔哈桑·坝索日在循化县一带传教时居住在悬崖洞中
修行。有一天他拿着汤瓶来到黄河边打水，他一脚踩到黄河对岸，跨河打水，此景被当地的藏族看
到，也开始崇信他了。所以，无论是信仰伊斯兰教的，还是信仰藏传佛教的人都开始信仰他。他去
世后，信众就在其修行处为其修建了简易的纪念陵寝。二说是大拱北门宦的创始人祁静一的师父穆
罕默德二十九世后裔华哲·阿卜杜·董拉希显神迹的地方。三说是北庄门宦认为，第二代老人家、
逝世于同治七年（1868 年）农历六月十九的豪三太爷也葬于此。四说是张门宦认为奄古鹿拱北是
其二辈传承人的拱北所在地。五说是悬头门宦认为是其创建人韩穆撒静做功之地。六说是花寺门
宦认为，创始人马来迟在循化和化隆一带传教时修行的地方。（参见贾伟、李臣玲、张海燕《分歧中
的和谐——奄古鹿拱北的人类学调查》，《青海社会科学》2011 年第 3 期。）

② 参见周拉、夏吾交巴、炬华《共享和谐——青海省循化县多民族、多宗教共同信仰阿尼
夏吾神山现象分析》，《世界宗教研究》2013 年第 2 期。

③ 一些学者认为崇信阿尼夏吾神山（或奄古鹿拱北）的信众大体上可以分两类，即阿尼夏
吾信众和奄古鹿拱北信众。从民族身份看，有藏族、土族、蒙古族、撒拉族、回族、东乡等民
族；从宗教信仰的角度看，有藏族民间神及藏传佛教的信众和穆斯林群众。其中，信仰民间山
神及藏传佛教的有藏族、蒙古族、土族以及一部分汉族，他们称这一宗教圣地为阿尼夏吾神山；
信仰伊斯兰教的民族有回族、撒拉族、东乡族等，他们称奄古鹿拱北。参见周拉、夏吾交巴、炬
华《共享和谐——青海省循化县多民族、多宗教共同信仰阿尼夏吾神山现象分析》，《世界宗教
研究》2013 年第 2 期。

④ 丁明俊：《中国边缘穆斯林族群的人类学考察》，宁夏人民出版社 2006 年版，第 146 页。

兰教教义时，四寨子的很多居民随信了伊斯兰教"①。当时，一部分土族男子改信了伊斯兰教，妇女仍信仰藏传佛教，每到主麻日，男子到清真寺做主麻，妇女到藏传佛教寺院转经，孩子留在家中。②海晏、祁连等地的"托茂人"信仰虎非耶、伊赫瓦尼教派，操蒙古语，穿蒙古族服装。③由于托茂人长期与蒙古族进行经济文化交流，迁移初期具有明显的蒙古文化特色。伊斯兰教在托茂人的宗教生活中居于主导地位，但社会生产生活中也处处流露着蒙古文化的遗迹，其文化具有明显的伊斯兰和蒙古文化的双重特色。其部族在清代时居牧于湟中县上五庄水峡，与上五庄回族关系密切。清真寺大殿顶部装饰有蒙古包顶饰物，邦克楼顶部装饰有蒙古族兵器长矛。

当国家对地方社会丧失强有力的控制权时，不同信仰的族群或群体常由于资源、利益、隔阂、误解等原因发生冲突，导致传统秩序崩溃，原有稳定的宗教信仰生态破坏。如清代河湟流域回族、撒拉族内部"教争"等事件升级和暴力冲突中，一些回族、撒拉族等群众对非穆斯林民众民间信仰中的偶像崇拜产生了强烈的排斥态度，因此对一些庙宇的焚毁和破坏程度也非常严重。如同治三年（1864年），循化等地的文庙、城隍庙、关帝庙、文昌宫、河源神庙、子孙娘娘庙等建筑全部被焚毁。光绪二十一年（1895年），循化城外河源庙等被拆毁。与此同时，国家重新掌控对青海民族地区时，由于文化误解或稳固政权需要，少数地方官员也强力拆除清真寺。清同治十二年（1873年）西宁回民起义被镇压后，清军刘锦堂部将西宁城内小北街的回族群众全部迁出，并将清真寺改为湘军阵亡将领刘松山的纪念祠。《西宁府续志》载："光绪七年（1881年），西宁总兵何作霖拆东关清真寺，以原木材重修南禅关帝庙。"④

二　天主教、基督教与民间信仰间相斥与包容

明末清初，青海多民族民间信仰已相对稳定与成熟，天主教、基督教在青海及其周边地区传教之初就要面对不同于中国内地的民族宗教文化，

---

① 同仁县志编纂委员会：《同仁县志》，三秦出版社2001年版，第9392页。
② 参见迈尔苏木·马世仁《在"田野"中发现历史——保安族历史与文化研究》，中国社会科学出版社2008年版，第37页。
③ 丁明俊：《中国边缘穆斯林族群的人类学考察》，宁夏人民出版社2006年版，第117页。
④ （清）邓承伟纂修：《西宁府续志》，青海人民出版社1985年版，第498页。

面对丰富多样的民间信仰。天主教、基督教最早于何时传入青海已无从考证，但从《马可波罗游记》中的有关记载可知，13世纪以前就有基督教徒在西宁活动。根据现有资料，天主教神父进入青海传教时间最晚可推测到1661年，当时奥地利籍耶稣会会士白乃心（Jean Grueber）与比利时籍耶稣会会士吴尔铎（Albere D'OrviLLe）从北京来到西宁，在西宁逗留了半个月，但没有开展传教活动。① 1706年，耶稣会神甫孟正气（Jean Domenge）在西宁为个别信徒洗礼。② 1708—1709年，康熙命林德美与雷孝思绘制《皇舆全览图》，二神甫来青海考察。康熙五十二年（1713年）左右，意大利方济会传教士叶崇贤③在西宁设立了一座小教堂传教，其在《青海与甘肃传教分布图及文字说明》中讲述，河州教会的会长卜玛窦曾邀请叶崇贤去当地为几百人洗礼，当时西宁还有官方允许的两座教堂，分别为男女教徒所专用；多巴成为重要的贸易地，许多外国人在此经商，讲15种语言，亚美尼亚人在此筹建了布道堂和小教堂。④ 可见，康熙后期是天主教在青海发展的较好时期，青海一些中心城镇都有教堂或教会，并具有一定规模。

雍正元年（1723年），允禵与耶稣会会士穆敬远被流放到西宁，穆敬远在西宁为充配的清宗室勒什亨、乌尔陈授洗，同时在西宁传教。雍正元年七月爆发福安教案，十二月礼部颁发严禁信奉天主教的禁令，多数传教士被驱逐至澳门，少数居留或潜回秘密传教。雍正三年（1725年），雍正帝下令将勒什亨、乌尔陈及其家属押解回京，勒令其退出天主教。雍正四年（1726年）二月下令将穆敬远押解回京，同年七月穆敬远在押解途中病故。此后，在乾隆十一年（1746年），禁教之风愈演愈烈，天主教传播基本禁绝。清后期圣母圣心会来甘青传教，天主教有所起色。

---

① 参见颜小华《甘青地貌、族群、文化与宗教——来华传教士笔下的甘青社会》，《兰州大学学报》2010年第6期。

② ［法］荣振华：《1700年前后中国北方的传教区：传教地理研究》，《耶稣会历史档案》第24册，1955年内部印刷。

③ 又称为"叶功贤"、"叶宗贤"。参见汤开建、刘清华《明清之际甘青地区天主教传教活动钩沉》，《兰州大学学报》2007年第5期。

④ 参见杜哈尔德《中华帝国及中国鞑靼人记述》（Desecription de L'empire de la China at de la Tartarie Chinese LaHay 1738）第48页；转引自房建昌《从罗卜藏丹津的生年看西方天主教传教士叶崇贤对青海史地的描写和价值》，《青海师范大学学报》1987年第4期；汤开建、刘清华：《明清之际甘青地区天主教传教活动钩沉》，《兰州大学学报》2007年第5期。

　　鸦片战争后，外国传教士纷纷来华，20 世纪初，天主教得到发展。
1911 年开始，甘北传教区①比利时籍神父康国泰②先后在西宁、湟中、大
通、湟源、互助等地传教，并在西宁彭家寨、南大街等地，湟中黑咀子、
猫尔茨沟、鲁沙尔等地，湟源县城东街、塔湾等地开设教堂。1910 年德
籍神父柯来思在乐都县城及周边传教，设立了碾伯天主堂，后在李家庄、
洛巴沟、汤官营等地设立分堂。1922 年，德籍神父薛爱德、波兰籍神父
齐国宾等人先后在互助沙塘川甘家堡、威远镇等地开设天主堂。在此之
后，又在白崖、大老虎沟、新苑堡、羊圈堡、桦林沟等地开设分堂。1931
年德籍神父屈亨理先后在大通城关东街、新添堡、陶家寨等地设立分堂。
至 1949 年，青海省共有天主教堂 8 座，下辖分堂 25 座，教职人员 24 人，
德籍神父夏思德为主教，德籍神父德公望为副主教，其他教职人员 22 人。
神职人员中德籍 17 人，奥地利籍 2 人，法国籍、匈牙利籍、波兰籍各 1
人，中国籍 2 人，共有教徒 3900 余人。③

　　在许多国外教会组织传教计划和行动中，西宁等地都被视为汉藏边界
及向藏族地区传播福音的最佳地区。光绪四年（1878 年），基督教新教在
甘宁青地区设置皋兰、宁夏、西宁三个布道区。同年，基督教内地会牧师
敦巴·格达先后到兰州、宁夏、西宁三处设立布道区，并在西宁设西宁总
堂，在湟源、贵德设立福音堂。1894 年，英国牧师胡立礼夫妻到西宁传
教，开始在青海三十余年的传教生涯，对基督教在近代青海的传播与植根
产生了非常重要的影响。④ 1911—1933 年，英籍传教士连福川受内地会差
遣在青海藏族、土族等多民族中传教近 20 余年⑤，传教足迹遍及西宁、

---

　　① 光绪五年（1879 年），中国被罗马教皇划分成五大传教区，甘肃被划为第二教区，青海
东部地区属于甘北传教区。

　　② 又称"许让"（Le P. L. Schram），比利时籍，1911—1922 年在西宁等地传教，在西宁
南大街修建宽敞的天主堂。在传教之余对土族社会进行了深入系统的调查和研究。1932 年，在
上海徐家汇天主堂出版《甘肃土人的婚姻》；后来在美国费城出版《甘肃边境的土族》三大册，
包括《土族的起源、历史及社会组织》（1954 年）、《土族的宗教生活》（1957 年）、《土族族谱》
（1961 年）。（参见［比利时］许让神父《甘肃土人的婚姻》，费孝通、王同惠译，辽宁教育出版
社 1998 年版，第 12 页。）

　　③ 参见刘若望《天主教在青海的传播与发展》，《中国天主教》2011 年第 6 期。

　　④ 参见刘继华《英国籍"西宁人"与清末民初青海社会——胡立礼在青海的基督教活动
及其影响》，《人类学（民族学）视野下的藏族及周边民族研究论坛论文集》，青海民族大学民族
学与社会学学院 2013 年 9 月 13—15 日内部编印，第 250 页。

　　⑤ 1918—1924 年，连福川主持内地会在青海的各项事务，并在 1920—1922 年回国 2 年。

大通、贵德、巴燕戎格、碾伯、毛伯胜、丹噶尔及环青海湖部分地区，使300多人皈依基督教，涉及藏、回、汉、土等5个族群。[①]

1934—1949年，基督教在青海传播较天主教速度缓慢，基督教新教信徒从1934年200余人至1949年只发展到400余人。

基督教、天主教传教过程中，西宁、湟源、湟中、乐都、同仁等政治、经济、交通较为发达的城镇成为传教中心，通过城镇再向周围乡村传播。传教过程主要依靠设立医院、学校、客栈，借粮贷款等手段吸引入教者。至20世纪30年代初，青海设立的教会学校有西宁培英小学、光华小学、公教医院女子小学，湟中黑嘴尔小学、猫儿茨沟小学，大通新添堡学校、互助甘雷堡小学、羊圈学校、许家寨小学，乐都有李家庄和丁家庄小学，等等。[②] 许多传教士将行医作为拓展教务的重要手段之一。内地会传教士连福川（Frank Doggett Learner）在西宁福音堂附近设立医疗所，并亲自任医师，为当地民众进行拔牙、包扎伤口、治疗烧伤等医疗服务。1923年，连福川还自筹资金在西宁（今教场街17号院内）开了一家"福音客栈"，并规定，来此听福音的人，一律免费住宿。[③] 1923年神召会普利梅尔在湟源南城壕建起了福音诊所，1929年西宁南大街天主教堂开办了公教医院，1948年美国传教士贾立克在化隆设立"波隆德圣光医院"，还在互助甘雷堡、乐都碾伯等地设立了诊所。1923年，宣道会格里贝诺夫妇在拉卜楞建立了传教站。格里贝诺常常利用其精湛的医术为当地农牧民医治牙疼等病，发放从美国带来的阿司匹林和奎宁等药物，在当地影响逐渐扩大，被称誉为"阿卡曼巴"（a khu sman pa）。[④] 他与五世嘉木样活佛、根敦群培大师等藏传佛教界高僧有过密切交往。[⑤] 诊治疾病、代购商品、提供住宿、照相留影等行为成为天主教、基督教传入青海及周边地区

① Frank Doggett Learner . Rusty Hinges: *A Story of Closed Doors Beginning to Open in North - east Tibet*. London: China Inland Mission, 1933: 23. 参见杨红伟、王志通《英籍传教士连福川眼中的青海藏区——〈生锈的铰链：青海藏区的门户初开〉述介》，《青海民族大学学报》2014年第1期。

② 马明忠：《近代青海地区基督教传播的特点及社会影响》《青海民族研究》2010年第2期。

③ 参见杨红伟、王志通《英籍传教士连福川眼中的青海藏区——〈生锈的铰链：青海藏区的门户初开〉述介》，《青海民族大学学报》2014年第1期。

④ 参见妥超群《汉藏交界地带的徘徊者》，兰州大学2012年博士论文，第120—124页。

⑤ Robert B. Ekvall：Gateway to Tibet: The Kansu - Tibetan Border, New York：Christian Publication. Inc. p. 172.

乡土社会的重要方式，它在天主教信仰与乡土社会的传统、乡民的心理之间搭起了一座桥梁。西方科技的功用和医疗技术的效果契入河湟流域普通民众的心里，使得在民众看来西方传教士具有一定的"神异"资本，从而能吸引一些民众皈依天主教、基督教。

　　传教士在青海传播基督教、天主教时，带有浓厚的西方中心主义偏见，对八字、风水、抽签、打醋坛、献养、择日、画符、算命等传统民间信仰习俗进行了批判。还认为青海等地"长期闭关自守，人民久受喇嘛教的束缚，异教的迷惑以及伊斯兰教对他们的灵魂的不利影响，加之宗教制度极不完善，不能给人们带来生命和光明、力量和纯洁"①，想让这些"在魔鬼大有权势的地方的百姓们，晓得赐生命的基督，以弃暗投明"②。但由于各种宗教信仰氛围浓厚，入会的人数很少。如 Edward. Amundsen. FR. C. S 认为基督教在青海、甘肃等地区传播时，部分人固守信仰拒绝接受，另一部分人对传教士抱有很大希望，认为基督教可使他们脱离苦海。③ 其中一些教民甚至为了"免摊迎神赛会费"或者捞好处而入教。④此外，一些士绅和民众为躲避官司、寻求保护而改信天主教。如黑咀尔的常开元、梁生栋、苟致德等士绅因被诬告下狱，为求自保，改信天主教，后由西宁天主教堂神父康国泰出面周旋，案情得以缓和。这些人声望较高，一人入教，亲朋乡友跟随者不少。随着黑咀尔改信天主教的人数增多，1929 年，当地乡绅常庚元等与神父钱忠安多次商议，将三官庙庙基及东西廊房作价银圆 430 块，书立永租契约。后来，未改信天主教的群众用三官庙地基永租价款办"义仓"，但拒绝贷给天主教徒，同时也对庙会等活动不积极的群众进行一定的限制。⑤

　　一些传教士在治疗时传播基督教教义思想，并对当地盛行的传统医治方法和民俗疗法进行了带有偏见性的描述，对一些民间信仰习俗进行了批

---

　　①　中华续行委办会调查特委会编：《1901—1920 中国基督教调查资料（上卷）》，蔡咏春、文庚、段琦、杨周怀译，中国社会科学出版社 2007 年版，第 656 页。

　　②　［英］盖群英、冯贵石：《西北边荒布道记》，季理斐意译，北平谷云阶执笔，上海广学会 1933 年印行，第 13、14 页。

　　③　The Chinese Recorder, vol. 41, pp. 590 – 591, Edward. Amundsen. F. R. C. S "The Hinterland of China".

　　④　王慧：《1877—1920 年的甘肃基督新教》，兰州大学 2007 年硕士论文，第 21 页。

　　⑤　参见常世伟《民国初天主教传入黑咀尔》，《湟中文史资料》湟中政协文史组 1989 年内部编印，第 77—78 页。

判。如苏珊·瑞吉纳特在其回忆录《生活在藏人的帐篷和寺庙中》中写道："当地有一些骗人的医生，他们治头痛就用大膏药贴在前额上，治风湿病就将针插在臂上或肩上，拔牙用绳子绑上拉，有时会把肉拉下一块来。"① 此外，一些传教士如比利时康国泰神父等也对青海土族等民族的民间信仰进行了深入考察，企图发现和基督教相容的文化因素，以求达到吸引信徒，强化皈依的目的。

青海多民族民间信仰虽然深受佛苯文化圈、儒道文化圈等多元文化圈的影响，但民间信仰体系当中社会阶序清晰，其中，祖先崇拜或佛法僧三宝、三世因果、众神信仰为基本信仰原则。这与天主教、基督教主张的除上帝之外不得信仰别神、男女平等、皆为兄弟姊妹等内容相悖。伊斯兰教虽然主张"万物非主，唯有真主"，反对偶像崇拜，但其在青海民间传播时多在原有社区或族群中代际纵向传播，不像天主教、基督教有目的、有计划、扩张性地进行传教。

天主教、基督教在青海、甘肃传播过程当中，形成了对部分地区一些民间信仰观念和社会结构的深刻冲击。因此，甘青地区虔诚信仰民间信仰及制度性宗教的大多数民众对基督教产生了排斥心理。如 1896 年夏天，基督教宣道会传教士辛普送（W. W. Simpson）与克省吾（William Christie），在拉卜楞传教时遭到拒绝和排斥。② 1897 年 7 月，辛普送、克省吾、D. W. Lelacheur 与僖德生（George T. Shields）夫妇又前往拉卜楞，建立了一个传教点。第二年，僖德生夫妇等人来到黄南同仁保安堡租了一间房子，开始传教。但 1899 年发生了保安教案，传教士被当地藏族部落驱逐，传教站被迫放弃③。一些学者认为此次事件深层次的原因，就是基督教与藏传佛教在宗教文化上的内在矛盾性和现实的各种利益冲突。④ 但笔者认为，基督教教义与当地神山崇拜等民间信仰观念相冲突也是重要方面。如此次事件中一些人认为：洋人"不安分，挖土取石，做得各处泉水干了，惹得天不降雨，阴晴不顺，自前没这天色。我们算出说是这洋人

---

① 房建昌：《加拿大基督教传教士瑞吉纳特夫妇在青海藏族地区的传教活动及其它》，《青海师范大学学报》1988 年第 2 期，第 120—122 页。

② Robert B Ekvall. Gate to Tibet: The Kansu - Tibetan Border [M]. Harrisburg: Christian Publications Inc, 1938. 37.

③ 韦明、杨红伟、妥超群：《冲突与反弹：基督教与藏传佛教的早期相遇——以保安教案为例》，《兰州大学学报》2010 年第 1 期。

④ 同上。

作害的缘故，求大老爷知道，这洋人万不准在我们地方住坐，我们不教坐他的一定了"①。科瓦尔则认为这次事件与苯教巫师有隐隐的联系。②

　　一些皈依基督教的信徒在原有的社区也屡遭排挤，个别甚至丧了性命。如湟源改信基督教的挪噶不愿参与村中神龛的修建，结果被村民"绑在柱上毒打"后被毒死。又如前文提到的湟中黑咀尔村，1939 年当地乡绅方鼎录、常世清、董添贵等指使村民贾致华，诬告其兄贾致荣（天主教徒）偷了高庙的房瓦，拔了关老爷胡子，脱去了三官爷的锦袍，上诉于西宁地方法院。后经两次审理，法院斥责方鼎录等乡绅违反国民信仰自由，并判处贾致华监禁 18 天，宣告贾致荣无罪。这导致许多民众对基督教、天主教产生了诸多的文化误解和不信任。如湟源流传"人到外国人楼房的都从没见过能出来，因为白人杀了他们，又将他们挖眼、挖心来制药"③ 等谣言。一些地方士绅和上层精英对传教士传教方式和一些信徒信教的真实意图给予了揭示和批评，提出"传教者挟市道，入教者多系盲从，甚或利用教民武断乡曲凭借牧司挟制官宰，于教旨教义毫无裨益可言"④，"耶稣教阳借传教之名……西宁、湟源各地福音堂内附设蒙番招待所及医院学校，借以笼络蒙番王公、千百户及人民，以福音为工具，以利诱为手段，钤束其头目，其野心已可概见"⑤。为此，一些传教士感叹在中国传教困难重重。⑥

　　追求实用、追求有求必应是民间信仰存在的动力，乡村社会的许多民众求神拜佛的目的多在于恢复健康、有好收成、考试成功、经商获利和仕途顺利等。而基督教只是以诸如忍耐、鼓励和战胜引诱等方面的精神祝福来回答他们，就无法吸引更多的信徒皈依。

---

　　① 《隆务沙力昂索等为洋教士惹怒天神上的禀帖》，全宗号 7，目录号永久，案卷号 4613，青海省档案馆藏。

　　② Robert B Ekvall. Gate to Tibet: The Kansu – Tibetan Border. Harrisburg: Christian Publications Inc, 1938. pp. 40 – 41.

　　③ 柏大卫：《远征西藏·跨越风暴》，陈楚卿译，《生命光福音事工团》，第 99—104 页。

　　④ 聂守仁编：《甘肃大通县风土调查录》（民国十五年大通县抄本），《国家图书馆藏乡土志抄本选编》（第 15 册），线装书局 2002 年版，第 333 页。

　　⑤ 许崇灏纂：《青海志略》（民国三十四年铅印本），张先清、赵蕊娟编《中国地方志基督教史料辑要》，东方出版中心 2010 年编，第 296 页。

　　⑥ 如在甘青地区传教的传教士高培信发出"只有你了解了这些中国人对其不熟悉和与其习惯没有联系的东西怀有怎样的仇恨，以及他们是怎么诽谤我们这些传教士和我们神圣的宗教时，你才能明白要这些中国人皈依基督是如此的困难，以及现在只有为数不多的天主教信徒的原因"的感叹。参见颜小华《甘青地貌、族群、文化与宗教——来华传教士笔下的甘青社会》，《兰州大学学报》（社会科学版）2010 年第 6 期。

　　西方传教士最初将传教重点集中在青海少数民族地区，但皈信人数很少，效果不佳。如 20 世纪初群科旗丹增王爷等人皈依基督教，去教堂参加礼拜活动的群科蒙古人仅有其亲友丹斗、李应德夫妻等数人。因此一些教会将传教重点转向了汉族。"近年来，一些过去在藏民中工作的职员转而专门致力于汉人中的更为急需的布道工作，致使差会职员顿感缺乏。"[①] 1935 年 5 月高良佐来青海时对此情形有较为详细的记述："耶教、天主教、道教，则信之者仅少数汉人，势力微弱，与佛、回教相较，相差甚远，殆为汉人宗教观念薄弱所致。其中耶教势力最弱，天主教稍盛，然其总数犹不及佛教在化隆一地之数。故青海各民族之宗教，当以佛教为主，回教次之，又则为天主教、道教，而耶教徒拥虚名。"[②]

　　天主教、基督教在青海部分地区经过多年的经营后，一些皈依天主教、基督教的信徒将原有民间信仰中的灶神、家神和村落神换成了耶稣、圣母玛利亚之像或其他圣经故事。一些宗教节日如复活节、圣诞节等代替了民间信仰中的庙会，村庙祭祀的时间概念也发生了变化，开始在星期日休息时做礼拜。但"现在总处在过去的掌心中"，一个社会不可能完全破除其传统，一切从头开始或完全代之以新的传统，而只能在旧传统的基础上对其进行创造性的改造。[③] 因此，青海民间信仰中如万物有灵等思想仍影响着基督教、天主教信徒的深层意识，制约着其思想、态度和行动。虽然基督教、天主教的一套符号体系逐渐替换了原有的信仰体系，但由于在传统思想观念中的惯性和滞后性，未能完全清除，一些皈依天主教、基督教的信徒对巫术、鬼神依然心存敬畏，仍然以久远的民间信仰观念理解天主教、基督教。在不违反基督教、天主教教义教规思想的前提下，一些礼仪中吸收了青海民间习俗和禁忌。例如，规定某一天为禁食日，在那一天不能杀生；个别地方规定妇女月经期间不准读经，不能进教堂，不能领圣餐。宗族举行家谱仪式时，皈依天主教或基督教的村民虽不参加祭祀或跪拜仪式，但也会出资捐助。

　　青海多民族民间信仰具有多重性和边际性特征，其与藏传佛教文化圈、儒道文化圈、伊斯兰教文化圈互动交融中，具备了相对的独立性、保守性，

---

　　① 中华续行委办会调查特委会编：《1901—1920 年中国基督教调查资料》（上卷），蔡春、文庸、段琦、杨周怀译，中国社会科学出版社 2007 年版，第 650 页。

　　② 高良佐：《西北随轺记》，甘肃人民出版社 2003 年版，第 91—92 页。

　　③ 赵紫福：《马克思主义中国化与本土传统文化》，孙发平主编《科学发展观与西部和谐社会建设论文集》（序），青海人民出版社 2010 年版，第 3 页。

以及与其他信仰文化共生性和包容性的特征。这也成为天主教、基督教在青海传播但规模有限的主要原因。青海传统宗族、村落、部落等不同的社会结构和文化传统具有一定封闭性和强固性，也对基督教等外来宗教的传播具有一定的排斥力。青海多民族民间信仰内容繁杂，如汉族、藏族（青海东部）、土族（民和地区）民间信仰深受儒释道文化圈影响，宗族、家族、家庭观念较重；藏族、蒙古族、土族（互助、同仁等地）民间信仰深受藏传佛教文化圈影响，信仰佛陀、菩萨、护法神、山神等，所以，青海许多普通民众心目中对天主教、基督教不敬祖宗及诸神灵，多持排斥态度。

不论是民间信仰还是基督教、伊斯兰教等制度性宗教，都植根于普通民众生活中的生存智慧、经验理性和行动逻辑。任何制度性宗教在传播时，首先都要在民间信仰这一文化底色基础上浸染。随着传播对象、传播范围的变化，天主教、基督教在乡村社会的深入，其仅仅以治疗、教育等为主的传教方式也发生一定的变化，一些传教士被迫利用乡村社会所常见的驱魔、赶鬼、治病、求雨、求子等方式传教，并以宗教体验、神秘事件、灵异故事吸引民众参加，实现自我民间化和在地化。如湟源有一信仰基督教家庭的女子突然发疯，说胡话，邻居说她是被鬼缠住了，需要请阴阳或法拉驱鬼。因这家信仰基督，便请当地牧师举行颂圣经、洒圣水等仪式，之后女子恢复正常。笔者曾询问牧师，对这些鬼神如何看待，其认为这是一些邪灵。此外，当前乡村的城镇化，使原有传统文化的遗失与社会结构的变迁为基督教、天主教的迅速传播提供了信仰空间。1990 年青海省基督教信徒人数为 6596 人，2000 年达到 12419 人，10 年间增长 88.28%；到 2010 年已达到 23600 人，比 2000 年增长 90.03%，平均每年增加 1100 多人。据有关部门调研统计，2013 年青海城市（城镇）基督教信徒占 88%，农村（牧区）信徒占 12%。[①]

第三节　道教及民间宗教的传播与青海
多民族民间信仰的聚散

一　道教传播与民间信仰的互融

道教作为中国本土形成的制度性宗教，与民间信仰有着千丝万缕的

---

① 参见冶青卫《关于我省基督教情况的调研报告》，《青海统一战线》2013 年第 3 期。

联系。① 在长期的历史发展过程中，许多道教神祇与民间信仰神灵相互影响、相互吸收，道教科仪、法事渗透到普通民众生活的各个层面。最初在民间信仰中流行的如城隍、关帝、财神、火神、山神、龙神等诸神，在历史上统统被纳入道教的神灵体系当中。但如果从组织、戒律、传承、活动方式以及相对稳定的信仰对象来看，道教有系统的理论体系，有层次分明、等级森严的神灵谱系，有完整严密的修道方法，与民间信仰中杂乱繁多的崇拜对象、古朴简约的信仰观念等有着显著的区别。

在《山海经》《穆天子传》等古籍中记载西王母②生活在青海周边，民间盛传着与西王母相关的故事。西王母后来演化为道教最高女神。《西宁府新志》记载道教第四大洞天西玄山为今西宁市湟中县的南佛山，称"太元极真洞天"。乐都有"武当山"，又称"北武当"，石壁耸立，顶峰建有真武庙，每年三、六、九月附近民众都去焚香叩拜。

青海道教分全真派和正一派。全真派，蓄发挽髻，持戒尺，男子称道士（俗称道人），女子称道姑。日常头戴混元巾、重阳巾、一字巾、合页巾、诸葛巾等。道袍有大长道袍和短道袍等。脚穿白云鞋（鞋帮有云纹）。正一派则多为居家道士，主要是进行祈福禳灾、画符念咒、驱鬼降妖、占卜推卦等活动。民间如有婚丧嫁娶、修房建院、迁坟设祭等重大事宜时需请他们推算良辰吉日，其又被称为"阴阳"、"老师傅"。青海的道教胜地有湟中西元山、西宁北山寺、大通元朔山、互助五峰寺、湟源北极山、乐都武当山等。道教徒所建道观有北斗宫、南斗宫、东岳庙、玉皇阁、文昌阁、万寿观等。

魏孝文帝太和初年（477 年），北魏著名的地理学家郦道元到青海考察时发现有道徒活动："（黄）河北有层山，山甚灵秀。山峰至上，立石数百丈，亭亭桀竖，竞势争高……悬岩之中，多石室焉。室中若有积卷矣，而世士罕有津达者，因谓之积书岩。岩堂之内，每时见神人往还矣，盖鸿衣羽裳之士，练精饵食之夫耳，俗人不悟其仙者，乃谓之鬼神。彼羌

---

① 台湾林枝万等一些学者甚至将道教与民间信仰视为等同。（参见林美容编《台湾民间信仰研究书目》，台北：中研院民族学研究所，1991 年，第Ⅳ页。）

② 据赵宗福先生考证：王母在最初时源于始祖母信仰，只不过是若干个部族中的始祖母神中的一个，但在后来的发展演化中与其他始祖母神相互复叠，或者功能上的分化，才演变成了一个独特的西王母和王母娘娘信仰系统。（参见赵宗福《西王母的始祖母神格考论》，《青海社会科学》2012 年第 6 期。）

目鬼曰唐述，复因名之为唐述山。指其堂密之居，谓之唐述窟，其怀道宗玄之士，皮冠净发之徒，亦往栖托焉。"① 这里"鸿衣羽裳之士，练精饵食之夫"，无疑是指道士。羌人称鬼神为"唐述"，因此称积石山为"唐述山"，道人用以修炼的石洞则为唐述洞，沿积石山黄河称作唐述河。据传隋炀帝西巡途经青海时，在大通老爷山建"金娥庙"，供奉"金山圣母"，即西王母。② 公元 680 年至 683 年，张文成任"河源道行军总管记室"，也在其文学作品《游仙窟》中讲述了在积石山下遇到被称为"仙女"的出家道姑。③ 北宋时期，河湟流域一些藏传佛教僧众因为受当时兴盛一时的道教符咒文化的影响，常用符水消灾、驱鬼请神等手段为民众祈福禳灾④。北宋雍熙年间（984—987 年），宋将杨满堂建乐都县引胜乡的武当山道观，供奉真武大帝和众神。

　　明代初年，伴随着汉族纷纷移入青海河湟地区，道教信仰也随之而来，而明代的地方统治者也大力扶持道教的发展，这就促使了青海河湟地区民间信仰与汉地道教进一步融合，渗透到各族群众生活的方方面面。明宣德元年（1426 年），西宁广福观⑤竣工，殿内塑有玉皇大帝、吕洞宾等神仙像，并有道士孙思忠等五人主祠。《建广福观碑记》云：

> 太宗文皇帝入正统之初，以北极真武之神，尝有阴瑚默相之功，命修建太岳、太和山诸宫观，以奉祠事。自建庙以来，雨旸时顺，岁谷累登，边人安居，寇盗屏迹。是维朝廷盛德所加，而公之所以效忠竭力，神之所以护国福民者，可谓至矣。⑥

　　此后，李英、李宁在青海西宁、民和等地兴建了多处道观。

---

① （北魏）郦道元：《水经注校证》，陈桥驿校证，中华书局 2007 年版，第 44 页。

② 马婧杰：《试析青海东部河湟地区民俗与道教——以民和、乐都两县民俗与道教为例》，《青海民族研究》2007 年第 1 期。

③ 参见（唐）张文成撰《游仙窟校注》，李时人、詹绪左校注，中华书局 2010 年版，第 1—8 页。

④ 参见孙悟湖《宋代汉藏民间层面宗教文化交流》，《西藏研究》2006 年第 4 期。

⑤ 广福观：明代观址在西宁城东北隅。宣德元年（1426 年）由李英主持兴建。正统中部指挥汪清重修。嘉靖二十一年（1542 年）守备崔麒再次重修。咸丰元年（1851 年）西宁绅民迢新修葺。

⑥ 曾启：《广福观修建记》，载于米海萍、乔升华《青海土族史料集》，青海人民出版社2006 年版，第 241 页。

　　清末民初，青海张仙、王老实、朱素贞等道士有一定影响。至清中叶，一些道士在地方官员和士绅的支持下在西宁等地兴建了道观，如在湟中县总寨乡徐家寨会龙山建立雷殿、镇武殿，在湟源县北极山修建北极观，在湟中镇海堡兴建万寿观，在贵德、乐都等地兴建或修葺了三元阁、关帝庙、玉皇阁等。① 同治、光绪回族反清事件后，一些道观被焚毁，后得到重建。青海道教在民间信仰领域与藏传佛教相互融合。如乐都县引胜乡被当地民众称为"武当山道观"，属于道教全真龙门派传承，建有玄天宫、三清殿、玉皇殿、关帝殿等建筑群落，但殿前同时设有各具道教和藏传佛教文化特色的香烛和煨桑炉，民众烧香跪拜之外，还要在煨桑炉内添放柏香、糌粑面等，在神像前进献哈达。近几年，青海道教教职人员还举行青海湖放生等活动。如 2011 年 7 月 19 日，青海著名道观土楼观教职人员在刚察县湟鱼家园参与了西宁市道教界青海湖"放生"活动，并举行了相关道教仪式。西宁市道教界教职人员和部分教徒共 200 余人参加了此次活动。

二　民间宗教的勃兴与民间信仰的聚散

　　民间宗教有着严密的组织，有内部的经典和教主，多强调救赎与度人。由于其常利用教主崇信，具有封闭性和秘密性的特征，又因其以改变自身社会地位和变更现实社会为目的，常因带有反社会、反正统的内容而被历代统治者打击，斥为"异端"、"左道"、"邪教"。民间宗教传播、扩大最早源于亲缘、业缘、地缘式传播。其最早形态也多来源于一个个亲缘家族式民间俗信团体，在长期流变、整合过程中，与散落民间的各种形态的民间信仰和民俗文化共融共生。② 民间信仰常常成为民间宗教产生发展的沃土，民间宗教的一些教义思想往往从民间信仰中汲取，再经过整合后达到系统化、文本化，将松散的民间信仰组织通过人为控制、强化成为组织严密的新宗教团体。当民间宗教受到国家力量等压制而衰落时，其一些教义经典则又散落回流到民间信仰中，丰富和补充着民间信仰的文化内涵。

　　青海民间宗教的传播发展情况由于文献失载，不能得其详。但是从清廷在甘肃查办的"乘圆顿教案"、"青莲教案"等几起教案，可透视康熙以

---

　　① 魏明章：《我所了解的青海道教》，《西宁文史资料》（第 7 辑），中国人民政治协商会议青海省西宁市委员会文史资料委员会 1993 年内部编印，第 96 页。

　　② 赵志：《从民俗信仰的视角剖析历史上的会道门》，《民俗研究》2010 年第 2 期。

后民间宗教和宝卷在甘青交界地区有所传播。山东、山西、陕西等地一些民间宗教教派被清王朝严厉镇压后，一些教徒迫于生存，多转向远离统治中心的偏远之地，进入甘青交界之地。明朝末年，受到东大乘教和黄天教的影响，被称为"弓长"的人开创了大乘圆顿教系。该派形成于河北，清朝初年在西北地区得以传播，最早从陕西进入甘肃的灵台县，之后又传播到河州、狄道州、凉州府平番县以及皋兰县等地。乾隆四十二年（1777年），甘肃狄道州王伏林自称"弥勒佛下世"，在河州白塔寺念经树幡，取名"圆顿教"，召集数千人预谋进攻河州、兰州等地，后被镇压。嘉庆十年（1805年）春，甘肃兰州道红水县地方当局发现该地"复有悄悄会聚众念经之事"，遂拿获首犯王化周，又在皋兰县地方续获"伙犯"祁全必等二十四名。在王化周家中搜出《龙华》《合同》经两本。又查出狄道州沙泥站地方有总师傅石慈及同会张天佐等数人。嘉庆十一年（1806年），甘肃兰州府皋兰等县查获圆顿教宝卷《皇极还乡》《龙华经》《九莲正信宝卷》《传法经》《归一经》《十二愿》等。经过近三十年的打击和镇压，圆顿教沉寂。道光二十四年（1844年）青莲教①传入甘肃，道光二十五年（1845年）正月被甘肃皋兰县当局查获《金丹口诀》《斗牛宫普度规条》等经卷。光绪三年（1877年），时任陕甘总督的左宗棠颁布《严禁邪教告示》，令："为出示晓谕严禁事、照得边民生长遐荒，鲜明义理，易为邪教迷惑。一被匪徒煽诱，告以结会念经，可求福销罪，则为其散动，相率归依。"②

从一些近现代青海地方文献出现的如同善社③、清茶会④、慈善堂⑤、

---

① 青莲教源于清初黄德辉所创先天道（又称金丹道），道光初年改名为青莲教。

② 转引自马西沙、韩秉方《中国民间宗教史》，上海人民出版社1998年版，第906页。

③ 同善社为四川永川人彭泰荣所创立，其前身为礼门。同善社承袭了先天道的教义思想，也以瑶池老母即无生老母为最高崇拜，宣扬"用儒教礼节，做道教功夫，而证释教果位"，供奉孔子、老子、释迦牟尼。马西沙、韩秉方：《中国民间宗教史》，中国社会科学出版社2004年版，第450页。

④ 清茶会教名起于清初，亦称为红阳教。教授徒弟"每日向太阳供水一杯，磕头三次，名为清茶门红阳教。供奉未来佛，口诵天元太保南无阿弥陀佛，并念诵偈句，并无图像、经咒、违悖不法字样"。

⑤ 慈善堂名起于清末，其宗旨为"广修阴功，救济贫困"，同时宣扬因果报应，扬言人如果有违神训，神会降灾降祸于他。慈善堂的教义是综合儒佛道三家的宗旨，称三教合宗，而以儒家的忠恕、佛家的慈善、道家的修心养性为教义。慈善堂成员皆称道友，不分等级贫富，只要诚心到慈善堂的坛场敬神投戒即登记姓名生庚年月者，便是道友。设司教、佩教、主科、副科为内坛弟子，掌管醮典科仪诸事，成为慈善堂领导核心；下设督坛、堂长、主坛、主礼若干人为外坛弟子，负责经济收支和做功德等事宜。

大乘会①、一心堂②等宗教社团名字可知，近代以来在青海的民间教派种类和数量较为丰富繁多。这些民间宗教在青海东部地区吸引了不少信众参加。如大乘会，还吸引了一些政界、知识界人员参加，在湟中西山堡普济寺设有会址。1935 年，"一心堂"从天津传入西宁，主张"四海之内皆亦善，有缘者方得为同胞"，号召众人打了枷锁，入道修行。不要积下金钱，不要置下家产。③ 提倡打破家庭分界，围绕"老父母"组成一个大家庭，相互皆同胞，无你我之私。各项消费开支均来自大家捐献，各项劳动均由自任，自给自足，自成一体，对外封闭。④ 在青海大通等地传播时，其教义和入教仪式也发生了一些变异。如初入道的人，必须向总坛交纳银圆五角、一元或二三元不等的财水（即会费），然后上香叩头，受教。还向道徒索取名目繁多的财物，如"功德费"、"长寿钱"等。"一心堂"入道的仪式：在佛堂中央献上冬卖糖果食物和入道者带来的约桃儿（献食），点三盏青油明灯，男站立于左边，女站立于右边，敬听点传师的口令指挥：一、给无生老母磕头；二、给白阳教主马圣师磕头；三、给诸佛诸祖磕头；四、给九六大贤磕头（指开始下凡的九十六人）。礼毕后，由点传师引读入道愿条。"一心堂"的各项礼条（念唱词）有八句真经、小修灵山礼、十等功礼、劫轮经礼、十不亲礼等。⑤ "一心堂"传播迅速，几年间传至大通、乐都、湟中、贵德、门源等地，主要教首自封为"皇上"、"丞相"等，具有政治野心。1938 年夏，被相关部门侦悉，随即派员赴大通县新城、庙沟等地，严密查禁取缔"一心堂"在大通的活动。将入"一心堂"的大小首要分子家，每家罚兵一名，抓到乐家湾充兵，对其余道徒管押罚款勒令具结退道。1949—1976 年"一心堂"屡次企图

---

① 大乘会也称大乘教，是一个鲜为人知的以佛教尼姑寺庙为活动基地的民间宗教，在明清众多的民间教派中独树一帜。传说中的西大乘教的创教祖师，是保明寺的开山祖师吕菩萨。教众将其作为最高女神无生老母与观世音菩萨的化身加以崇拜。

② 全称"一心天道龙华圣教会"又称"正心慈善"、"一真圣教会"、"一心学社"等十多种名称，同年在西宁设立天津总会青海总坛。由山东省长山县马士维所创，总会初设在山东省大定王庄的大灵山，后设天津。主要教义核心内容为敬奉天地、孔子、孟子、释迦牟尼、老子等儒释道教主，以教主马士维为最高精神领袖。马士维被奉为匡世救人的"无生老父"，从天降至人间的至善天使。

③ 参见郭燕晨《邹平轶事缀英》，中国文史出版社 2003 年版，第 167 页。

④ 参见李昭《邪教·会道门·黑社会》，群众出版社 1999 年版，第 303 页。

⑤ 参见苏文渊、安占魁《"一心堂"在大通新城地区的活动》，《大通文史资料》，中国人民政治协商会议大通回族土族自治县委员会文史资料组 2005 年内部编印，第 115 页。

恢复坛口，发展道员，受到当地政府坚决打击取缔。①此外，抗战时期在青海出现的慈善堂、清茶会等民间社团，看似介于佛道之间，实则多为民间教派宗教组织，一般规模不大，信徒有限，影响较小。

民间宗教的经典是宝卷，体现了创教者的思想主张，也是民间宗教教义核心、组织和活动的依凭，常常被信仰者奉为神明以秘密方式传播。民间宗教被国家力量打击和镇压后，一些带有因果报应和劝化道德的宝卷散落于民间，与民间信仰活动联系在了一起。如青海民和和甘肃永靖等地至今还流传着活态的宝卷念卷，有些在民间信仰组织嘛呢会中念唱，带有浓厚的民俗性和地域性特征。《佛说大明六字真经》序言中写道："圆通教主正法明王，大乘盛会福犹在，讽谈道妙度人舟，愿见者闻者同仰。"②从宝卷中"圆通教主"、"大乘盛会福犹在"等句来推断，极可能是民间宗教大乘会流落在民间的宝卷。青海宝卷念卷与传统不同的是掺杂了许多藏传佛教文化元素，即采用藏传佛教信徒常念诵的嘛呢六字真言形式来"和佛"。而且，"念卷"（其不再演唱以前宝卷中的通俗曲牌，念诵转而成为主要形式）作为一种简单的说唱文艺也在民间容易推广。为了积累善行和功德，识字之人很喜欢抄传和编写宝卷③。如此，河西地区的念卷和宝卷很快就得到发展，并且变成了带有地域色彩的民俗活动。

民间信仰本身就是一个各种信仰文化兼容并蓄、内容庞杂、体系松散的宗教形态，具有明显的信仰产生的自发性、功利性以及崇拜对象的多样性等特征。"在平民中，支持一种宗教的最好的论据就是其神效。此外，如果这种宗教表现得有好处和容易实施，那么它就能赢得所有人的赞成。所以那些批评外来宗教的人考虑的也是其灵验的功效。"④"不问各路神灵出身来历，有灵则香火旺。"在乡村社会中，各类神祇是否灵验是吸引乡民信仰和膜拜的最主要动机。民间信仰在民众精神生活中长期流传所形成的深厚积淀为民间宗教的产生、发展提供了肥沃的土壤。下层民众及其文化、信仰、风尚在某种程度上孕育了最初形态的民间秘密宗教。许多民间

---

①　参见魏明章《解放前"一心堂"的活动》，《城中文史资料》（第4辑），中国人民政治协商会议西宁市城中区委员会文史资料委员会1991内部编印，第202—206页。

②　刘永红：《土族宝卷〈佛说大明六字真言嘛呢经〉初探》，《青海民族研究》2012年第3期，第96—100页。

③　车锡伦：《明清民间宗教与甘肃的念卷和宝卷》，《敦煌研究》1999年第4期。

④　［法］谢和耐：《中国和基督教：中国和欧洲文化比较》，耿升译，上海古籍出版社1991年版，第150页。

宗教大量吸收融合民间信仰文化元素，如巫术、符咒、禁忌、占卜、扶乱等，甚至一些民间宗教创设者在其宗教思想体系中吸纳民间影响较大的神祇，借此吸引信徒，因而民间宗教很容易在民间传布。如从一贯道信仰的无生老母的形象中折射出西王母原型和女娲神话元素，此外还汲取了弥勒佛、观音菩萨、济公信仰。

当下，一方面，随着社会的剧烈转型、传统与现代社会之间的断裂以及现代社会面临的种种现实和潜在的危机，民间信仰自发性、功利性、崇拜对象的多样性常常成为一些新兴宗教或邪教滋生兴起的温床；另一方面，一些新兴宗教或官方认定的邪教往往借助民间信仰的仪式和活动来扩大其生存和发展空间。如20世纪末和21世纪初在国内兴起的打着基督教旗号的东方闪电、全能神、被立王、"门徒会"等邪教；打着佛教旗号的"法轮功"、观音法门等邪教，常常借用民间信仰的一些基本观念和信仰仪式，发展信徒。

1994年以后，陕西、河南及四川等地"门徒会"[①]相继传入青海乐都、民和、湟源等地。一般在交通沿线走乡串户，进行传教活动。宣传"三赎基督"是比耶稣、释迦牟尼等都要厉害的神，能解决一切困难。"门徒会"信徒修持途径较为简单，随时随地便可祷告，只需跪拜默想，就可实现目标。禁止在家里悬挂照片、摆放动物标本，连被面上的龙凤图案也被当作"邪灵"剪去。禁止上坟烧纸、参加民间祭祀，禁止贴对联，

---

① "门徒会"是打着基督教旗号的冒邪组织，1989年由陕西耀县农民季三保创建。各地称其"门徒会"、"三赎教"（也叫三赎基督）、"旷野教"（也叫旷野窄门）、"二两粮"、"蒙头会"（也叫蒙头教）、"传福音"等，但该组织只承认自己是基督教，把自己的非法活动称为"传福音"。季三保因车祸丧命，其后任蔚世强因肝癌死亡。第三任负责人陈世荣被依法处理。但由于其组织结构没被彻底摧毁，其非法活动仍在继续。20世纪90年代，"门徒会"组织来青海传播发展势力，势力一度有很大的发展。1997年、2007年经过公安部门的专项打击，其势力得到一定程度的遏制，活动也由公开转入地下。"门徒会"一般实行"七七建制"的组织体系，共分为七级机构，即"总会、大会、分会、小会、小分会、教会、聚会点"，每个机构下设7个下属机构，如此延至最末层。各级会的负责人称为"主执"和"配执"。"小分会"以上设"慈管"。每级都由主执、配执、慈管组成"三肢体"，即领导核心。其领导职数有严格规定，"大会"、"分会"7人，"小会"5人，"小分会"4人，"分会点"、"教会"3人。"门徒会"制订有《综合管理执行条规》《综合管理执行细则》等，管理严格。青海的"门徒会"组织处于底层，一般是"小分会"、"教会"和"聚会点"。起初也实行"七七"建制，2007年后改以10到20人（户）为一个聚会点，每10到20个聚会点为一个教会。各级负责人统称为"执事"，内部称之为"牧羊人"。高级别的执事都是外地来的。参见解占录等《青海"门徒会"基本状况及解决的对策措施》，《青海研究报告》（青海省社会科学院内部编印）2011年第6期。

过传统节日等。"门徒会"还实行教内帮忙，教内通婚。并在信徒间实行"周济法"，对生活贫困的信徒给予人力和财物支持，如对缺少劳动力的家庭进行无偿帮工等，与此同时，生产生活、婚丧喜事等都不与教外人接触，具有很强的封闭性。

又如"全能神"①也是打着基督教旗号，通过引用和曲解《圣经》在普通民众中传教。2012 年，"全能神"邪教借民间流行的"世界末日说"，利用《圣经》中的"耶和华从天上打雷"（撒母尔记下 22：14）、"他以电光遮手，命闪电击中敌人"（约伯记 36：32）、"闪电从东边发出，直照到西边"（马太福音 24：27）、"又有闪电，声音，雷轰，大地震，自从地上有人以来，没有这样厉害的地震"（启示录 16：18）等描述，鼓吹只有信仰"全能神"才能被救赎，否则将会被"闪电"击杀，并在全国多地张贴标语，聚集闹事，扰乱正常的宗教和社会秩序。"全能神"虽打着基督教旗号，但仍未脱离民间信仰中崇拜雷、电、神等文化因子。民间信仰中雷神具有明察秋毫、惩恶扬善、明断是非的神性，民间在诅咒或发誓时常说"天打雷劈"、"雷打火烧"、"五雷轰顶"以示清白或宣泄愤恨。还认为若有人被雷电击中，肯定是此人做了人神共愤的坏事，遭到雷神的惩罚。因雷声和闪电常常相随相伴，民间认为它们是配偶神，雷神劈人前需电母放光照清楚，因此有"雷公电母"之说。"全能神"邪教在民众中传播时，就是将民间信仰深有影响的雷电神崇拜文化因子与圣经中一些相关记载杂糅在了一起。

此外，一些邪教通过层层组织架构，通过内部虔诚的核心信徒将个别村落部分村民整合起来，形成自己独立的信仰社区，并游离于其他制度性宗教或民间信仰组织中，按照自己的信仰仪式进行聚会和祷告。

---

① 20 世纪 70 年代末，美国邪教"呼喊派"传入中国，"全能神"就是由此分化而来的，其创始人赵维山本来就是美国邪教"呼喊派"的骨干成员。20 世纪 90 年代，"全能神"在河南开始传播，并扩展至多个省。"全能神"打着基督教旗号，散布从基督教改编的所谓《话在肉身显现》《东方发出的闪电》《全能神你真好》（又称《跟着羔羊唱新歌》）、《基督的发表》（又称《审判在神家起首》）、《那灵的作工》《国度的赞美》《真理圣诗》《新歌》等非法传教。该组织声言上帝的"律法时代"、耶稣"恩典时代"已经结束，由"全能神"实现统治的"国度时代"已经到来，该神以东方女性形象降临中国，要审判人类。还宣传"当今中国是一个没落的帝王大家庭，受大红龙支配"等谬论，鼓动信仰者在"全能神"领导下与"大红龙"进行最后的决战，"将大红龙灭绝，建立全能神统治的国度"。2012 年 12 月，"全能神"在青海省西宁市、海北藏族自治州等多地散发、张贴、悬挂、喷涂邪教反动宣传品，煽动教徒公开聚集闹事共 40 余起。后经青海省公安厅统一部署安排，共抓获"全能神"邪教组织人员 400 余人。

第五章　青海多民族民间信仰与社会控制

信仰是诸多文化要素中最重要的社会控制手段之一。信仰的社会控制功能在原始社会中表现得更加明显，一些原始民族的禁忌习俗和习惯法多与其原始宗教观念和仪式紧密相关。① 青海作为一个多元宗教文化内聚性的地区，较其他地区有着浓厚的信仰氛围，多元宗教文化不仅为青海多民族民间信仰提供了丰富的信仰资源，而且为其凸显神圣性色彩的社会控制功能创造了条件，民众生活在民间信仰多层体系当中。民间信仰在青海多民族社区的社会控制功能，不仅表现在道德规范层面，还决定着不成文的程式化规则，影响着社会舆论。

第一节　社会控制与民间信仰空间

一　何谓"社会控制"

不同学科和不同领域的学者对社会控制（social control）这一概念有着不同的定义。1901 年，美国社会学家 E. A. 罗斯提出了"社会控制"的概念，主要应用于社会学范畴。他认为社会控制是社会对个人或集团的行为所施加的制约措施，是维持正常社会秩序的有效途径。他同时指出：社会舆论、法律制度、信仰行为、社会暗示、宗教活动、个人

---

① 美国著名法律人类学家霍贝尔先生指出："超自然力对法律的干涉，如同法律过程的支持，这里要特别指出的，并不是充当实质的规则的来源，而是当作裁判、执行的工具，当人们易错的证据测定方法无法胜任建构事实之时，诉求的方式是透过有限制的诅咒，以及神判。神灵们知道真相，他们是全知或近乎全知的，如果正确地向他们祈求，他们就会判别案件。他们或许会直接给予制裁，或者把制裁留给人们自己的机构来做。"参见林端《法律人类学简介》，载于马林诺夫斯基著《原始社会的犯罪与习俗》，原江译，云南人民出版社 2002 年版，第 94 页。

价值观、社会礼仪、文学艺术以及社会评价等，均可作为"社会控制"的措施，是实现社会和谐的有效措施。"社会控制"可以分为硬控制和软控制，外在控制和内在控制。社会风俗、道德、信仰和信念的控制属于软控制、内在控制范畴。而其中信仰控制的基础是人类相信有一个超自然的存在，监视着人的行为，并通过赏善罚恶来干预人间的生活，进行超自然的制裁。① 一些社会心理学学者则将社会控制划分为："一是将外来的禁忌内化为良心的鞭挞力量；另一个是将外来的禁忌以法律条文规定，起一种心理制约的力量。"② 笔者认为，所谓社会控制是社会共同体为了维护本社会秩序，运用各种方式和规范对本社会成员或进入到本社会的外成员的行为施加约束的过程。宗教信仰作为一种重要的社会控制手段，属于内在化制裁。民间信仰作为一种信仰体系，同时也是一种文化形态、一种民俗生活方式，具有社会规范和归属认同的意义。民间信仰虽然不像制度性宗教等有严格戒律和组织性，但普遍存在与其神圣性相关的民间信仰禁忌、仪式等，在特殊的地域、空间和时间内对民众的生产生活有着较强的控制作用，并产生一定的内聚力和认同感。在多元文化交融的青海，民间信仰中的一些禁忌或神灵作为一种内在规范或神圣象征，起到了维护地方自然人文秩序，动员和凝聚社会力量等重要功能。

二 民间信仰空间和神缘结构

空间是任何公共生活形式的基础，也是任何权力运作的基础。③ 各种社会控制力以各种错综复杂的社会关系网络呈现在地域空间中，控制权力和地域之间彼此相互影响。民间信仰不仅建构起某一地区的神圣空间，同时也象征着地理空间。青海特别是青海东部地区民间信仰中的许多神灵，是乡村社会形成共同价值观和信念的超自然象征，一些神灵体系结构反映着青海一些多民族地区基层社会的一种圈层文化结构，发挥着影响社会秩序的正反功能。刘仲宇先生也认为神缘网络是超越阶层和

---

① 参见〔美〕罗斯（Ross, E. A）《社会控制》，秦志勇、毛永政等译，华夏出版社 1989年版，第 97 页。

② 林秉贤：《社会心理学》，群众出版社 1985 年版，第 298 页。

③ 参见夏铸九、王志宏编译《空间的文化形式与社会理论读本》，明文书局 1994 年版，第423 页。

阶级，涵盖血缘、地缘，由单一或成组神灵信仰为中心，构成相互纵横交织的网络结构。① 青海东部的传统村落在空间上来说，大多是各种功能结构较为完备的共同体，村落间具有较为清晰而稳定的边界，而一个村落或小区域的民间信仰体系和仪式与当地的聚落结构、社会空间紧密相关。

青海民间信仰中的一些神灵或庙宇，常常作为村落空间和地域划分的象征或标志物，成为划分村民生活或神圣空间的重要组成部分。在青海许多地区和民族中，民间信仰空间可划分为家庭信仰、家族信仰、村落信仰、区域信仰、超区域信仰等诸层次。家庭信仰是最基本的信仰空间，其与个人和家庭成员的风水、灶神、财神、门神、祖先、家神（家鬼）及信仰禁忌等紧密联系在一起。

在青海农村，许多家庭居住在庄廓院②里，一些汉族、藏族、土族都在上房中堂上挂有财神或毛泽东等领袖像，上房一侧建有佛堂、神堂，供奉佛像或神像。佛堂一般禁止外人进入，形成一个神圣的空间。此外，在厨房灶台之上供奉灶神，虔诚人家每月初一、十五点灯，春节期间还有送灶和接灶习俗。院内有煨桑台或麻尼旗杆，禁止搭放不洁之物。如家庭中有病人或产妇，通常在门前贴一张红纸，警示外人止步。家族信仰是以家神和祖先为信仰对象，在对家族、祖先祭祀或祭典实践过程中强化家族成员对本家族与其他家族生活空间的认知和界分。青海汉族、土族等民族民间信仰中的家神和家谱多供奉在祖房当中，在重大年节家族成员都要敬拜家神或家谱。如家族中有人去世，也请家谱，并请阴阳举行简单的当地仪式，将亡人姓名上谱。这些禁忌和神圣空间，对家庭成员和外来者起到了一种规范和协调作用，对其活动范围起到了潜在的控制和划分。阴阳、喇嘛处理死亡事件时也通过推算，确定丧葬仪式举行的空间和时间，并将出殡或火化时间和地点整合到村落中，使其他村落成员注意回避或接受。此外，坟墓、拉则（la btsas）、本康

---

① 刘仲宇：《神缘网络与当代文化生态》，载于《海峡两岸五缘论——海峡两岸五缘关系学术研讨会论文集》，福建省社会科学界联合会、福建省五缘文化研究会2003年内部编印，第12页。

② 庄廓院，即面积为1亩左右，由高大的砖墙或土墙作围墙，加以厚实的大门组成的四合院。一般坐北向南坐落，院内四面靠墙建房，北房为正房，亦称上房，其他房皆以方向称西房、东房，其实质是一个带有防御性质的微缩城。

（vbum khang）等在村落有不同的空间分布，如坟墓，一般在村民活动区外的山上，防止亡灵干扰村民生活；拉则、本康则在村界或村口，抵御外来鬼怪入侵。

村落保护神如龙王、娘娘①、山神②等在青海农区民间信仰观念中，控制着村落的空间，村民日常行为都在村落保护神的监督和护佑之下。而地域保护神则对区域的空间进行保护和控制，如阿尼玛卿山神（a myes rma chen）③、阿米夏琼（a myes bya khayung）山神④、二郎神⑤等作为一种地域象征，在民间信仰观念中控制本地域空间。以上有些神灵庙宇与周边地区藏传佛教寺院、道观等毗邻而布，出现制度性宗教寺院代表的"大传统"与民间信仰庙宇代表的"小传统"间的共存共荣，反映出青海部分地区民间信仰神灵供奉多重迭合等特点。

民间信仰的神灵被赋予了一定的神圣象征意义和表现方式。在每个村落庙宇中，本村的村落保护神供在主位上，土地神、山神及其他神祇被置放在次位上。每个村落都有围绕本村落神祇的祭祀圈，反映着村落认同与神明崇拜的紧密关系。村落保护神突破了家族血缘关系，将不同血缘关系的家族吸纳到村落共同体中，在村落日常生活秩序中建立起了一个正义、

---

①　如在民和土族地区，"红石宝山摩劫威灵龙王"是当地鄂家、宋家、陈家、赵家等村落的保护神，"花果山水帝宝洞索劫大帝"为中川杨家、祁家、文家、王家、马家、虎狼城等村落的保护神，"积石山佐保护社稷四郎通雨大王"是官亭镇四姓（吕、张、何、秦）庙、鲍家、喇家等村庙供奉的村落保护神，"九天威方太乙圣母元君"是先丰（官亭），巷道祁家、虎狼城（中川），美二、团结、民主、八大山（峡口），陈家山、乱石头（杏儿），丰一、丰二（前河）等村落供奉的村落保护神。

②　如阿尼拉日山神是同仁地区浪加村的村落保护神，阿米年钦山神是同仁地区隆务庄、铁吾村、霍尔加村的村落保护神，杰拉帕日山神、协隆杂干山神是乐都地区杰拉村的村落保护神。

③　阿尼玛卿雪山位于青海果洛藏族自治州北部，其主峰坐落在玛沁县境内，高 6282 米，终年积雪不化。被神化的阿尼玛卿为开天辟地九大造化神之一，也是二十一座神圣雪山之一，排行第四，专掌安多地区山河浮沉和沧桑之变，是安多地区的救护者。阿尼玛卿山神在藏族地区，声名远扬，是安多藏区地位最高、崇拜者最多的山神，在整个雪域高原又被尊为东方大神。

④　阿米夏琼，藏语音译，意为大鹏，是以同仁县境内的阿米夏琼山命名的。此山位于同仁县西南部，是同仁县最大和最高的山脉，主峰距离隆务镇约 30 华里，主峰海拔高度为 4764 米。作为热贡境内的主要山神，阿米夏琼神圣地位仅次于阿尼玛卿山神，传说其长期居住在阿米夏琼山上。在热贡地区普遍为藏族、土族群众所崇拜信仰，当地许多村庄每年都定期派人上山顶煨桑、念经、颂神、祭祀。

⑤　二郎神信仰在民和土族地区非常普遍，在当地群众心目中他是三川最高一级的神。各村供奉的庙神，其威力要在二郎神之下，故有些人称二郎神为"三川的总神"。三川土族供奉的二郎神，其牌位上的全称是："清源妙道护国崇宁真君川蜀真君大帝。"当地土族群众普遍尊称其为"河州帝帝"。"帝帝"系土族语音译，意为"爷爷"。

公平的象征性权威。

超村落地域性神灵在共同地缘关系的基础上，突破村落信仰的限制，将本地区不同村落凝聚在一起，根据神圣性巧妙化解各村落的水利、御敌等资源竞争冲突，有效地维护本地区的秩序和稳定。施坚雅（G·William Skinner）认为，民间信仰与区域形成和发展的历史息息相关：一方面，地方神的等级与区域的差序正好对称，是区域形成的结果；另一方面，它们又支撑区域体系，是区域体系维系的要素之一。① 青海一些地方性神灵也将整个地域社会整合起来，成为地缘和精神关系的纽带，地方性神灵在民间传说和仪式中成为地方权威象征，成为凝聚地方共同体情感的符号。同一区域的民众通过参加祭祀地域性神灵的仪式或活动，逐渐形成共同的信仰体系，形成地域认同。

地域保护神和村落保护神的活动与地域或村落生产周期相结合，在每年的固定时间，举行转青苗等仪式，展现和强化着自己的神圣空间。② 此外，受不同信仰文化圈影响，对天地日月、释迦牟尼、玉皇大帝、观音菩萨的信仰，超越了地域性神灵，青海多民族民间信仰中的许多家神、村落保护神、区域保护神归附在这些神灵控制之下。民间信仰普遍认同的生死轮回、善恶报应、地狱天堂等图景，也在规范着民众朴素的伦理和道德价值，维护着乡土社会的正常秩序。

第二节　青海多民族民间信仰神祇仪式与社会控制

民间信仰中的巫术、禁忌等控制手段主要是基于民众内心自觉而构筑

---

① 王铭铭：《社会人类学与中国研究》，广西师范大学出版社 2005 年版，第 146、154 页。

② 如互助东沟乡大庄村每年六月初一举行青苗会，届时，大庄、沟脑、花园、卡子、喇嘛观 5 个行政村或自然村每家都派出 1 名代表参加。路线如下：首先从大庄村广福寺出发，步行 2 公里左右至下大庄，再从下大庄走 1 公里左右到达纳家山岭，从纳家山岭继续走 5 公里路程到达乾巴沟村，再从乾巴沟村走 3 公里至喇嘛观，从喇嘛观走 5 公里到沟脑，从沟脑走 4 公里达到卡子（牙豁），从卡子爬 6 公里路程到达大东岭，从大东岭走 5 公里左右到达花园，最后从花园走 3 公里回到广福寺。至此，大庄村青苗会中神灵巡游路线全部结束。民和中川乡文家村青苗会于每年农历五月初五进行，初五天不亮时，从村庙大殿村落保护神抬出开始巡游地界。巡游路线，村庙—杨家村内大麦场—张家巷道—北行至杨家旱地—文家旱地—纳楞沟（细沟）—绕文家旱地一圈—上泉—下村—文家水地—王吉勒—西行—出文家地界—经过祁家村水地—到达杨家村，下午 3 时左右，经过约 10 小时的行程，到达村庙。通过转青苗仪式等，村落保护神控制的神圣空间再一次划分和确立。

起的一道防御屏障。它与外在的、强制的控制手段如政治、法律、军事等明显不同。在青海尤其是青海农村，民众的普遍知识水平、特定历史条件下形成的血缘地缘联系，决定了民间信仰在乡村社会更具社会控制功能，民间信仰牵动着整个乡村社会的社会关系、文化网络，维护着乡村社会的秩序。

一　民间信仰禁忌与社会控制

文化包含了人类行为与约束行为的精神性因素，传统的价值观念既能物质化于人类制造的物品之中，也可以通过人们的道德观念与日常禁忌体现出来，人们能通过象征性符号学习并认知到这些；不论社会如何变迁，文化都具备双重性特征，它是人类活动的产物，同时也是制约人类活动的行为规范。[①] 青海多民族民间信仰中有许多禁忌已经渗透到各族群众生产、住行、婚育等各个层面，有些禁忌在长期的历史发展过程中已经演化成为社会成员约定俗成的习俗。这些禁忌借助超自然的威力，实现从人的内心到外在行为的一种社会化的强制控制，将普通民众的日常行为进行明确的划分，同时在同一地域或群体中建立一套不成文的规则，有效地约束和限制社会成员出轨。较之道德规范和法律等，青海多民族信仰民间禁忌带有超自然性、自觉性、自律性、强制性和可消除性等特征，其社会控制力较强，许多方面与制度性宗教禁忌相似。[②]

在历史上，当国家法律和力量尚未全面深入青海多民族地区及乡村社

---

① 参见金泽《宗教禁忌》，社会科学文献出版社 1998 年版，第 195 页。卡西尔也认为："禁忌体系尽管有其一切明显的缺点，但却是迄今所发现的唯一的社会约束和义务的体系。它是整个社会秩序的基石。社会体系中没有哪个方面不是靠特殊的禁忌来调节和管理的。统治者和臣民的关系，政治生活、性生活、家庭生活，无不具有神圣的契约。这同样适用于整个经济生活。甚至连财产在一开始似乎也是一种禁忌制度：占有一个物或人——占有一片土地或同一个女人结婚——的最初方法，就是靠一个禁忌号来标志他们。"（参见［德］恩斯特·卡西尔《人论》，上海译文出版社 1985 年版，第 138 页。）

② 金泽先生认为：宗教禁忌具有如下几个特征：首先，宗教禁忌以宗教信仰和宗教情感为基础，人们相信在自己的言行与结果之间有一种自己无法解释的神秘联系，并对之怀有敬畏之情；其次，宗教禁忌属于宗教行为的范畴，是一种否定性的行为规范，它是人类自我约束的产物，是社会控制的有力手段之一；第三，宗教禁忌含有神秘的危险，任何违犯禁忌者，无论有意还是无意，都会受到强制性惩罚；第四，违犯禁忌的言行及其后果具有传染性，解除的方法一般为具有超能力的巫师等举行净化仪式或禳解仪式。（参见金泽《宗教禁忌》，社会科学文献出版社 1998 年版，第 24 页。）

会各个角落时，青海多民族民间信仰中的各种禁忌对维护区域社会和社区秩序发挥了类似法律的作用。民间信仰中的一些禁忌和规则强化了自律自控，使约束力内移到人的心中。青海多民族民间信仰中部分传统禁忌文化还调整着人与自然界的关系，客观上起到了保护区域社会生态环境的作用。例如，青海许多山脉被视为神山，有禁止在山上开矿、砍树等诸多禁忌。藏族、土族等一些民族将大自然中的神山看作是与自己有亲缘关系的，还相信有因果报应的伦理道德关系，并常常运用祭祀仪式供养山神、湖神。藏族、土族和蒙古族忌讳在泉源、水井、河流旁边洗头、洗澡，忌讳将垃圾等不洁之物倒入水中；禁止掏鸟窝、惊扰喜鹊和水雀。他们还认为动物拥有生命，并且具有与人类同样日常生活和保持生命的权利，所以不乱杀飞禽走兽，不乱食飞禽走兽之肉。青海湖、循化孟达天池被视为神湖，人们对其祭拜之余还形成了许多民间信仰禁忌，即禁止在湖中捕鱼、禁止在湖中洗衣物、便溺，等等，维护和保持着这些湖泊的宁静和纯净。青海多民族民间信仰中与生态保护相关诸多禁忌，突出表现了青海各民族与大自然和谐共存的主题。

二　民间信仰神灵与社会控制

俗话说"举头三尺有神明"，这句话表达了民众自发遵守的社会规范，极力避免触犯各种社会禁忌，通过这种方式建立了一套神圣的时空秩序和价值体系。[①]青海各族民众对某种神灵的信仰膜拜，主要是追求现实的幸福，希冀神灵能解决现实中一切苦难与问题，而不是寻求精神上的超脱。在青海许多汉族、藏族、土族等村庙中多悬挂着"威灵显赫"、"护佑一方"、"有求必应"、"神灵感应"等大旗。民间信仰中一些禁忌和祭祀仪式常常对乡民有着定义和抑制越轨行为的作用，一些乡民认为，通过在超自然力前宣誓和诅咒可以起到承诺和惩罚的作用。民国时期西宁城隍庙常成为一些妇女哭诉之处，马鹤天对此有过较为详细的描述："上午赴城隍庙游览，门外置桌售香烛者甚多，盖此数日人民入庙焚香者甚众。……许多妇女，在右方殿内哭之恸，据云系有冤抑不平之愤者，向神诉之。吾国妇女受家庭社会之压迫摧残，虐待苛责，有

---

① 参见侯杰、段文艳《试论中国民间信仰的空间呈现与表达》，《中国宗教》2011 年第 4 期。

苦莫诉，有冤莫白，惟有向冥冥之神，信仰上认为聪明正直而壹者，一诉其怨恨委曲，人或笑其愚昧迷信，余则哀其可怜也。"① 在一些民间信仰浓厚的村落，一些村民将宗族或村落中有人非正常死亡或突然重病的现象归结于得罪神灵或违反禁忌。一些村民在路上看到别人丢失的物件不敢捡拾，担心如果拿回家会受到物主的诅咒或物主家神或保护神的惩罚。这在一定程度上促进了青海部分地区乡村秩序的稳定和村民私权的保护。

祖先崇拜和祭祖仪式常常对家族成员起到一种凝聚和控制的作用。青海如平安、乐都、贵德等地区的汉、土、藏等族人家一般在自家祠堂或祖坟前摆放牺牲供品，进行拜祭。每年重大岁时节日或祖先诞辰和逝世日都要上坟奠祭，一是表达对祖先的怀念和哀思，二是祈祷祖先保佑子孙吉祥幸福、平安如意、团结和谐、人丁兴旺。清明时节各家各户都要修整圣墓、铲除杂草、添培新土。一些在外奔波的家庭成员，尽量抽出时间回家参加祭祖仪式。如出现无故不参加祭祖仪式的成员，则要受到家族长者的指责，受到舆论的谴责，甚至受到族人们的排斥。由于对祖先的崇拜，人们对记载祖先生平事迹的家谱也敬若神明，初一、十五及大小节日都要祭祀，虔诚之家所食之物全家享用前首先要供在家谱前。查阅动用家谱前，还要先燃烛焚香、净手洗面。由于对祖先的崇拜，家族族长有较高权威，许多家族内部的事情多由族长和家族长者裁决，不允许外人干预。祖先崇拜衍生一系列仪式和规则，使每个家庭植根于家族历史，增强了家庭成员的认同感、归属感和自律意识，维系了家族内部的团结与和谐，促进了家族的凝聚力。

在一些汉族、藏族、土族等村落，许多家庭中都供有家神，而且名目繁多，如关帝、白马大将、骡子天王、羊头护法、牛头护法等，有些人家还专供家鬼和家神。民众普遍认为家神或家鬼起着保佑家庭成员平安、守护家庭财产、惩罚外敌等功能，而所护佑的对象仅是供养它的人家，不会恩泽他人，这如同在家庭或家族中建立了一道抵制外来者侵犯的精神防御体。因此，在青海乡村社会形成了许多与家神相关的禁忌和规则。村民普遍认为有些家神脾气古怪，主人得小心侍候，如果不如家神之意，便会招致灾祸，如果侍奉周到，可满足主人希求。人们对供家神的人家，多敬而

---

① 参见马鹤天《甘青藏边区考察记》，甘肃人民出版社2003年版，第174页。

远之，很少往来。通常养有家鬼的人家被认为是不祥、不吉的，因而备受人们的鄙视和反感，一般没有人愿意和他们做亲戚、朋友。[1] 受此因素影响，养有家鬼人家的牲畜通常不会被人偷盗，庄稼也不会遭人破坏，就连这些家庭的狗、鸡、猫、猪等在村子里也不会受到人们的追打欺负。村民一般不会在养有家鬼的人家吃饭住宿，更不会接受该家的馈赠。[2] 笔者2007年在民和三川地区田野调查时，听到了一则"吃了养猫鬼神人家的饭后身体不适"的故事。讲述者 W 讲道：

> 在民和三川地区鞑子庄一家养有猫鬼神，后该家猫鬼神跟随着该家姑娘出嫁王家沟村 W 家，后因 W 家敬奉不周，经常闹，家里也不太平，最后导致 W 家男主人跳河自杀。后听说 W 家出嫁一女 J 到 H 家，猫鬼神也就跟随 J 到了 H 家。如果谁借 H 家的东西，或吃 H 家的饭，就会闹得谁家不太平。曾有官亭秦家村 Q 女和 J 是高中同学，曾在 J 家住了一晚上，并吃了饭。回到家后，莫名其妙身体不适，上吐下泻，浑身发热，后找人一算说 J 家的猫鬼神害的。民和官亭秦家村 S 家养有猫鬼神，做饭和吃饭时绝不能说饭少了，否则该家猫鬼神从别家偷来各种饭食，倒在锅里。秦家村的村民都不愿意从 S 家借东西。[3]

在青海乐都、民和、湟源、互助等地区许多村落，如有人在地上看到遗失物，一般不会拾捡，更不会拿回家中。人们认为如违反这一规则，自身或家人将受到失主家神或家鬼的惩罚。

此外，民间普遍认为灶爷是每家都有的神（信仰伊斯兰教、基督教的民族除外），没有供家神的人家也从心理上认为灶爷是名副其实的"一家之主"，是家庭中的保护神。村民对灶爷格外恭敬，每逢腊月二十三或二十四，家家户户都有祭灶活动，而且平时禁止一切不洁物进入灶膛内。在人们心目中灶爷不像其他家神那样自私。许多人家在灶台上方修造一个神龛，每逢节庆便烧香点烛，祭拜一番，尤其是祭灶之日，还摆上鲜花水果。

---

[1] 鄂崇荣：《"猫鬼神"信仰的文化解读》，《青海民族大学学报》2010 年第 1 期。
[2] 史玉梅：《社会生态与民间信仰：青海河湟西纳地区的"猫鬼神"和"古典"》，《黑龙江民族丛刊》2012 年第 4 期。
[3] 鄂崇荣：《"猫鬼神"信仰的文化解读》，《青海民族大学学报》2010 年第 1 期。

　　青海农村一些村庙常常是村落祭祀中心，这成为维系村落秩序和社会资本的公共空间。村落庙会、村落祭典等活动常常成为村落成员增进亲友感情的平台和渠道，通过仪式和活动进一步加强了村落内部及外部的交流与合作，从而有利于村落秩序的维护与修复。乡上每年举行的庙会，在增强村民认同意识的同时强化了村落内部凝聚力。村社会中的精英分子往往利用修缮各种神庙的机会，展示自己的经济实力，认为自己的财富与地位是由神灵庇护的，进而提高自己的社会地位。民和官亭镇吴张家二郎神庙重修扩建中捐资数额的公告更能说明这一原理：

　　　　古人云：三才者天地人，天地相和万物生，人生其中万物之灵。我三川土族先民世代居住在黄河沿岸，以农为业，为了生存、生活，祈天以求风调雨顺、国泰民安，争取农业丰收，五谷丰登，确保生活安宁，供神祈祷，望其保佑平安、驱邪降吉祥，土族人民以朱海山先生为代表在五大堡三川中心地段修建宗庙供奉神灵：清源妙道护国崇宁真君川蜀大帝威灵显化天尊，祈求保佑三川地区，每家每户永保平安，并以此达到各民族精诚团结，弘扬民俗，达到心理平衡。世代的神恩感应根深蒂固，影响深远，时时崇拜，因而在二〇〇五年，被毁四十多年的宗庙，恢复重修。

　　　　幸逢罗桑多杰金刚大师大发善缘，带头助资，慷慨募捐的慈善举动带动五大堡三川广大群众，热心拥护，争先恐后，群策群力，踊跃资助，大功告竣。

　　　　现将具体事项公告如下：愿主罗桑多杰金刚大师募捐叁拾柒万伍仟元、功德主朱选忠募捐壹万元、王家庙赞助玖佰贰拾元、辛家资助柒佰柒拾元、峡口庙资助伍佰元、接龙庄伍佰元、团结村贰佰元、草滩村捌佰元、下马家叁佰叁拾元、喇家庙柒佰伍拾五元、上马家伍佰伍拾元、鄂家村壹仟伍佰元、宋家庙陆佰陆拾元、杨文家柒佰元、民主村叁佰元、杏儿玖佰元、甘家伍佰壹拾叁元、上祁家柒佰贰拾玖元、卧田村捌佰贰拾玖元、红崖三庄叁佰元、祁家庙壹仟叁佰捌拾元、虎狼城捌佰捌拾元、官亭四户壹仟贰佰元、上铺巴叁佰玖拾元、包（鲍）家庙捌佰元、胡李家三庄壹仟零玖元、李进祥伍仟元、汪福忠壹仟元、李玉成壹仟柒佰元、张有福壹仟元、李清芬壹仟元、鄂贵昌伍佰元……

工作人员：张元、祁全成、赵昌录、喇世英、李德峰、鄂积英、李存果、包昌吉、朱文科、甘文通、王治中、李守昌、朱万有、麻赵英

公元贰零零五年岁次乙酉年杏月　信士弟子鄂积英沐手书①

笔者在贵德王屯龙王庙调查时也记录到一个功德碑，摘录如下：

为重修东岳龙王庙过厅，以偿广大群众之凤愿，自发出倡议募捐以来，得到县内外各界人士及四方长者仁人的积极响应，为使此举早日实现，各族父老乡亲怀着无比虔诚之心，慷慨解囊，添砖垒瓦，共襄斯举，今工程告竣之际，谨表谢意，为褒其功德，凡捐物捐资在二百元以上者，特刻石以铭，以求永志不忘，希望广大群众继续普举善意，广种福田。

捐资捐物千元以上者：水务局　文管所　宋青　杨延春

伍佰元以上者：马吉祥　宋林　王佳昊　东河水管所　王瑛　贾生辉　杨积庆　朱尚礼　张斌　宋天璋　县林业局……②

此外，另一功德碑刻着一些为龙王庙修葺热心参与、不辞辛苦、沿门劝施、无偿义务劳动的庙管会老者名字，谓"做了好人，心正身安魂梦稳；行些善事，天知地鉴神民钦"，表彰他们风格高尚，可敬可佩。

一些区域性庙宇还通过举行各种庙会或诵经活动，影响庙宇附近民众的精神世界，规劝人心。如 2014 年 8 月 1 日，在考察贵德城隍庙时，在城隍庙大门发现"敬告"，抄录全文如下：

贵德城隍庙现将每年庙会及城隍圣诞日、诵经顺序时间告知各位父老乡亲、信士周知：

每年农历二月初三为文昌帝君圣诞日，诵经一天；农历三月清明节庙内诵经、代包、焚香、祭祖两天；农历五月十一日本境城隍圣诞日，诵经两天；农历七月二十九日为地藏王圣诞日，诵经超度亡灵、

---

① 2007 年 5 月 12 日，笔者在青海省民和回族土族自治县官亭镇吴张家二郎庙抄录。

② 2012 年 4 月 30 日，笔者在青海省海南藏族自治州贵德县河东乡王屯龙王庙抄录。

祭祖两天；农历十月初一（俗称送寒衣）代包、祭祖，诵经两天。

城隍庙告明

有时，乡村社会民众信仰神祇和参与一些仪式不是出自个人信念的选择，而是出于传统的强制。

青海多民族民间信仰利用超自然力量对民众心理起着规范和引导作用，在维护村落秩序，凝聚民众心理，引导民众行动一致等方面发挥着重要作用。因此，青海一些村委会的村干部还利用民间信仰中的神灵解决比较棘手和复杂的问题。如 2011 年，互助土族自治县东沟乡大庄村村委会决定利用一块村集体土地修建文化广场及村民文化活动中心，但被部分村民堆放的麦垛、木材所占用，贴出公告并做占地村民工作后，仍无人退出。个别村民还对村干部态度蛮横。村委会在无力解决的情况下决定借用民间信仰的力量，在村长与大庄村村庙官、老者等商讨后，将村民虔诚信仰的龙王抬出，圈定四周的施工地界。占用集体土地的村民看到后，畏惧龙王神威，迅速主动清理麦草、树枝等物，最后年内文化广场顺利竣工。① 此外，在贵德等地文昌庙内的魁星②成为伸张正义、惩恶扬善的象征，公正执法的判官。当地民众认为如谁蒙受冤屈，到文昌庙将自己的冤屈诉于魁星面前，魁星定能公正对待，惩恶扬善。因而当地一些汉族、藏族和土族群众如有怨愤，都愿到魁星前诉说。由此可见，一些庙宇和神灵在青海民族地区成为不同于村委会或乡镇府的另一个村落中心，也常常成为维护传统、秩序、正义、道德、平等的裁判中心。

但民间信徒对神灵也不完全依附，其对某种神灵信仰虔诚程度也取决于该神灵是否"灵验"，因此民间信仰没有绝对的意志与至上的权威。乐都县瞿昙寺新城的《瞿昙新城街福神庙匾文》记载，也说明神灵是否灵验是民众信仰的根本。该匾文记载：

盖自洪武开基、永乐周流至此，创建瞿昙寺居住。随请来宝贝佛

---

① 2012 年 7 月 13 日，大庄村原村支书胡宗显老人讲述，地点：大庄村文化广场，访谈人：鄂崇荣、胡芳、文忠祥、邢海珍。

② 当地人传说：魁星因秉公办事，得罪了某些贪赃枉法的神，被投入海中，巨鳌救之，用头将其顶出水面。参见刘霞《青海海南藏族地区的文昌信仰》，西北民族大学 2005 年硕士论文。

祖一位，金光大菩萨一位，九天圣母福神娘娘一位，跟来佃户五十二名。将军民安住在佃户庄，务农为业，伺候寺内大事。将金光佛祖请与佃户军供奉，以保吉祥风雨。而菩萨为慈悲之主，保吉祥而有余，挡风雨则不足。军户等请示与梅国师商议，换出福神佛像，菩萨仍请进寺内，于是军等公议，福神供在人家不便，我等五十一名人单薄，请来各庄众姓商议，盖神道无私，我大众举起功德，建修庙宇于下山跟。当时庙宇修成后，又定了十二名会首，主持此事。但"不幸降至乾隆年间，事乖世薄，连年风雨不平，五谷不收，五方惶恐，齐集庙中商议"，决定众人轮流守庙、守镇①，五方老者同声曰，镇虽尔等所下，实在福神眼前，关系五方人性命，止挡冰雹，五方讨保平安之镇也。哪天庙日敢云不守乎？对众言定：倘有哪天庙日不操心，被虫狗损坏，即要那庙日照样赔下，或有不肖之徒，抗违者不赔者，齐五方会首，上庙罚打，绝不容情，谨悬匾额以志之。②

青海许多村落干旱无雨时，便发生偷神或鞭笞神灵的习俗。如民和三川地区传说，当地的九天圣母娘娘原本不是三川的神，最早是在甘肃兰州"马汉山"的地方，后有人从马汉山偷到甘肃永靖县"接唐寺"，面草沟法拉的先人脚踩铁铧犁，将神像装在裤子里，从永靖"接唐寺"又偷到面草沟。后众人商量面草沟人少保不住，转到人多的桑不拉庙，面草沟只供娘娘爷的牌位。因此，当地有"九天圣母娘娘接唐寺来回走"的说法，桑不拉人把"接唐寺"视为九天圣母的娘家。③ 中国许多地区在久旱无雨时也举行游神仪式，人们常常迁怒于神，抱怨菩萨无动于衷，于是到庙里去把菩萨抬出来游街。游街以后，有的人还把菩萨的衣服脱光，赤身裸体

---

①　认为下镇起到阻挡恶风暴雨、冰雹的作用。常在旷野或路边以一两个圆坛土石堆为台，台基上面分成大、中、小，在周围涂以白土，形体不一，有的形似烽火台，有的形似尖塔，当地人称之为"镇"，意为防雹求雨。20世纪50年代以前，主要是找一黑色的公狗，绑紧活埋入土中，只露出脖子，不给食物，其叫声如狼嚎，据说此狗最多活八九天，死后先用写有符的黑碗扣住，再钉入柏木桩，周围用石块堆起。现在下镇时则用人参、白芍、桔梗、狼毒、鬼见愁、官桂、川乌等十二种药材。或请阴阳先生在一块柏木牌上写上"旱魃为雷恶风雹雨"的符文和一个狗头形状，另用一个画有符文的碗与砖、羊毛、五金、杂粮、各种花、茶叶、棉花等物同时埋在地下，上面堆成土堆。

②　谢佐：《瞿昙寺》，青海人民出版社1998年版，第74页。

③　2007年5月11日，桑卜拉娘娘庙庙官王启明（土族，63岁，小学文化程度）讲述。

放在烈日之下曝晒，让他尝尝烈日焦烤的滋味，迫使他到玉帝面前汇报旱情，奏请降雨。①

与民间信仰神灵相关的神话和传说，加强了神灵信仰的无形力量，起到了一种解释和说明的作用。相关传说的不断传播，促进了民间信仰神灵在乡村社会中的合法性和权威性，从而维系了乡村社会的结构。

三　青海乡村社会民间信仰仪式与社会控制

青海乡村社会中的民间信仰仪式，将乡民日常生活中的各种复杂的因素和各类物质符号集中在一起，并通过周期性仪式活动不断得到认知和强化。久而久之，一些象征符号作为共同的价值取向逐渐凝固下来，并演变成乡村社会的观念和习俗，有些演变为村落规则或民间法。在乡村社会，有效的社会控制主要取决于对当地各种资源和仪式的掌控，其中仪式常常带有符号和象征意义。"人类对自己的存在、对社会的存在、对自然与宇宙的存在都有一定的假设与判断，但是这种假设与判断都未必与客观的存在完全符合，当人类的心灵受到不符合或'反常'的现象威胁之时，可利用宗教仪式来控制，以维持观念体系的和谐，也就等于对人性、文化的维护。"② 仪式属于一种特殊的社会强制活动和形式，具有社会控制的性质和能力。青海民间信仰中的一些庙会仪式类似于国家行政法与民间习惯法之间的另一套律法，常为社会大众所习用。

民间信仰中的各种仪式带有浓厚的强制性规范性特色。如民国时期，青海西宁等地祈雨仪式虔诚、肃穆、庄严，求雨期间要求城内东西大街店铺用于防火的木桶全部蓄满水，插上杨柳枝条，屠户一律停业，停止宰杀牲畜，娱乐场所全部关门停业。如有人违反禁忌，求雨队伍将抬着"娘娘"、"四郎爷"等神轿捣毁铺面。③

青海许多家族性的祭祖仪式，多由全体家族成员共同参加，其中每个家族都有分工不同的执事人员，即有负责祭拜祈祷仪式的长者，还有烧水倒茶分发祭品的坟头。表现村落民间信仰的祭祀礼仪，具备鲜明的季节性和农事性特点，以祭祀活动和娱神仪式为主要形式。以村庙周边为核心的

---

① 参见李冬生《中国古代神秘文化》，人民出版社 2011 年版，第 126 页。
② 李亦园：《宗教与神话》，广西师范大学出版社 2004 年版，第 16 页。
③ 巢生祥：《湟川杂摭》，青海人民出版社 2002 年版，第 103 页。

群众性活动，一般和农事安排活动周期和频率相关。某一仪式的展开可能是村落某一个阶段社会生产、生活活动始终的标志，表明村民们某一阶段权责的开始或结束。在司法组织不健全的时代，村庙常常是村落民事纠纷的调解场所，村民可以借助神的权威或咒语式的规劝来协调村民关系。参加庙会等信仰仪式和相关活动，可以调节和放松人们的心理，使其实现一定程度的平衡。以河湟地区民间信仰中的庙会为例，人们通过祭神和拜神，祈福，使对灾病、贫困等的恐惧得以缓和，身心得到一段时间的放松和休息，个人紧张的心情获得解脱。在宗教式的狂欢中，个人能摆脱传统礼教的限制，让紧张、压抑的身心获得休息。由于人们在日常生活中对钱财的渴求、职位的升迁、子女的升学、后代教育等方面的种种期望，也容易形成焦虑、烦躁的心态。个人通过对神灵的敬畏、祈祷等方式来抚平自己焦虑的内心，使心境得以安宁。

青海许多村落中每一次信仰仪式的举行，都是对村落成员进行教化的过程，是一次村落规范与传统的演习。许多村落仪式必须由全村参与，在村落群体推动仪式的过程中，也实现了彼此间的互动，检验了村落秩序的运转情况。一些学者认为"宗教礼仪更以象征化的方式来演示社会中的各种社会关系以及在处理这些关系时应遵循的规范，从而参与到社会控制的过程中来"[①]。如 2010 年农历三月十五，海南藏族自治州共和县倒淌河镇拉乙亥麻村借传统的煨桑祈祷仪式，组织该村有赌博恶习的村民，当着当地众多僧俗群众，向佛祖、祖先和亲友发誓：从此改邪归正，不再参与任何赌博活动。同时，将麻将、扑克等赌博工具抛掷到火堆中烧毁。

有的地方性仪式还需要联村举办，如乐都县七里店村东首有明代万历三十六年所建的赐福观一座，内建玉皇殿、关帝庙、三霄娘娘殿、古佛殿等庙宇。每隔三年，附近马家台、七里店、李家庄、水磨湾 4 个行政村村民围绕"赐福观"联合举办"九曲黄河灯会"，点灯会为期三天，从农历正月十四开始到正月十六结束。1956 年以前，所插灯杆和方灯区域是按姓氏来分配的，当时称"八大户"，其中七户分别为张、马、裴、党、徐、许、业，其他杂姓为一户。1956 年至 1978 年，由于受当时政治环境影响，黄河灯会停办。1979 年恢复。由于"八大户"无人负责，便改由水磨湾、七里店、马家台、李家庄 4 个生产队联合举办。每逢灯会之年的

---

①　孙尚扬：《宗教社会学》，北京大学出版社 2001 年版，第 88 页。

正月初八，马家台、七里店、李家庄、水磨湾4村德高望重的老人聚集在赐福观里，安排人事：选1人为大会的总负责人，当地人称"供代主"。再选4—5人为总管，负责协助"供代主"。邀请灯把式、礼桌若干人，灯把式负责摆灯阵，由其设计并画出线路，其他人负责栽杆。整个灯会期间，还要诵经献戏。从农历正月十三开始，要求请阴阳道士7人（现在熟知此类仪式的阴阳道士少，只能请到4—5人）出榜诵经，请亡魂请神丰氏；十四升幡、拜杆、念功、诵经；十五为正日，行香、告庙、上裱，夜晚到灯阵巡经；十六搭座，施法食放亡魂；十七早放杆、撤幡送神，倒杆的时间和方向由阴阳卜算。送神后酬谢演员和阴阳，并散福即将正月期间村民敬献的馒头等供品分与众人食用。当地村民认为吃了这些馒头，会得到众神的庇佑。从正月十三至正月十六还要上演"龙凤呈祥"、"天官赐福"及主戏"黄河阵"。在会期间，有乐都本县及临近地区游人，前来观赏灯阵。这种联村举办的民间信仰仪式促进了不同村落间的交流和互动，也在一定程度上维护了小区域社会的稳定。

一些民间信仰活动很强调仪式的重要性，其目的则在于意识形态的灌输和强化。美国社会学家保罗·康纳顿也指出仪式表示"受规则支配的象征性活动，它使参加者注意他们认为有特殊意义的思想和感情对象"①。村落中各种周期性的民间信仰仪式在不断反复过程中强化了村落成员对村落集体的服从、同化、内化，还使一些暗示性较强的村落成员在不知不觉中发生人格变化。在青海民间信仰较为盛行的村落，乡民觉得时刻处在各种神灵的监控之下，这使每个人的行为都受到村落规范的制约。

第三节　青海民间信仰宗教体验与社会控制

宗教体验是民间信仰传承与发展的核心要素之一，一方面宗教体验受地域文化、地方性社会集体意识的影响，另一方面宗教体验的效应传播辐射到乡村社会多个层面，为乡村秩序和控制提供神圣化基础。

---

① ［美］保罗·康纳顿：《社会如何记忆》，纳日碧力戈译，上海人民出版社2000年版，第49页。

一　青海民间信仰中的宗教体验与地方文化及集体意识

一些宗教、心理和社会学者认为，所谓宗教体验并非神学家和宗教信徒所指的人、神相遇、顿悟或合二为一，而是处于社会环境制约之下宗教意识的心理和精神表现，是宗教信仰者对超自然力量的心理反应，并基于对超自然认知的认识论为基础。① 关于宗教体验，吕大吉教授曾经指出：宗教经验是由信仰等社会文化因素引发和塑造的，但并非能决定宗教信仰②。只有个体基于宗教观念的前提下，才可能萌发如此的心理感受或体验③。这就强调宗教观念在心理层面所包含的引导和暗示，同时也将宗教观念作为社会、历史的产物，进而有否定有神论的意味④。青海民间信仰中的宗教体验深受乡土社会中宗教意识和传统文化的制约，许多通神的法拉、神婆、拉哇、眼见鬼等有通神体验的前提是相信鬼神的存在，并在特定的环境和仪式影响下产生了一种宗教体验。正像学者 C. 恩伯、M. 恩伯夫妇认为的那样："社会群体在很大程度上决定着一个人的行为。人是出生在家庭、亲属群和社会中的，这些机构给个人施加着无形的压力，要求他按明文规定的或不成文的社会准则行事。"⑤ 如果我们从地方文化传统出发去研究民间信仰中的通神等宗教体验现象时，就会发现通神时常常形成某种心理场效应，这种心理场效应既是一种文化现象，也是一种物理能。地方性共同的心理文化和集体价值体系是民间信仰神职人员通神时必要的心理场之形成的基础或前提。

青海一些神职人员的通神经历和场景，常常是受个人或亲人生理或心理的某种特殊状态的影响，如重病或重伤，以及长期独处；同仁地区的藏族、土族在选拔"拉哇"时，必须让候选人独处和冥想，时间长达 3—5

---

① 参见鄂崇荣《土族"法拉"神的宗教人类学解读》，《青海民族学院学报》2009 年第 2 期。

② 吕大吉：《宗教学通论新编》，中国社会科学出版社 1998 年版，第 289 页。

③ 同上书，第 77 页。

④ 孟慧英：《中国北方民族萨满教》，社会科学文献出版社 2000 年版，第 218 页。

⑤ ［美］C. 恩伯、M. 恩伯：《文化的变异——现代文化人类学通论》，杜杉杉译，辽宁人民出版社 1988 年版，第 472 页。

天；其通神的时候多人群密集，这就造成了浓厚的信仰氛围①。因此，青海神职人员的宗教体验是宗教信仰者生理、心理与其社会关系交互作用的结果。

民间信仰中的萨满、法拉、拉哇等神职人员可通神的观念作为青海一种地方性的集体意识和文化传统，并且因为其长久影响和渗透这一地区，形成了一种地方文化认同。某些民间信仰仪式中神灵附体，代神告谕以及聚众的期盼是仪式的重心，聚众往往怀着虔诚、神圣的信念期待神灵的降临。一些学者曾经指出：萨满教的精神世界中，信仰者"需要萨满以及他的神奇力量。当萨满精灵附体而陷入歇斯底里状态时，人们知道，这是他们将马上听见权威精灵声音的征兆，此时萨满能够预言他们的重大问题。当萨满运送他自己到精灵世界进行预言或治病时，人们并不查找骗

---

① 陈景源、庞涛、满都尔图、文忠祥、胡芳和笔者先后对青海黄南、民和等地的藏族、土族法拉（也称法师、拉哇）进行过个案访谈：年都乎村久美桑吾法师，经隆务寺卡索活佛观察其作法后被确认当了年都乎村的法师。久美桑吾本来口吃，不善言谈，但他"开喉"后的预言，非常生动流利，众人听后十分感动。主要内容是要大家团结和睦、尊老爱幼，并警告不参加"六月会"祭祀活动者，说他有办法对其采取措施。（陈景源、庞涛、满都尔图：《青海同仁地区民间宗教考察报告》，《西北民族研究》1999 年第 1 期）。下马家法拉王西英（时 74 岁）说他家的法拉始自他太爷，辈辈相传。他太爷当时作为筏子客在黄河上放木头时，在危难中向方神许了祖祖辈辈给方神收钱粮宝盖的长愿。而他在年轻时得病打了 120 针都不见好，后有古鄯驿算命先生指出家中有法拉，让他发神即可治愈。自此向方神许愿当了法拉。而王家法拉祖上并无法拉，只是其父从事"抓松木棒"（在法拉的指导下，手持木棒发神，但非法拉）活动，他是在纳顿恢复以后才当的法拉。（参见文忠祥《狂热的夏季旋风——民和土族纳顿的文化解读》，指导教师：马成俊，青海民族学院民族研究所 2003 年硕士研究生毕业论文）。鲍家法拉说："我是在 29 岁那一年开始发神的，现在已跳了 6 年，在这之前的三四年前，神让我跳，我觉得自己还小，不能胜任，就向神求告，许愿说到 30 岁再跳。29 岁那年，纳顿会前一个月，我从果树上摔了下来，背摔坏了，脚也受伤了，躺在炕上不能动弹，平时得有人扶才能起来。可是到了纳顿会那天，到发神的时间后，二郎神来提我，我轻轻巧巧就起来了，发神时还插了两个签子。之后，我的病好了，以前办什么事都不顺利，发完神后，所有的事都顺起来了。"（参见胡芳《仪式与展演——土族纳顿节仪式的文化展演研究》，2007 年青海师范大学硕士学位论文）笔者外祖父当上法拉的经历：我在 23 岁左右时，你的外婆得病了，缺医少药（但那时候的药比现在的好），因找不着法拉，只好请鄂家的阴阳（也就是现在鄂家阴阳贵山的爷爷）祷祝在我的身上下娘娘爷的底子，当时让我手握一支香和一支细木杆，先时一阵阵麻酥酥感从小腿肚传来，接着我什么都不知道了，后来有人说娘娘爷的底子下在我身上时，我手握香和木杆快跑引导大家到我们家庙外动土的地方，阴阳根据我指的地方安了土。从此以后，如家中不顺或家人得病，也不用请阴阳，请村子里的一两位老人祷告，便能下底子，每次发神现象一样，二郎神的底子比较重，人跳得厉害，有时还让翻跟头，发完神很累，浑身上下疼得厉害，两天缓不过劲来。娘娘爷的底子相对轻，但发完神两手和胳膊疼得厉害，如拔掉了一般。村子有个别人家请时，实在推托不过，去过几次，没有什么报酬，只是吃顿家常便饭。（参见鄂崇荣《土族民间信仰解读》，甘肃民族出版社 2008 年版。）

局，而是焦急而恭敬地等待回答"①。此种境况在青海的各种庙会和民间信仰仪式中很常见。一个社区或家族成员往往信奉同一个神灵，这就会激发强烈的宗教情感。宗教体验在聚众与通神者之间出现互动、融合、共振的局面，这就形成一种心理文化场，进而激发了通神者对超自然世界的幻想和融合，从而导致通神者心理状态的变化，于是产生"神灵下凡"的现象，这通常作为民间信仰仪式的高潮，也是其成功的证明。② 另外，"法拉"、"什典增"、"拉哇"等通神者达到迷乱境界，实质是服从聚众的集体意志，与我们现代的催眠极为类似。如恩格斯在《自然辩证法》一书中指出，催眠术并没有什么神秘的东西，"如果不使被催眠者了解所希望于他的是什么，那么任何器官都不能表示丝毫动作"。他还认为，催眠状态"是以被催眠者的意志服从于催眠者的意志开始的"。③

二　青海民间信仰宗教体验与乡土秩序的维护

民间信仰中的神圣或神异体验来源于对所信仰神灵或对象的情感反应，充满着对神祇或崇拜对象的敬畏之情，民间信仰中的宗教体验经常成为建构乡村社会中的文化资本或象征资源。青海乡村社会中常常通过宗教体验，选择法拉、拉哇等作为神灵的代言人，使民众信服。民间信仰中的集体意识常常影响和控制着个人的观念与心理，通过民间信仰体验达到统一村落分歧，维护村落秩序和稳定。

许多民间信仰仪式中一些信仰体验，为社区民众制造一种神秘场域，对发挥民间信仰的社会控制力酝酿氛围。人们通过参加通神仪式，增强对神灵的认同，自愿接受神灵监督。青海许多村落中都有民间信仰神职人员，如法师、法拉、拉哇等，他们或是祭祀仪式的主持者，或是神人交流之间的中介，扮演着民间信仰仪式中领祭者或亲临现场的神灵附体者等不同角色。如法拉、拉哇等通神人员在许多村落重大仪式中被神灵附体后，具有了神性，起着传达神谕、指挥村民祭祀娱神，评判庙会管理和组织者过失等不可替代的作用。仪式结束后，又回到正常凡人的角色。他们常常利用各种祭祀的机会，以神的名义告诫人们忌恶从善、尊老爱幼，有时还

---

① 史宗主编：《20世纪西方宗教人类学文选》（下册），上海三联书店1995年版，第654页。

② 参见郭淑云《中国北方民族萨满出神现象研究》，民族出版社2007年版，第131页。

③ 《马克思恩格斯选集》（第3册），人民出版社1972年版，第474页。

借机惩罚行为不规者。在青海黄南藏族自治州隆务镇等地的藏族、土族村落，每个村神都有自己的代言神巫，在村中重大事情议决时都要请神降临并附体宣谕，村民们相信守护神是公正廉明的。又如一年一度的青海热贡六月会中，拉哇在村落酬神娱神仪式结束时，常常在神庙大殿或神灵前"发神"①，代表地方保护神或村落保护神，对本村落发生的村民纠纷、偷盗、不孝敬父母等行为进行惩戒或规劝，使村民再一次受到道德和习惯法的教育和约束。

黄南藏族自治州同仁县尕沙日等地法师发神后，背着双手，环视四周，威严地盯着众人，并代表神灵讲话。据说能讲话的是请隆务寺高僧或活佛开过喉的，神灵附体时可以说话，有些没有开过喉的，就是当过许多年法师也不能开口讲话。在仪式表演中，法师常常在表演队伍中随时纠正队形，鞭打那些调皮捣蛋、不认真跳舞的年轻人。但许多村落村民都不愿意当拉哇，亲属更不愿意自家人当这些神职人员。因为这些既无报酬，又误工影响生产，平日煨桑、点灯还要比其他村落成员讲究，花销相对较大。又如2006年青海民和土族鲍家纳顿中，纳顿会场没有设在原来的场地，加上下雨，没有跳面具戏，鲍家法拉在跳神时表示出了极度的不满，连连斥责众人"三心二意"，怒喊"不接受"之类的话。此时，牌头们就要跪在地上婉言解释，许诺明年遵守仪式规范，隆重举办，法拉才转怒为喜。②

第四节　青海多民族民间信仰权威与习惯法

一　青海多民族民间信仰中的多元权威

在青海乡村社会中，民间信仰既是文化模式与社会秩序的内容，又是建立和维护文化模式与社会秩序的手段；民间信仰既是精神层面的信仰，也是社会性的组织体系。

青海乡村社会中存在多元权威，正式的组织是村支部村委会组织，正式的权威是村支书和村主任等，而非正式的组织或权威是民间信仰或宗

---

① 即神灵附体。

② 鄂崇荣：《土族民间信仰解读——地方性信仰与仪式的宗教人类学解读》，甘肃民族出版社2008年版，第140页。

族、部落等。由于民族、地域等差异，青海一些村落中的民间信仰组织名称多样，但其功能基本相同，是村落中一种非正式的议事和执行机构，是一种隐形的政治权威，某些时候其作用往往超过村委会。区域性或村落的神灵护佑、家户安宁、风调雨顺与每位社区成员的福祉有着利害关系。因此，青海许多村落中的民间信仰组织具有临时性、强制性、自愿性等特点，其成员有信众领袖、管理者和神职人员等。信众领袖一般是指具有很高的威望，负责安排资金筹措和支出、组织仪式活动、分派任务等事项的拥有决策能力的信仰者。这些人一般年龄较大，有一定知识，具有丰富的社会经验，多由乡村知识精英、经济精英等乡邦贤达组成，在乡村社会中地位较高，深得大部分村民的支持，村落民间信仰仪式或村庙的诸多事项由其决断，是信众领袖。

民间信仰组织常常利用议事系统来遥控其他系统，信众领袖并不一定管理村庙具体事务，他们一般经过轮流指定的方式，请村里合适的人管理信仰场所。民间信仰场所的管理者一般均为虔诚的信众，具有一定的文化基础，略通祭祀仪式。他们不但记账、抄写，甚至承担解签、释卦、主持简单信仰仪式等工作。村落中的"神职人员"，如风水先生、阴阳、法师、法拉等，一般具有特别的身份和地位：他们一方面成为信仰仪式、宗教活动的参与者或组织者，同时也是村落管理的组成人员。他们有的继承家学，或是有一定师承，经过专门的训练，知晓民间信仰相关知识和掌故，是民间信仰仪式规则、习俗禁忌方面的"专家"，对民间信仰中一些事项的解释具有一定的权威。青海一些会首、老者、总管等民间信仰中的组织者和主持者，还在民间承担调解财产纠纷和婚姻家庭矛盾的职责。

青海民间信仰活动中的许多管理者和组织者多由村民选举产生，有些则是轮流担任，或最初自发组成。如位于青海省贵德县河西镇下排村与刘屯村交界处的文昌庙，始建于明代后期，为当地汉族、藏族、土族等虔诚信仰。同治六年毁于回族反清事件中。光绪初年官绅汉番重建，1958年又因宗教制度改革，庙宇拆除。1982年河西乡上下刘屯、下排、格尔加等村具有虔诚信仰的12位老者倡议恢复重建文昌宫，并成立筹备组，向县内群众募捐，向西宁贵德籍人士化缘，从1984年至1995年，历经十余年，复建完成。现在下排村与刘屯村的村民成立了文昌庙管委会，由主任、出纳、会计等5人组成，每人每月领取酬薪500元，半年轮换一次。

又如青海乐都、湟源等地在春节期间有负责、协调管理本村社火表演的神会，又称"火神会"。其成员由村落中德高望重之人担任，一般三年一届。其中会长1人，副会长若干人，为各村社火的组织者和领导者，由本村落每家代表推选。会长、副会长卸任前，要向村落每户代表公布收入支出情况。

青海大通老爷山朝山会民间组织成员基本成员有：会长1人，为总负责人；副会长有3人，辅助会长行使职权；社总为3人，执掌奖赏、惩罚，并分别负责管理老人、小孩和妇女；会头共4人，执掌对外事务、准备相关器具、管理饮食等事务；领经人数不定，为3人、5人或者7人，一般老年道士出任；匣长2人，负责掌管财物用度。除此之外，还有炮手、持旗手、提香炉手、华盖和璎珞伞手以及乐队一干人等。朝山时期，参与人员一定要与人为善，严格遵守相应规章，按既定路线前行，要戒掉烟酒，并不能随便请假。凡是朝山队成员，六月初一进行统一登记，并要求携带口粮20斤。两天之后，早饭必须到会聚餐，午饭则由接待点负责，管饱，晚饭在家完成，但要求戒绝荤腥，务求干净。朝山老年人多穿黑衣，中年男女则多身着蓝色长袍，头着白草帽或凉帽，帽子两侧配有会头发放的柏香枝，身披"红"带。每天全体队员都要使用柏香熏周身，特别是对于请"幡"的人，更要注意，清晨要使用柏香水漱口。如果出现违纪行为，社总要对其插签记录过错。"插签"指的是社总从一只装有三十几支竹签的竹筒中，随机抽取写有"打扫卫生"、"罚钱"等处罚形式的竹签，并插于违纪者的草帽上。傍晚时分，社总要依据违纪者帽上的竹签严格执行处罚。受罚者不能有任何怨言或不满，还要给执法者磕头作揖，口中求饶，承诺以后不再犯错。①

青海民和许多土族村落中，每年由村民代表自发民主选举产生熟悉民间祭祀和信仰仪式、人情练达之人当大派头和小派头。大派头为负责平时村庙活动和经费支出的大总管，一般由有威望、办事公道、有魄力的长者担任。小派头为村内精干的青壮年男子。大小派头不脱离生产劳动，无特权。大派头一般是由村民或村中德高望重的老人提名，然后每户代表集中选举，选举出来后，向当选的大派头敬一杯酒，送一个素盘（大蒸饼），意为今年劳苦你了。小派头一般轮流担当。主要职责是负责组织一年当中

---

① 邢海珍：《神圣的民俗化与民间信仰的多元性——青海省大通县老爷山"朝山会"调研》，《青海社会科学》2011年第6期。

与村庙相关的祭祀仪式，安排保护青苗等生产活动。旧时，派头一般由有家产的人担当，清明节前后，大小派头还向各家各户收麦子，分给大家吃，并向村民宣布承担村落中的分水灌溉、护青等任务。

青海黄南地区，每年"六月会"中的祭祀活动是由群众选举出来的有威望、有能力的成年人组成的"俄洼"（sngas ba，意为领头人）负责操办。①"俄洼"是各村的村民推选出来的群众性组织，由村里一些能干的和有威望的成年人或者长者担任，一年一换。"俄洼"还负责田间管理、调解纠纷等事宜。

互助地区土族村落民间组织者和参与者分庙官、老者、"特肉其"。庙官是平时管理村庙收入开支和安排村内各种佛事活动的主事。庙官要从全村年龄较长、德高望重并熟悉各种宗教仪式的人中选出，每隔三年要进行重选，由村落保护神直接选定，也可以连任。选举时，众人煨桑、点灯、磕头，符合条件的候选人并排跪在村落保护神轿前，神轿由四人抬起，神轿停往哪个人面前，这个人便为庙官。近几年情况有所变化，多由大家商量。老者多由村里每个大家族中选出或由每个自然村选举产生，一般为德高望重，虔诚信佛，办事公平的老人。现在由于一些家族老者忙于生计，出现了本家族兄弟商量各轮流担任一年的现象。"特肉其"平时集体为村庙成员，负责庙内香火，钱物管理，举行各种宗教活动，并制订护青协议，对违反禁令的人处以罚款等。其职责是协助村庙中的庙官、老者组织召集村民商议村内宗教等重大事情，协助老者执行众人议定事项和收取违反乡规民约而罚的钱粮；同时组织协调群众中一般性的纠纷等；对护青期间发现村民吵架，或在田埂、护坡上放牧，牲畜和孩童踩踏农田麦苗，在村内唱情歌等违反乡规民约者执行处罚。

以上这些民间信仰组织除安排村落祭祀活动之外，还管理村落的农事活动，参与调解民间纠纷。旧时许多乡规民约由他们来执行。如黄南同仁

---

①　过去六月会组织者最高层为"千户"，其下有村民推举产生的乡老会，乡老会之下又有"秋代合"（chu dad hu）。以年都乎村为例，过去，千户夏吾才让任总头领，全村有30人的乡老会，乡老会之下由8个措哇推举出8人组成的"秋代合"，日常具体事务由"秋代合"来执行。组成"秋代合"的这些人叫作"俄洼"，意为8人之长。"俄洼"又分为4个大"俄洼"和4个小"俄洼"，小"俄洼"作为助手。一届四年，基本上是各家轮流当"俄洼"。4个大"俄洼"一人任一年会首。庙宇祭祀活动的一切工作由乡老会组织实施，组成乡老会的30人一分为二，15人管一年，第二年又由另外15人来管。8个"俄洼"具体操办，逐项落实。每一项活动分工明确，责任到人。如有无故不参加活动或有其他违规者，乡老会视情节给予处罚。

地区田间管理中，牲畜进入麦地吃青苗就要处罚。处罚的规定是：一只羊罚粮食一碗；一头牛两碗；一匹骡或马三碗。收割庄稼、地边割草都规定统一日期，若违反规定就要罚款。每年春天解冻后必须整修一次水渠，全村人出动，有劳力不出勤者除罚款外，还须补上缺勤的劳动日。[①] 贵德王屯龙王庙理事会在安排村民当值中也规定：各班次按照排序每月初一、十五打扫庙院及周边环境卫生，烧水做午餐。值班期间认真负责，特别注意防火、防盗，确保庙宇安全有序。对失职班次罚做一个月值日，并罚烧黄表纸两道，罚酒两瓶。对一些年岁较大的老人，不安排值班班次，但要求必须参加庙内的各项活动。土族民间信仰中派头、坎果哇（hka mgo ba）等民间组织，利用神灵权威有效维护着土族传统文化的原生态和纵向传承特质。如 2006 年青海黄南藏族自治州同仁县年都乎土族村落"坎果哇"组织，抵制了当地政府相关部门为扩大影响和规模等而提出的增加"於菟"表演人数等意见，避免了传统文化被行政力量强行改造的结局，保持了"於菟"传统。当地民众认为跳"於菟"是一个神圣的仪式，而不是节日。肆意地改造和违背规范将导致神灵的惩处；随意增减人数将冲淡其神圣性以及往后青年人扮演的积极性、主动性；以补贴现金方式鼓励青年人扮演"於菟"，将改变本来是义务的、精神信仰的扮演动机。[②]

　　当前乡土精英权威存在于国家政治权力辐射之下，乡村社会的乡民也常常利用国家、当政者和大传统来建构、完善自己的社会，传承自己的知识文化。同时把尖锐的对立、冲突更多地转化为共谋和妥协。如青海乡村社会的精英利用文化遗产保护，传承和弘扬民族文化等主流话语渲染自己的民间信仰仪式，保护民间信仰庙宇，许多庙宇还将《青海省人民政府关于公布第七批省级文物保护单位的通知》等文件复印，悬挂在大殿墙壁上。在甘肃临潭县境内的冶力关常山庙大殿一侧，也专门记述着 1943 年甘南农牧民起义领袖肋巴活佛召集汉、藏、回、土等各族贫苦群众，在该庙杀牲祭旗后，在冶力关泉滩召开誓师大会的历史。这隐含着乡土精英标榜该庙为革命作出过贡献，表达着一种与主流思想相一致的观点。

　　乡土精英还常常"历史地承担了民族主要意识形态的创造者和解释

　　① 马光星、赵清阳、徐秀福：《人神狂欢——黄河上游民间傩》，青海人民出版社 2003 年版，第 103 页。

　　② 参见唐仲山《黄南年都乎"於菟"仪式的民俗学研究》，青海师范大学 2008 年硕士学位论文，第 67 页。

者的角色"①。如笔者长期调查的田野点互助土族自治县大庄村，在2000年以前，农历五月十三插牌后不让动土拆房，但近几年农村贫困户房屋改造工程实施以后，与原有禁忌发生了冲突。当地庙官、老者等乡土精英向龙王爷祷告，请龙王顺应时代，说龙王是在中国共产党的领导下受村民供养，应顺应政策、顺应时代。但对护青苗期间，打架斗殴、砍伐树木、践踏庄稼等行为仍予以处罚。以前在护青期间，不让已婚妇女进庙磕头，现在允许妇女进庙磕头。李承铎庙官解释说："每个人，哪怕是大人物都是女人生出来的。人家妇女也就是进庙磕个头，我们不应该限制。为这个事，我们向龙王祷告说明了理由，征得了佛爷的同意，改了原来的规矩。不过妇女们只能在庙里磕头，不能碰触龙王神轿。"可见，乡土中的文化精英是乡土文化的载体之一，具有最终的话语权和解释权，可以凭借神灵的宽容、个人的智慧以及对地方性知识的熟知，进行巧妙的改革，减少各类冲突，继续维护神灵的权威，维护村落秩序与稳定。

二　青海多民族民间信仰中的习惯法

人类历史上的自然、祖先崇拜，以及村神、家神崇拜和信仰，实质均出自对天地万物起源与创造、人神之间的关系、生活禁忌等抽象认知，而通过信仰形式具体化。民间的崇拜和祭祀，结合日常生活、生产中的相关活动，得以世代传承。生活、生产中的风俗、习惯，通过崇拜、祭祀活动不断被强化，渐渐被固化为群体的行为规范，许多虽没有成文，但具有习惯法功能。

一个民族的民间信仰进入个体的心灵，发挥了法律无法实施的效应来规范社会个体的行为，当习惯法被上升到信仰的层面来执行，这实际上是强化了习惯法的实施力度。因此，许多民族民间信仰与习惯法之间存在相互补充和依存的关系。民间信仰对民族习惯法的形成和发展有着重要的作用，包括强化和塑造力。美国著名学者伯尔曼认为，西方法律体系的制度框架、基本概念和价值理念等都与11、12世纪的基督教仪式、圣礼以及神学有极深的渊源。西方法律制度实质是世俗神学的反映，抑或所有西方

---

① 徐迅：《民族主义》，中国社会科学出版社2005年版，第75页。

和泛西方国家的法律制度都可看成是宗教仪式和教义的世俗遗留①。西方国家法律制度与宗教的深厚渊源，基于其共有的四大元素，即仪式、传统、权威和普遍性②。还有学者指出：西方国家自现代以来建立的优良法律制度，实际上是以西方宗教资源为基础的③。尽管民间信仰从内涵和特点上来看，与制度性宗教有着很大的差异，但是其包括的禁忌习俗、生死轮回观念、因果报应信念反映了宗教的伦理道德本质，一直以来就是加强对传统社会控制的最基本方式。从笔者长期的田野调查来看，在有着浓厚民间信仰的地区，盗窃、抢劫、杀人等恶性刑事案件相对较少，村民之间相处也较为融洽，社会相对稳定。之所以如此，一个重要的原因就是，长久以来村民遵守的传统习惯法和民间信仰，制约和规范着社会个体的思想和行为。小到村寨居民的团结、大到强化民族凝聚力，习惯法和民间信仰都起着积极的整合与促进作用，对国家和社会长治久安有着重要意义。

从社会整合的角度来看，青海东部乡村社会有三个阶段的发展：一为部落社会，血缘关系是维系社会的最重要纽带，遵从血缘整合；二为俗民社会，地缘关系上升为社会的主要关系，遵从地缘整合；三为公民社会，人与人之间的关系，遵从法律与契约。目前，青海东部村落社会的结构和内在形式正开始缓慢变化，从俗民社会逐渐向公民社会转变，这个过程与传统的农业社会向现代工业社会的转变基本是同步的。在这个转变进程中，传统乡土社会力量逐渐削弱，血缘纽带作用严重弱化。伴随中国农村城镇化发展，农村常住居民数量大量减少，农村城镇化趋向与传统民间信仰固有的血缘性、地域性之间的冲突不可避免，民间祭祀组织正逐渐瓦解和分化，民间信仰所具有的社会控制功能渐趋式微。中国著名社会学家费孝通先生在 60 年前就已经意识到："现行的法律制度在乡间发生了很特殊的副作用，结果是法治秩序的好处未得，而破坏礼治秩序的弊病却已先发生了。"④ 在民主、法律等现代公民意识还未彻底深入人心时，为保护秩序和稳定，仍需以相对宽容和尊重的态度对待民间信仰的神圣性，而非彻底地摧毁。

① 参见［美］H. L. 伯尔曼著《法律与革命》，贺卫方等译，中国大百科全书出版社1993年版，第200页。

② 参见［美］H. L. 伯尔曼著《法律与宗教》，梁治平译，中国政法大学出版社2003年版，第20—21页。

③ 参见王佐龙《生态习惯法对西部社会法治的可能贡献》，第二届全国民间法·民族习惯法学术研讨会会议交流论文。

④ 费孝通：《乡土中国　生育制度》，北京大学出版社1998年版，第58页。

第六章　青海多民族民间信仰与历史记忆及社群认同

一个区域、族群或社区所经历的悲欢、兴衰等重大事件，常常隐含在其民间信仰传说或祭祀仪式中，民间信仰表达隐含的历史记忆不仅延续和凝聚着地方群体力量，而且也为社会秩序的存在或重构提供了有力的支撑，以及"合法性"的依据。民间信仰对青海一些家族历史、村落记忆具有重要影响，许多家族与村落的历史记忆带有祖先信仰、神灵崇拜等民间信仰特性。与此同时，青海多民族民间信仰中的神话传说、民间故事、神圣设施、祠观庙宇、祷词颂言以及各类禁忌等，也蕴含着各民族丰富而又深刻的文化记忆。

第一节　青海多民族民间信仰与历史记忆

在青海乡村社会中，文字书写的历史记忆较为有限，相比较之下，神话传说、节日庆典、巫术占卜、灵验故事等则在乡村社会根深蒂固。俄罗斯思想家别尔嘉耶夫认为："历史通过历史的回忆被认识，历史回忆是某种精神上的能动性，是对'历史的东西'所抱的确定的精神态度，是内在的，从精神上洗旧翻新和充满创造精神的东西。"① 神话传说虽不是可靠的史料，但它也是历史的一种"反映"。反映着乡民的情感立场，并表达着对一些历史事实的态度。因此，从某种层面理解，无论是历史文献等文本性的书写，还是神话传说、民间故事等口述性的表达，其本质上都是一种历史记忆。

---

① ［俄］别尔嘉耶夫著：《历史的意义》，张雅平译，学林出版社 2002 年版，第 12 页。

一　民间信仰中的神迹神异传说与历史记忆

1. 神迹文本记述与历史记忆

历史记忆方式可大概分为两类，一类是采取文本的形式将"发生事实"书写和记载，使其有文献记载，另一类是通过讲述神话传说或进行仪式展演等方式使之得到记忆、传承。民间信仰的历史记忆中，最能留下深刻印痕的是与许多神祇或祠庙相关的"神圣事件"。乡绅和地方官员也往往热衷于此类的神迹和灵验，并以书写形式将此类事情记载。这些有关神祇的神异叙述，实质上保存着民众对一些历史事件的记忆，并用文字固化为村民中共有的历史记忆。例如，神灵抗击土匪、吓退溃兵等。《丹噶尔厅志》中对当时关帝庙旧匾掉落一事有着详细记载：

> 同治回乱，团勇与贼按（应为"接"）仗，每获神灵默佑，得机之先，父老传说者，不一而足。及承平后，援情奏请，颁有御赐匾额。关帝曰："威震湟中"；城隍曰："福庇西平"；火祖曰："神功烜赫"；龙王曰："宣威普佑"。本邑官绅敬谨钩摹，制成木匾悬挂。惟关庙正中旧匾，忽然落地，即众议新匾处也。亦以见国家景运正赫，神灵默逐圣贶于冥冥之中而特著灵异。不然，有丹以来，各庙悬匾以百计，可知兹之非偶然也。[①]

以上记载隐含着青海同治年间发生的回族反清的重大历史事件，汉回等民族间产生矛盾冲突的历史记忆，也反映出与神祇相关的神异传说在乡村社会中是必需的，民间在乎的是"灵验"，而乡绅官员则利用民间信仰各种神祇的"神圣性"更好地管理地方，恢复区域社会的原有秩序。在《丹噶尔厅志》中还记载：

> 汆五儿，贼中所恃第一枭匪也。每战争先，而攻碉尤著名。来攻申中碉楼，团勇擒之。供言：伊扑攻此碉时，汆三阿訇许以"万兴昌"酬劳。万兴昌者，丹地殷实商户也。伊正得意之时，忽见此碉

---

① （清）杨治平：《丹噶尔厅志》（卷6），载于青海省民委少数民族古籍整理规划办公室《青海地方旧志五种》，青海人民出版社1989年版，第398页。

之上一红衣美女，持大镜而笑容相向，伊即神志昏迷，因中石落马被擒。民间相传，此盖庙尔沟娘娘所显化也。①

在这则故事中，社会记忆与历史叙述构成了另一种关于历史的经验，是一种历史的地方性表达，宣扬了庙尔沟娘娘法力的神奇和灵验。此外，光绪三年七月二十三日，青海众蒙古王公大臣请求当时西宁办事大臣豫师②转奏光绪皇帝为青海湖海神颁赐匾额时也讲道：

> 我们蒙古众王公、台吉，住牧青海地面，辈辈身受大皇帝重恩，平安住坐，但我们蒙古百姓与内地农民不同，全靠牧养牲畜为生。我们地方海神，自从前蒙大皇帝救敕封灵显神号，又每年遣官致祭，我们均叨人畜平安，水草畅茂，皆赖神灵保护。恳祈转奏大皇帝与我们海神赏赐匾额，并加封号等情前来。……从前回匪变乱时，每到海面滋抢，辄有大雾弥漫，风雨骤至，伊等多免毒害，藉能瓦全，实赖海神护佑，历述灵绩，咸深感戴。③

以上三则故事隐含着青海部分地方精英对民间信仰中关帝、娘娘、青海湖海神等神灵御敌卫疆功能的认同，也隐含着作者站在非穆斯林视角对回族反清事件造成的民族冲突及矛盾所持的文化态度，最后一则事例还折射出当时蒙藏王公对中央政权的认同与服从心态。

2. 神异传说与历史记忆

传说是民间社会构创神灵的工具，仪式是建构和塑造社会的手段。钟敬文先生认为"传说大都跟神话和民间故事一样，是一种虚构性作品，

---

① （清）杨治平：《丹噶尔厅志》（卷6），载于青海省民委少数民族古籍整理规划办公室《青海地方旧志五种》，青海人民出版社1989年版，第398页。

② 豫师，字锡之，生卒年不详，内务府汉军。清咸丰二年（1852年）壬子科进士，补授内阁汉本堂中书，升内阁侍读。八年任四川乡试副考官。九年补授山东道监察御史，转掌陕西道监察御史，分发甘肃，补平凉府知府。清同治五年（1866年）简放肃州道，又调兰州道。九年正月，升任西宁办事大臣。但是正值河湟回族反清斗争高潮，到任即筹饷练兵，协助左宗棠。清光绪四年（1878年）调任乌鲁木齐都统。所著《豫师青海奏稿》12卷，对于研究同治年间青海回族反清斗争之详情有重要的史料价值。另有《险异图说》一书，记述其任西宁办事大臣前的生平险异之事。

③ 吴丰培编：《豫师青海奏稿》，青海人民出版社1981年版，第159页。

并不是一种朴实的历史事实。它跟那些史书上记载的事件，是有显然的区别的"①，但其具有一定的历史意义，许多传说的产生都以一定的历史事实为依据。青海的许多神迹传说、灵验故事常常成为青海村落社会历史记忆的重要部分，象征着一种社会建构。这些神异传说、故事和传闻等口述性叙述，将乡村民众的各种观念和记忆整合到一起，在代代相传中不断再创造，流存于乡村社会。如阿米年钦（a myes nyan chen）山神是黄南同仁地区隆务村、铁吾村、年都乎、霍日加、加查玛村等村落供奉的山神。民间传说中他是一员武将，身体呈红色，乘骑黑色骏马，右手持钩，左手持宝石，身穿虎皮斗篷，身披绿松石护胸甲，威风凛凛。相传在隆务寺和甘肃夏河的拉卜楞寺发生的冲突中，阿米年钦山神听从隆务寺二世赛仓活佛的调遣。当时嘉木样活佛曾在梦中梦到一个骑乘黑马的人将一只长矛插在拉卜楞寺门口，使整个拉卜楞寺震动。嘉木样活佛始知阿米年钦山神凶猛，不易对付，双方采用了诅咒的方式。双方僧俗互不往来，直到隆务寺第五世夏日仓活佛时才重归于好。民间传说阿米年钦山神喜爱杀牲血祭，在 20 世纪 80 年代中期，才由血祭改为素祭，以青稞面捏制的七只羊代替。但苏乎日村直到 1994 年，"六月会"上仍以四只羊作为牺牲，浪加村在"六月歌会"上仍杀羊祭神。② 以上关于阿米年钦山神的诸多传说不仅隐含着光绪十五年（1889 年）拉卜楞寺与隆务寺发生冲突的历史记忆，还反映了藏传佛教改造山神祭祀仪式的文化记忆。

　　热贡藏区二郎神信仰者主要集中在隆务河中游的隆务街、下游保安镇等汉族集聚区，隆务河中游与隆务大寺相邻的四合吉村、隆务河下游尕泽东村、保安下庄以及麻巴等藏族集聚区，隆务河中、下游的年都乎、尕沙日、郭麻日、吴屯等土族聚集区。二郎神作为该地区被"完全藏化"的民间主供神之一，其信仰地位、祭祀规模及形式仅次于夏琼、年卿、热宗这些早期的、本土化的"祖宗的神灵"。这在"热贡周贝鲁若"即"六月祭祀盛会"上有着集中体现。二郎神在当地藏、土族民间有"阿尼哇宗"、"阿尼巴宗"、"阿尼木洪"等不同称呼。"阿尼"在藏语中有爷爷或祖先之意，而"阿尼木洪"是将军或将领之意。"哇宗"是"巴宗"

---

　　① 参见钟敬文《刘三姐传说试论》，《钟敬文民间文学论集》（上），上海文艺出版社 1982 年版，第 119—120 页。

　　② 参见陈景源、庞涛、满都尔图《青海同仁地区民间宗教考察报告》，《西北民族研究》1999 年第 1 期。

的变音。藏语的"哇宗"或"巴宗"，实际是汉文的"把总"。"阿尼"在特殊语境下延伸为"祖宗的神灵"之意。出于对神的敬仰，安多藏人在叫某某神的时候，前面往往要加"阿尼"，如阿尼夏琼、阿尼德龙等。①

关于二郎神最初如何从四川来到热贡，另有一则民间传说与相关祭文的描写相吻合：文殊菩萨的化身，大明皇帝把二郎神提任为将领。有一次，他未听从皇上指令，擅自调兵与外界交战，结果惨遭失败。后由于其过，皇上下令给他戴上枷锁和脚镣，发配他到遥远的藏地安多热贡守边。他率众兵，屯垦戍边，久而久之在热贡永驻下来。后他年迈故去，其幽魂游荡空中，无恶不作，给百姓庄稼收成带来了灾祸。后被第一世赛仓活佛收服，指定为保安城尤其是尕泽东村的守护神，并为该村信众专门作了二郎神颂词。每当村民需要二郎神守护时，念诵祭文颂词，祈求神马上显灵。热贡地区高僧大德赛康巴所著有关二郎神祭文中，有一段藏文偈颂诗记述了二郎神"来到"藏区的原委："古时汉地中原，叫四川的地方，借助魔力前来者，为汉藏交界大战神，尤其为热贡地方神，其名为瓦宗日郎。"第一世赛仓·洛桑扎西赤列嘉措所著有关二郎神的藏文祭祀颂词中，也有二郎神来热贡的简单描述："您作为神通广大的神灵，早在东方皇帝的宫殿里，您跪拜于皇上跟前，许诺要前往藏地，并被特派来热贡。奉皇上之命前来者，称其为巴宗日郎。"以上两位高僧撰写并流传于热贡民间近四百年的颂词，当属记载当地二郎神信仰由来的最早藏文史料。诗文和神话虽然不能作为确凿的历史依据，但在极大程度上发挥着维系这一信仰的重要功能。② 信仰二郎神的其他村庄还有关于这一传说的演绎。如尕泽东村二郎神、年都乎村古木热郎神、贵德文昌帝君是三兄弟之说等。这些传说的共同点是二郎神是汉地将领，后来成为地方保护神；不同点在于有的说二郎神接受皇帝圣旨而来，有的则说二郎神是被皇帝发配而来。

又如乐都马营乡八家山村庙供奉的是黑虎爷，其法拉是一位盲人，民间传言当黑虎神附体后，盲人法拉不需他人引导，便健步如飞，还可以将铁矛等插入自己肚脐中，拔出时矛尖还冒着热气。关于民和三川桑布拉法拉的神奇传说至今仍在盛传：

---

① 热贡·卡尔泽杰：《阿尼二郎神：从汉地将领到藏区守护者》，《中国社会科学报》2013年10月18日。

② 同上。

据说清代时某一年，桑布拉法拉因牵连一桩官司被官府押至碾伯县衙门的大牢里，上了手铐脚镣。可到了桑布拉纳顿那天，快要收钱粮、宝盖时，会场的后山顶上升起了一朵云彩，只见法拉从山顶飞驰而下，到会场上正赶上发神时刻。事后，法拉说，他能从百里地赶回来，是九天圣母娘娘把他提出大牢，送至会场的。①

这些传闻或传说，使民间信仰神祇及其代言者更具神圣性和合法性。此外，青海民间信仰中的各种山神、神灵的传闻具有传播的特性，成为许多村落的主要话题，获得了公共性、集体性与地方性的社会记忆。这些传说加强了民间信仰神灵的神圣性与灵验的可信度，强化着当地社区人群，构成了村落或地区的共同记忆。正如英国人类学家马林诺夫斯基所指出的神话功能一样，一些与民间信仰传闻和传说"能用往事和前例来证明现存社会秩序的合理性，并提供给社会过去的道德价值的模式、社会关系的安排以及巫术的信仰等等"，它和"传统与信仰的性质、文化的绵续、老幼的关系，以及人类对于过去的态度等都有密切的关系"②。乡村社会中的许多神迹神异传说，常常在村民记忆中留下印记，隐含着村民对周围环境和生活空间的想象，以及对各种资源分配的建构，并长时期兴盛不衰，不断赋予新见证、新事实，逐渐得到强化。

二　民间信仰仪式对历史记忆的强化

1. 敬祖、修谱等活动与家族历史记忆

敬祖、祭祖、修谱和建祠堂等仪式或活动强化着家族历史记忆。家谱又称族谱、家乘、宗谱等，是主要记载家族成员世系及事迹的文本。祠堂和家谱常常成为历史记忆的工具，其本身反映的是一部家族史。20世纪90年代以来，受儒家文化影响较深的青海西宁市、海东市的一些名门望族多有修谱之举。通过祭祖和修谱等一系列实践活动将过去和现在联系起来，向每位成员灌输一种群体意识和认同感。家谱和祠堂也可以将不同民

---

① 马光星、赵清阳、徐秀福：《人神狂欢——黄河上游民间傩》，青海人民出版社2003年版，第41页。

② ［英］马林诺夫斯基著：《文化论》，费孝通译，华夏出版社2001年版，第79—80页。

族成分或不同宗教信仰的子孙联系起来。如民和川口镇大庄村张氏祠堂原为清代所建，后在"文革"中被拆除，1995 年又得到重建，祠堂内供奉的《张氏繁衍世系图谱》将十三世家族脉络记述得非常清晰。又如湟中县赵姓家族，其分化为汉藏两个民族，据说祖辈中一人娶了藏女为妻并迁居到了藏族村落，其后代族属归为藏族，但每逢清明节，一同在祖坟前祭祀祖先，追忆祖先。又如永靖县孔姓回族与刘家峡乡大川等村的孔姓汉族同宗，已分居三个多世纪。1928 年以前，每逢清明节时，孔氏家族后人不分汉、回，同上祖坟，扫墓祭祖，各献祭品，汉为通用食品，回系清真食品。孔氏回族拥有 60 亩祭祖之田，由当地孔氏汉族本家代耕代祭，至土地改革时被政府重新分配。①孔氏汉回后裔虽分居 300 多年，但其辈分排序仍遵照明代以来形成的孔姓人名排行用字，即希、言、公、彦、承、弘（宏）、闻、贞、尚、胤（衍）、兴、毓、传、继、广、昭、宪、庆、繁、祥、令、德、维、垂、佑、钦、绍、念、显、扬、建、道、敦、安、定、懋、修、肇、彝、常、裕、文、焕、景、瑞、永、锡、世、绪、昌②，在世袭传承中始终保持行辈有序不紊。东乡族自治县唐汪川唐姓汉族、东乡族和回族共有 1000 多户，唐氏家谱记载唐姓原为汉族，但由于部分家族成员改信伊斯兰教，后来遇到划分民族成分，被划为东乡族、汉族、回族等，所以在同一宗族中出现多族群共存的现象。当地东乡族、汉族、回族互称"本家"，同上一个祖坟，后代名字排序均按家谱排行字排序，还建有宗祠一座，称"唐祖庙"，每年举行庙会活动。现今东乡族、回族中的唐姓人，因宗教原因不再直接参与庙会活动，但仍有人间接为庙会捐款捐物，以示对祖先的纪念。③青海民和中川地区桑卜拉马姓土族在拜老坟时，禁用猪肉，据传其远祖是回族。青海民和县官亭镇鲍家村的土族，原是黄南同仁迁来的藏族，20 世纪 90 年代以前，每年正月十五，他们还穿上藏式服装，到各庄巡游，以纪念祖先。该村庙签簿的最后一页"附言"中还记载着鲍家村的历史，部分原文如下：

---

①　参见永靖县志编纂委员会编《永靖县志》，兰州大学出版社 1995 年版，第 102 页。

②　明初定 10 个辈字：希言公彦承，弘闻贞尚胤（后清代为避帝讳，将弘改为宏，胤改为衍）；明代天启年间续 20 个辈字：兴毓传继广，昭宪庆繁祥，令德维垂佑，钦绍念显扬；民国 8 年又续 20 个辈字：建道敦安定，懋修肇彝常，裕文焕景瑞，永锡世绪昌。参见贾毅《历史记忆与族群关系——永靖县新寺乡孔氏回族的人类学考察》，《甘肃社会科学》2013 年第 2 期。

③　参见马自祥、马兆熙《东乡族文化形态与古籍文存》，甘肃人民出版社 2000 年版，第 85 页。

我们的鲍姓圣祖来青　大明洪武三十年间，为了解决军饷，大搞
屯田制度，内分军屯民屯。成祖永乐元年至四年，公元一四零六年，
由陕西行都司都指挥使刘钊从内地调来。今同仁县保安四屯中有吴
屯。吴地是现今江苏苏州一带。但是军屯民屯不能一言。我们鲍家人
实系藏族为正据。我们家佛寺内有寺主，并设有布案挂着，上画有鲍
姓的圣祖穿着藏民服装，阿爷阿奶领着四个孩子和一群羊畜等等，语
称大方、二方、三方、四方，所以我们鲍家四大方头的来源由此
而生。①

青海许多村落也建有宗祠，内供有祖先牌位，在一些墙壁或牌匾上还
记述着先祖来源。此外，一些家族对宗祠修建也非常重视，将宗祠视为宗
族的代表、宗族兴旺发达的象征。如乐都高庙地区东、西两村马氏家族，
在清朝康乾盛世，修建了一亩二分左右，土木结构的四合院宗祠，山门前
悬挂着"马氏宗祠"竖幅匾额一方。清同治三年（1864 年）因社会动荡
被焚毁，清光绪初年（1875 年）重建。正殿内供奉马氏五房宗谱，平时
由马氏家族人常年居住看守，每逢初一、十五焚表烧香。又如乐都县峰堆
乡下李家村李氏宗祠墙壁上挂有"追溯李姓起源"、"明武备将军李氏三
代官品事迹图"、"二十四孝图"等牌匾。在家谱上有班辈名序诗："增荫
启嘉龄，积洪尚宝庭。元宗忠培贤，敬德存善义。"此外，一些村落中保
留的神祇画像、塑像和经卷也隐含着祖先历史记忆。如流传在青海民和麻
地沟的民间手抄本《目连宝卷》序言中记载："吾本会先祖祖籍南京珠玑
巷居民……值此吾祖宗徒步西迁，来至现在的青海省民和县东沟乡麻地沟
官庄红庄居住，迄今六百余年。"② 祖先来自南京珠玑巷的记载已在当地
民众心目中成为一种"真实"的记忆。此外，当地王氏人家认为其祖先
为明朝大将，并供奉朱元璋及其九十九将图。此外，与青海毗邻的甘肃保
安三庄大墩村张姓家族中，也供奉着其祖先为家神的画像，并具有鲜明的
藏汉文化交融的特色。整个画像中有两人各骑一匹红马、黑马，被称为

---

①　高丙中：《民间的仪式与国家的在场》，郭于华主编《仪式与社会变迁》，社会科学文献
出版社 2000 年版，第 316 页。

②　霍福：《"南京竹子巷"与青海汉族移民——民族学视野下民间传说故事的记忆和流
变》，《青海师范大学民族师范学院学报》2006 年第 2 期。

"红马老爷"、"黑马老爷"。当地村民有两种说法：第一种说法认为两位皆为张姓汉族的祖先，是两兄弟；第二种说法认为黑马老爷是张姓祖先，红马老爷为吐蕃的神。此外，在画像左下方有关帝、四大天王、灶神等民间神灵画像，并以草原、毡房为背景。① 张姓宗族内部每年都举行祭拜家神的仪式，并有一套较为完备的祭祀组织和程序。这些祖先画像和举行的相关仪式，强化着这些家族或村落成员的凝聚力和相互认同，固化着原有的历史记忆。

祭祖仪式有助于保持和强化家族成员对宗族传统和祖先历史的记忆，维持良好的家风，牢记祖训。如青海一些村落祭祖之日，家族中所有成员都要到祖坟前参加祭祀活动。祭祖仪式结束后，在场族人席地而坐，由族长讲述家族的历史：从祖先迁徙到本地的时代、原因到如何创业、取得的业绩，从家族繁衍、分支情况到在世人各属哪辈以及主要亲戚，等等，并要求大家继承先祖"祖功"、"宗德"、"仁义"，积极进取、孝敬老人、同宗互尊互爱、相互提携、光宗耀祖。后辈人中若有不清楚家族史的地方，可请教长者，由长者尽其所知，以解答。②

2. 民间信仰中的仪式展演与社会记忆的传播

"神话和仪式都属于对同一种信息的不同的交流方式，二者都是关于社会结构的象征性、隐喻性表达。"③ "有关过去的形象和有关过去的回忆性知识，是在（或多或少是仪式的）操演中传送和保持的。"④ 除各种历史文献和档案碑刻之外，民间信仰仪式本身可以作为一种独特的复合文本。民间信仰仪式作为一种文化展演，口述和行为表达贯穿其中，具有传承、传播历史记忆的社会功能。

在青海许多汉族、土族青苗会上，需要邀请法师娱悦神灵。届时法师遵循一定的仪规诵读经文⑤，活动从起坛至圆满共三天。第一天开祇交生、打扫金殿、净坛洒净，第二天立灯杆、升标旗、迎喜神、开坛、讲马

---

① 参见白浩然《保安三庄汉族移民文化变迁》，兰州大学出版社 2009 年版，第 34 页。

② 李存福：《青海汉族社、祖同祭习俗探议》，《青海社会科学》1997 年第 1 期。

③ 本文转引自彭兆荣《神话叙事中的"历史真实"——人类学神话理论述评》，《民族研究》2003 年第 5 期。

④ ［美］保罗·康纳顿：《社会如何记忆》，上海人民出版社 2000 年版，导论第 1 页。

⑤ 最常用的几部是《太上三元赐福赦罪解厄消灾延生保命妙经》（简称三官经或平安经）、《高上玉皇本行集经》（简称皇经）、《太上玄灵北斗本命延生真经》（简称斗经）、《九天应元雷声普化天尊玉枢宝经》（简称雷经）、《上清古洞真经》（简称大洞经）等。

路、说书、请亡，第三天禀祝、上腊、转供养、迎盘、驱五道神、讲旗、拜教、迎天神，晚上拜灯朝斗、催神送白虎、交钱粮、倒灯扦送亡。灯杆上的纸幡不写文字，用纸旗和不同颜色的布表示不同意义的圣神。最顶端是全标旗（红纸黄边）代表365位真神，下面是招神旗、飘带旗（绿色纸）代表四海龙王，再下面是音乐鼓，代表日、月二用，侧面是三教旗和代表五谷田苗的红旗，此旗下吊一个曲连（锟锅馍，直径约20厘米）。从杆顶至下挂了一条长一丈二尺的黄布，代表黄龙（用一丈二尺表示黄龙十二节，一年十二个月，月月保平安）。从灯杆的金环上用一根红头绳引至大殿表示神路。开祇交生是道场开始的头一项活动，把杀好洗净的一头猪整条献在院中大殿前的桌子上，猪头朝大殿正中，法师们开始起经颂念敲羊皮鼓，招请天神们享用。随后，用刀在猪背上画两道十字，表示已开斋，把猪嘴用刀旋下来，扔到很远的地方，表示把疾病、瘟疫、灾难、邪恶全都带走，猪尾巴供奉，猪肉下厨。在开坛、请神、送神、送亡、祈祷、驱瘟等仪式过程中，既没有照本宣科的经典，也没有上奏表文的形式，全靠法师记忆边颂、边说、边唱，并用三皇鼓的声音把内容有节奏地自然分开。洒净时，法师们排成一行，主坛的法师在前面领头，开始从殿内向外走出，转满院子的各个角落，在鼓声中唱道："一洒佛，三位古佛上面坐，四大金刚两面排。二洒祖，三位天尊上面坐，五百灵官两面排。三洒学门开，三位圣人上面坐，七十二贤两面排。四洒庙门开，三位圣母上面坐，四大神帅两面排。"讲马路时，很多段子意义很深刻，简单的几句词，包含着一个历史故事或一个典故。[①] 这些复杂烦琐的地方性知识都是在一年一度的民间信仰仪式中传承的，村民在仪式中耳濡目染，潜移默化地，许多乡村历史记忆和文化符号得以延续。

　　周期性的仪式表演和身体实践是社会记忆传播的形式，仪式经由身体完成，通过仪式的操演来传达和维持社会记忆。民间信仰仪式不断重复的过程，也是民间信仰种种概念被逐渐深化为一种"社会记忆"形式的过程。青海有些村落的集体仪式中，要选择聪慧的少年参与一些重要环节，传承传统文化，维护传达历史记忆。如在土族七月纳顿会等民间信仰仪式中，有一"报喜"仪式，由十三四岁左右的孩子跟在两位长者身后，手

---

① 张有厚：《河湟地区古道教中的法师》，《西宁城中文史资料》（第15辑），中国人民政治协商会议西宁市城中区委员会文史资料委员会2003年编印，第132—134页。

提铜锣跪在神像前，跟着长者高声吟颂报喜词，吟一句，就敲一下锣。内容为：

> 神灵、神灵，上方诸境的神灵，碾伯二京诸境的神灵。今祭祀大清国，大清国坐落皇帝中国之地，陕西省城封城地方，灵云二道，智道贤道头领智百事河州。地方之道，河州徐立爷、刘督爷便下留。会清苗的时候到黄河以西，西宁地方该管炳灵寺，大山往下，下吾三川，散马堡、鄂家堡庙滩占不瓦之地……①

青海藏族村落的山神崇拜及其仪式，也同样有着强化村落集体记忆的功能。藏族民间信仰中常将某一山神与祖先联系在一起，如"藏族第一代赞普与世间九大山神便在父系血统上有亲缘关系，因为与被认为九大山神之父的沃代贡杰（pu de gung rgyal）山神出自于同一个祖先，即两者都出自于恰神系"②。青海一些地区的山神与其周围部落也有着亲属关系。如同仁地区藏族民间传说隆务河东岸的德合隆（gter lung）山神是当地加吾部落的祖先。相传，加吾部落第一代头人的母亲在拔草时，忽然从德合隆山上飘来一朵白云，云中走出一位骑白马的英俊青年，走到她身边时，她顿时感觉迷迷糊糊、如痴如醉，等她清醒过来时，英俊青年早已消失，不久她生下加吾部落的第一代头人。又如年宝玉则雪山是果洛及周边阿坝、甘南等地藏族群众信仰的神山。当地民间传说：很久以前，一位年轻的藏族猎人搭救了年宝玉则山神的儿子，作为报答，山神将公主许配给了猎人。猎人和公主生育了三个儿子：昂欠本、阿什羌本、班玛本，逐渐形成了上、中、下三果洛。年宝玉则雪山神话传说与果洛藏族的祖先记忆、人口迁徙等内容紧密联系在了一起，至今，许多果洛藏族人仍将年宝玉则神山当作自己的祖先，虔诚信仰。

青海境内山脉常被赋予生命，蕴含着丰富的文化和精神内涵，当地许多民族将周围山脉与祖祖辈辈繁衍生息的历史融为一体，并通过举行周期性的祭祀仪式，建构起来一种社会事实，并代代相传。

---

①　鄂崇荣：《土族民间信仰解读——地方性信仰与仪式的宗教人类学研究》，甘肃民族出版社2010年版，第217页。

②　桑木旦·噶尔梅著：《论藏族的神山崇拜及其政治隐喻》，德康索、南曲杰英译，《箭和锤——桑木旦·噶尔梅论文集》，中国藏学出版社2008年版，第335页。

　　由于历史上多民族迁徙频繁，多文化相互影响深刻，青海许多村落的历史记忆破碎断裂。所以在青海农区，民间对神灵的崇拜，对祖先的追忆，使部分村落和家族热衷于修葺庙宇和修谱活动，这使家族或村落集体记忆再一次强化和固定；在青海牧区，许多部落通过对山神的崇拜祭祀等仪式，也将部落或地域历史记忆不断延续强化。

三　民间信仰神祇与他者的边界记忆

　　族群边界不仅仅是地理边界，信仰、记忆等常常成为不同族群的社会文化边界。民间信仰中的一些神灵作为历史记忆的载体、群体或地域象征，在与他者互动时常常成为一种与他者划分区别的边界。世界著名宗教学者米尔恰·伊利亚德（Mircea Eliade）也认为"在某种意义上，神圣建构了世界，设定了它的疆界，并确定了它的秩序"①。青海种类繁多，丰富多样的民间信仰神灵，为不同的民族或群体提供了互相参照并进而明确彼此区分的可能，催化产生出一种身份意识，一种边界记忆。

　　一些围绕神灵信仰传承的神圣口述史，强化着每个族群的自我认同，甚至成为区别其他族群的重要文化表征。青海许多村落都有本村保护神，许多家族都有家神。这呈现了青海不同群体在信仰神系上的区别，其实质是在不同群体间建构一种信仰边界，人们依赖于这种边界维持秩序。如民和梧释沟等地一些土族每年大年初一，都要给当地崖尔寺供奉的祖先神"郭石特帝帝"叩头进香，祈求"郭石特帝帝"保佑子孙后代平安如意。传说"郭石特帝帝"自天而降，生于一个大冰雹之中。土族史著名学者认为这则故事与《后汉书》等记载的鲜卑汗国可汗檀石槐出生神话有着千丝万缕的联系。即檀石槐在出生前，其母在雷电大作之际，仰视天空，有雹降于口，便吞雹而生檀石槐。至唐代，吐谷浑人仍传"云雷降雹，开大国之先基"。可见传之既久，存之于今。② 互助土族供奉的地方保护神之一尼当桑，"尼当"系藏语（nideg），意为"主人、土主"，"桑"意为"佛爷"，其形象为白脸，披彩缎披风，铜色毡盔帽。其宗神现供奉在互助县佑宁寺辖寺天门寺，距佑宁寺3公里。尼当桑只是对地方神的一种

---

　　① ［罗马尼亚］米尔恰·伊利亚德著：《神圣与世俗》，王建光译，华夏出版社2002年版，第7页。

　　② 吕建福：《撰写〈土族史〉的基本思路和方法》，《中国土族》1997年总第6期。

统称，其正确的称谓应叫给年诺吾（dgei bsnyen nor bu）。有关它的来历有多种记载和传说。据《佑宁寺志》记载：昔日，准噶尔部一位叫格勒特的大臣率部来此留居。故今日霍尔大部分都为其后裔。格勒特因业力和愿心威猛，死后转生为厉鬼，隐身郭隆山岩。嘉色活佛降伏身着蒙服、前来现身的勾日利特（格勒特），封彼为此地土地神，并赐雅号"奥丹嘉措"（意为具光大海）。[①] 又载："大地梵天江格尔汗的大臣格勒特率众来到此地，因前世因缘，格勒特死后投生为阿修罗多旦，身着蒙古服饰，向嘉色活佛示现自身，被嘉色收伏，委为地神，并赐名奥旦嘉措。"[②] 民间还认为如能使尼当桑喜悦，便能使去世的亲友灵魂直接投胎而不去阴间。

又如海北藏族自治州刚察县距县城 45 公里的瓦彦山，属祁连山系大通山脉，海拔 4517 米，为一孤立山峰。"阿米瓦彦"是藏蒙复合语，意为富裕的爷爷。"阿米"藏语意为爷爷或老人，"瓦彦"蒙古语意为富裕。关于瓦彦山有这样一个传说。瓦彦三兄弟是居住在青海海南州兴海县的土地神，因一次纠纷使兄弟不和，大瓦彦和小瓦彦就赌气跑到刚察，被刚察的守护神扎玛尔挽留于此，辅助其管理环湖北岸，自此就留在这里，而另一个瓦彦至今仍在兴海县，山体十分相似。民间传说后来加入刚察部落的外来部落能在刚察地区繁衍生息，不断壮大，原因就是瓦彦山作为外来神，对外来部落格外关照。此外，居住在循化县阿尼夏吾神山附近的东郭尔村、秀日村和拉浪卡等村的藏族村民将阿尼夏吾山神视为本部落的保护神。每年农历六月二十日郭尔村和秀日村定期举行祭祀阿尼夏吾山神的仪式。当地还传说：从前因秀日村和阿尼夏吾山神间发生矛盾，阿尼夏吾山神一气之下跑到海南贵德县文昌爷身边后，农历六月二十日秀日村村民又将他从贵德请了回来。于是，每年这一天，秀日村村民身着节日盛装，有的手牵从附近卡索村购买的羯羊，有的手捧哈达、牛奶、木箭和柏树枝前往阿尼夏吾神山拉什则旁，举行隆重的祭祀山神的仪式，祈求山神保佑本村风调雨顺、人畜兴旺。民间信仰神灵崇拜及其仪式活动中，信众群体内部通过周期性和典范性仪式与他群体产生一种文化符号边界，传承历史记忆，区分群体社会表征体系。

---

① 土观·洛桑却吉尼玛：《土观〈佑宁寺志〉》，尕藏译，星全成、尕藏注，青海少数民族古籍丛书《佑宁寺志》（三种），青海人民出版社 1990 年版，第 25 页。

② 王佛·阿旺钦饶嘉措著：《王佛〈佑宁寺志〉》，蒲文成译注，青海少数民族古籍丛书《佑宁寺志》（三种），青海人民出版社 1990 年版，第 140 页。

　　还有互助土族信仰祖先保护神白哈尔桑（pe har sngas），其形象为"一身白色，生有一面二手，呈庄严之相。白哈尔头戴垂缨圆竹帽，右手持金杖，左手持银制卦瓶，穿朱砂色外衣，以众多珍珠装饰，骑白狮，他统领三界"①。白哈尔桑还是具有"五身"的一组神，在土族地区多以五位神的形象出现，如现供奉在佑宁寺口东北方向赞康（即护法神殿）内的白哈尔桑，分别被作为"黑格加吾"（he gur rgyal po，老大）、"森格加吾"（seng ge rgyal po，老二）、"跳格加吾"（thor rgal rgyal po，老三）、"云丹加吾"（yon tan rgyal po，老四）、"成列加吾"（phrin las rgyal po，老五）五位护法神而供奉，其中"成列加吾"供在佑宁寺护法神殿最中间。② 土族民间普遍认为白哈尔桑就是霍尔白帐王，曾与格萨尔王有过激烈的征战，因此旧时一些土族村落禁唱《格萨尔王传》，害怕引起白哈尔桑的恼怒而受到惩罚。村民在请《格萨尔王传》艺人传唱前，先要进行煨桑、磕头等仪式，以求宽恕罪过。一些学者通过调查也发现，现今部分土族、裕固族仍认为《格萨尔王传》中霍尔白帐王是他们的祖先，并在祭祀鄂博时向白哈尔神和天泰等神灵祈请护佑。③ 唐后期至北宋初，吐谷浑后裔在河西及西域东部地区有众多的聚落，在吐谷浑灭国几百年后仍积极活跃在河西的历史舞台上。④ 这恰恰可以与土族民间流传的"吐谷浑的一部，由甘州、凉州到了威远堡居住"相一致。此外，民间一些口传故事和仪式也能说明以上问题。"何家和刁家原是裕固族，从甘肃迁来，被称为'其卡昆'，是河谷地带人的意思，取河音而姓何，何家刚来时住在西湾里，至今这里一直被称为'西热裕固湾'，土族也称裕固族为'西热裕固'。"⑤ 对这些神灵的信仰与禁忌在无形当中形成了族群边界，格萨尔王等变成了外族神。可以说，青海许多地方性神灵是当地民众鲜活的集体表象，象征着其不同的社会记忆。

---

　　① ［奥地利］勒内·德·内贝斯基·沃杰科维茨著：《西藏的神灵和鬼怪》，谢继胜译，西藏人民出版社1993年版，第135页。

　　② 2004年8月21日，佑宁寺寺管会主任官布（土族，时38岁）在其僧宅讲述，在场人：中国社会科学院民族学人类学研究所副研究员秦永章、梁景之，互助县民宗局干部董文寿。

　　③ 王兴先：《华日地区一个藏族部落的民族学调查报告——山神和山神崇拜》，《西藏研究》1996年第1期。

　　④ 参见冯培红《从敦煌文献看归义军时代的吐谷浑人》，《兰州大学学报》2004年第1期。

　　⑤ 李志农、丁柏峰：《土族——青海互助县大庄村调查》，云南大学出版社2004年版，第8页。

　　民间信仰中的一些神灵和仪式在乡村社会中，既可以作为一种历史记忆载体，也可以作为一种历史文本。在青海许多藏族、土族民间信仰中，各种部落保护神或村落、地域保护神与地方社会不同层级相互对应，直接或间接地反映着地方社会结构。几个自然村落共同崇拜同一守护神的仪式或祈颂文，象征着共同的地域认同或相同的历史记忆。如黄南藏族自治州同仁县年都乎村全村 1700 多人，300 多户，历史上形成了拉卡、刀德茫、恰依、代德芒 4 个"代哇"（sde ba，意为自然村），由 8 个"措哇"（tsho ba，部落或家族），即索霍加、增格桑、马家莫、王家仓、尖吉莫、银吉莫、航咂仓、宗喀仓组成。后在此基础上演变成了 8 个生产队。每个"代哇"供奉的山神不同，如 1 社与 2 社形成"代德芒"自然村，建有夏琼神庙；3 社和 4 社组成"刀德茫"自然村，建有夏琼神庙（另供奉大日加神、念青神）；5 社与 6 社组成"恰依"自然村，建有二郎神庙（此庙也是年都乎村的总庙，供奉村内所有山神）；7 社与 8 社建有阿尼玛卿神庙，还供奉战直里（dran dri li）神。[①] 供奉这些神祇的自然村与其他自然村形成了一定的边界，同时年都乎全村又敬拜总庙二郎神庙，在更大范围内形成一个信仰共同体，对外又形成一种边界。青海许多汉族、藏族、土族村落信仰的神灵体系与当地的村落结构较为相似。许多自然村落供奉同一神祇或同一座神庙，隐含着这一神祇传播或某个村落分化的文化记忆。因此，每座神祇和神庙不同程度地承载着不同地区、村落、家族或祖先的历史记忆，成为社会认同的一种标志。

　　民间信仰中的家神、村落保护神或地方保护神，在乡村社会中成为一道道精神防御体系，成为每个群体资源边界的守护者，将野鬼、孤魂等拒斥在本神守护的边界之外。族群边界的维持，往往多依赖于神话和宗教信仰。神话将一层层边界外的人群妖魔化，让本群体的英雄祖先神圣化，因此边界让人恐惧而又崇敬。[②] 民间信仰神灵体系的建构亦是自我与他者的边界建构，通过各种仪式形成一种共享的经历，这些经历和共同的意识将本族群和他族群区分开来，产生一种归属感。又如民国时期设于乐都县城南门附近的火神庙内的乐都山陕会馆，带有浓厚的封建帮会色彩，以敬神

---

　　① 参见唐仲山《同仁县年都乎村村落山神信仰与村落民俗的民族志分析》，《西北民族研究》2012 年第 3 期。

　　② 参见王明珂《游牧者的抉择：面对汉帝国的北亚游牧部族》，广西师范大学出版社 2008 年版，第 247 页。

保佑安全之名，保护切身利益、减少内部摩擦。山陕会馆有很强的地域观念和排他性，有严格的等级制和规矩，特别重视同乡的团结互助，义务帮助失业的同乡、贫苦、破产者还乡等。

青海许多汉族、藏族、土族、蒙古族崇信的宗教设施拉什则或敖包也常成为划分村落或部落地界的标志。在汉族、藏族、土族村落，每个村落村民在六月会或青苗会等重大节日中，在村口或区域性神山的拉什则处举行祭祀仪式，抬着村落神或地域保护神巡游地界。青海蒙古族许多旗将敖包视为区分他者地界的标志。例如，群科旗蒙古族便有几座大敖包，既是群科部蒙古族的象征，也是他们崇拜的神山，又是与外旗外族分界的山岭标志。每个旗每年都有一次集体祭"敖包"的活动。集体祭祀时只准男性参加，每个人都要在"敖包"上插上一根拴有布条、挂有红帙的彩旗或者系羊毛的木杆，而后点灯、煨桑、脱帽、诵经，围绕敖包转三圈。随后举行赛马、摔跤、射箭以及表演传统歌舞等活动。① 在每一次类似的仪式中，初次参加的年少者在年长者的指引下对自我与他者的村落边界、部落边界和地域边界有了认识，而多次参加仪式的村民对自我边界认识又有了一次重温和巩固。虽然藏传佛教等制度性宗教的传播强化了宗教认同，而削弱了族群认同、区域认同，弱化了小区域的边界区分，但青海的藏族、汉族、土族、蒙古族等民族对本社区保护神、山神等神灵的共同信仰，起到了延续和强化社区集体记忆的效果，从而使本村落、本族群在与周边村落或族群竞争中，形成较为牢固的凝聚力或联盟。与此同时，清代统治者也积极利用蒙古敖包、藏族拉什则等信仰设施，强化部落或族群游牧边界，维护地方秩序和稳定。

四 民间信仰隐射出的历史事件和移民记忆

青海许多民间信仰仪式和活动及相关传说与历史事件息息相关。历史记忆不能恢复过去所有发生过的事件，只能是有选择性地记忆某些事件。家谱或村落记忆一般多追溯于历史上的某个"大事件"。时间在某种意义上可以说是事件，在民间社会中的时间多是由事件构成，具有随意性和循环性。村落中农作物的种植、保护、收获等标志性事件成为村民划分时间

① 南文渊：《20 世纪前期青海湖地区蒙古族的宗教信仰》，《青海民族大学学报》2011 年第 1 期。

的标记，并在年复一年中循环。村落的祭祀也是围绕这些时间节点而举行的。但乡村社会中发生的重大事件常常给乡民留下深刻的记忆，并持续很长一段时期。村落事件与重大历史事件联系、连续，有时甚至与民间故事或传说相融合、叠压。

"任何一种故事传说，都不是无缘无故地编造出来的，或解释一句成语，或反映一种风俗，或说明某一风物的成因，其深层必蕴含着一定的意义。"① 民间信仰中的各种故事传说常形成于村落当中，发生的相似遭遇的记忆无形中展现了民间故事传说的内容。虽然有些显灵事迹历时久远，有些可能是目前人们共同的经历，有些可能是由家中长辈听来，甚至有些可能是讲述者附会添加而成的。如永靖县傩戏来源传说与文献记载相一致。永靖傩舞、傩戏，民间俗称"七月跳会"。据当地传说，很早以前此地与西蕃接壤，以关为界。每年麦熟时，蕃人乘黑夜抢收麦子。关内百姓为了防止骚扰，便想出了一个妙计，即戴上祭祀神鬼和作战时的面具，打上旗帜，鸣锣击鼓，奏乐跳舞。蕃人见此，以为神兵天将相助，吓得慌忙逃走。从此，每当丰收年景，当地祖祖辈辈便形成了戴面具跳会的习俗。《河州志》中记载："天宝年间，每岁积石军麦熟，辄被吐蕃获之。"唐天宝十二年（753 年），高适诗中也记载："铁骑横行铁岭头，西看逻些取封侯。青海只今将饮马，黄河不用更防秋。"炳灵寺石窟第 169 窟第 11 号壁画中也有"秦州陇城县防秋健儿"等记载，防秋健儿是对唐代边陲地区秋熟季节防备外族入侵的丁壮的称谓。② 在民和土族地区也流传着与以上故事相似的故事，民和与永靖现在虽隶属于不同省份，但由于历史上紧密的文化接触，两个地区间构成了一个信仰文化圈，成为一个特定的场域。这些传说与历史事件得以相互对应，又透过村庙碑文将事件记录，不但能够强化村民对一些传说的记忆与信服，同时也有对历史事件间接纪念的意味。虽然有些传说和叙述不是历史事实，但对民众来说是文化的真实，心灵上的真实。在历史记忆过程中，一些民间信仰神祇的神力得到延伸和扩张，在村民生动的描述和口耳相传下，强化了神灵的灵验性及民众的信服。

王明珂认为："记忆是一种集体社会行为，人们从社会中得到记忆，

---

① 万建中：《民间文学引论》，北京大学出版社 2006 年版，第 181 页。
② 石林生、徐建群编著：《黄河三峡傩文化》，甘肃文化出版社 2010 年版，第 1 页。

也在社会中拾回、重组这些记忆。每一种社会群体皆有其对应的集体记忆，借此该群体得以凝聚及延续。对于过去发生的事而言，记忆是选择性的、扭曲的或是错误的。因为每个社会群体都有一些特别的心理倾向，或是心灵的社会历史结构；回忆是基于此心理倾向上，使当前的经验印象合理化的一种对过去的建构。集体记忆依赖某种媒介，如实质文物及图像、文献，或各种集体活动来保存、强化或重温。"① 明代以来，历代中央政权为不断强化对西北地区的控制，施行"移民实边"政策，在青海河湟流域实行军屯、民屯和商屯。从洪武十年（1377 年）开始，西宁卫、归德千户所相继实施屯田。宣德时期西宁卫士卒 3560 人，参加入屯生产的士卒达 3000 人之多，屯、戍之间的比例超过三分守城、七分屯田的标准。② 汉族移民的进入，促进了青海河湟流域农业生产的发展，推动了农耕文化及中原民间信仰的传播。

青海一些庙宇和碑铭无意中成为集体记忆的载体。如永乐四年（1406 年），都指挥使刘昭"请调中佐千户一所驻贵德，拨河州四十八户，又拨十屯，归贵德守御所管辖，而保安之吴屯、季屯、李屯、脱屯在其内。吴屯系江南民，季屯、李屯、脱屯系河州汉民，共九百九十户"③。关于"四十八户"的具体姓氏及后代生存状况，地方志缺乏记载，但据一些老人回忆，原贵德县城南门瓮城关帝庙木匾和河西文昌庙尊大香炉，刻有"四十八户"的姓氏名字。这些与民间信仰相关的实物和文献使当地历史记忆得以静态保存和延续。

青海作为多民族多族群移居的地区，许多民族对原籍和族源已无直接经验，口耳相传的历史记忆容易变异和断裂。移民社会中常常以修建神庙或修撰家谱来强化记忆和家乡认同。如从明代青海内地移民的迁入时间看，青海河湟流域民间信仰的一些神灵是随明清之际汉族移民的迁移而传入当地的。这也可以从有关民间碑刻与传说故事中反映出来。明永乐年间，明廷派太监孟继等 4 人率正军 36 名、副军 72 名来瞿昙寺参加修建与护卫，后定居于乐都。这些人的后裔即今居住在南山地区的唐、徐、杨、

① 参见王明珂《华夏边缘——历史记忆与族群认同》，允晨文化实业股份有限公司 1997 年版，第 46—51 页。

② 参见丁柏峰《明代营边方略与河湟地区城镇体系的形成》，《青海师范大学学报》2011 年第 1 期。

③ （清）邓承伟纂修：《西宁府续志》，青海人民出版社 1985 年版，第 160—161 页。

盛等姓氏。《瞿昙新城街福神庙匾文》也记载：

> 盖自洪武开基、水乐周流至此，创建瞿昙寺居住。随请来宝贝佛
> 祖一位，金光大菩萨一位，九天圣母福神娘娘一位，跟来佃户五十一
> 名。将军民安住在佃户庄，务农为业，侍候寺内大事。将金光佛祖请
> 与佃户军供奉，以保吉祥风雨。而菩萨为慈悲之主，保吉祥而有余，
> 挡风雨则不足。军户等请示与梅国师商议，换出福神佛像，菩萨仍请
> 进寺内，于是军等公议，福神供在人家不便，我等五十一名人单薄，
> 请来各庄众姓商议，盖神道无私，我大众举起功德，建修庙宇于下
> 山跟。

上述当地军民将菩萨换成九天玄女供奉，并修建庙宇的记载，一方面告诉我们民间信仰神祇的"实用"、"灵验"，是民间信仰得以保持旺盛生命力的主要原因；另一方面也说明，庙宇和神祇常常成为凝聚移民力量的精神符号，保留历史记忆的重要载体，与神灵和庙宇相关的文字性记载为青海部分地区保存了当时的历史情景。

民间信仰中的自然崇拜对象也成为河湟移民历史记忆的象征。如"大柳树"、"大槐树"成为青海许多村落迁徙来源的象征。如民和县官厅秦氏家谱记载，秦氏先祖来自山西大柳树庄，明时迁至官亭。民间传说何氏祖先与秦氏祖先是一起从山西大柳树迁到官亭地区的，而吕氏家族也是来自山西大柳树庄，因逃荒来到官亭，在现今的吕家庄碰到一棵大柳树，就定居下来了，等等。虽然这些传说深受周边民族迁徙史影响，可能不具有历史真实性，但在村民历史记忆中已成为真实的祖源记忆，反映出一种真实的文化心态。

第二节　青海多民族民间信仰与社群认同

乡村社会庙宇与祠堂的牌匾、碑铭蕴含着大量的村落记忆，村落中的集体仪式和活动在年复一年地强化着对历史的记忆和缅怀。祖先或家神实质上凝聚着家族成员，表达着家族成员的共同利益。每个村落或一定区域共同敬奉的神灵，常常反映该村落或该区域社会成员共同的生存权利和利益需求。通过集体的祭祀仪式或活动，村落或区域保护神凝聚本社区成员

的归属感和认同感。

一　祖先、家神信仰与家庭成员的凝聚

由于对始祖或家神的信仰，随着时间的流逝，历史记忆的断裂和修复，祖先和家神对后代及其族人的想象力产生重大影响。子孙越兴旺，家族越庞大，祖先和家神越显得强大。家庭成员去世后的丧葬仪式，使家庭成员重新认识家庭的作用和家庭成员之间的关系。亲友群体的规模在一定程度上代表着家庭的社会经济地位。

在大的家族中，由于受职业和教育程度等影响，形成了不同的社会分层。而定期的祖先和家神祭拜仪式，将每个家族成员又凝聚到一起。家庭祭祀中，向祖先供奉后的酒水和肉食，通常由家庭成员分食。一些祠堂中按辈分排列的神主牌位，象征着宗族长久与延续，提醒族人不要忘记彼此间的血脉相连。祭拜祖先时各族人按辈分排序实行磕头礼，强化着家族成员的位置。

如在清明节或祭拜家神时，只要是本家族成员，不论是官员、学者、白领，还是农民、商人、学生都要参与这些仪式，祈求祖先或家神保佑家族兴旺、家庭幸福、事事如意。期间，全体家族成员团聚，共享祭品，共饮祭酒。通过集体参加同一空间内祭祀仪式，每个家庭成员感受祖先或家神的存在和肃穆的仪式，强化了个体家族意识，进一步巩固和稳定了彼此之间的关系，促进了家族凝聚力。

二　村落神祇与村落认同

许多社会中举行的各种活动，经常是为了强调集体记忆而产生的，人们会运用具有符号意义的媒介，如庙宇、祠堂、传说、文献或者集体仪式等加以保存或强化历史记忆，利用共同的历史记忆来凝聚人群。在河湟地区的大多数村落，村庙中供奉的神灵，在某种程度上可以说是村落认同的象征之一。在传统乡村社会的结构中，血缘关系和姻缘关系将个体、家庭、宗族连接起来。[①] 村落神祇超越血缘和家族，将全体村落成员整合起来，形成村落集体意识与不同家庭、家族的聚合点。民间信仰中的村落神

---

①　王守恩：《社会史视野中的民间信仰与传统乡村社会》，《史学理论研究》2009 年第 3 期。

祇象征着全体村民基于地缘关系的共同利益，在没有制度性宗教的村落社区中是必不可少的，它将全体村民整合在一起，使其超越了个人、家庭、辈分和地位。

村落社区是传统乡村社会中最小的地域生活共同体。在青海乡村社会中，多以家庭为耕作生产单位，但仍有很多超越家庭组织的经济活动需要大规模的团体合作。村落的整合与村落信仰紧密相系，村落民间组织与村落保护神的集体祭祀息息相关。此外，村落水利安排等生产性活动也多由民间信仰组织安排。地方神和村落保护神信仰具有集体象征意义，对村落神祇的祭拜，强化着村民间的合作意识。通过民间信仰仪式或活动将以家庭为中心的村民聚集在一起，既强化了村民信仰，又增进了集体意识，使他们把个人的发展同村落的兴衰联系起来，加深对村落的归属感与依赖感，从而推动村落内部的整合。此外，在贵德、同仁六月会、民和土族纳顿节、互助青苗会、大通老爷山朝山会中，相邻村庄常常各自抬着自己村落信仰的神灵塑像相互对拜，共同举行祭神娱神的一系列活动，这在改变村落之间相对孤立、隔绝状态，加强村际交往等方面产生了积极作用。

三　地方保护神与地域整合、族群认同

地方神祇常常对本地区不同族群或不同家族的认同产生凝聚作用。许多族群、家族观念因没有文本的支持，常受外来信息的影响，所以其观念和记忆常处在不稳定状态，其历史记忆也常发生"集体失忆"现象。虽然国家和地方精英努力用文献记载来避免记忆丢失，但在民间层面，历史学家建立的客观历史与民众的历史记忆及族源认同常常分离，甚至相互对立。民间的记忆多依赖于民间信仰、故事歌谣、神话传说等载体来建构，因此，主观性常常超出客观性。在延续和重构历史记忆的诸多因素中，民间信仰等宗教性信仰因素占据主导地位，民间信仰中的神圣性观念常常与族群或社区中的英雄崇拜、文化自觉、自觉等行为相符合对应，并在祖先记忆等文化重构中发挥着整合等功效。地方保护神的建构在于其属于区域性的神灵，以此为象征便于整合区域社会力量。地方保护神具有多重功能，对于维系强化地域整合和族群认同有着重要作用。地方保护神常常在共同的地域和共享的历史等基础上，建构起共同的象征和神话。族群的核心是神话、记忆、价值和象征符号。共同的历史记忆整合、强化着族群和区域文化认同，共享的神话传说、神祇仪式常常成为族群文化象征或目

标。族群的各种稳定的、变化的、借入的和发展的文化特征，是神话、记忆、价值和象征符号体系的表达。①

作为地域文化的一种表现，民间信仰各种神祇带有地方性和乡土性色彩，祭祀本区域、本村落神灵成为乡村社会民众维系乡土秩序与感情的重要方式。民间信仰神灵反映着现实乡村社会中的族群关系，祈求护佑的意愿、神灵灵验性使得许多外族群信仰的神灵不受血缘、地缘的排斥，即使曾有过冲突也被包容或消解。

如青海省循化撒拉族自治县道帏藏族乡藏族村民除信仰超社区山神阿尼玛卿山神外，还信仰阿尼东日（a myes stong ri）山神、阿尼达加（a myes dar rgyal）山神和阿尼关羽（a myes kon yus）山神。当地藏族村民认为每位山神都抵御着外来邪魔，护佑着社区的平安。每位山神都有拟人化的形象，并有自己的隶属关系，这已成为当地的共识，一致的集体记忆。在每年农历的六月十五，当地举行对三位山神的祭祀仪式，村民聚集于一个特定的地点，向山神煨桑、献"神箭"等，并念诵颂词："行使职责于道帏这方沃土之，东日达加和关羽三位山神，现用酒和煨桑等敬你等来此，来时请持满足我等需求的殊胜宝贝，震慑敌人的威严相状来此，……请为我等人畜兴旺发达而赐福，经济之大海不断庞大而赐福，部族之繁衍昌盛而赐福。"② 此类经文中显然是把整个的社区作为一个整体来对待的，暗示着族群认同的合理性③，颂词已成为凝聚社区集体记忆的文本之一。

"人类借超自然存在的信仰一方面可以满足个人的心理需要，另一方面又可借以整合社会群体。"④ 民间信仰神祇已成为共同血缘和地缘认同的象征，强化着共同的历史记忆，对外形成一层层文化边界，从家族到村落，再从村落到区域。祖先和家神维系着血缘和家族的凝聚力，村落保护神是一个整合、统一的村落象征，地方性保护神或山神成为超越血缘和村落的社会符号。如青海同仁地区由于多民族迁徙，同时由于存在政治经济

---

① 纳日碧力戈：《现代背景下的族群建构》，云南教育出版社 2000 年版，第 44—66 页。

② 索南本编：《祭祀颂词集》，民族出版社 2003 年版，第 254—257 页。转引自洛桑东知《集体记忆与族群认同—— 一个边缘化藏族社区的山神体系对族群认同的功能》，《四川民族学院学报》2012 年第 3 期。

③ 洛桑东知：《集体记忆与族群认同——一个边缘化藏族社区的山神体系对族群认同的功能》，《四川民族学院学报》2012 年第 3 期。

④ 李亦园：《宗教与神话》，广西师范大学出版社 2004 年版，第 80 页。

文化的博弈，因此在每个民族社区内部有着较为紧密的联系，对外则有较明显的地理、文化边界。对当地藏族来说山神和地方守护神成为内外认同的标志。如当地保护神是"阿米夏琼"山神，据说是整个同仁地区 12 个部落共同敬奉的守护神，当地藏族人民称之为"域拉加吾"（yul lha rm-gyal po），意为"地方守护神之王"。[①]"阿米夏琼"山神管辖和领导着同仁地区各村落保护神和每个家族保护神。在当地一些热贡艺人画的唐卡中，"阿米夏琼"也多以地域保护神的地位处在众地方保护神的正中。在每年农历六月，同仁地区各村落都要举行 3—4 天的六月神会，届时举行祭神娱神的各种仪式。虽然当地每个村落供奉的村落保护神并不都是"阿米夏琼"，但由于"阿米夏琼"是地方保护神，所以每个村落要专门选择一日祭祀"阿米夏琼"。民间认为，这一天本地各类保护神相聚在一起观看村民表演，享受祭祀，"阿米夏琼"山神还要对其麾下各神一年中的功过是非进行褒奖或评说。又如位于刚察县境中部的扎玛尔山，距伊克乌兰乡人民政府西南 24 公里，因山石呈红色，故名，意为红石山。扎玛尔神山是刚察部落的守护神，每年其附近的寺院和群众都举行祭祀仪式。当地牧民迁帐房途经此山时，都会脱下帽子、头巾以示致敬。

　　民和三川地区每个村落都有自己的神祇，但二郎神为当地最高一级的神灵，在每年七月庙会上，各村落祭祀时都要将二郎神轿供奉在主位，村落神在副位。海东卓仓藏族部落中的山神信仰也很相似，当地有 6 座神山，依次为桑曼噶尔姆、桑栋念波、色乌三兄弟、扎纳公波、廓噶尔、大秀孜松，当地一个村落对应崇拜附近一座或两座神山，数个相互毗邻的村落多崇拜一座与村落接近的神山，并每年共同定期举行一些祭祀神山的活动，其中桑曼噶尔姆在所有地域保护神中的地位最高。[②] 因此，在青海多民族民间信仰中，有着紧密或松散的神祇体系，它与当地民间社会组织结构相互映照叠合，成为家族或部落、社区或地方社会的象征。举行的相关仪式，将不同圈层内的成员发动起来，增强了每位成员对社区或部落的热爱和依赖，进而促进了部落或区域整合。

---

　　① 参见索端智《藏族信仰崇拜中的山神体系及其地域社会象征——以热贡藏区的田野研究为例》，《思想战线》2006 年第 2 期。

　　② 比如在宗太山谷中的四个村子共同崇拜桑栋念波神山，这时四个村子被看成一个整体，称为"宗太四茹"。参见扎洛《青海卓仓地区藏人的地域保护神崇拜——对三份焚香祭祀文的释读与研究》，《安多研究》（第一辑），中国藏学出版社 2005 年版。

地位、财富、行业、辈分、村落、地域、民族的差异，常常导致人际隔阂、文化误解，甚至造成对立和冲突。但民间信仰仪式和活动可打破血缘等诸多界限，不同村落、地域、宗族、地位的人群，不分血缘、等级、辈分等，共同信仰同一神祇，共同的场合和仪式，促进不同人群间的接触、交流和理解，促进相同的地区观念和文化认同。如"文昌庙在城西十二里，古边境外。依山傍岭，河流索绕。汉番信仰，土民供奉。每逢朔望，香烟甚盛，有事祈祷，灵应显著，久为汉番信仰祈福消灾之所"①。循化县起台堡（汉族村）与南面邻村张沙村（藏族村）因有着共同的信仰"五山庙"，每年两村定期举行祭祀活动，因此两村关系融洽。② 又如黄南藏族自治州同仁地区尕沙日与日合德村原属于两个不同民族的自然村，但有共同的信仰，他们都信奉格萨尔、二郎神、阿米夏琼、阿尼玛卿等神灵。两村落村民因在民间信仰神祇上形成了共同的祭祀圈，呈现出共享互补之态势，为此拉近了两村村民间的心理距离，促进了族际关系和睦。另外，在两个村庄的六月会仪式中，又有与邻村郭麻日互访及共舞的环节，并且三个村庄的神庙中，又都供奉二郎神和夏琼神。③ 可见，在相邻村落和区域内共同举行的民间信仰仪式，促进了不同村落间的交流，促进了地域性或族群认同。

---

① 青海省地方志编纂委员会：《青海方志资料类编》，青海人民出版社1987年版，第1098页。

② 参见白绍业《民族关系影响因素的社会调查——以循化撒拉族自治县起台堡村为例》，《青海民族研究》2010年第2期。

③ 参见孙林《青海隆务河流域六月会中的宗教仪式与族群认同——以同仁县尕沙日与日合德村为例》，《青海民族大学学报》2012年第2期。

第七章 青海多民族民间信仰
互动与共享专题研究

　　青海多民族聚集区各民族交流密切、互动频繁，不同民族民间信仰中的神祇和仪式在长期的历史发展过程中逐渐混融，有些神祇或仪式超越了民族和地域限制，代表原乡或同族的特征逐渐模糊，演变为多民族多族群共同信仰的符号，或跨社区的地域性活动象征，促进了多民族文化的理解、认同与包容。许多民族关心的是神祇或巫术是否能带来福祉、消除灾疫，而不是其族群或地域所属。如土地、山神、吉祥天女、财宝神、猫鬼神等诸多自然物、神灵、精怪或各种仪式禁忌为青海许多民族所共同信仰或使用。

第一节 青海多民族土地信仰与禁忌

　　土地，是万物滋生的本源，是人类生存的根基。在青海汉族、土族、蒙古族、撒拉族等多民族神话与民俗中，保留着许多有关土地的信仰与禁忌。

一 土地信仰的研究成果略述

　　多年来国内外许多学者从民俗学、考古学、人类学等角度对土地文化信仰的最初来源、祭祀仪式、民间传说、文化演变等进行了研究和调查。但前人研究土地文化的专著较少，现可看到较为系统性的研究成果有：王永谦《土地与城隍信仰》[①]、郝铁川《灶王爷 土地爷 城隍爷——中国民

---

① 王永谦：《土地与城隍信仰》（刘锡诚、宋兆麟、马昌仪主编《中华民俗文丛》之一），学苑出版社1994年版。

间诸神研究》①、何星亮《中国自然神与自然崇拜》②，以上成果对土地神的起源、土地神的职权、相关祭祀仪式及国外民族类似民俗进行了叙述和讨论。此外，杜正乾的《中国古代土地信仰研究》③ 博士论文，以文献典籍中有关土地祭祀的典礼和融合佛道思想的土地神传说为载体，对以土地神崇拜为核心的中国土地信仰体系作了全面阐释。樊淑敏的《审美视阈中的土地崇拜文化研究》④ 博士论文，从美学视角对土地神信仰的演变以及与中国传统美学、中国民族文化特性的关系等进行了深入研究。

　　大部分成果为单篇论文形式，主要内容如下：一是对土地神名称及祭祀场所的研究，如孟繁仁、文庆《从"抟土造人"神话到"后土皇地祇"——中华民族的"国土之神——娲皇后土圣母"》⑤，萧登福《后土与地母——试论地土诸神及地母信仰》⑥，林蔚《中国古代的社神崇拜和社祭礼仪》，钟亚军《土地神之原型——社与社神的形成和发展》⑦，唐仲蔚《试论社神的起源、功用及其演变》⑧，张二国《商周时期社神崇拜的宗教学考察》⑨，杨琳《社神与树林之关系探秘》⑩，郑杰祥《郑州商城社祭遗址新探》⑪ 等。二是不同地域特色的土地神专题的比较研究。民国时期，顾颉刚的《泉州的土地神》⑫ 一文，从民俗学田野视角对土地庙分布状况进行了调查，并对土地庙中的一些民间文献进行了记录。杨问春、施汉如《南通僮子"谢土"活动调查》，对南通巫师酬谢土神的活动和仪式进行了考察和描述。改革开放以后，尹虎彬的《多神崇拜与一神独

　　① 郝铁川：《灶王爷 土地爷 城隍爷——中国民间诸神研究》，上海古籍出版社 2003 年版。

　　② 何星亮：《中国自然神与自然崇拜》，上海三联书店 1992 年版。

　　③ 杜正乾：《中国古代土地信仰研究》，四川大学 2005 年博士论文。

　　④ 樊淑敏：《审美视阈中的土地崇拜文化研究》，上海师范大学 2009 年博士论文。

　　⑤ 孟繁仁、文庆：《从"抟土造人"神话到"后土皇地祇"——中华民族的"国土之神——娲皇后土圣母"》，《山西社会主义学院学报》2002 年第 2 期。

　　⑥ 萧登福：《后土与地母——试论地土诸神及地母信仰》，《运城学院学报》2005 年第 1 期。

　　⑦ 钟亚军：《土地神之原型——社与社神的形成和发展》，《宁夏社会科学》2005 年第 1 期。

　　⑧ 唐仲蔚：《试论社神的起源、功用及其演变》，《青海民族研究》2002 年第 3 期。

　　⑨ 张二国：《商周时期社神崇拜的宗教学考察》，《海南师范学院学报》2000 年第 3 期。

　　⑩ 杨琳：《社神与树林之关系探秘》，《民族艺术》1999 年第 3 期。

　　⑪ 郑杰祥：《郑州商城社祭遗址新探》，《中原文物》2010 年第 5 期。

　　⑫ 顾颉刚：《泉州的土地神》，《民俗》1928 年第 2、3 期。

尊——河北民间后土地祇庙祭考》①，陈志明的《东南亚华人的土地神与圣迹崇拜》② 等。三是对少数民族土地信仰的研究，如谢继胜的《藏族土地神的变迁与方位神的形成》③，朱德普的《傣族原始土地崇拜和古代汉族社神比较》④ 等。四是涉及泥土崇拜与人类起源神话的关系研究，有陈建宪的《女人与土地——女娲泥土造人神话新解》⑤，彭兆荣的《从"泥土造人"神话的比较看"土"和"人"的关系——"推原神话"学习偶得》⑥，黄任远、王威的《泥土洪水神话和原始思维特征——黑龙江三小民族人类起源神话比较》⑦ 等。五是土地崇拜与民间艺术的关系研究，有巴奈·母路的《灵路上的音乐》⑧，曹本冶、薛艺兵的《河北易县、涞水两地的后土崇拜与民间乐社》⑨，翁敏华的《土地神崇拜以及戏曲舞台上的土地形象》⑩，王亮的《晋东南明清迎神赛社祭仪及其音乐戏剧》⑪ 等。此外，赵国华、孟慧英、宋兆麟等一批学者对土地与生殖崇拜间的关系进行了论述，前人多有评介，在此不再论述。

二　青海多民族神话与民俗中的土地信仰与禁忌

青海多民族神话与民俗中的土地信仰与禁忌表现形式多元，内容丰富。由于青海各民族神话与民俗受族体构成、自然条件、社会历史、宗教信仰等因素的影响，具有鲜明的民族和地方特色。有些随着当地经济发

---

① 尹虎彬：《多神崇拜与一神独尊——河北民间后土地祇庙祭考》，《民族艺术》2014 年第1 期。

② 陈志明：《东南亚华人的土地神与圣迹崇拜》，《广西民族学院学报》2001 年第1 期。

③ 谢继胜：《藏族土地神的变迁与方位神的形成》，《青海社会科学》1989 年第1 期。

④ 朱德普：《傣族原始土地崇拜和古代汉族社神比较》，《中央民族学院学报》1992 年第2 期。

⑤ 陈建宪：《女人与土地——女娲泥土造人神话新解》，《华中师范大学学报》1994 年第2 期。

⑥ 彭兆荣：《从"泥土造人"神话的比较看"土"和"人"的关系——"推原神话"学习偶得》，《贵州大学学报》1985 年第2 期。

⑦ 黄任远、王威：《泥土洪水神话和原始思维特征——黑龙江三小民族人类起源神话比较》，《佳木斯大学社会科学学报》，2003 年第4 期。

⑧ 巴奈·母路：《灵路上的音乐》，福建师范大学2002 年博士论文。

⑨ 曹本冶、薛艺兵：《河北易县、涞水两地的后土崇拜与民间乐社》，《中国音乐学》2000 年第1 期。

⑩ 翁敏华：《土地神崇拜以及戏曲舞台上的土地形象》，《山西师大学报》1996 年第2 期。

⑪ 王亮：《晋东南明清迎神赛社祭仪及其音乐戏剧》，《黄钟》2003 年第3 期。

展、社会进步、文化变迁，逐渐失去了浓厚的原生态特色；有些自然崇拜现象只遗留在少数神话传说中；有些已经变得支离破碎只能在一些祭祀仪式中零星可寻。依据崇拜对象不同，大体上可以分成天地、日月星辰、动植物、神山、水火等多种自然崇拜。

1. 青海多民族尊奉的经典或神话与传说中的土地文化元素

青海汉族中土地信仰观念来源于古代文化，《孝经》指出"社者，土地之主。土地广博，不可遍敬，故封土以为社而祀之，报功也"。但由于青海汉族受藏传佛教等多元文化影响，经历了各种演变，有关土地信仰的观念已与山神信仰、祭祀鄂博融合在一起。蔡邕《独断》中也认为"社之所祭，乃邦国乡原之土神也"。回族、撒拉族虽不崇信土地，但其信仰经典《古兰经》，多次提到"天地万物，都是真主的"①。真主"他精制他所创造的万物，他最初用泥土创造人"②。"他用泥土创造你们，然后，你们立刻成为人类，散布各方"③。"真主创造你们，先用泥土，继用精液，然后，使你们成为配偶"④。伊斯兰教先知穆罕默德曾说："谁把一片死亡的土地成活了起来，他开发了那里的荒地，他便获得了那里的恩赐。"加之青海大多数回族、撒拉族以农商为主，因此他们对土地也有着深厚的感情。

由于人类对大地震动的直接感受，许多民族都直接地产生了大地浮动的神秘信仰心理。⑤ 在一些青海少数民族神话传说中，大地震动与天地形成有着密切的联系，青蛙甚至成为万物创造者和文化英雄。例如，土族中有蛙身造地球的传说，其内容为一位天神想创立阳世（地球），他看到茫茫一片尽是海水，发愁找不到任何支撑住阳世的东西。一天，他发现水面上漂浮着一只蛤蟆。天神惊喜之余，急忙抓来一把土，放到蛤蟆背上，蛤蟆一下沉入海底，不见了踪影。天神发怒了，当蛤蟆再次浮出水面时，他张弓搭箭，射穿了它的身躯。天神趁机再抓一把土放下去时，蛤蟆翻过身来将土紧紧抱住，这才造就了阳世。蛤蟆求道，我承担的差使应有个尽头呀！聪明的天神将一根烧焦的火棍塞到它的肚脐眼上说，当烧火棍发芽时，你就可以甩掉阳世了。此后，蛤蟆等得不耐烦了，便扭动身躯看看烧

---

① 《古兰经》第 53 章第 31 节。

② 《古兰经》第 32 章第 7 节。

③ 《古兰经》第 30 章第 20 节。

④ 《古兰经》第 35 章第 11 节。

⑤ 乌丙安：《中国民间信仰》，上海人民出版社 1995 年版，第 18 页。

火棍是否发芽了，于是发生了地震。与此同时，五行也形成了，箭靶是木，天神从东方射箭，东方为木；箭头是铁，西方为金；蛤蟆受了箭伤，嘴里冒火，南方为火；蛤蟆的屁股朝北，撒了尿，北方为水；中方为土。①

撒拉族的《耶尔特仁根冬巴合》（即地震神话）中说：大地是由"耶尔斯合尔"（即大地黄牛）托在两只角上的，大地黄牛又站在一条鱼的身上，鱼在水面上浮游，倘若哪个地方的人干了坏事，黄牛便把角上的大地移到另一支角上，这样大地便会震动。② 土族神话观念中也有大地漂浮在青蛙背上的传说。撒拉族的族源传说《骆驼泉》也讲道：在中亚撒马尔罕地区，撒拉族的先民尕勒莽和阿合莽兄弟二人，不堪忍受统治者的迫害，率领同族的一部分人，牵上一峰白骆驼，驮着撒马尔罕的一碗土和一壶水，一本《古兰经》，寻找新的乐土。他们越过新疆天山，从北往东进嘉峪关，经过甘肃的肃州、甘州、天水、甘谷，进入宁夏又辗转来到拉卜楞的甘家滩。然后进入循化的夕昌沟，翻过孟达山，来到街子的奥土斯山。这时天色已晚，个个筋疲力尽，便在奥土斯山上休息。半夜醒来，尕勒莽发现骆驼不见了，便叫醒同伴，点上火把，到处寻找。天亮时，他们发现骆驼恋卧在一处清泉边已变成化石。后来，他们发现他们带来的水土与本地水土完全相符，便同声感谢真主，从此定居在这个泉的周围，骆驼泉因而得名。③《循化撒拉族自治县概况》中也提道：在中亚撒马尔罕地方，有尕勒莽、阿合莽兄弟两人，他俩在群众中很有威望，因而遭到当地统治者——国王的忌恨和迫害。他俩遂率领了同族十八人，牵了一峰白骆驼，驮着故乡的水、土和一部《古兰经》，离开撒马尔罕向东方寻找新的乐土。他们出发后，又有四十五个同情者跟来。尕勒莽等一行经天山北路进嘉峪关，然后经肃州、甘州、宁夏、秦州（天水）、伏羌（甘谷）、临羌等地辗转来到今夏河县的甘家滩。那后来的四十五人经天山南路进入青海，沿青海湖南岸到达圆珠沟（贵德县境内），有十二人留了下来，其余的人继续东行。他们在甘家滩与尕勒莽等巧遇后，又一起继续前进，进入循化境内。经夕厂沟，越过孟达山，上了乌土斯山。这时天已黑了，苍茫

① 马光星：《土族文学史》，青海人民出版社1999年版，第30、31页。

② 参见马成俊《撒拉族文化对突厥及萨满文化的传承》，《青海社会科学》1995年第2期。

③ 参见循化撒拉族自治县文化馆编《撒拉族民间故事》（内部资料），1988年1月，第1、2页。

中走失了骆驼，便点起火把在山坡寻找，因此后人把这个山坡叫"奥特贝那赫"（意即"火坡"），山下的庄子叫"奥特贝那赫庄"（意即火庄）。最后他们找到街子东面的沙子坡，这时天已破晓，因此后人就称沙子坡为"唐古提"（意即天亮了）。在黎明中，他们眺望街子一带，眼见土地平衍，清流纵横，是一片好地方。下山坡后见一眼泉水，走失的骆驼卧在水中，已化为白石。众人喜出望外，试量了水、土，与所带故乡的水、土重量完全相同，大家便决定定居下来。① 这则撒拉族族群迁徙的传说，将土地与本民族的历史记忆、族群迁徙紧密联系在了一起。

蒙古族有一个古老的传说：一个孩童问母亲，我们蒙古人为什么总是游牧和迁徙，就不能定居在一个地方么？母亲告诉他，如果在一个地方定居，地母神会疼痛的，当蒙古人游牧和迁徙时，就像血液在她身上流淌一样，地母神才感到舒畅愉快。②

2. 青海多民族民俗生活中的土地信仰及禁忌

土地是农业赖以发展的基本条件，在古人看来，土地能生长五谷，供人享用，给人类带来巨大的恩惠。青海许多民族对大地与地神的崇拜与对"天"的崇拜相对应。在一些苯教著作中土地神与山神、龙神很难区分。土地神掌管着地上和地下的万物生命和财富，是土地的主人，地上财富之主。在掌握土地等问题上又具有龙神和年神的特点。据苯典《十万白龙经》记载，当辛浇·米沃且登上须弥山宫和最高神山的山峰时，土主献上了大地上的奇花异草及各种宝物，叩见辛浇·米沃且。这里的土主是以大地之主的身份出现的，而且有名字：丹玛。③ 地神无处不在，它可以随时出现在任何一个地方，时时徘徊在大地之上，主管着土地上生长的一切植物。同时，它又保管着大地上的一切宝藏。人们利用它所属的任何东西，都必须经过它的同意，而这种沟通就是各种各样的祈求和祭祀方式。④ 如谁家打桩盖房，首先要在开工动土的地方铲上几锹，煨上桑烟摆上祭食，其意义是告知土主，请求土主保佑。倘若没有这些仪式，土主发

---

① 《循化撒拉族自治县概况》，青海人民出版社 1984 年版，第 24 页。
② 韩官却加：《青海蒙古族的原始崇拜及生态价值观》，《青海民族学院学报》2009 年第 4 期。
③ 丹珠昂奔：《藏族神灵论》，中国社会科学出版社 1990 年版，第 25 页。
④ 华锐·东智：《安多藏区民间多神崇拜文化读解》，《西藏艺术研究》2011 年第 1 期。

怒，就会将打起的墙推倒，使盖起的房倾斜，甚至倒塌。[1] 玉树等地从事农业生产的藏族群众也认为如触犯地神，庄稼将遭霜冻。他们往往以煨桑、祈祷、请喇嘛念经等方式对地神予以礼敬。[2] 土族人民视开犁春耕为大事。在备耕之前，必须择好破土耕种吉日，举行一定的开耕仪式，叫作"拍春"。举行仪式时，在耕牛的犄角上穿着油饼，额头上挂彩红或黄表纸，在近门口的一块地里驾犁耕一圆圈，圆圈内再犁十字，便犁成了个"田"字。然后，撒一把麦种，并在"田"字中心点香烧纸，叩头祷告，祈求当年五谷丰登，平安如意。在纳顿节表演庄稼其的节目中，也有焚化香表，象征性向土地神祷告的重要仪式。在土族日常习俗中，如见小孩受到惊吓，父母从受惊吓的地方拈一点土放入小孩口袋，防止丢魂。撒拉族认为大地是有生命的，小孩如用木棍击地，会遭到老人的禁止。青海汉族、土族等民族的祖坟当中，在最早已故祖先的坟茔后方会设有石碑或一个较小的土堆，称为后土。青海许多汉族和回族，离开家乡时都要带一抔土，在异乡感到水土不服时，在茶壶中放一点冲服。青海少数回族朝觐或国外经商归来，一踏入祖国领土，便伏下身躯亲吻土地，或用额头碰触土地。青海蒙古人认为"天是我的腾格里父，地是我的大地母"。在敬献"德吉"习俗中，首先向天、地、祖先供奉"德吉"之后，再向在场的老幼敬献"德吉"。罗卜桑悫丹《蒙古风俗鉴》中也记载"这个舒斯（全羊宴）的切分祭礼是：第一块向天献祭，第二块向地洒祭，第三块向宝尔罕酒祭"[3]。由于受宗教信仰和地理环境的影响，在青海多民族民俗中，对土地的尊奉发生了历史演变，与国家认同、祖先历史记忆、家乡思念等意识紧密联系在了一起。

3. 青海多民族土地崇拜另一形式——神山和山神崇拜

山是积土而成，"有石而高象形"，正表示出山的广大崇高，故能蕴生万物。在先民看来，山石作为创生本原和生命始基，具有天人之间神格与人格叠合的寓意，这也是大山崇拜心理的表现，同时也是天人合一理念的渊源。[4] 藏族、土族一般将村落周围的山都视为神山，每逢重大节日如

---

① 华锐·东智：《安多藏区民间多神崇拜文化读解》，《西藏艺术研究》2011 年第 1 期。
② 参见赵宗福、马成俊主编《中国民俗大系·青海民俗》，甘肃人民出版社 2004 年版，第 246 页。
③ 罗卜桑悫丹：《蒙古风俗鉴》，内蒙古人民出版社 1981 年版，第 90 页。
④ 韩坤：《中国古文化中大山崇拜心理之探讨》，《东方论坛》2010 年第 2 期。

春节等，村民都要去山上放风马，向神山祈求平安。人们忌讳砍伐生长在神山上的各种古树，禁猎神山上的动物。如果村民盖新房或修牲畜的棚圈，需砍伐神山之树，必须在砍伐之前，先煨桑烟，祭山神，诵忏悔还净之罪的经文，并上报所需砍伐木料根数，方能上山砍伐。若未举行祭山神仪式，乱砍滥伐或到神山上狩猎，人们认为会激怒山神，受到山神的严惩，导致或家人患病或牲畜死亡等灾难。在土族神话《思不吾拉》中，土族人民把他们崇拜的神山思不吾拉人格化，把这一自然物形容为巍然屹立于宇宙间的巨人，唱述他顶天立地，一只手里拿着弓箭，一只手掌着笔砚，嘴里衔着五谷，前胸揣金，后背扣银，脚踩大地。总之，在他身上集中了人类赖以生存的一切财富，他又是社会文明的象征。思不吾拉是土族人民从山之根、河之源的视角上，关照自然，将自身的本质力量对象化的结果。阿尼玛卿雪山，被神化为开天辟地九大造化神之一，在二十一座神圣雪山中，排行第四，专掌安多地区山河浮沉和沧桑之变，是安多地区的救护者。章嘉大国师若必多吉所著《大神玛杰博热祈供法·满意》中对其形象有着较为细致的描述：迎请时的玛卿身为白色，右手持如意摩尼珠，左手持水晶念珠，头戴珍宝天冠，双足置于金座。而当托付事业时，玛卿乘宝马，马配金玉鞍及各种美饰。山神金盔金甲，右手持长矛，左手拿绳索，腰插弓箭。绘制于隆务寺大经堂外侧墙壁上的玛卿山神像，纯粹是一个武将的形象，头戴红缨帽，身披银甲，乘玉龙白马，右手持矛，左手掌旗，腰悬宝剑，佩弓挂箭。山神的四角分别有乘龙、大鹏鸟、虎、狮子的四位随从。有的文献中，还将玛卿山神描绘成着金盔金甲，披白色斗篷，身上装饰各种珍宝，右手挥舞长矛，左手托着装满宝石的供器。阿尼玛卿山神在藏族地区声名远扬，是安多藏区地位最高、崇拜者最多的山神，在整个雪域高原他又被尊为东方大神。藏区许多藏族村落的山神庙内都有他的塑像。但有些地方的村民担心他管的地盘太大，怕有时照顾不到本村，所以他在各村供奉的山神中，不占首要地位。又如以同仁县境内的阿米夏琼山命名的主要山神阿米夏琼（藏语音译），意为大鹏。其地位仅次于阿尼玛卿山神，传说其长期居住在阿米夏琼山上。普遍为周围藏族、土族群众所崇拜信仰，当地许多村庄每年都定期派人上山煨桑、念经、颂神、祭祀。许多村落进行放生仪式，将活着的牛、羊献给山神，称之为"神牛"、"神羊"，不允许宰食或出售，任其自生自灭。

三　青海多民族习惯法中对土地的保护

青海各民族对土地充满了感情，具有浓厚的土地情结。在对土地依赖和利用过程中，受宗教信仰、生态环境等因素影响，形成了保持水土、保护土壤和节约土地等习惯法。因为回族、撒拉族信仰伊斯兰教，其习惯法多来源于伊斯兰教教法。如《古兰经》中规定："真主是创造万物的，也是监护万物的。"（《古兰经》39：62）"天地的库藏，只是真主的。"（《古兰经》63：7）《古兰经》启示道："我展开大地并把许多山岳安置在大地上，而且使各种均衡的东西生出来。"[1] 因此，在回族、撒拉族观念中，土地等万物都为真主所有。人只是真主在大地上的代治者，只具有替真主保管的权利。《古兰经》鼓励人们合理地开发自然，利用自然，有节制地向大自然索取，享受真主的恩赐。人不能无限度地利用土地资源，破坏土地。青海藏族习惯法中也有许多关于保护土地的规定，如刚察部落习惯法规定："在草原上生火取暖，罚羯羊 1 只；草原失火，罚牛 1 头。"[2] 达玉部落习惯法规定：一些藏医和牧民在挖掘药材时必须要用兽角进行挖掘。挖取药草之后，要立即以挖出的土或者草皮重新填补洞穴，以求尽快恢复被破坏的土地。[3]

青海蒙古族也忌讳到处乱挖开垦土地、破坏植被，否则就会"瞎眼睛、手脚骨折"。还忌讳在鄂博附近狩猎、开垦、砍伐、放牧，忌讳宰杀牛羊时将血液泼洒在地面。《卫拉特法典》规定"其国禁，草生而毁地者，遗火而焚草者，诛其家"。

四　青海多民族尊崇土地的理念对当下土地问题的启示

土地是生命之源、万物之本。土地是人类生存、繁衍、发展的物质基础。生态人类学者凯·密尔顿曾指出，"人类学家的独特专长在于他们理解文化在人与环境关系中的作用"，"人类学通过对文化多样性的分析，

---

[1] 《古兰经》第 15 章第 19 节。

[2] 参见多杰整理译注《刚察部落制度及法规》，载于张济民主编《渊源流近——藏族部落习惯法法规及案例辑录》（藏族部落习惯法研究丛书之一），青海人民出版社 2002 年版，第 84 页。

[3] 参见洲塔、王力、叶静珠穆《达玉部落历史文化研究》，青海人民出版社 2013 年版，第 48 页。

使我们得以洞察人们怎样看世界与他们在世界里的行动之间的关系……生态学研究足以揭示是些什么样的人类实践对环境有利，什么有害，而人类学的分析则足以揭示是些什么样的世界观支持良性的或有害的做法。而且又转而为后者所支持。"①《管子·水地》曰："地者，万物之本原，诸生之根苑也。"② 土地是人类赖以生存的最基本最重要的物质基础。恩格斯认为，"宗教是在最原始的时代从人们关于自己本身的自然和周围的外部自然的错误的、最原始的观念中产生的"③。在漫长的历史长河中，土地作为多产、丰收、繁荣等多种象征，领受过远古先民虔诚的膜拜，现今仍具有深刻影响。随着社会发展、文化变迁，土地在人类物质生活和精神生活中不断被赋予新的内涵。

　　青海汉族、藏族、蒙古族、土族等民族对土地的崇信与原始自然崇拜有着密切的关系。自然崇拜是源于先民生活在生产力和认识能力均非常低下的时代，对天地万物的迷惑、恐惧、感恩等而产生。在此基础上形成了与生产环节紧密相依的祭祀活动，以及对各种生产禁忌的恪守，集中表达了这些民族取悦神灵，祈求风调雨顺的信仰心理。此外，由于汉族、土族在拜祭土地神时，往往同族祭拜，又包含着祖先崇拜。

　　而在伊斯兰教创建前，阿拉伯半岛绿洲和沙漠之间形成强烈的对照，因此，两地各自供奉的神灵神格也截然不同。可耕地的神灵是慈祥可亲的；不毛之地的神灵是狰狞可畏的④。树木、水井、山洞、石头等自然物被视为是圣洁的，崇拜者要通过这些自然物（即沟通神人媒介）才能与神灵发生直接的联系。如阿拉伯人宰杀骆驼和羊后常去祭祀克尔白和附近的许多神石。阿拉伯人全部的资财就是畜养着的牲畜，寄存于大自然的恩赐之下，若遇泉水干涸、雨水稀少、绿草不生，生活会艰辛，因此阿拉伯人称"雨水"为"救星"。⑤ 山洞也被认为是地底下的神灵和潜力相结合而成，是圣洁的，常用来祭祀，如古代阿拉伯人就在奈赫莱的加卜山洞祭

①　凯·米尔顿：《多种生态学：人类学，文化与环境》，载于中国社会科学杂志社编《人类学的趋势》，社会科学文献出版社 2001 年版。

②　支伟成：《管子通释》，上海书局 1924 年版，第 275 页。

③　《马克思恩格斯选集》第 4 卷，人民出版社 1995 年版，第 250 页。

④　［美］菲利浦·希提：《阿拉伯通史》，马坚译，新世界出版社 2008 年版，第 86 页。

⑤　［埃及］艾哈迈德·爱敏：《阿拉伯——伊斯兰文化史》（第一册，黎明时期），纳忠译，商务印书馆 1982 年版，第 49 页。

祀星神。① 伊斯兰教创建后，认为自然界的运动变化，如刮风下雨、日起日落、昼夜循环、四季交替等，绝无神秘之处，人们不应对此心怀恐惧，盲目加以崇拜，而应该仔细观察自然，探索自然，领悟其中的奥妙，总结其中的规律，坚定自己的信仰。② 回族、撒拉族对土地有着深厚的感情，认为对其要有节制地利用，不能浪费。

虽然青海各民族有着宗教信仰和文化差异，但也有许多相通之处，每个民族都热爱土地，爱惜土地上的万物。许多民族恪守着不能触动自然界、保护自然的完整就是保护自然生命力的传统生活理念。合理而有效地利用自然，敬畏自然，寻求人与自然的最高和谐，不仅保护了许多珍贵的兽类、鸟类与鱼类，使青藏高原完好地保持着高原生物的多样性，而且保护了大片草原千百年来未受破坏。

然而许多人没有从心底真正地去爱护我们赖以生存的土地，正在践踏与羞辱着我们的生命赖以维持的土地。还未普遍意识到土地问题的严重性。③ 土地价格的非理性飙升可能会断送一个国家的发展前途！2009 年全国耕地面积为 13538.46 万公顷，2012 年则变为 13515.85 万公顷，2013 年全国净减少耕地面积 8.02 万公顷（120.3 万亩）。耕地质量问题凸显，区域性退化问题较为严重，国土面积超三成遭受侵蚀，现已达到 2.95 亿公顷。④ 我们应保持尊崇土地、热爱土地、珍惜土地的深厚而又凝重的历史文化底蕴和美德，防止耕地大片地消失。

第二节　青海回族民间文化中的民间信仰元素

伊斯兰文化是中国回族群众日常生活中的主流文化。自唐代穆斯林进入中国至今，伊斯兰文化始终占据着中国回族文化的主导地位。由于民族形成、发展和分布格局的特殊性，回族在孕育、形成、发展的长期进程中，不断吸收、融合周围多种民族成分。回族文化在坚守伊斯兰文化主导地位的同时，也积极吸收、融合周围民族不同特质的文化因子，并使这些

---

① 鄂崇荣：《伊斯兰教前阿拉伯半岛上的多元宗教》待刊稿。
② 马明良：《伊斯兰文明与中华文明的生态环境理念及其当代价值》，《世界宗教研究》2009 年第 3 期。
③ 曹小曙：《让我们回归土地崇拜吧》，《南方日报》2011 年 7 月 12 日第 2 版。
④ 中华人民共和国环境保护部：《2013 年中国环境状况公报》，2014 年 5 月 27 日公布。

文化因子与主流伊斯兰文化互相调适、共存，形成了独特的中国回族文化。青海回族文化亦如此，青海地处欧亚大陆中部，是亚洲通往欧洲的必经之路，也是历史上中西文化、少数民族文化激荡交汇之地；青海回族处于青藏高原多民族文化圈之中，周围汉、藏、蒙古、土、撒拉等民族文化纷呈、历史久远，在地缘上对青海回族民间文化的形成、发展产生了巨大的影响。因此，青海回族在形成、发展的过程中，坚守主流伊斯兰文化的同时，不断调适、吸收周围民族的文化。其中，除了吸收汉族的儒道文化中的部分思想外，青海回族民间文化中还吸收了青海蒙古族、土族、撒拉族等民族历史上曾普遍信仰，至今仍在这些民族中有深厚遗存的萨满教等民间信仰文化元素。相对于主流的伊斯兰文化，青海回族民间文化中的萨满文化元素表现得更为曲折、更为隐现。

一　青海回族日常生活中的禁忌文化

在青海回族的日常生活中，有诸多禁忌，归纳起来分为两种：一种是伊斯兰教禁忌；另一种就是非伊斯兰教禁忌。伊斯兰教禁忌来源于伊斯兰教的教法、《古兰经》、圣训等相关方面的禁忌；而非伊斯兰教禁忌则主要来源于萨满禁忌文化。伊斯兰文化中，自然和人类处于平等的地位："他（真主）已为你们创造了大地上的一切事物，复经营七层天。他对于万物是全知的"（2：29）、"他（真主）曾以太阳为发光的，以月亮为光明的，以便你们知道历算"（10：5）。《古兰经》中认为自然万物是真主创设的，为信教的人们提供生活生产的需要和便利。伊斯兰文化中没有自然神秘感，也几乎没有自然崇拜，只有对全能、仁慈的真主的敬畏和感激。因此，青海回族习俗中如不能用手指太阳、月亮，认为手指月亮会被割伤耳朵；在野外解手不能对着太阳；不能在火上、水里小便；男人不能直立在地面上小便，应采取半蹲姿势等自然禁忌主要来源于萨满文化中的自然崇拜。对太阳、月亮以及火的崇拜和敬畏，是萨满教自然崇拜的主要内容。萨满教是以万物有灵观为基础的原始宗教，萨满文化中自然万物都有灵魂等观念渗入青海回族文化之中，并结合伊斯兰文化做出另一番诠释，如青海回族认为每次闪电雷击，都是真主在消灭一些恶灵，而这些恶灵主要是一些百年成精的动物或植物，藏身于雷击之处。甚至，有的回族群众声称在雷击之处发现了"雷箭"。青海回族群众禁忌深夜外出，认为深夜外出会被野外飘游的"恶灵"或"孤魂野鬼"附身。由于对恶灵的恐惧，自然也就出现克服恐惧和降服恶灵的招数，那就是使用火驱邪。青海回族，尤其是部分农村地区的回族群众一般深夜归家时往往在地上点燃一堆火，熏燎全身始入屋门，目的就在于用火驱赶附着在人身上的"恶灵"；小孩莫名地啼闹时也以火熏燎，盼其停止啼闹；回族老人去世后一般将生前的衣物、照片等焚烧。从文化来源分析，这种文化习俗主要源于萨满文化对火的崇拜，正如弗雷泽尔所说：用火的"净化"功能来驱邪避灵。

二　青海回族民间文化中的巫术

青海农村的回族群众在面对现代医学无法诊断和治愈的疑难病症时，在积极借助医学治疗的同时，也往往寻求一些民间行医者进行诊断和治疗。这些民间行医者分为两类：第一类以传统中医学为主要理论基础、同时掺杂部分回族传统医学的民间行医者，即俗称的"郎中"，他们医术往往有祖传、师传以及民间偏方、验方的收集应用等，是传统中医学的一部分。但也不免或多或少有一些萨满巫医的遗影，但慑于聚居区伊斯兰教的主流地位，其诊治方法主要还是以传统中医学为主，诊断病情时说法比较含蓄、委婉，语词往往都是在伊斯兰教的语境范围内，强调"真主"安排的前提下，推测病人的病情。故这类民间行医者不属于完全意义上的萨满巫医。第二类民间行医者则带有明显的巫术色彩。这类民间行医者的病理理论既不符合传统中医病理理论，也有违伊斯兰教教义，故他们社会地位低下，甚至遭到伊斯兰教虔信者的不屑。这类人不苟言笑、表象神秘，看起来有些精神疾病；他们声称自己得了一场大病之后，就具有了能够"通神治病"的能力。这种说法跟萨满教中的萨满因大病而获得治病祛邪的能力说法相同。在驱邪治病的时候，也往往出现半昏迷状态，大声叫骂驱赶附着在病人身上的致病"精灵"，这也与萨满教中萨满治病祛邪之术相同。

但由于受所在社区主流文化伊斯兰文化的影响和排斥，回族民间巫医在进行疾病诊治时不再使用神衣、道具，也未出现跳神等行为。但在诊治病情时采用超自然的原因解说患者病因、病情，应用非科学的治疗方法，诊治活动始终在万物有灵论的语境中展开。他们常常通过看面相、问病史、诊脉等方法诊断病因、病情，有时声称直接通过面相就可以看出病人病因。诊断结论也往往涉及超自然因素，最主要的就是灵魂附身，认为是自身之外的灵魂在作怪。认为侵扰病人的恶灵，既包括人的灵魂，也包括动物的灵魂。灵魂附身在青海回族俗语中称"跟上了"，认为亡灵因不满被附身者在亡者生前身后的作为而附着在人身上，导致被附身者生病或精神状态出现异常。引起亡灵不满的原因也五花八门，如没有还清对亡者生前的债务，没有兑现对亡者生前的承诺，或者没有对亡者进行纪念以示对亡灵的救赎等。动物灵魂附身则是病人曾靠近或接触过被抛尸野外的动物尸体，或飘游荒野的动物灵魂偶然附身。如青海回族在婴儿未满月之前一般不让陌生人贸然进入婴儿所在的屋子，认为大人身上的某种东西会使婴儿生病啼闹，在青海回族俗语中用"冲"或"冲撞"来表述这种现象。深夜外归更不能进婴儿所在房屋，要先在其他屋子暖一会儿身或靠近火堆燎熏全身才能进入。

此外，中医中的"中风"在青海回族地区巫医病理理论中也包括在内，有时也称"受风"。但关于"中风"病理理论却与传统中医"中风"病理大相径庭。中医认为中风的常见病因有忧思恼怒，饮酒无度，或恣食肥甘，纵欲劳累，或起居不慎等。但在青海回族地区的巫医病理中，中风病因则主要是被灵魂附身或伤害所致，治疗方法也是中医、巫医杂糅并用。2008年夏，笔者在青海省大通回族土族自治县调研时，遇见这样一个现象：病人 M 胃癌晚期，很长时间没有进食，已弥留数日。民间巫医对病人进行诊脉后，认为病人预后不良，脉象时强时弱，是因为"风脉"在支撑，也就是"风"在支撑着病人。对"风"的解释，就是某种"恶灵"。为了使病人免受病痛折磨，就要进行"除风"，"除风"后病人摆脱了"恶灵"的支撑和纠缠就会去世。当时，病人家属听从民间巫医及邻里老者的建议，用陈年老墙上的蜘蛛网、牛蒡子（大通地区称"黑风籽"）、胡芦巴（俗称苦豆，大通地区又称"香豆"）种子等熬药给病人喝。喝完药约三个小时后，病人意识模糊，并去世。在中医相关辞典及研究论文中上述三种药物的药性都与祛风避邪有关。农村地区的回族群众因无法对中风等疑难病症做出正确的解释和治疗，只能解释为"致病精灵"在作祟，于是就出现了巫医病理加中医疗法的杂糅医术。

青海回族民间巫医在治疗的时候，多通过喊骂等方式驱逐恶灵。如果病因是人为对亡灵亏欠债务、人情以及未实现对亡灵的承诺，则劝诚病人积极采取相应的措施进行弥补，如归还债务、人情，进行施舍等。2009年夏，笔者在大通地区调研时，遇见在一回族家庭婚礼仪式上，待出嫁女子突然昏厥在地，几分钟后她醒来说话时以该女子不久前无疾而终的父亲的口吻说"他"只想看看自己即将出嫁的女儿，没有伤害大家的意思，请大家不要折磨他，说"自己"去世得太突然，没有跟众亲戚道别，借此机会看望大家等。当时，周围众人，包括宗教修行较高的回族长者也相信该女子被父亲之灵附身及其被"附身"后的言行，并积极劝"父亲之灵"回归真主那里，听从真主的安排，而不要四处飘游。约十来分钟后，该女子又晕倒在地，醒来后已经回到自身角色，心神清醒，与常人无异。暂不论这个案例是否欺骗众人，妖言惑众。笔者只想从被灵魂附身之人祈求大家不要折磨"他"和众人相信灵魂附身的"真实性"以及劝诫"他"不要四处飘游、回归真主等言行去证实青海回族文化融摄了灵魂崇拜和驱灵避邪等萨满文化遗存的客观性。众人相信父亲灵魂毫无恶意的"附身"说明了部分回族对亡者灵魂存在的承认；而温言劝诫灵魂离开也含有对灵魂的驱赶之意。总的来说，青海回族，尤其是经济、文化较为落后的农村边远地区的回族民间文化中确实包含着周边民族的民间信仰文化元素，但由于这些民间信仰文化元素受伊斯兰教文化的影响，呈现出伊斯兰化的解释。

三　青海回族民间文化中的"都阿"文化

"都阿"文化在青海回族民间文化生活中有着重要作用。一些青海回族群众请阿訇等宗教修行较高的人在碗碟等餐具上面书写"都阿"，认为用这些"都阿"餐具吃饭，可以起到祛病的作用，而且，针对不同的疾病，念诵或书写的内容也不尽相同。甚至，还有不少人认为"都阿"能包治百病。在家居方面，青海回族中不少人家在门口或正堂墙壁上贴一张写有"都阿"的贴符，希望能驱除恶灵的侵害。"都阿"在作为祈求真主予以佑助的祷词和驱邪治病的"药物"意义上，使回族群众在生理和心理方面得到安慰，对生活充满自信和希望。但有些时候，"都阿"也用于一些怀有恶意的目的，如用来诅咒他人遭遇灾害、不幸，甚至死亡等，青海回族中称为"祷歹都阿"，就是祈求真主对坏人予以惩罚。从文化人类学的角度来看，"都阿"文化实际上是回族伊斯兰文化和民间信仰文化相结合的一种咒禁疗法。"都阿"用来祛病除邪，甚至诅咒，实际上默认了生病是由于某种"恶灵"的侵扰，正如爱德华·泰勒在《原始文化——神话、哲学、宗教、语言、艺术和习俗》中谈及"万物有灵观"时所说：

"恐怕没有比念咒的方法更能生动地体现个体精灵是疾病和癫狂的原因的概念了。"①

四　青海部分回族民间文化中的占卜文化

伊斯兰教是严格的一神教，伊斯兰教教义肯定人类的一切活动，包括生老病死都是真主"安拉"的安排，凡人无法改变和干涉，所以青海回族群众一般不能求签、占卜、算卦等，在宗教典籍和阿訇的平时"瓦尔兹"（教义演讲等）中将占卜、算命等视为违背教义而被禁止。但出于对现实生活中某些棘手问题的困扰，部分回族群众遇到一些诸如子女离家出走、婚姻、升学、工作及某些疑难杂症的预后等突发情况或不知所措时，也往往求助一些他族或本族自称有占卜能力（有些甚至称未卜先知）的人化解疑难、指点迷津。相对于巫医，青海回族中从事占卜、算命的人很少，因此部分回族在遭遇上述问题和困难时就到邻近的汉、土、蒙等民族村中寻求所谓有占卜能力的人进行占卜。例如，在青海省大通县城关镇附近一村庄中就有一位老妇，因其擅卜故而在周边有很大的影响，平时上门求签问卜之人络绎不绝。部分回族群众在遭遇困难而不知所措时也上门求助，根据部分采访人描述，该老妇"未卜先知"，求助者一进门，她就能大概知道求助者所要咨询的问题。当然，该老妇的这种能力没有任何科学性而言，部分受访群众也对其能力表示怀疑和否定。如 2009 年，回族村民 Q 小女离家出走，家人多方寻找无果，于是上门求助该老妇，老妇"算定"出走女孩在西宁火车站附近。女孩家人多日寻找还是无功而返，后出走女孩自行回家，并说一离家就赶往外省，并未在西宁火车站附近逗留。

五　青海多民族民间信仰对青海回族民间文化的影响途径

1. 原生的萨满文化遗俗

青海回族是在中国封建社会里，以伊斯兰教信仰为纽带，经数百年时间融合、组合，于元末明初形成的。宋末元初，回族先民大批入居青海。13 世纪，蒙古军西征，先后征服中亚穆斯林各国，遣送被征服各国的青

---

① ［英］爱德华·泰勒：《原始文化——神话、哲学、宗教、语言、艺术和习俗》，连树声译，广西师范大学出版社 2005 年版，第 233、346 页。

壮年组成"回回军"进入中国内地。1227 年春，蒙古汗国首领成吉思汗亲率大军占领青海广大地区，并把水草丰美、草原辽阔的青海作为进军中原的根据地，派蒙古军和"回回军"在这里屯聚牧养。元朝建立后，先后派蒙古王室成员奥鲁赤、阿答里速失、速来蛮等率部驻屯青海。他们都是穆斯林，其部众也多为穆斯林。《多桑蒙古史》记载：蒙古贵族安西王阿难答"幼受一回教徒之抚养，皈依回教，信之颇笃，因传布回教于唐兀（唐兀地域包括今宁夏全境及甘肃北部、青海东北部）之地。所部士卒十五万人，闻从而信者居其大半"。自元代一直到晚清，又有中亚各国的回回商人、回回传教士进入青海。他们构成了青海回族先民的主体部分。明时设置的安定、阿端、曲先、罕东四卫的蒙古人中，也有众多的穆斯林。四卫残破后，有的部落迁入青海、甘肃东部地区，或聚族牧耕，或融合到回族及其他民族中。明成华年间，瓦剌部哈剌灰（瓦剌回回）中的一支在部落首领奄克率领下徙牧于青海湖一带。明正德初年，在蒙古汗王也先之孙亦卜剌、也先侄孙卜儿孩等率领下，蒙古穆斯林部数万人先后徙居青海，其后裔麦力干等部由游牧向半农半牧定居转化，逐步融合到回族中。随着回族的不断发展，在回族聚居区内的一些汉族、藏族、土族、撒拉族、保安族以及因经商等原因留居青海的维吾尔族、哈萨克族等也逐步融合到回族中，从而形成了青海回族。

从青海回族先民的来源成分看，主体是来自西域诸国的商贾和蒙古军队中的官兵。西域商贾群体来自波斯、大食以及今中国新疆等地，这些群体在中亚伊斯兰化之前都曾普遍信仰萨满教，如现在的维吾尔族、哈萨克族等。中亚伊斯兰化之后，由于同一的宗教信仰，使得较多的今新疆地区维吾尔族、哈萨克族等民族融入到回族之中，而这些民族自身文化中的萨满教遗俗也融入到回族伊斯兰文化之中。青海回族族源中的蒙古人群体，他们中的大部分在元朝建立以前已经皈依伊斯兰教，原先信仰的萨满教没有经受藏传佛教文化依托政治军事势力的排斥和打击，因而皈依伊斯兰教后，他们更多地保留了一些萨满文化习俗。这些回族先民在近千年的历史中将伊斯兰文化和原来的萨满文化遗俗不断传承，并逐渐将一些萨满教文化遗俗杂糅到伊斯兰文化之中并代代相传。

2. 周边民族原始信仰对青海回族民间文化的渗透

历史上青海地区的多个民族都曾信仰自然崇拜，如古羌人崇拜自然，有很深的鬼神观念，敬信族内巫师；吐谷浑为羌化的鲜卑种裔，很早就存在着专司卜筮巫术的职业巫师，巫师之言为其部族所崇信。此后相继驻足青海的吐蕃、蒙古等部落均崇信自然，奉信巫术。这些原始自然崇拜和鬼神信仰对青海部分民族民间信仰的形成、演变和传播提供了历史依据和文化温床。青海地处欧亚大陆中部，是亚洲通往欧洲的必经之路，是历史上中西文化、少数民族文化激荡交汇之地；青海回族处于青藏高原多民族文化圈之中，周围汉族、藏族、蒙古族、撒拉族、土族等民族文化纷呈、历史久远，而且其中大部分少数民族在历史上曾信仰过萨满教、苯教等原始宗教，至今在各少数民族文化中仍有浓厚的原始信仰遗俗。由于长期的民族经济、文化交往，以及民族融合，这些萨满文化遗存逐渐或多或少地渗透到青海回族文化当中。

正如爱德华·泰勒所说："事实上，万物有灵观既构成了蒙昧人的哲学基础，同样也构成了文明民族的哲学基础"①。以自然崇拜和万物有灵观为主要内容的萨满信仰一直传承下来，并随着各民族间经济、文化的交流而渗透到青海回族文化当中。青海回族主要分布于青海东部农业区，由于民族分布格局的分散性和回族二元文化认同所表现出的灵活性、回族形成发展过程的长时间跨度性、族源的多元化和经营方式的流动性等方面的特点，使回族在与周围民族的经济、政治、文化交流中吸收、融摄周围民族文化，周围民族中遗存的原始信仰遗俗也或多或少地渗透到回族文化中，并与伊斯兰文化斗争、调适，逐渐渗透到青海回族文化之中，并被后人误认为是伊斯兰文化而不自觉地世代传承。

回族是外来宗教在中国本土传播后产生的民族，不像维吾尔、哈萨克等民族是在形成自己的民族后才皈依伊斯兰教的，因此回族文化中的原始信仰文化元素比维吾尔、哈萨克等同样信仰伊斯兰教的民族相对要少。而且由于伊斯兰文化的整合和控制，以及现代伊赫瓦尼派"遵经革俗"思想在甘青地区得到广泛的传播，渗透到青海回族文化中的其他民族原始信仰元素往往受到排斥。而且，不同历史时期伊斯兰文化对其他文化的排斥作用也不尽相同，青海回族中的原始文化信仰因子也时隐时现、时强时弱。

青海回族文化中的多民族民间信仰中自然崇拜、祖先灵魂崇拜、巫术

---

① ［英］爱德华·泰勒：《原始文化——神话、哲学、宗教、语言、艺术和习俗》，连树声译，广西师范大学出版社 2005 年版，第 346 页。

占卜等文化元素，跟伊斯兰文化相结合，作为一种历史沉淀的民族文化对青海回族群众，尤其是对社会经济发展相对落后的农村地区回族群众，提供了一定意义上的精神支撑、安慰，调适着民族心理，缓解了生活压力甚至化解了一些民族文化隔阂。可见，青海回族文化中融摄、吸收的民间信仰禁忌和巫术实际上已经不属于关于终极问题的宗教范畴，而只是在现实生活中出于无助和无奈等情况下的一些寻求平安、祛病避灾的手段。

第三节　吉祥天女信仰

吉祥天女，又称"吉祥天母"、"功德天"、"宝光天女"等，藏语称"班达拉姆"，土语称"勒姆桑"，是藏传佛教护法神体系中居首位的女性护法神，主司命运和财富。因其形象的重要标志是骑一头屁股上长有一只眼睛的骡子，所以在民间又被通称为"骡子天王"。吉祥天女不但是萨迦、噶举、格鲁诸派尊崇的本尊神，而且她还作为历辈达赖喇嘛红黑护法神系统中的黑护法神和拉萨城的保护神而备受藏传佛教格鲁派的特殊尊崇。吉祥天女信仰在青藏高原影响深远，不仅在各大藏传佛教寺院广为供奉，而且在青藏高原汉族、藏族、土族、蒙古族等多民族民间信仰中也常作为家神、村落保护神、部落保护神或地方保护神受到虔诚膜拜和精心供奉。

一　吉祥天女来源传说及形象演变

吉祥天女，梵文音译"室利摩诃提毗耶"①，原型起源于印度的马哈葛立女神（sridevi）②。后来婆罗门教和印度教把她塑造成一个有血有肉的女神，并取名"功德天"，又称"吉祥天"。名称最早见于《梨俱吠陀》，在《阿闼婆吠陀》中被人格化。她的诞生有两种说法，第一种说法是在创造世界之时，她居于莲花座上随水漂流，所以她又名"莲花"；第二种说法更为普遍，认为她是众天神和阿修罗联合搅拌乳海搅出的第二宝，有"乳海之女"的称号。传说当时天神们为求取长生不老之药，同意大神毗湿奴的建议，与阿修罗们合作，一起搅拌大海，以取得不死之药——甘露。他们以曼陀罗山为搅棍，以蛇王瓦萝基为搅绳，开始奋力搅拌大海。

---

① （宋）宗晓述《金光明经照解》卷2，《大正藏》中，第20卷，第509页。
② Giusseppe · Tucci. Tibetan Painted Scrolls，Ⅱ. Lome. 1949.

搅了数百年，海水变成了乳海，首先搅出的是月神，接着搅出了吉祥天女、长生甘露等十三种宝。吉祥天女出海之时，身着白衣，手持莲花，美丽无比，使众天神和阿修罗大为惊异。她投入了大神毗湿奴的怀抱，做了他的妻子。吉祥天女陪伴毗湿奴多次下凡，达拉妮、悉多、鲁格米妮都是她的化身。其中，以悉多的形象影响最为深远。[1] 后与帝释、毗湿奴一并被佛教所承摄，早期印度佛教传说其为北方天王毗沙门之妃，其父为德叉迦，母为鬼子母神。还有一个妹妹叫黑暗天女，当吉祥天女赐人福祉时，黑暗天女伴随其后予人灾祸。后演变为四大天王之一多闻天神之妹，成为佛教护法神和赐福德之神。通常在内地寺院大雄宝殿里四周的二十或二十四护法像中就有吉祥天女。其形貌妩媚庄严、清丽无比。其"身端正，赤白色。二臂画作种种璎珞环钏，耳珰天衣宝冠。天女左手持如意珠，右手施咒无畏，宣台上坐。左边画梵摩天，右边画帝释天。如散华供养天女，背后各画一七宝山。于天像上作五色云，云上安六牙白象，象鼻绞玛瑙瓶，瓶中倾出种种宝物，灌功德天顶上"[2]。

藏传佛教中吉祥天女被称为"班丹拉姆"，她具有多种化身，如"欲界自在天女"、"班丹玛索杰姆"、"修命神女铁橛自生女王"等。班丹拉姆象征着美丽、吉祥、财富、运气和美德，是一位能带来幸福吉祥的善神；同时她又是一位极其恐怖的凶神，经常大开杀戒。其兼具寂静与威猛之像，并有数种重要的变化身相。其八位伴神皆为女神，四业力天母护法：柔善天母护法（希沃拉姆）、增威天母护法（杰贝拉姆）、权德天母护法（旺杰拉姆）、雄威天母护法（查贝拉姆），分别为红黄蓝白四色，两位善相，两位怒相，骑四色骡子；四季天母护法：值春天母护法、值夏天母护法、值秋天母护法、值冬天母护法，分骑白骡、红牛、灰鹿、灰驼。

公元 7 世纪中叶，拉萨修建了大昭寺，专请印度女神吉祥天女坐镇大昭寺三楼的护法神殿，尊为大昭寺的总护法，拉萨城的守护神。据五世达赖所著的《大昭寺目录》记载：松赞干布还用自己的鼻血绘画了世上的第一幅唐卡即班丹拉姆的寂静像。吉祥天女信仰在公元 11 世纪时，就已经成为大译师仁钦桑波的个人护法神。吉祥天女曾作为萨迦派主要护法神

---

① 郁龙余：《女神文学与女胜文学——中印文学比较一例》，《北京大学学报》1996 年第 3 期。

② （唐）阿地瞿多译：《陀罗尼集经》卷 10，《大正藏》上，第 18 卷，第 876 页。

中的首位护法神出现在喜金刚礼拜等仪式中。在噶举派举行的金刚舞中，直贡噶举派的主要护法神是贡布和阿吉曲珍，而阿吉曲珍被普遍认为是吉祥天母的一个化身。① 公元 14 世纪，蔡巴万户长格德伯父子在维修大昭寺期间塑造了班丹拉姆威猛像和两个不同法相（美相白拉姆和丑相白拉白东玛）。公元 1433 年左右，一世达赖喇嘛根敦珠巴从嘉色活佛的亲传弟子却桑贝哇处受吉祥天女的随许法教诫及经咒②。二世达赖喇嘛根敦嘉措将拉姆拉措湖与吉祥天女结合到一起，吉祥天女开始成为历辈达赖喇嘛的特别保护神，到拉姆拉措湖观影像，也成为寻找达赖喇嘛转世灵童过程中的重要步骤。

随着格鲁派的强大和尊崇，班丹拉姆的地位越来越高，拥有三界（欲界、色界、无色界）女王之称谓。拉萨有一首《岗拜拉姆》的民歌这样唱道：站在岗拜拉姆山上，遥望拉萨圣城；女神班丹拉姆啊，请赐给幸福吉祥！忏罪消灾、增福延寿。在拉萨的民间传说中，班丹拉姆的两个法相白拉姆和白拉白东玛又衍变成了她的女儿。

至今拉萨吉祥天女的重要祭日有两个：一是每年藏历正月初一是吉祥天女周游世界日，依例施放大朵玛；二是藏历十月十五日是"吉祥天母节"，藏语称"白拉日垂"。届时都对大昭寺护法神吉祥天女进行隆重的祭供。尤其"吉祥天母节"当天，会有数百名藏族善男信女聚集到拉萨大昭寺门口，向护法主尊吉祥天母敬献哈达，僧众从大昭寺吉祥天母殿中将她的塑像抬出来，在拉萨市内游行。③

青海东部地区供有家神吉祥天女的家户每三年要为其宰杀一只羯羊，并请附近寺院的僧人念"刚索"。当地汉族称吉祥天女为"骡子天王"、"阿耶拉姆"，认为她是一位很厉害的女番神。吉祥天女在青海汉族民间又是一种版本，传说她原是一个妖魔，吃人喝血成性，到处残害善良。有

---

① 李翎：《藏传佛教护法神吉祥天母的图像样式》，《法音》2009 年第 12 期。

② 五世达赖喇嘛阿旺洛桑嘉措：《一世—四世达赖喇嘛传》，陈庆英、马连龙等译，中国藏学出版社 2006 年版，第 23 页。

③ 关于这个节日的起源，民间有这样的传说：班丹拉姆的小女儿白拉姆好吃懒做，被母亲赶到八廓东街，在原索康府第外墙上，接受人们的施舍；大女儿白拉白东玛虽然丑陋，却很多情，和护送觉阿（释迦牟尼）佛像的战神宗赞相爱。班丹拉姆很生气，将宗赞从大昭寺驱逐到拉萨河的南岸，两人一年也只许相会一次。于是，每年的藏历十月十五日，由大昭寺的僧人背着掀开了面纱的白拉白东玛绕八廓街一圈，当转至南边的拐角处时稍作停留，让背上的女神和河那边的情人遥遥相对片刻。

一百个儿子。因为她到处吃人，残害善良，释迦佛打发九头护法去收服她。她手中的宝刀很厉害，第一仗她就削了九头护法的一个头。世尊就给了九头护法九个枣儿，一个木碗，阿耶拉姆与九头护法打仗时，一刀飞来，砍了九头护法的一个头。他吞下了一个枣儿，马上又长出一个头，并收了她的法宝。接连几次，把她手中的宝刀收完了，九头护法的头仍然没少一个。阿耶拉姆害怕了，她恐慌地逃走。九头护法用木碗收了她最小的一个儿子，到世尊前交旨。阿耶拉姆没有了她最小的儿子，就跑到世尊面前算账。世尊数着她吃人喝血的罪孽道："你吃了一百个人不心痛，丢掉你的一个儿子就心痛了？"世尊要她念咒发愿，改恶从善，弃邪归正，就放了她的儿子。阿耶拉姆念了咒，发了愿，不再吃人害命，重新做人。世尊便放了她的儿子，封她为骡子天王，在人间享受香火，并允许其每三年吃一次血食。[①]

二　吉祥天女有关供养及仪轨

《佛说大吉祥天女十二名号经》记载，若受持读诵修习"吉祥陀罗尼及十二名号"，便"能除贫穷一切不吉祥。所有愿求皆得圆满"。若能每日昼夜三时读诵此经每时三遍，可"速获一切富饶吉祥"[②]。在一些重要的降魔仪轨文献中，吉祥天女还被誉为强大的守护神。与大部分护法神禅定仪轨一样，求修吉祥天女包括身、语、意三门修法。吉祥天女印法为：先舒其两臂。然后合其两手掌相着。并二大指相去一寸许。微曲二头指如钩。以三余指两两相拟如莲花形。作此法时心所乐者皆如愿。即说咒曰："唵毘摩罗（一）孽筏底（二）三婆啰（三）吽（四）。"[③] 以吉祥天女为本尊而忏悔罪过之修法，称为吉祥天女法、吉祥悔过法；修此法所用之曼荼罗，称为吉祥天曼荼罗。若念诵随求菩萨之真言，还能消除附随于吉祥天女的黑暗天女所作之灾祸。

据汉藏文《供养吉祥天母香食简法》介绍，吉祥天女"每年自正月初一至十五日，算核一切男女之寿命，而记其数刻划于所持之杖，划尽则

---

① 杨正荣：《安多唐卡初探》，《西藏民俗》1997 年第 1 期。

② （唐）不空译：《佛说大吉祥天女十二名号经》卷 1，《大正藏》，第 21 卷，第 252 页，下。

③ （唐）三藏法师菩提流志译：《广大宝楼阁善住秘密陀罗尼经》卷 3，《大正藏》，第 19 卷，第 656 页，下；第 657 页，上。

其人死，名量拳棍，雪山五天母掌五方五行，十二天母掌十二月，皆其部属，一切天龙八部，山川诸神，男女魔王，龙王山神地神等，皆为其春属，本尊降摩除障护法之力极伟，而一切占卜命算等术，皆从此尊出，其经甚多，具在西藏经中，凡世界一切奇异术数悉备，修本尊法成，则一切皆能成就，而其术精奇卓绝，迥非世间所流行三法页，凡修一切大法，莫不供养此尊者，为佛法中最重要最不可少之主尊"①。

　　吉祥天女的像法制作也需要一定仪轨和程序，方法之一是让十五岁少女织绢一丈四尺，并诵咒语上千遍，作水坛，坛中供释迦牟尼像一尊，燃灯五盏。请画功上等的画师时，还不能讲价。画师画前一定要受戒斋，所用颜料须用沉水香、白檀香、乳汁等调和。画像尺寸也是固定的，为一尺三寸五分。画像完成后还要举行设坛、斋戒等仪式。方法之二是劫宾木作一天女形，身长一寸。修行者须从正月一日至十五日在像前设种种供养，并每天更换增加。期满后，所欲求者皆得称意。如"一切财宝种种衣裳，五谷丰盈无所乏少"②。

　　虔诚供养吉祥天女，不但可以求财，而且还能治愈病痛、消除灾障，抵御敌人。《陀罗尼集经》第十卷中对此类仪轨和咒术有着详细的记载。如求财时，将吉祥天女像面向西供奉，寸截紫檀木，用苦栋和奶酪、蜂蜜等涂之。涂一段木，念一遍咒语，然后掷于火中，直到投满一百零八段。经过一定时日后，供养者每日可得银钱五百文；消除家内一切灾障时，每月八日至十五日用炭灰二物和酪，在住宅中央和四周诵读咒语上千遍。认为一切恶鬼不敢前进。

　　据汉藏文《供养吉祥天母香食简法》记载：修此法前，先以神柏乳香或檀香末和合，焚于炉中，并以三白（牛奶、酪、乳油，如无酪及乳油统用奶油代之）、三甜（白糖、红糖、蜂蜜）用炒熟面粉拌成馔食，做成圆形小丸子若干，储存净罐中，用时以盘盛少许及肉片等食物（生熟不拘），供在本尊像前或院外总台之上。初进行观诵："一遍连心、观想烧出上妙香烟及诸供品，如云供养遍满中方世界，念觉字时，警觉吉祥天母其眷属等象，降临受供，令我等病魔及诸不顺连违缘悉皆化除，恒随拥

---

　　① 桂却吉嚓汪波著，吐登利嘛传授：《供养吉祥天母香食法》（汉藏合本），孙景风译，载于周燮藩主编，方广锠分卷主编，中国宗教历史文献集成《藏外佛经》（第五册），黄山书社2005年版，第484页。

　　② （唐）阿地瞿多译：《陀罗尼集经》卷10，《大正藏》，第18卷，第876页，中。

护。"继而觉："护大佛教最有力,吉祥天母众眷属。我以恭敬心奉请,无碍降此空前住。火内焕发云霞光,白甜酥面及肴肉。神柏乳香出云烟,为餐欲界母主卷。复供妙物如云集,愿吉祥母善满足。消诸病魔违缘灾,令我事业称意就。"念诵本尊真言七遍或二十一遍,内容为:觉惹嘎摩、觉(一)惹嘎摩、觉、觉(二)惹嘎摩、屯觉(三)喀拉、惹嘎钦摩(四)惹嘎摩、阿拔雅、答拔雅、屯觉(五)噜路噜路、屯、哞、觉、哞(六)。①

历辈达赖喇嘛幼年时将学习吉祥天女退敌施食仪轨、酬神礼赞等作为必修功课,每年甚至每月都要举行数次吉祥天女的诵经酬补法事。如二世达赖喇嘛根敦嘉措从担任扎什伦布寺法台起,每天要对吉祥天女三次酬补仪轨和食子供,每天晚上要对吉祥天女做一次食子供和忏罪法事,从未间断过。每年藏历新年,达赖喇嘛举行吉祥天女迎请酬谢仪轨,敬献酥油茶、酥糕、麦粥等。在念诵《心性事业》时,达赖喇嘛起身,向吉祥天女的唐卡画像敬献哈达,为表五智光,献五种供品,并进行祈祷发愿。阳光照在布达拉宫时,达赖喇嘛还要向吉祥天女欲界之主敬献朵玛食子。其后,僧俗贵族也要相继敬献哈达。

据传,历辈达赖喇嘛朝觐拉姆拉措神湖时,每在山巅须向吉祥天女作生起仪轨,湖面雾气便四散,雄雕(鹫)起舞,常显大护法喜悦状。届时,竖立以吉祥天母之骡子鞍辔为饰之经旗,作会供曼荼罗,献食品无量,以空乐三昧神力加持,使诸天、空行生起欢悦。湖面呈现未来之各种奇景,达赖喇嘛还可观到吉祥天女身语意无量表像。

一些高僧大德还专门撰写多篇相关吉祥天女的修法仪轨或赞词,如一、二世达赖喇嘛作了《退敌天女赞》《退敌天女施食仪轨简说》《吉祥天女的现证和酬补仪轨赞》等②,三世达赖喇嘛撰《吉祥天女赞颂·成就大海》等,八世达赖喇嘛降白嘉措作《向欲界天母(吉祥天女)和多吉扎赞(神)托请文》等,一些佚名作还有《大吉祥母授记经》《大吉祥

---

① 桂却吉嚓汪波著,吐登利嘛传授:《供养吉祥天母香食法》(汉藏合本),孙景风译,载于周燮藩主编,方广锠分卷主编,中国宗教历史文献集成《藏外佛经》(第五册),黄山书社2005年版,第481—482页。

② 五世达赖喇嘛阿旺洛桑嘉措:《一世—四世达赖喇嘛传》,陈庆英、马连龙等译,中国藏学出版社2006年版,第54、99页。

母经》（计十一颂）、《大吉祥母十二名称》（计八颂）、《吉祥天母赞》等①。

三　吉祥天女的宗教象征与护佑功能

正如黄心川先生认为的那样："密教不单是一种独特的宗教信仰，也是一种社会生活样式和文化形态。"② 藏传佛教中表现的护法神种类繁多，吉祥天女等护法神形象凶恶，身呈青蓝色，多手多脚，多头多眼，怒目圆睁，身披兽皮或人皮，挂人头，戴骷髅冠，围虎皮裙，脚踏各种禽兽或裸体之人。但心似菩萨，因此成为人们供奉崇拜的神像。

1. 吉祥天女像的宗教象征

"密教的很多祭仪、行事如诵咒、祈神、结坛、护摩、降魔等也都来自婆罗门教——印度教或者非雅利安的民间信仰。"③ 密教中，守护尊是初期圣殿"秘密集会恒特罗"（Guhyasaja－tantra）的本尊，愤怒的比例还未趋极端，但在成为阎婆罗（Samvara）和喜金刚（Hevajra）等赫鲁葛（Heruka）系的守护尊之后，遂直接采入印度教湿婆神的成分，例如，象的生皮、虎皮裙（下衣）、盛满血液的头盖骨、绕首的蛇等，湿婆神的特征都原封不动地被采用。④ 藏传佛教注重用佛像来表述佛教的某种理论或某种寓意。吉祥天女竖发怒目是由于大悲而示现的威猛之相，是象征用凶猛的力量镇服邪魔外道，来表现这位护法神的大愤怒、大无畏和大胜利的气概。"吉祥天母"的竖发之上有半月，表明她的方法是无上的。两耳以动物作耳环，右边狮子耳环象征佛道，左边蛇耳环是愤怒的记号，脐上的太阳象征智慧，手持盛血的人头骨碗象征幸福。右手的拇指和其余四指彼此按着，是愤怒的印记。座下女人皮和人头象征异教徒已被降服。至于裸身则是不受尘世丝毫牵累，解脱一切垢染的象征，是对佛教教义的一种形象化表达。骡子下面是汹涌的血海，象征着吉祥天母闯过了天、地、海三界。她骑骡子飞行于天上、地上、地下三界，所以又有"三界总主"之称。因在藏传佛教中吉祥天女被赋予了战神的功能，所以她一般被造成好

---

① 布顿大师：《佛教史大宝藏论》，郭和卿译，民族出版社1986年版，第311—435页。
② 黄心川：《〈西藏密教史〉序》，中国社会科学出版社1998年版，第1页。
③ 黄心川：《〈中国密教史〉序》，中国社会科学出版社1995年版，第2页。
④ ［日］鸟越正道等：《西藏密教研究》（世界佛学名著译丛），世界佛学名著译丛编译委员会译，华宇出版社，佛历二五三二年六月初版，第204、205页。

战和恐怖的怒相。又被给予"魔王"、"女大战神"、"战神王后"等名号。吉祥天女拥有五种"神器",分别是疾病种子袋、红咒语包、黑白骰子、魔线球和拘鬼牌。其中,疾病种子袋和魔线球带有较浓厚的印度文化象征。疾病种子袋是印度早期细菌战中使用的一种武器。在当时,人们可以把一皮口袋传染病病菌投入一座围城的城池或用它来污染水源。绘制魔线球象征着一切恐怖武器、神力和咒语的本原。在印度教传统中,某些宗教节日上也要使用彩线,它们被称作"驱鬼线"[①]。尽管吉祥天母凶恶至极,但她有大吉祥,而且神通广大,受到人们的爱戴,所以又称"功德天",是主生死、病瘟、善恶的神。

2. 吉祥天女的护佑功能

著名宗教社会学家托马斯·奥戴曾指出:没有功能的东西便不再存在,这是功能理论的公理。同样护法神也具有一方面甚至是一系列的功能。护法神在藏传佛教教义中具有重要的作用,他们是佛、菩萨为调伏诸天鬼神及众生的骸患本性而显现的教令轮身。护法神分世间护法神(业力护法神)和出世间护法神(智慧护法神)两类。世间护法神是世间天间的神灵,未脱离三界获得正果,尚受业力制约,其密法既可行善也可作恶,修行者可使其作修法的助手,但不可皈依;出世间护法神是已进入佛道的神灵,"为保卫佛法而呈现为护法神形","或可理解为佛菩萨的化身",修行者可将其作为导师皈依。护卫佛法免受妖魔的袭扰,维护佛教教义的完善是吉祥天女等这类护法神的重要职责。但这些护法神随着一些高僧大德步入宫廷,政治活动频繁,已超越了单一的护持佛法的任务,打上了为王权驱魔护法的烙印,成为护国佑民的神祇[②]。

藏传佛教许多高僧大德多将吉祥天女作为自己的护法神之一。吉祥天女也以梦寐或传授等方式出现,始终陪伴在其左右并护持他们弘扬佛法,帮助他们驱魔护法,驱逐仇敌,增长福泽,乃至完成转世。由于格鲁派达赖、班禅、章嘉等上师互为师徒,因此吉祥天女等重要护法神的选定也是师徒相承。在达赖、班禅、章嘉传记中记载着吉祥天女在他们一生的重要时期显示时刻护佑之相,帮助他们排除逆缘,战胜种种魔障或仇敌之事。

① [英]罗伯特·比尔:《藏传佛教象征符号与器物图解》,向红笳译,中国藏学出版社 2007 年版,第 166 页。

② 王子林:《三世章嘉与他的护法神》,《紫金城》2003 年第 2 期。

如一世达赖喇嘛根敦珠巴得腹泻的重病时，就是得到吉祥天女梦示而获治。三世达赖喇嘛转世前吉祥天女为其作引导并清洁胎胞，帮助其平安转世。五世达赖圆寂后，吉祥天女被确认为负责葬仪的主要保护神，六至九世达赖则把她作为自己一生的保护神。《萨迦世系史》中也记载：1458 年10 月，萨迦派高僧甲噶·喜饶坚赞在弘法途中，遇匪兵包围时，请出的护法神吉祥天女画像飞出粉末，导致敌营瘟疫流行。①

三世章嘉活佛第一次进藏，七世达赖喇嘛就给他传授了"四面大黑金刚吉祥护法神特别随许法"以及"比丘尼吉祥天母十一面大悲观音密法灌顶"。从此，吉祥天女也成为章嘉国师的护法神。《章嘉国师若必多吉传》中记载："章嘉国师患病，出现凶兆时，梦见自己坐在一座城堡上，颇罗鼐担任将军，带领许多西藏军队围住城堡，火箭像雨点般射来，守城堡的人们抵挡不住，只见从城堡下面突然出现一个可怕的女人，跃骡挥刀，如鹤入雀群，将颇罗鼐的军队驱逐到远方。与此同时，章嘉国师的一个善于圆梦的并有灵应的侍从也梦见一个自称是达赖喇嘛从西藏派来的女人，身着青衣，骑着骡子，鞍前悬着一个血淋淋的首级，似乎是颇罗鼐的头，说是来拜见章嘉国师的。不久，从西藏传来了颇罗鼐去世的消息，章嘉国师等人做梦的时间与颇罗鼐去世的时间正好相同，这无疑是吉祥天女除掉了达赖喇嘛师徒仇敌的明证。"② 还记载："有一天晚上三更时分，章嘉活佛的寝殿后面的许多房屋突然失火，人们一片慌乱。章嘉取出供在枕头边佛龛中的前世章嘉活佛修持的本尊神和最为珍视的喇嘛尊者的身像，跑到寝殿院子里，侍从们用水浇火，怎么也扑不灭，火苗向寝宫上下烧了过来。突然，有一个牧区女尼模样的人将一颗鸡蛋放到他手中，章嘉活佛想鸡蛋是消灾之物，就扔进火中，顿时刮起了一阵狂风，将火苗吹回，寝宫周围未受一点损害。转眼寻找那个女尼时，已不知去向。通常那样的牧区女尼是不会进入宫中的，何况是在深夜，外面的所有门户都有兵士层层把守，谁也进不来。所以大家感到惊奇，都说：'此乃吉祥天女之

---

① 阿旺贡嘎索南：《萨迦世系史》，陈庆英、高禾福、周润年译注，中国藏学出版社 2005 年版，第 230、231 页。

② 土观·洛桑却吉尼玛：《章嘉国师若必多吉传》，陈庆英、马连龙译，民族出版社 1988 年版，第 149 页。

神变'。"①

　　与《二世、三世达赖喇嘛传》和《五世达赖喇嘛传》中记述的护法
神帮助高僧护持佛法不同，吉祥天女不仅仅是护佑佛法，而且起着护国佑
民的功能。如吉祥天女被乾隆皇帝尊为"宣扬佛法，福国佑民"的护法
神。在三世章嘉国师七十大寿之前，乾隆皇帝御笔题诗《具吉祥天女刺
绣像》，其题写的御制诗云：吉祥天母，雷音主军。海兽狮面，前后引
护。息诸恶业，增长善根。胜于一切，优彼群魔。是四天母，俱化身足。
而弗露相，复有四时。春互秋冬，与是福相。化身而五，益寿者五。福寿
青面，不动善音。善行白衣，是亦化身。律行十二，金刚善闻。金刚隆
助、金刚普善、金刚普护、金刚双眼、金刚威伏、金刚龙母、金刚名王、
金刚护国、金刚药王、金刚石母、金刚普顶。共廿九尊，隐相者四。相即
非相，非相即相。宣扬佛法，福国佑民。② 从表像看乾隆皇帝亦知章嘉活
佛的护法神是吉祥天女，其欲借吉祥天女的神力佑助文殊大皇帝和清王
朝。实质上反映了清统治者深刻认识到"敬一人而千万悦"，"黄教服，
而准、蒙之番民皆服"③ 等道理，能积极利用藏传佛教格鲁派传统的力量
和社会政治影响，凭借宗教的教化作用，以达到驾驭蒙古诸部，安抚广袤
藏区等目的。此外，俺答汗得病时，三世达赖喇嘛索南嘉措为他做禳解祈
寿法事"三界佛母供施仪轨"，显出异乎寻常的灵验。④《敦煌吐蕃文献
选·于阗教法史》也记载了于阗国国王地乳幼时遭其父阿育王妒嫉，被
扔在当时于阗的北门之内长神殿附近时，北方天王毗沙门王和吉祥天女使
地中流出奶汁喂养王子的故事。⑤ 敦煌莫高窟 154 窟南壁画面也绘有阿育
王弃子后，毗沙门天王和吉祥天女（于阗的两个护国神王）使地上长乳，
喂养王子时的景状。⑥

　　① 土观·洛桑却吉尼玛：《章嘉国师若必多吉传》，陈庆英、马连龙译，民族出版社 1988
年版，第 149、150 页。
　　② 王子林：《三世章嘉与他的护法神》，《紫金城》2003 年第 2 期。
　　③ （清）魏源：《圣武记》，中华书局 1984 年版，第 219 页。
　　④ 五世达赖喇嘛阿旺洛桑嘉措：《一世—四世达赖喇嘛传》，陈庆英、马连龙等译，中国藏
学出版社 2006 年版，第 237 页。
　　⑤ 王尧、陈践：《敦煌吐蕃文献选·于阗教法史》，四川民族出版社 1983 年版，第 149 页。
　　⑥ 孙修身：《莫高窟佛教史迹画内容考释（九）》，《敦煌研究》1988 年第 4 期。

四　吉祥天女在青藏高原民间信仰中盛行原因分析

同一神灵有不同的称谓或名称，象征着该神祇在历史上曾受到多源性、多族群信仰文化的影响。吉祥天女有如此众多的名字和来源传说，说明她与青藏高原多民族信仰甚至古代印度部落信仰融合杂糅在了一起。

1. 吉祥天女在青藏高原多民族中民间信仰中的流变

吉祥天女在青藏高原多民族民间信仰中已从最初的护法神演变成了万能之神，不但护佑佛法、村落、家庭，而且占卜、预言都是信仰吉祥天女的内容。因其具有护佑家庭安宁、祛病消灾、守财驱魔、生产繁荣等功能，在青藏高原汉、藏、土等多民族民间信仰中常作为家族与村落保护神供奉。在青海东部农业区的一些藏族、土族村落，每年护青活动中，青苗头们还要背着绘有吉祥天女像的唐卡巡游村界，警诫村民在护青期间不得随意放牧牲畜。一些藏族、土族和汉族的男孩常取名为"拉姆保"，女孩取名"拉姆索"等，祈求吉祥天女保佑孩子平安。青海东部地区供有家神吉祥天女的家户每三年都要请附近寺院的僧人念"刚索"①。青海海西等地一些蒙古族主要供奉的守护神也是吉祥天女，当地许多牧民常以吉祥天女的名义给牲畜挂彩带，象征吉祥天女的彩带为红色。挂好彩带的牲畜被视为神畜，禁止触摸、剪毛、骑乘、出售、宰杀。

民间传说她还是司掌命运、财运、病运、家运、魔运、医运、子嗣运、敌人运、客运、商运、路运、友运、事运的占卜女神。②《五世达赖喇嘛传》记载：藏历铁猪年（1671年）新年伊始，从酬谢吉祥天的息静食子上渗出了不少蜂蜜状的甘露，被认为是一种吉兆。③藏历土马年（1678年）五月十一日，就达赖珲台吉之子噶丹热绛巴是继续学习佛法还是还俗继承父业一事上，五世达赖请吉祥天女为证，用元音占卜术进行了卜算，占卜的结果是噶丹热绛巴初通佛法后如继续修法将会十分危险，遂决定让噶丹热绛巴还俗。④西藏民间的神汉也供奉她，以求自己与天女沟

---

① 杨正荣：《安多唐卡初探》，《西藏民俗》1997年第1期。

② 冯和一：《班达拉姆之权威》，《民族论坛》2005年第1期。

③ 五世达赖喇嘛阿旺洛桑嘉措：《五世达赖喇嘛传》（上），陈庆英、马连龙、马林译，中国藏学出版社2006年版，第52页。

④ 同上书，第290页。

通，得其协助与佑护，占卜时默想女神，念诵真言，加持骰子，然后掷出，从骰子点数预卜占卜之事。在青海东部部分汉族、藏族和土族村落，求卜时吉祥天女多以神箭①代替，下神谕时，附于手握神箭的"萨满"身上，以神箭的颤摇来回答求卜者的问题。当地村民遇到不顺之事，或看病祈祷，或婚丧嫁娶时看日了、和属相、给小孩取名字、给新庄廓看门相等，或整个村庄进行诸如"转山"、"插牌"、"安镇"以及求雨、挡雹灾等活动，都经常要通过"发神箭"来决定。

民间传说吉祥天女还有易怒、惩罚等恶的一面。据说拉萨东南百余公里的拉姆拉措湖，相传就是班丹拉姆的"寄魂湖"②，湖中可以显现她的形象。历辈达赖喇嘛转世灵童的寻访和亲政之前都要隆重地到此进行祭祀，以求得重要启示。传说湖里出现的种种幻象，预兆着达赖的一生事迹及圆寂情景。"每代达赖年幼的时候，执政者不欲其长大掌权，便在拜庙后将其毒死，而归因于吉祥天女之怒"③。因此，民间也形成了许多禁忌。在许多地方，绘有吉祥天女的唐卡被人们视为圣物，平时总用帷帐层层遮掩，或将唐卡卷起束之高阁，从不轻易示人。在青海东部地区，当地民众对"骡子天王"这一类的家神态度复杂，盛传着"为后代干坏事就请位家神，为后代干好事就栽很多树"的谚语。

吉祥天女不仅在青藏高原多民族中盛行，而且在内蒙古甚至日本也很流行。如内蒙古库伦镇吉祥天女庙，藏传佛教寺庙建于清顺治十二年（1655 年），是由西扎布衮如克（又写作希巴主贡日，简称西扎布）为其护法神吉祥天女主持建造的。该庙中供奉的吉祥天女画像是五世达赖喇嘛罗桑嘉措赠予的。当时作为锡勒图库伦的主神来供奉，同时立下了举办各种法会的规矩。吉祥天女神在锡勒图库伦僧俗信徒中影响极大，备受人们

---

①　其形状是高四五尺、粗两三寸，棱形或圆形的铁矛。"神箭"颈部有浇铸的骷髅头或缠绑着神符及其他神物，上挂有许多哈达、绸布条、小铜铃、铜镜等，外套大红色绸缎布条。

②　退敌天女魂湖，藏语称玛索玛拉措，苯教传说退敌天女是二十丹玛女神之一，为地方的守护神，也是战神，出兵打伏之前要祭祀她。佛教说此神被莲花生大师收服，令其盟誓保护佛教，成为佛教的保护神。一说她是吉祥天女的化身，神女湖即是吉祥天女的神魂所凭依之处，湖在曲科杰寺附近。后来在寻认达赖喇嘛的转世灵童时，西藏三大寺派大喇嘛到曲科杰寺附近的神女湖畔去观看湖水中出现的自然景象，以确定寻认的方向和目标。（五世达赖喇嘛阿旺洛桑嘉措：《五世达赖喇嘛传》（上），陈庆英、马连龙、马林译，中国藏学出版社 2006 年版，第 97 页。）

③　李安宅、于式玉：《李安宅、于式玉藏学文论选》，《从拉卜楞寺的护法神看佛教的象征主义——兼谈印藏佛教简史》，中国藏学出版社 2002 年版，第 129 页。

的崇信，来自四面八方的膜拜者时时不断，不论僧俗凡是遇到难事、难题等不解之难或蒙受不白之冤，都来向吉祥天女神祈求保佑或予以明辨是非。① 位于日本奈良市西京町的药师寺，是日本法相宗大本山，为奈良七大寺之一，始建于日本天武九年（680 年）。其中法事活动很多，修证吉祥会是最具代表性的一大法事。修证吉祥会以日本国宝吉祥天女画像为本尊，吉祥天女被视为观音菩萨的化身，传说只需要在吉祥天女面前忏悔一年来的罪孽，就可以消灾招福。②

2. 吉祥天女在青藏高原多民族中信仰盛行的原因分析

"一个社会不可能完全破除其传统，一切从头开始或完全代之以新的传统，而只能在旧传统的基础上对其进行创造性的改造。"③ 佛教诸多护法神明大多由其他教派的神明队伍中吸收而来，比如，吸收自婆罗门教的梵天、阎王、天龙八部，吸收自道教的紫微大帝，吸收自西藏苯教之众多山神恶鬼（如尸陀林主）。印度佛教中传来的护法神大都经过了藏传佛教的改造，并与当地的文化融合，从而呈现出别具一格的形象。吉祥天女原有形象在青藏高原的变化，有可能吸收了原苯教或地方神的宗教因子，因为在苯教中一种怖畏神"西杰玛"（Sridrgyal - ma），与"班丹拉姆（dpal - ldan lha - mo）非常相似。莲花生大师五部遗教之一《鬼神篇》中也记载：赤松德赞时期，莲花生大师在进藏途中降服了当地的妖魔，并施法三个月，使他们成为护法神，班丹拉姆即是其中之一。这是佛教为得到青藏高原多民族认可而采取的一种变通方式，是佛教本土化的一种表现。

元代，吉祥天女的地位似乎没有比大黑天（玛哈嘎拉）受崇拜。如元朝历代皇帝登基前的受戒坛即供大黑天，元大都皇宫的许多亭阁内还将其作为宫殿保护神而加以供奉。④ 而对吉祥天女的崇拜，各类文献中少有笔墨描述。李翎女士认为"吉祥天母信仰的真正流行应该在格鲁派兴起之后"⑤，笔者认为这一推测是合理的。自明朝以来藏传佛教格鲁派不仅

---

① 哈斯朝鲁：《库伦旗现有寺庙历史沿革与现状调查》，《内蒙古民族大学学报》2009 年第 3 期。

② 参见李贺敏、张琳编译《日本法相宗大本山——药师寺》，《法音》1999 年第 8 期。

③ 傅铿：《传统、克里斯玛和理性化》，载于［美］爱德华·希尔斯《论传统》（译序），上海人民出版社 2009 年版，第 2 页。

④ 赵改萍：《元明时期藏传佛教在内地的发展及影响》，中国社会科学出版社 2009 年版，第 87、88 页。

⑤ 李翎：《藏传佛教护法神吉祥天母的图像样式》，《法音》2009 年第 12 期。

在甘青藏多民族中得以迅速传播，而且在明朝中央政府和蒙古贵族的直接支持下，逐渐凌驾于萨迦、宁玛、噶举等诸派之上。藏传佛教寺院在青藏高原的林立，标志着青藏高原强大严密的藏传佛教传播网已形成。格鲁派的兴盛推动了统治上层对吉祥天女的推崇和供奉，促进了吉祥天女信仰在青藏高原多民族中的兴盛与传播。《三世达赖喇嘛传》也明确记载：一些僧人曾不远千里，携黄茶、缎皮等礼物，向达赖喇嘛求授《色界自在天女不共随许法》《吉祥天女近传随许法》等修法仪轨。① 在普通民众眼里，帝王和民族宗教上层所倡导的神灵就是正统的、灵验的神灵。因此，普通民众对这些神祇的追求往往产生复制现象，不断扩延并走向通俗性、普及性和全民性。多数人是从现实利益出发来信仰、崇奉和祈求某一神祇的，他们即使对其不甚了了，但基于对社会大众的认同和追随，也加入到对该神的崇拜行列之中。

人是宗教信仰传播的重要载体。由于青藏高原自然气候恶劣，生态脆弱，经济生产方式落后，大部分藏传佛教寺院僧人即使出家也难以脱离对原有家庭或部落的经济依赖。随着当时青藏高原汉、藏、蒙和土族中入寺为僧人口的大大增加，这些僧人必将自己供奉的护法神带回家中作为家神供奉。随着家族的扩大和神灵的灵验，在条件成熟时演变为村落保护神甚至地方保护神。文化是人适应环境、与他人分享意义、表达自我的符号体系。从主体来看，文化在实质上是群体的、社会的，同时却是通过个人而运作的。文化因素和文化价值通过个人的反复运作以及横向传播、代际纵向传播，在群体和社会之中保持着延续性，但是它们的延续要透过个人对文化现象的认知、建构和重构的过程，因此留下了演变的余地。美国著名的女人类学家本尼迪克特在《文化模式》中指出："个体生活历史首先是适应由他的小区代代相传下来的生活模式和标准。从他出生之时起，他生于其中的风俗就在塑造着他的经验和行为，到他能说话时，他就成了自己文化的小小创造物，而当他长大成人并能参与这种文化的活动时，其文化的习惯就是他的习惯，其文化的信仰就是他的信仰，其文化的不可能性就是他的不可能性。"② 笔者在青海东部地区也调查到：部分家神是家族中

---

① 五世达赖喇嘛阿旺洛桑嘉措：《一世—四世达赖喇嘛传》，陈庆英、马连龙等译，中国藏学出版社 2006 年版，第 148 页。

② ［美］鲁思·本尼迪克特：《文化模式》，何锡章、黄欢译，华夏出版社 1987 年版，第 2 页。

出家为僧的先祖（如太祖伯、叔等）请来的，其过世后该护法神成为家神。后人如不虔诚供养将导致该家族内是非不断，甚至灾祸降临。①

吉祥天女的供奉仪轨简便，供养人可以"不拘早晚，每日供养一次"，便达到"遣魔去病，消灾降祥"② 等功效。"费时甚少，获利最大"的供养特点非常适合普通民众信仰神灵的功利心态，因此吉祥天女很容易在民间流行。

从文化人类学视角来看，任何一种社会文化现象，都有它产生的土壤，有它自己的生命力。民间信仰作为一种文化现象也存在此类共性，当藏传佛教文化进入汉族、土族、蒙古族地区，经过持续、长期、亲密的接触以后，一方面会造成当地汉族、土族、蒙古族信仰文化在内的原有文化发生变迁，另一方面也会使传入该地的一些藏传佛教文化模式发生变异。民族融合和多宗教共存的区域信仰空间中，以不同宗教和不同民族的信仰文化元素组合为主是其信仰结构方面的主要特点。青藏高原吉祥天女信仰结合了佛教文化元素和当地民间自有的地方性文化资源，最终形成了独特的神灵信仰特色。今天的吉祥天女崇拜已融汇了多民族、多宗教、多地区的文化内容。从吉祥天女信仰我们可以看出，青藏高原汉、藏、土等各民族间互动磨合广度和深度非同一般，已进入到根植和培育民族文化的民间信仰沃壤之中，广泛地影响和支配着各族民众日常生活的方方面面。当地各族群众对吉祥天女等神灵的信仰，已达到不分彼此、共敬共奉的地步，从心理深处拉近了各民族之间的距离，增强了彼此间的文化认同。正如法国社会学家涂尔干所言："无论什么样的膜拜仪轨，都不是无意义的活动或无效果的姿态。作为一个事实，它们表面上的功能是强化信徒与神之间的归附关系；但既然神不过是对社会的形象表达，那么与此同时，实际上强化的就是作为社会成员的个体对其社会的归附关系。"③

"宗教信仰在于将精神上的冲突的积极方面变为传统的标准化。所

---

① 《青海土族民间信仰》中也记载，说供有藏传佛教护法神的人家必须有当喇嘛的人，否则，护法神便要闹。（载于青海省编辑组《中国少数民族社会历史调查资料丛刊·青海土族社会历史调查》，青海人民出版社1985版。）

② 中国宗教历史文献集成编纂委员会编纂，周燮藩主编，方广锠分卷主编：中国宗教历史文献集成《藏外佛经》（第五册）《供养吉祥天母香食法》（汉藏合本），黄山书社2005年版，第482页。

③ ［法］爱弥尔·涂尔干：《宗教生活的基本形式》，渠东、汲喆译，上海人民出版社1999年版，第297页。

以，宗教信仰满足了一种固定的个人需要……另一方面，宗教信仰及仪式……增强了人类团结中的维系力。"[1] 从吉祥天女在青藏高原多民族民间信仰的流变事项可以看出，吉祥天女等藏传佛教护法神已远远超出佛教教义思想中的含义。在许多民族和地方中对他们的敬畏和膜拜已成为代代相传的行事方式或习俗，成为对当地社会及家庭具有规范作用和道德感召力的文化力量。

第四节　青海多民族"猫鬼神"信仰研究

"猫鬼神"信仰不仅在青海多民族中广泛流传，而且在甘肃、陕西、河南等省局部地区也有所流传。相传，其一般都为家中供养，是一种"半鬼半神"的邪神。因流传地区、民族的差异，其称法也有所不同，有"猫鬼神"、"猫蛊神"、"猫神"、"猫鬼"、"毒蛊猫"等多种称法。

一　相关"猫鬼"的历史文献记载和口头传说

1. 相关研究成果略述

"猫鬼神"在青海河湟地区是人们言之色变的一种半神半鬼的邪物。汉、藏、土族中都有相关传闻，一般来说，养有此物的人家，被认为是不祥、不吉的，因而备受人们的鄙视和反感，一般没有人愿意和他们做亲戚、朋友，日常生活中，大家对他们也是避而远之。"猫鬼神"属于民间精怪崇拜（即万物崇拜）中的动物崇拜行为，兼有南方巫蛊的一些特征。至今对猫鬼神少有人研究，目前所见的专门论述性成果仅有数篇，例如：著名学者许地山先生撰写的《猫乘》《神怪的猫》（原载 1940 年《香港大学学生会会刊》，收入《国粹与国学》）等文对国内外猫精信仰进行了比较论述，其中对凉州地区的"猫鬼"信仰有所涉及。卢向前先生的《武则天"畏猫说"与隋室"猫鬼之狱"》[2] 一文认为：武则天善于利用宗教迷信巩固其政权，但与此同时，她也与愚昧民众一样，对蛊毒巫术有着畏惧情怀，"猫鬼"即其中一种。隋唐之际，"猫鬼"在社会上颇有影响，朝廷为消除其影响作出了相当的努力。付婷的《武则天"畏猫说"再

---

① ［英］马林诺斯基：《文化论》，费孝通译，华夏出版社 2002 年版，第 85 页。

② 卢向前：《武则天"畏猫说"与隋室"猫鬼之狱"》，《中国史研究》2006 年第 1 期。

探——兼论唐代"猫"的形象》一文则认为在唐代猫被视为不仁之兽，武则天所畏之猫与"猫鬼"信仰并无联系。刘永青的《河湟地区猫鬼神信仰习俗研究》① 一文，着重从流传地区和民族、猫鬼神生成法、供奉规则、猫鬼神的功能、对猫鬼神的防范、惩治和镇压六个方面进行了较为详细的介绍。杨卫的《论土族的"猫鬼神"崇拜》② 一文认为土族民间信仰的内容特别丰富，有多种文化的因子，其中"猫鬼神"等精怪信仰是其重要的组成部分之一。其以田野资料为线索，结合藏文的一些资料，对土族地区半神半鬼的"猫鬼神"信仰进行了剖析。谢立宏、靳晓芳撰写的《人类学视域下的"猫鬼神"信仰研究——以甘肃省孙村为例》③ 一文以甘肃省孙村为田野调查点，从地方社会的集体记忆和生存选择的角度考察了这一信仰的源起，并对其隆重的信仰仪式予以介绍。作为一种具有复仇性强、威慑力大的神灵，猫鬼神信仰形塑了多元的社会后果，直接影响着当地村民的生活。其他一些论文还有笔者撰写的《"猫鬼神"信仰的文化解读》④，梁艳《西北地区"猫鬼神"信仰研究》⑤，史玉梅《社会生态与民间信仰：青海河湟西纳地区的"猫鬼神"和"古典"》⑥，汪维、路昊文《文化人类学视野下的秦州"猫鬼神"信仰——以秦州区汪川镇为例》⑦，盖佳择《中国西部猫鬼神信仰流行考》⑧ 等。此外，笔者在本书绪论中提到的青海著名学者赵宗福、马成俊先生主编的《青海民俗》（2004），蒲文成、王心岳先生的《汉藏民族关系史》（2008）等论著对"猫鬼神"信仰均有关注，多认为这是汉藏民间信仰文化互动、相互交融吸收的典型之一。

---

① 刘永青：《河湟地区猫鬼神信仰习俗研究》，《青海师范大学民族师范学院学报》2004 年第 2 期。

② 杨卫：《论土族的"猫鬼神"崇拜》，《青海民族学院学报》2007 年第 4 期。

③ 谢立宏、靳晓芳：《人类学视域下的"猫鬼神"信仰研究——以甘肃省孙村为例》，《兰州大学学报》2012 年第 2 期。

④ 鄂崇荣：《"猫鬼神"信仰的文化解读》，《青海民族大学学报》2010 年第 1 期。

⑤ 梁艳：《西北地区"猫鬼神"信仰研究》，《民间文化论坛》2011 年第 6 期。

⑥ 史玉梅：《社会生态与民间信仰：青海河湟西纳地区的"猫鬼神"和"古典"》，《黑龙江民族丛刊》2012 年第 4 期。

⑦ 汪维、路昊文：《文化人类学视野下的秦州"猫鬼神"信仰——以秦州区汪川镇为例》，《保山师专学报》2009 年第 6 期。

⑧ 盖佳择：《中国西部猫鬼神信仰流行考》，《白城师范学院学报》2014 年第 6 期。

2. 历史文献记载

早在隋唐之际,"猫鬼神"信仰在社会上就颇有影响,朝廷为消除其影响作出了相当的努力;此种巫蛊在隋朝亦成为政治斗争的工具,杨广即以此作为消灭政敌之一法。① 在《隋书》《北史》均有对"猫鬼"的记载,如《隋书·外戚传·独孤罗传附弟陁传》曰:好左道,其妻母先事猫鬼,因转入其家。……会献皇后及杨素妻郑氏俱有疾,召医者视之,皆曰:"此猫鬼疾也。"……陁婢徐阿尼言,本从陁母家来,常事猫鬼。其猫鬼每杀人者,所死家财物潜移于畜猫鬼家。陁尝从家中索酒,其妻曰:"无钱可酤。"陁因谓阿尼曰:"可令猫鬼向越公家,使我足钱也。"数日,猫鬼向素家。十一年,上初从并州还,陁于园中谓阿尼曰:"可令猫鬼向皇后所使多赐吾物。"……杨远乃于门下外省遣阿尼呼猫鬼。久之,阿尼色正青,若被牵曳者,云猫鬼已至。先是,有人讼其母为人猫鬼所杀者,上以为妖妄,怒而遣之。《隋书·高祖文帝纪》也记载此事:夏五月辛亥,诏畜猫鬼蛊毒厌魅野道之家,投于四裔。《隋书·后妃传下·隋文献皇后独孤氏传》还记载受害者文献独孤皇后为事猫鬼者说情的事情:文献独孤皇后,后异母弟陁以猫鬼巫蛊咒诅于后,坐当死。后三日不食,为之请命曰:"陁若蠹政害民者,妾不敢言。今坐为妾身,敢请其命。"陁于是减死一等。②《唐律疏议》卷一八《贼盗律二》中记载:诸造、畜蛊毒(谓造合成蛊,堪以害人者)及教令者绞,造、畜者同居家口虽不知情,若里正(坊正、村正亦同)知而不纠者皆流三千里。疏议曰:蛊有多种,罕能究悉,事关左道,不可备知。或集合诸蛊置于一器之内,久而相食,诸蛊皆尽,若蛇在即为蛇蛊之类。造谓自造,畜谓得畜,可以毒害于人,故注云谓造合成蛊堪以害人者。若自造、若传、畜猫鬼之类,及教令人并合绞罪。若同谋而造,律不言"皆",即有首从,其所造及畜者同居家口,不限籍之同异,虽不知情,若里正坊正村正知而不纠者,皆流三千里③。

人所共知,在唐代的律法中,疏议与正条有同样的效力,"若自造、若传、畜猫鬼之类"竟被当作法例载入皇皇大典,足可见"猫鬼"影响

---

① 卢向前:《武则天"畏猫说"与隋室"猫鬼之狱"》,《中国史研究》2006 年第 1 期。
② 《隋书·后妃》。
③ 刘俊文:《唐律疏议笺解》,中华书局 1996 年版。

既深且远。①

一些古代医书上也有对猫鬼的解释，如"猫鬼者，云是老狸野物之精，变为鬼魅，而依附于人。人畜事之，犹如事蛊，以毒害人。其病状，心腹刺痛。食人腑脏，吐血利血而死"②。孙思邈有《备急千金要方》卷七四《蛊毒第四（论方）》论曰：蛊毒千品，种种不同。或下鲜血；或好卧暗室，不欲光明；或心性反常，乍嗔乍喜；或四肢沉重，百节酸疼。如此种种状貌，说不可尽。亦有得之三年乃死，急者一月，或百日即死。其死时皆有九孔中或于胁下肉中出去。所以出门常须带雄黄、麝香、神丹诸大辟恶药，则百蛊、猫虎、狐狸、老物、精魅永不敢着人。养生之家，大须虑此。俗亦有灸法，初中蛊，于心下捺便大炷灸一百壮，并主。猫鬼亦灸得愈。又当足小指尖上灸三壮，当有物出，酒上得者有酒出，饭上得者有饭出，肉菜上得者有肉菜出，即愈。神验皆于灸疮上出。同书卷七六又有：治猫鬼野道病歌哭不自由方：五月五日自死赤蛇烧作灰，以井花水服，方寸匕日一。针灸方见别卷中。又方：腊月死猫儿头烧灰水服。一钱匕日二。治猫鬼眼见猫狸及耳杂有所闻方：相思子、草麻子、巴豆（各一枚）、朱砂（末）、蜡（各四铢）。右五味合捣为丸，先取麻子许大含之，即以灰围患人前头，着一斗灰火，吐药火中，沸即画火上作十字，其猫鬼并皆死矣。这些药方，其鬼符与真经相杂，巫术与鬼病并存。以鬼符对巫术，以真经对鬼病，这正好说明孙思邈得到"医者巫也"之真谛，做到了生理治疗与心理治疗并举。孙思邈之后的苏恭，在唐高宗显庆年间（656—661 年）撰定《唐本草》，其中提出了用鹿角、麋角等为原料治疗"猫鬼中恶心腹疼痛"之法。再往后，医家对于猫鬼病的治疗亦无多大发明了。③ 可见当时"猫鬼"信仰深入各个阶层，但在统治阶层，畜蛊的是宫廷中一部分不得势者，贫穷和边缘化了的人群。这部分人对社会、对他人强烈不满，又无法通过正常渠道来换取财富和权力，于是就借传说中具有神奇功能的"猫鬼"来达到目的。而统治阶级借用"养猫鬼"之事，剪除异己。医生则深受这种观念影响，将巫术手段用在治疗当中。隋唐是继秦汉以后又一个空前强大的时代，是中华民族的传统思想观念发展成熟

---

① 卢向前：《武则天"畏猫说"与隋室"猫鬼之狱"》，《中国史研究》2006 年第 1 期。

② （隋）巢元方等：《诸病源候论》卷二十五。

③ 参见卢向前《武则天"畏猫说"与隋室"猫鬼之狱"》，《中国史研究》2006 年第 1 期。

的重要阶段，商周以来传统的中原文化，在这时得到高度的传承和加强。可以说，隋唐时期是我国古代民间信仰发展的一个重要时期，相当多的民间观念就定型于那个时代，时至今日，我们追本溯源，还能看到那个时代的踪迹。河湟地区的"猫鬼神"信仰，可以说正是那个时期信仰的遗留。

至宋代"猫鬼"信仰仍很盛行，《续资治通鉴长编》（卷二一）记载：戊申，温州捕捉养猫鬼咒诅杀人贼邓翁并其亲属至阙下，邓翁腰斩，亲属悉配远恶处。《夷坚志·丁志》（卷八·周氏买花）记载当时临安开机坊之周五家有一女，貌美，……中夜与人呢呢而语。家人请一术士治祟，术士曰："此猫魁也。"……挥剑斩之，女遂如初。在清代一些文人的笔记体小说中，对"猫鬼神"相关奇特怪异的传闻故事有着较为详细的描述。袁枚在《子不语》（卷二十四）记载：靖江张氏，住城之南偏，屋角有沟，久弗疏瀹，淫雨不止，水溢于堂。张以竹竿通之，入丈许，竿不可出，数人曳之不动，疑为泥所滞。天晴复举之，竿脱然出，黑气如蛇，随竿而上，顷刻天地晦冥，有绿眼人乘黑戏其婢。每交合，其阴如刺，痛不可忍。张广求符术，道士某登坛治之。黑气自坛而上，如有物舐之者，所舐处舌如刀割，皮肉尽烂，道士狂奔去。道士素受法于天师，不得已，买舟渡江。张使人随之，将求救于天师。至江心，见天上黑云四起，道士喜拜贺曰："此妖已为雷诛矣！"张归家视之，屋角震死一猫，大如驴。①

又如清道光慵讷居士著的《咫闻录》（卷一）讲道：甘肃凉州界，民间崇祀猫鬼神，即北史所载高氏祀猫鬼之类也。其怪用猫缢死，斋醮七七，即能通灵。后易木牌，立于门后，猫主敬祀之。旁以布袋，约五寸长，备待猫用，每窃人物。至四更许，鸡未鸣时，袋忽不见，少顷，悬于屋角。用梯取下，释袋口，倾注柜中，或米或豆，可获二石。盖妖邪所致，少可容多，祀者往往富可立致。有郡守某生辰，同僚馈干面十余石，贮于大桶。数日后，守遣人分贮，见桶上面悬结如竹纸隔，下视则空空然！惊曰诸守，命役访治。时府廨后有祀此猫者，役搜得其像。当堂重责木牌四十，并笞其民，笑而遣之。后闻牌责之后，神不验矣。②清代文人黄汉的《猫苑》卷上《毛色》也记载："孙赤文云，道光丙午（1846 年）

---

① （清）袁枚：《子不语》（卷二十四），重庆出版社 2005 年版。
② （清）慵讷居士：《咫闻录》（卷一），重庆出版社 2005 年版。

夏、秋间，浙中杭、绍、宁、台一带传有鬼祟，称为三脚猫者，每傍晚，有腥风一阵，辄觉有物入人家室以魅人，举国惶然。于是各家悬锣钲于室，每伺风至，奋力鸣击。鬼物畏锣声，辄遁去。如是者数月始绝。是亦物妖也。"

在河湟土族、汉族中，类似以上的传闻也很多。如"猫鬼神"变化为人，或为美女或为俊男，引诱那些涉世未深的少男少女，然后对其进行加害的内容。惹恼了养"猫鬼神"的人家，晚上走路时，明明眼前是一条路，一脚踩下去是陷坑，或悬崖，这就是"猫鬼神"之所为；有时"猫鬼神"附体后，会导致人精神错乱，胡言乱语，处于一种"迷离"之状。从其胡言乱语中，告诉家人，它来自何处，为何而来，想干什么等。之后，这家人必须按其吩咐将它好好送走。它还帮助主人去对付那些和主人作对、相恶的人，如"猫鬼神"将石头、土块、污秽之物扔到主人的仇家，以示吓唬、警告。日常生活中，如果对所供奉的"猫鬼神"毕恭毕敬，它还会帮助主人找来急需、所缺之物。如"猫鬼神"到别人家去偷肉、偷饭等的传闻也很多。

3. "猫鬼神"生成的相关传说

对"猫鬼神"的口头传说，有三种说法：其一，姜子牙将妻子封为"猫鬼神"。相传姜子牙辅助周武王打败殷商，挫败各路诸侯，建立了周王朝之后，就在某一天分封各路神仙。这一天，封完众神之后，姜子牙忽然想到了自己刁钻的老婆，觉得也应该给她封个小神。于是，命亲兵去将老伴请来。这老婆婆一辈子没见过大世面，到神坛前一看这黑压压的人群，顿时手足无措，躲到亲兵背后说啥也不敢出来。姜子牙一见老伴畏畏缩缩的样子，觉得很没面子，于是气冲冲地说道："看你这躲躲藏藏的样子，活像个猫鬼神。"他妻子就因他这一句话，被封为"猫鬼神"。但他老婆被封为"猫鬼神"后，在民间兴风作浪，一般人很难惩治它，为此，姜子牙最后只好把自己封为"打鬼石"（民间俗称"驱坛石"，一种专门用来打"鬼"的石头）。后来"打鬼石"逐渐演变为用来驱逐各种不吉不利不干不净事物的工具（法器）。其二，姜子牙将麾下一将领封为"猫鬼神"。这种传说流传于互助地区。说的也是姜子牙封神的时候，他手下的一位将领想投机取巧弄个大神位，于是他就躲在了桌子底下，盘算着等其他人被封完后再出来，好央求姜子牙给自己一个大神位。姜子牙封完众神后一点数："不对呀！怎么少了一个呢？"又点了一遍，才发现少了此人，正准备派人去找，他却从桌子底下钻了出来。姜子牙气不打一处来，怒道："你像个找食的猫似的躲在桌子底下干啥？干脆就封你做猫鬼神！"此人本想投机骗个大神位，结果却弄巧成拙，连正神之列都没能排入。其三，五良居士的肠子化为猫鬼神。这种传说流传于民和地区。相传很久以前，有个名叫五良居士的人，一心想修道成仙，为了摆脱尘世俗务的干扰，跟着他的师父来到深山老林，终日潜心修炼，不问他事。有一天，一位美丽的女子来到这里，对五良居士说："别再修道了。跟我回去吧！咱们成亲好好过日子，何必受这份清苦呢？"五良居士置若罔闻，丝毫不为所动。美女见他不动心，就使出各种手段百般纠缠……终于，五良居士被激怒，顺手拿起刀向她砍去，这女子吓得面无人色，转身就逃，五良居士紧追不舍，女子慌不择路，最终失足掉落悬崖摔死。五良居士见女子被自己逼落悬崖顿觉悔恨难当："她被我逼死了，我这个双手沾满鲜血的人活在人世还有什么意义，就是修成了仙又能怎么样呢？"一时间万念俱灰，纵身跳下悬崖。正在这时，他的师父也赶到了，见五良居士已跳了下去，急忙大声喊道："徒弟，快扒肠子。你的上半身已经得道，赶快把肠子扒掉你就能成仙了，快扒肠子……"五良居士的肚子刚好已经被崖壁上凸出的岩石和树枝划破，听见师父的喊叫，手忙脚乱地开始扒肠子。然而，终究没来得及扒完肠子就落到了崖底，没能成仙。而他的肠子受他修行的影响具有了一些灵气，化为"猫鬼神"。[①] 以上所列的三则传说，流传于不同地区，但笔者在乐都、民和、西宁等地区搜集相关资料时，第一种说法较为普遍。

对于民间流传的"猫鬼神"现时生成法，刘永青撰写的《河湟地区猫鬼神信仰习俗研究》一文中进行了详细的介绍：其一，利用猫头生成"猫鬼神"。又有两种不同的说法：一种流传于果洛州玛沁县的藏族牧民中：家里养的猫死后，把猫头割下，用各色绸缎裹起，置于屋顶正中间，之后开始诵经（一般由自家人念诵），坚持诵经100天后，猫的灵魂会聚集成形，即生成"猫鬼神"，它会记住替自己诵经的人并为他服务，即成为此人所奉祀、役使的"猫鬼神"；另一种说法流传于湟中鲁沙尔地区，较上述这种方法简单得多，只需要把猫头供起，过上一段时间，"猫鬼

---

① 刘永青：《河湟地区猫鬼神信仰习俗研究》，《青海师范大学民族师范学院学报》2004 年第 2 期。

神"即会生成，而主人自会觉察到。其二，利用猫尸体生成"猫鬼神"。流传于湟中县总寨乡地区。家养的猫得以善终后，将猫尸体挂在堂屋正中或中堂处，祭拜七七四十九日，猫鬼神就会生成。其三，利用活猫生成"猫鬼神"。流传于乐都县下营藏族乡。把家里养的猫供起，每天上供，过一段时间，此猫就会因受人间烟火而成精，成为"猫鬼神"。其四，在特定的地方设祭上供以求生成"猫鬼神"。如共和县曲沟乡地区，认为"猫鬼神"是邪神、脏鬼，如果想供奉"猫鬼神"，就在门背后或墙角里放一个小碗，每天吃饭前从锅里先盛出点饭放在小碗里，而且要烧香祭拜。如此过上一段时间，如果小碗里的饭食突然消失，而且可以肯定不是被其他动物偷吃的，那么就是"猫鬼神"已经生成。其五，猫成精而为"猫鬼神"。循化县流传的一种说法：家里养的猫不能被饿死，如果猫饿死而主人又没有发觉，那么死猫就会成精而为"猫鬼神"。它生成后要做的第一件事情就是加害原主人，使其家破人亡。之后，直到有人招它、供奉它，它就成为此人所供奉的"猫鬼神"。笔者在乐都、民和搜集到这样一则传说：据说是挑选一只纯黑色3个月左右的猫，在没有月亮的晚上，将其头砍下来，供养七天后，主人就可以求它办事，它可带来除金银钱币之外的饭食衣物等。在民和松树地区除有类似的传说外，还有一种说法："猫鬼神"在平时可以为主人守家、敛财，但如果和其他的孤魂野鬼相结合，就会成为厉鬼，兴风作浪，祸害民间。这些民间故事和传说反映了下层民众中的"猫鬼神"信仰，相信猫有神通，有人性，猫在人间的活动主要是报恩、报怨、作祟殃人。这些故事所反映的"猫鬼神"信仰，积淀了原始宗教文化、佛教道教文化的内容，反映了下层民众"猫鬼神"中求实惠、既敬奉又恐惧的矛盾心态。

除了以上这些日常口头传说外，在土族民间故事中亦有如下描述：从前，有一户人家，家里养了一只猫。三兄弟上山前再三叮嘱三姊妹吃饭不要忘记喂猫。人吃啥就给猫喂啥，不然猫生气后会把火弄灭的。三姊妹一直都按照他们的话做，人吃啥就给猫吃啥。可是有一天她们炒麻麦（炒小麦或青稞）吃，忘记了喂猫。猫生气了，在尾巴上蘸水往火上洒，把灶火弄灭了……①此外，藏族史诗《岭·格萨尔王·霍岭战争》中也有与"猫鬼神"有关的零散记载（其中所提到的霍尔国人被藏族和土族人认为

---

① 朱刚、席元麟、星全成等编：《土族撒拉族民间故事》，上海文艺出版社1991版。

是土族的先民），例如：格萨尔与霍尔国卦师玛茉冬帼相遇时，玛茉冬帼唱道："请万道金光太阳巡行道上的，霍尔白天魔鬼神，莫把外面的坏人放进来！请美丽白云巡行路上的，霍尔花空魔鬼神，莫把内部的人儿放出去！请黄褐色霍尔河流上巡行的，霍尔青色龙魔神，不要将自己财货付给他人！……"①从其中对"魔鬼神"的描述来看，它具有保护神、战神、财神的作用和功能，与民间口传的"猫鬼神"功能非常相似。

二 "猫鬼神"信仰的主要分布地区和供养方法

"猫鬼神"的显灵行为其实就发生在民众日常生活中，而且民众与其发生关系，是完全建立在实际效果是否应验的基础之上的，与神仙的伦理和道德属性没有太大的关系。村民们认为庙神总是善良的，他们只会使人幸福，不会对人作恶。但是"猫鬼神"可以对人作善，同时也可以对人作恶，它常常自动地找人作恶。另外它也常常喜怒无常，忌讳极多，村民中的崇信者，其畏惧的心似乎远胜过敬爱的心，所以许多村民都认为能不与之发生关系最好，因为它们对人施加的影响，其善恶是捉摸不定的。

1. "猫鬼神"信仰的主要分布地区

一些学者认为"猫鬼神"信仰只流行于青海汉藏地区，但根据各类文献记载和笔者田野调查，关于"猫鬼神"信仰的地区分布较广，相关传说不但分布在青海西宁市、海东市和海北州的门源、海晏，海南州的共和、贵南、贵德，果洛州的玛沁县，而且在甘肃省兰州市、庆阳市和永靖、永登、宕昌等地，陕西汉中、河南省卢氏县、湖南湘西等地都有"猫鬼神"或"猫鬼"信仰与传说。

在甘肃省武山、甘谷等县，村民们常以"猫鬼神"为家神而进行祭祀。俗传，"猫鬼神"像猫而不是猫。"猫鬼神"猫头人身，赤色、黑色、灰色均有。人见之，头晕若在梦中，昏迷不醒。又传，凡敬"猫神"者，不受其侵害，不然，它会经常作祟人间。它最喜欢伤害妇女和小孩。当妇女睡觉时，它手持一根木棍顺势塞入妇女的肛门，或当家人不注意时，他会把小孩推进井里或抓走藏到深山老林之中。为此，家家在桌上供奉它，

---

① 转引自杨卫《论土族的"猫鬼神"崇拜》，《青海民族学院学报》2007 年第 4 期；王歌行、左可国、刘宏亮整理：《岭·格萨尔王霍岭战争》（下），中国民间文艺出版社 1985 年版，第 69 页。

有些地方甚至建"猫鬼神庙"进行祭祀。① 据湘西凤凰县苗学专家吴曦云介绍：聚居在湘西、黔东以及与之邻近的鄂渝边区的苗族群众中，如果猫死在家中，则必须请苗老司来"斩表"，直译为洗屋；倘若猫死在田里则必须洗田，这些都是为了驱除"猫鬼"，苗语叫"斩芒"即洗猫儿。洗猫儿与驱恶鬼相仿，做时在大门外摆一张方桌，上列酒肉各五碗。苗老司先用欺骗的方法请"猫鬼"出去，诵过祝词打一通卦。哄骗不生效时，用恐吓的方法赶"猫鬼"出去，如打得阴卦或胜卦，表示"猫鬼"已被赶走。② 甘肃宕昌地区将"猫鬼神"称为小神，认为：小神为单个家庭秘密供奉，且为重要隐私，供奉者绝不可宣扬或承认自家供奉有小神，别人也忌讳说出谁家供奉小神的隐私，别人很难了解其具体情况。流传的说法是：信奉小神的家庭将自家养的死后的猫、狗进行供奉，逢年过节或家中有喜庆、丧葬等重大活动时，在灶房角落或案板底下的某一固定地方焚香、点清油灯，并在一专供祭祀的碗中盛放饭菜置于油灯前，进行祷告。祈求已死猫、狗之灵魂常在此安居，并保护家庭财产安全，于是已死宠物的灵魂便永居家中成为小神，守护本家财物不流失到别人家或被别人偷盗。如有人偷盗该家财物或亲友拿走包括主人赠送的东西，小神便作祟索要，使偷盗或拿走该家财物的人生病遭灾，直至送还或加倍送还所拿财物。主人如受别人欺侮，主人祭告小神，小神也能对主人的仇家作祟降灾，进行报复。小神既没有塑像、画像，也没有公开标志性寄居处所。由于是小猫小狗等宠物变成的神灵，所以小神没有大的威力，除供奉者家庭外对村寨范围内不产生大的作用，即使最大限度地作祟，也危及不了人的生命。对其的信仰，在宕昌县城以北地区较淡漠，县城东南地区则较兴盛。③

2. 民间对"猫鬼神"的态度及传闻中的供养方法

传说中的"猫鬼神"来无踪、去无影，非肉眼凡胎者所能见。"猫鬼神"并非所有人家供奉，部分有供养传统的人家则代代相沿供奉。供养方法大致如下：1. 单设房间，置神龛，内供"猫鬼神"；2. 在正屋中堂设神案，案上置神轿，内供画有猫等动物的画像；3. 将死猫头等象征物

---

① 武文：《中国民俗大系·甘肃民俗》，甘肃人民出版社 2004 年版，第 68 页。
② 参见吴曦云《红苗风俗》，香港天马出版有限公司 2006 年版，第 219、220 页。
③ 陈启生：《宕昌地区的几位地方神》，《陇右文博》2005 年第 1 期。

供于中堂；4. 在屋内铺白羊毛毡供其安坐。无论哪种供法，其模拟形象均用哈达、红绸等遮盖，一般不让外人观看。每天焚香、煨桑，在墙角或门后置小碗，每日三顿饭前均盛饭食。① 在土族的民间传说中，"猫鬼神"居住的人家一般特别干净，且家境一般都比较好。它想去住到一个家里先要去试探，一般是将七种粮食（如麦、豆、米等）上下摆成一摞，放到堂屋间的面柜中央。若这家人不愿养，就必须将粮食扔到离家较远的偏僻路口处，才会免除灾难。② 河湟地区对"猫鬼神"特别忌讳，邻里不愿与供"猫鬼神"的家庭往来，客人不会在供有"猫鬼神"的家中食宿，儿女说亲时拒绝与养"猫鬼神"的人结亲，这种人家通常只能与有类似传说的人家做亲戚。虽然供有"猫鬼神"的人家受到"歧视"，但一般人都不敢得罪养"猫鬼神"的人家。社会中的"传闻"与大家所相信的"事实"，实际上是人们提供一种经验在外的文化心理结构。夜间奇怪的声音、家畜的异常行为，或人们遭受疾病或死亡，都在此种文化心理结构中得到解释。所谓"经验"，事实上是透过文化所获得，并经过文化包装的个人对外界之印象与记忆。他们作为一种个人记忆，由于在各种公共场合中被讲述，而成为社会记忆的一部分。许多"猫鬼神"传闻中，人物、时间、地点与事件（人得病或死亡）或许都是真实的，人们只建构（或虚构）事件与"猫鬼神"之间的关系。在传闻中，讲述者对参与者的描述，讲述者本身的存在是故事真实性与说服力的主轴。

3. 对"猫鬼神"的防范、惩治和镇压

由于"猫鬼神"在人们的想象中所佑护、帮助的只是很少的一部分供奉者，对大多数人具有危害性，人们出于保护自身的考虑，民间相应产生了一些防范、惩治"猫鬼神"的方法。多数地区的人在面柜提手、衣柜把手、生产工具等物上都拴置一枚铜钱，以防范"猫鬼神"偷盗。此外，对其驱镇的方式和手法多采用墨斗墨线、鬼碗（黑色大瓷碗）或沙子等物防范"猫鬼神"，或禳解治疗"猫鬼神"附体作祟所致的疾病；或用酒灌醉使其显形（有些地方也用象征物代替），将其放进水里蒸煮或火中烧死。③ 关于"猫鬼神"的故事包含了许多远古巫术的因素，如"猫鬼

---

① 蒲文成、王心岳：《汉藏民族关系史》，甘肃人民出版社 2008 年版，第 272 页。
② 杨卫：《论土族的"猫鬼神"崇拜》，《青海民族学院学报》2007 年第 4 期。
③ 详见刘永青《河湟地区猫鬼神信仰习俗研究》，《青海师范大学民族师范学院学报》2004 年第 2 期。

神"怕沙子击打的传说告诉我们在民间信仰中，符咒作为巫术的主要手段之一而被人们所崇信。在符中常用的字有"雷"、"令"、"煞"等。其中，在民间信仰中煞是一种凶神。"沙"与"煞"谐音，由此而衍生出沙子具有击打鬼神的魔力。鬼碗之所以被认为具有驱除"猫鬼神"的作用，是因为在土族、汉族民间信仰中，鬼碗是阴阳、法师、苯教师的得力工具之一，他们用它来驱鬼、捉鬼。在人们心目中，鬼碗具有不小的法力。民间痛打"猫鬼神"的一些故事说明人们对自身力量的充分肯定，认为只要运用自身的力量去对抗"猫鬼神"，就能达到惩治"猫鬼神"的目的。人们可以用这些方法，给"猫鬼神"以不同程度的惩戒，使之在一定范围内服从人的意志，可达到一种更高层次的趋利避害的需求。

三　青海"猫鬼神"信仰与地域"精怪"崇拜的比较

在中国文化发展史上，精怪信仰与精怪叙事可谓是一道独特的景观，它根脉悠远，绵延流长，且异彩纷呈，熠熠生辉。精怪这类民俗文化现象作为中国民众思想体系中不可或缺的重要层级，无论以民族民间文化的视角，还是从传统叙事表达的角度，许多学者都给予了高度的关注。"万物有灵"的精怪观念源于民间，并与广大民众的物质生活和精神信仰有着密切的关联，以至于存在某种相互照应的状态。作为中国传统文化的重要组成部分，"精怪"称谓更多地意指一种思维模式和信仰意念，因而，它必须附着于一定的物质实体，才能惟妙惟肖，生动可感。在历史上，民众常常以某种物质实体为核心建构精怪形象，进而以此为基础演绎出许多美轮美奂的精怪叙事。[①] 如《左传·宣公十五年》云："天反时为灾，地反物为妖。"今人杨伯峻注："群物失其常性，古人谓之妖怪。"《说文》卷十释"怪"为"异"。《一切经音义》亦云："凡奇异非常皆曰怪。""妖"与"怪"所指相同，"怪"又与"精"义相通。《国语·鲁语》云："木石之怪，夔、魍魉。"韦昭注曰："魍魉：山精，好学人声而迷惑人也。"所以后代有"妖怪"、"精怪"连用的。王充在《论衡·订鬼》中指出："夫物之老者，其精为人，亦有未老者，性能变化，象人之形。"这就是古人对动物、植物、器物能成精变人的原因的思考，认为是"物老"所致，所以精怪传说中经常就有"千年老鼠"、"千年老猿"、"千年狐精"

---

① 王丹：《精怪：亘古至今的信仰与叙事》，《中央民族大学学报》2006年第3期。

等精物。

在灵物信仰中，狐神信仰无疑在民间是最受注目的。狐神之说，可以追溯到汉代甚至更早，《玄中记》载："狐五十能变化妇人，百岁为美女，为神巫，或为丈夫与女人交接。知千里外事，善蛊魅，使人迷惑失智，千岁即与天通，为天狐。"魏晋时期，小说多狐仙故事，为狐神之传播推波助澜。蒲松龄的《聊斋》多写狐鬼，足见狐神原型与民间世俗生活之贴近，乃至当今社会，有些地区祀狐神、讳狐字，其灵迹更是充斥于耳。可以说某种原型信仰，经长期的心理沉淀和生活印证，便成为比较固定的文化现象。

与盛行于北方的狐狸精信仰一样，南方的五通神信仰也极为古老。如洪迈在《夷坚志·丁志》（卷十九·江南木客）中指出："大江以南地多山，而俗祀鬼，其神怪甚诡异，多依岩石树木为丛祠，村村有之。二浙江东曰'五通'……常在人间作怪害，皆是物云，变幻妖惑，大抵与北方狐魅相似。或能使人乍富，故小人好之致奉事，以祈无妄之福。若微忤其意，则又移夺而之他。""尤喜淫，或为士大夫美男子，或随人心所喜慕而化形，或止见本形，至者如猴猱、如龙，如虾蟆，或如大黄鼠，体相不一，皆矫捷劲健，冷若冰铁。阳道壮伟，妇女遭之者，率厌苦不堪，羸悴无色，精神奄然。""外客至，则相与钉饲蔬果，若家人然。少拂之，即掷沙砾，作风火，置人屎牛粪于饮食中。"清代江淮一带盛行的五通神，也为人所诉，在于它喜欢作祟，"其妖幻淫恶，不可胜道"①。《庚巳编》卷五录十则五通作祟之事：或排击门阃，粪秽狼藉人户；或烧人房屋，让物自鸣；或现形露相，作饭为泥；或魅人，令人丧失神志。而且，五通神还会摄人钱财。《庚巳编·说妖》言"魅多乘人衰厄时作祟，所至移床坏户，阴窃财物"。五通使人富，也能使人贫；不仅能摄物，也能摄人。②《情史》载五郎君窃西元帅第九子与刘庠为嗣，又将被抓的刘氏夫妇夺归，并火焚府治；郎瑛《七修类稿》也称，余姚郭姓民人，新娶一妇多次为五圣所摄。③据20世纪90年代日本学者马场英子教授在温州、宁波地区田野调查资料表明，浙江的山魈、五通在形态上往往戴有一顶红色隐

---

① （金）元好问：《续夷坚志》，上海古籍出版社1996年版，第472页。

② 参见杨宗《财神"五通"论》，《宗教学研究》2008年第2期。

③ （明）冯梦龙：《情史》，春风文艺出版社1980年版，第626页。

形帽，在乡村出没，喜欢女色、善做恶作剧和偷搬财物。①

在华北地区，许多地方民众盛行信奉四种精怪即狐狸、黄鼠狼、刺猬和长虫（蛇），总称"四大门"。它们分别对应地称为"胡门"（狐、胡谐音）、"黄门"、"白门"（因刺猬身体的颜色接近白色）和"常门"（长、常谐音）。据著名人类学家、民俗学家周星调查：四大门又因其在各地具体的互相组合则呈现十分复杂多样的状态。如在北京及周围有些地方，又有"五大门"或"五大家"的说法，顺义一带就叫"五大门"，那里把刺猬称为"刺门"，而把兔子称为"白门"；但在另一些地方，则可能不足"四大门"之数，人们只信仰其中某一门如"常门"或"黄门"。旧时，它们多被冠以人的姓氏，或以小说人物命名，所有神像都具有人形，或身着清朝官吏朝服，事迹全是一些仙话。有些地区还将这些精怪供为家神，若家中设有其神位，春节期间须隆重祭祀。其中"狐仙"最为盛行，其形象乃是正中端坐的白须白发的老两口，旁边一男一女二位侍童。山东民间还认为，狐狸有灵性，能予以祸福，年久日深还可成仙得道，变换人形。它若对人有何要求就应予以满足，否则将会受到报复；若满足了它，自然也会有回报的酬谢。有一种俗信或口碑是说，大年夜包的饺子若有失落，便相信是得罪了"狐仙"（也称胡仙），被它搬走了。或说如得罪了"狐仙"，饺子下到锅里，也会变成驴屎蛋。对于那些神经错乱、行为失常、大哭大笑、胡说八道的人，常解释为狐仙附身，得烧香烧纸，拜送狐仙才行。同时，还要反省一下什么地方有所得罪，以便补救。黄鼬（黄鼠狼）则被人们称为"黄仙"、"老黄家"，对其的信仰与狐狸大体相似。过去，"狐仙"和"黄仙"的信仰较普遍，现在部分地区依然流行。②

在四川越西县、西昌市四合乡的彝族中也流传类似"猫鬼神"的故事和传闻。彝族称其为"阿莫"（amo）或"自幕"（cim）。据传为一些彝族人家供养，如果家中没有米或米少了它会添满米缸，如果没有鸭蛋它

---

① 参见［日］川野明正《朝鲜"特可比"与中国"山魈"、"五通神"故事——东亚"搬运灵"传承探析》，任兆胜、胡立耕主编《口承文学与民间信仰——首届怒江大峡谷民族文化暨第三届中日民俗文化国际学术研讨会论文集》，云南大学出版社2007年版，第22页。

② 参见周星《四大门——中国北方的一种民俗》，王建新、刘昭瑞编《地域社会与信仰习俗——立足田野的人类学研究》，中山大学出版社2007年版。

就会为主人偷来鸭蛋，如果家中有人不敬，它便反过来害主人。① 浙江西部地区虽没有"猫鬼神"信仰，但也有"野猫精"信仰。民间如有人久患遗精，或神志恍惚，体亏虚弱，俗谓"野猫精迷"，家中便暗请男巫驱鬼，用坛一个，作法完毕，往空中一抓，作塞鬼于坛状，然后封住坛口，手捧出门。众人反穿衣服，倒穿裘衣，脚着草鞋，尾随于后护送，其中一人敲锣，一人擎香，一人举火把，把坛送至深山沟壑，然后绕道归村，同时急将病者转移他处。民间以为即使"野猫精"重新出坛，也找不到病者了。② 另据台湾著名历史人类学家王明珂先生的调查，在四川岷江上游村寨中，普遍流传着"毒药猫"的说法。在当地民众的心目中，"毒药猫"是一种会变化及害人的人，几乎都是女人。她们或变成动物害人，或以指甲施毒害人。受害者则是村寨中的小孩或男人。村寨中，人人皆知哪个人或哪些人是"毒药猫"③。有学者认为羌族社会中的"毒药猫"类似于土族社会中的"猫鬼神"④。笔者认为这有待商榷，"毒药猫"与"猫鬼神"可能发育于同一信仰母题，但现已衍化为不同的形态。"毒药猫"是类似于南方巫蛊信仰中对养蛊人的猜疑，而土族"猫鬼神"信仰是一种精怪信仰，而不是特指某类人。只是它们的传承方式有些类似，如"毒药猫"法术大多在母女间传承，"猫鬼神"也常常随着女儿出嫁而转入婆家。应该强调的是：王明珂先生在研究"毒药猫"中所运用的"替罪羔羊"、"社会记忆"等理论，及提出的"在有关毒药猫的叙事中，邻近家族、村寨间的冲突与对立，婚姻产生的父权与舅权冲突……以及对疾病与意外死亡的恐惧，等等，都是产生这些神话、历史与个人经验记忆'文本'（text）的'情景'（context）"等卓见对我们研究河湟地区"猫鬼神"信仰有着重要的启发意义。

　　"猫鬼神"作为河湟地区民间信仰物的一个内容，其作为低于神、佛的亦神亦鬼的动物，在普通民众的日常生活中发挥着重要的作用。它与以上所有精怪一样，有精怪的特性如喜欢作祟、贪财、易怒、好色等。供奉

---

　　① 曲木威古，彝族，36 岁，西南民族大学民族学硕士，2008 年 8 月 28 日 23：26 在笔者办公室讲述。

　　② 郑土有：《中国民俗通志·信仰志》，山东教育出版社 2005 年版，第 320 页。

　　③ 王明珂：《羌在汉藏之间：一个华夏历史边缘的历史人类学研究》，联经出版事业股份有限公司 2003 年版，第 108 页。

　　④ 祁进玉：《群体身份与多元认同——基于三个土族社区的人类学对比研究》，社会科学文献出版社 2008 年版，第 153 页。

它可以使人致富，但供奉不周也可使主人致贫。它高兴时守财护主，不仅守护自家财产不被他人拿去，而且可偷偷取来他人的饭食、衣物、粮食等；不高兴时则将自家的财物倒腾出去，有时会做出在主人饭锅里拉屎、撒尿等恶作剧。精怪如同鬼神一样，都是人们观念的产物，现实世界中并不真实存在。在古代，它们曾作为一种重要的文化诞生，在漫长的历史长河中作为一种文化积淀，在不同的社会环境和条件下不断得到扩展，成为中国信仰文化的一部分。由于对它们的信仰，便引出和它们打交道的各种方式：崇拜祭祀、厌镇搜捕。在此基础上形成若干民俗，衍生出种种有关它们活动的话题，或取做艺术创作的素材，或当成借题发挥以示劝惩的手段，或假借妄言妄语以作讥刺时弊的掩护。

总之，所有精怪从洪荒走来，在文明时代落户，占定了神秘世界中的位置，并且在传说中不断滋生出来。这种情况，不能简单地、单纯地从政令、制度上去获得解释。作为一种观念的存在，它在古代中国人的思维结构中已经稳固地积淀下来，而相对凝固的思维结构，又使人们"触类旁通"，在所接触的环境中有意识、无意识地"发现"、"看到"，而实际上只是主观体验到精怪的存在。① 因此在信仰"猫鬼神"的地区，民间流传的"猫鬼神"故事，已变为当地民众日常生活中普遍的经验、记忆，影响着社区内外人群间的互动关系。

四　对"猫鬼神"信仰的文化解读

著名英国人类学家埃文斯－普里查德曾说过："作为人类学家，他并不关切宗教的真假。就我对这一问题的理解而言，他是不可能了解原始宗教或其他宗教的神灵是否真的存在。既然如此，他就不能考虑这样的问题。对他而言，信仰乃是社会学的事实，而不是神学的事实，他唯一关心的是诸信仰彼此之间的和信仰与其他社会事实之间的关系。他的问题是科学的问题，而不是形而上学或本体论的问题。他使用的方法是现在经常被称作现象学的方法——对诸如神、圣礼和祭祀等信仰和仪式进行比较研究，以确定它们的意义及其社会重要性。"② 因此，作为一种

---

① 参见刘仲宇《中国精怪文化》，上海人民出版社 1997 年版，第 56 页。

② 转引自［英］菲奥纳·鲍伊（Fiona Bowie）《宗教人类学导论》，金泽、何其敏译，中国人民大学出版社 2004 年 3 月版；Evans－Pritchard, E. E. (1972) Theories of Primitive Religion. Oxford：Oxford University Press（originally published 1965）。

文化现象而存在的"猫鬼神"信仰，对它本身隐含的深层意义的追寻以及它在社会想象与建构中发挥的功能和作用的探求，远比把它简单归结为传统或过去、客观或主观、科学或迷信的做法更有意义，因为它向我们提供了理解社会是怎样基于特定的文化联结，维持其运转并使个人成了"社会存在物"。

1. "猫鬼神"信仰是动物崇拜和蛊毒文化的融合

"宗教是在最原始的时代，从人们关于他们本身和周围的外部自然界的错误的、最原始的观念中产生的。""人在自己的发展中，得到了其他实体的支持，但这些实体不是高级的实体，不是天使，而是低级的实体，是动物，由此产生了动物的崇拜。"① 动物崇拜是原始宗教之自然崇拜的一部分，也是最先发达的部分。因为在人们征服自然的初期，人们主要靠狩猎和畜牲为生，狩猎的多寡以及遭受动物的袭击，必然会给早期人类的心灵产生影响。例如，假使原始人曾经面临来自毒蛇或猛兽的伤害，那么他对于毒蛇或猛兽的恐惧感就会使他预先进行防范，避免被它们吞噬生命。到了农耕时代，崇拜的主要对象转移到了农畜和耕畜的守护神，一般不再把野兽本身当作崇拜对象。因此，一般动物神原型可分两大类：一是与人类的生产密切相关，却又始终为人类所恐惧的野兽动物，如蛇、虎、蝗虫等；另一种是家畜和耕畜的守护神，如牛王、马王、蚕神等。由于猫能消灭残害庄稼的田鼠和仓廪里家室里的家鼠，所以尊重猫是世界农业社会普遍存在的一种现象。著名学者许地山认为：以猫为神，最早的是埃及。古埃及人知道猫在第十一朝时代（2200B. C.），据说是从纽比亚（Nubia）传进去的。自那时以后，埃及才有猫首人身的神像。猫神名伊路鲁士（AElurus）。人当猫为神圣，甚至做成猫的木乃伊；杀猫者受死刑。他认为猫是月女神，因为它的眼睛可以像月一样有圆缺。在中国古代，猫也相当受到尊重，《礼记·郊特牲》载："天子大蜡八，伊耆氏始为蜡。蜡也者，索也；岁十二月，合聚万物而索飨之也。蜡之祭也，主先啬而祭司啬也，祭百种以报啬也。飨农及邮表畷禽兽，仁之至义之尽也。古之君子，使之必报之。迎猫，为其食田鼠也，迎虎，为其食田豕也。"猫与先啬、司啬等神同列，周秦以后日渐淡化。黄汉《猫苑》（卷上）说："丁雨生云，安南有猫将军庙，其神猫首人身，甚著灵异。中国人往者，必祈

---

① 《马克思恩格斯全集》（《致马克思》1846 年 10 月 18 日。）

祷，决休咎。"①

从原始的动物神原型发展到完全人格化、社会化的神，往往都要经历半人、半动物的过渡形态，再发展到基本上具有人的形体，而又带有它们代表的动物之某些特征；最后才达到神灵形体、服饰彻底人化。另外，其服饰也会适应时代的要求，给神以不同的穿戴，甚至还要按人类的习惯，为其取名、择偶、授职分工、编造神灵的世系身世，使之彻底摆脱原始的动物形态而使世人能诚心顺服。例如，西王母，在战国以前一般被称为神人。《山海经》说其是"形象为半人半兽"，称为司天之厉及五残（即瘟疫和刑罚）之神。而至战国时代，《庄子》《穆天子传》已把西王母描绘成一位得道仙人或西方半人半仙的人王，也就是说西王母已人神化。西汉时重神仙，因西王母掌不死之药，故西王母成为一位白发苍苍、长生不死的老妪。以后道士文人推波助澜，西王母又成为原始天尊之女，群仙之领袖，又以东王公与之相匹。玉皇大帝出现以后，人们又把西王母与之匹配，称之为王母娘娘。在民间古诗和传说中，王母娘娘被奉为最重要的女神。由西王母之流变，可以看出民间变换原型内涵之随意性和盲目性了。除了蛇精与狐精之外，《夷坚志》中记载的狗、猫、猪、鼠、羊、龟、鱼等这些精怪的产生除了与原始的图腾崇拜有关之外，更主要的原因是它们与人的距离很近，有的甚至与人共享同一个生活空间。与人鬼之间冲突与失调的原因不同，这些家畜精怪的产生不是因为与人所处空间的隔离而产生的，恰恰相反，是因为他们生活空间的同一而导致的。再加上民间有一种"灵魂附体"的说法，这种观念认为：圣灵的鬼神或其他自然实体的灵魂，可以飘浮在空间，在人们身亏体虚之时乘虚而入，附身于人，出现所谓"灵魂附体"之现象。这种说法在河湟地区很流行，较之于其他原型信仰更容易深入人心，基本上已成为民间普遍信奉的功能性信仰。因此，在人们的观念中，猫鬼神这些精怪可以寄寓灵魂在人身体里，使人胡言乱语或发疯。

蛊往往被认为是毒虫。蛊的繁体写作"蠱"。从汉字的会意上来看，仿佛就是用器皿装着的虫子。西汉许慎所著《说文解字》载："蛊，腹中虫也。"蛊字从虫从皿。《说文》载："皿，饭食之用器也，象形，与豆同义。""蛊"字的悠久历史甚至可以追溯到甲骨文那里去。"蛊"在甲骨文

---

① 参见许地山《猫乘》，原载 1940 年《香港大学学生会会刊》，收入《国粹与国学》。

中的字形皆为皿中有虫的形象。甲骨文的卜辞中，"蛊"不论作为疾病名称，还是致病原因，都必然是与虫相关的。但是由于甲骨文卜辞语句简短，并未明示"蛊"的确切含义，所以后人的解释往往是各抒己见。更具体一些的说法出现在《春秋传》里。《春秋传》曰："皿虫为蛊，晦淫之所生也。枭桀（磔）死之鬼亦为蛊。"秦以后的"蛊"字基本定型，虫与皿成为其意义的来源。汉字的特点使得这种意义具有想象的空间。① 先秦文献中极少有关畜蛊害人的记载。从魏晋时代开始，志怪笔记风起，不论正史野史，有关施蛊害人的记载突然变得多起来，而且常常充溢着神秘与恐怖的气氛。晋干宝《搜神记》卷一二载有所谓"犬蛊"："潘阳赵寿有犬蛊时陈岑诣寿，忽有大黄犬六七群，出吠岑。……蛊有怪物……或为狗豕。"② 对于"巫"，公然的仪式执行不可或缺，相信依凭中介之物而起作用，对"蛊"，体现巫术原理（相似律、接触律）的仪式从来没有证据表明其确凿实施，它以一种无形的信仰、意念与禁忌为存在形式，并无任何象征物可凭，具有不可操作性和不可观察性。因而被指为有"蛊"者，从客位的角度看，是一种臆想、随意、偶然的指责和指定，只需人们相信和认定，而无须任何证据，便成为永久的社会角色定位；但从主位的角度着眼，南方许多少数民族社会都有它的文化逻辑，被指为有"蛊"者至少违背了当地文化的一些规则而被认定为"另类"的存在，确信他们具有可操纵或不可操纵的伤害他人的神秘力量。"巫蛊"是一种充满敌意，以邻为壑地想象与建构他者的方式，并把这种方式嵌入了社会分类的系统。如著名的美国马萨诸塞州萨勒姆（Salem）的"猎巫案"与南方一些村落指认养"巫蛊"的程序极其类似。17世纪，有几个姑娘认为自己中了巫术，被恶魔附体。先是一个姑娘站出来，然后所有的姑娘都站出来了。接着，社区中许多妇女被控行巫，经过审判，她们被判有罪——处死。萨勒姆巫师案，成为历史上的一个著名事件。后来人们知道，整个事件是因疯狂的想象而起。一个姑娘先说自己被巫术攻击，许多姑娘就认为自己身上也发生了同样的事。③ 从以上角度理解"猫鬼神"是古代动物崇

---

① 陈华山：《"蛊"字浅析》，《大理师专学报》1988年第1期。

② 参见詹鑫《心智的误区——巫术与中国巫术文化》，上海教育出版社2001年版，第646页。

③ ［美］安德鲁·斯特拉策、帕梅拉·斯图尔德：《人类学的四个讲座——谣言、想象、身体、历史》，梁永佳、阿嘎佐诗译，中国人民大学出版社2005年版，第107页。

拜与蛊毒文化的融合。和历史上的巫蛊文化一样，"猫鬼神"最重要的实质，就是利用某些骇人效果和心理震慑，营造一个虚构的世界，从而加入真实世界的权力争斗中去。受虚幻传说的影响，一般民众出于对"猫鬼神"或"猫鬼神"主人的恐惧，面对他们时就显得胆怯、尊敬，统治阶层捏造养"猫鬼"事件来剪除异己；民众猜测养"猫鬼"者以发泄不满。

2. 透露出汉字崇拜观念

在传说中，"猫鬼神"虽然本领高强，但是却不能偷钱币和刻印有或写有文字的东西。民间传说"猫鬼神"怕有字的东西，大通民间传说这是因为"猫鬼神"不属于正神之列，所以人间的天书它是不能沾手的。因此，民间认为钱币和其他一些有文字的东西对"猫鬼神"具有一种压制力。在民间传说中有许多"猫鬼神"偷钱不成反而将自己害死的故事。共和县曲沟乡民间传说，"猫鬼神"偷钱（指铜制钱币）时，把钱币竖起往自家滚，进门时不把门打开，而从门缝里硬挤，一不小心就会被夹死在门缝里。海晏地区流传的一则传说故事：有人供养了一公一母两个"猫鬼神"。有一天，这两个"猫鬼神"出门时对他说："今天我们去偷些钱来！"过了很久，公"猫鬼神"满头大汗、气喘吁吁地跑了回来，一进门就忙着报功："主人啊，我们给你偷来了万贯家财……快去看……就放在水洞眼那里……为了搬这万贯家财，我老伴给累死了……"此人闻言喜不自胜，急忙跑到外边去看，母"猫鬼神"的尸体躺在水洞眼旁边，而公"猫鬼神"所说的万贯家财却只是一枚小小的铜钱。正是因为"猫鬼神"的这一严重缺陷，所以民间多有在面柜把手上拴铜钱或在粮食、衣物、工具上放置铜钱的习俗，据说这样做的目的正是防范"猫鬼神"偷盗。① 在中国传统文化中，文字本身具有一种神圣性或魔力，可以压制、降服和驱使鬼神。宋代洪迈《夷坚志》之二卷第一《顾端仁》就有用字符治猫精的记载。迄今为止，我们能够见到的最早的汉字甲骨文，本是用来占卜的文字，是人神沟通的工具，所以汉字最初是被当作神秘的事物而受到人们崇拜的。仓颉造字传说就是这种崇拜的产物。《淮南子·本经》载："昔者，仓颉作书而天雨粟，鬼夜哭。"高诱注："鬼恐为书文所劾，

① 刘永清：《河湟地区猫鬼神信仰习俗述略》，《青海师范大学民族师范学院学报》2004年第2期。

故夜哭也。"①《汉学堂丛书》辑《春秋纬元命苞》说："仓帝史皇氏，名
颉，姓侯冈，龙颜侈哆，四目灵光，实有睿德，生而能书。……于是穷人
地之变，……指掌而创文字，天为雨粟，鬼为夜哭，龙乃潜藏。"文字的
创造被视为一件惊天地、泣鬼神的大事，可见汉字在古人的心中是何等神
圣。随着汉字的广泛应用，汉字崇拜逐渐淡化，大部分汉字只是辅助语言
起交际作用的工具，只有极少数汉字经过变形处理，带上奇特和神秘的色
彩，成为人们新的崇拜对象。这种变形的汉字崇拜可谓早先汉字崇拜的变
异形态，可分为两类，一类为道士或巫师作法时使用的神秘怪诞符号；另
一类为大众在民俗活动中所使用的吉祥符号，主要有变形的寿、喜等，我
们称之为寿字纹和喜字纹。

3. "猫鬼神"信仰：基于文献碎片和口碑传承的缀合

虽然"猫鬼神"信仰及传说没有像狐狸及蛇等野生动物那样盛行和
繁多，但它和这些精怪一样有着深厚悠远的历史传承基础。从各种文献
记载探视，可窥知此类材料业已构成中国文学的一种独特类型。"猫鬼
神"与"狐文化"、"蛇文化"等一样，正介于精英文化和民间文化的
交点上，它发端于古代的民间俗信仰，生长于民间文化的泥土之中，历
代知识分子和乡土精英也积极参与了相关的创作。如"猫鬼神"来源于
姜子牙封神的传说，一些古代正史和历代文人笔记体小说的记载，说明
河湟地区土族、汉族等诸民族民间社会盛传的与"猫鬼神"相关的传闻
与故事，是基于历代文献碎片和口碑传承的缀合。可见，土族、汉族等
民族中的诸多民间信仰也是古代民间俗信仰及相关理念的"碎片"或要
素组合。实际上，历史上从来没有人真正目睹过"猫鬼神"的供奉手
法，笔者在调查过的许多对象中，从来没有人见到过一则实例，许多人
对"猫鬼神"供奉的传闻讲得活灵活现，但问一句"亲眼见过没有"却
又全部摇头，而且反问，供这东西能承认吗？在互助县五十乡桑士哥村
调查时，该村支书李德洪讲述："我们这里也有如谁谁家养猫鬼神的传
言，如我表弟家就曾被其周围村民当成养'猫鬼神'的人家，村里人从
来不敢向他家借东西。我向表弟问起这件事，我表弟很生气地说：'都
这么传，我都没见过，让他们来搜搜，我倒要想看看这"猫鬼神"是啥

---

① 何宁：《淮南子集释》，中华书局 1998 年版，第 571 页。

样子.'"① 在大量占有各种材料的同时，笔者清楚地看到，这些记述实际上都是人们对于"传闻"的"历史记忆"，大多数被指认为养"猫鬼"者大都也非本人的口述或书写。学者杨卫在《土族命名中的文化蕴含——对互助县两个土族村庄的调查》一文中通过对互助县"夫拉那然"地区之"佛日江"、"土观"两村的调查中提到，在当地也只是"传言"有养"猫鬼神"的人家。对"猫鬼神"的信仰与恐惧是志怪文学和民间传闻的艺术产物，包含着历史、医药卫生、语文、文学、迷信等因素。我们应当用科学的立场和观点，用新的方法做具体而深入的研究，而不应被"猫鬼神"牵着鼻子走，完全相信那些奇异的内容。"猫鬼神"是一种精怪信仰，还夹杂了与南方巫蛊信仰同类的一些元素，因此人们对它既恐惧又崇拜。它从远古到今，流传着许许多多离奇的故事与传闻，有些人对它深信不疑，信仰利用它；有些人畏惧万分，仇视它，远离它；甚至一些毫不相干的人或家庭由此成为别人想象中的"异类"，成为社区中被排斥的对象。

　　4. 对疑难杂症或精神病因的误读

　　哈佛大学的凯博文（A. Kleinman）通过对台湾疾病人群的考察，认为中国文化构建的氛围对病痛和患病角色的行为会产生极大影响。他认为中国病人在看病时，极易将焦虑情绪及情感型病症的精神障碍身体化（somatization）。也就是说病人往往羞于表述病症的精神障碍方面，而往往用身体症状的描述取而代之，这与中国文化贱视精神疾病的文化传统有关。② 这里当然有文化因素制约的因素，但另一方面，在一个社区中，也跟乡民把精神疾病自觉归属于非医疗的神的治疗范畴有关系。因为在他们看来，精神疾病是无从表述的，无法像西方的忏悔机制沿袭下来的传统那样，准确地表述自己精神的非正常状态。对精神问题的解决不是作为严格意义上的疾病，而是作为社会秩序的不稳定因素交由神灵处理。③ "猫鬼神"是人们观念的产物，但它一旦形成，并且在人们的思维结构中占据

---

① 2007 年 3 月 18 日，五十镇桑士哥村村支书李德洪、村主任李生奎讲述。

② A. Kleinman："The cultural Construction of Iuness Experience and Behavior：Affects and symptoms in Chinese Culture", in Patients and Healers in the Context of Culture , ch. 4, ed by Arthur Kleinman , University of California, 1980, pp. 119 – 145.

③ 参见杨念群《北京地区"四大门"信仰与"地方感觉"——兼论京郊"巫"与"医"的近代角色之争》，载孙江《事件、记忆、叙述》，浙江人民出版社 2004 年版，第 240 页。

一席之地以后，又会成为认识的工具。这集中表现在人们对生活或身体上遇到的疑难杂症和不懂的精神病因进行误读。如笔者在西宁、贵德和乐都等地访谈到的几个个案正好说明这种现象：

个案1　乐都　给"猫鬼神"附体者看病

1978年刚落实政策时，我在当赤脚医生，我们村村民S来家里叫我，说她们家女儿M发高烧，说胡话，请我去扎针灸，我到其家里，刚给M扎了两针，M就开始求饶，说："我是G村的'猫鬼神'，饶了我，我以后再也不来了。"我又扎了一针，便问现在你到哪里了，M说我沿着山梁下山了。也奇怪，扎完针后M的烧也退了，人也清醒了。以前我有时听到谁谁被"猫鬼神"抓住了，谁家闹了。现在很少听说。①

卫生员李洪寿讲述于2008年3月乐都县李家乡马圈村

个案2　民和地区　吃了养"猫鬼神"人家的饭后身体不适

据说在民和三川地区鞑子庄一家养有"猫鬼神"，后该家"猫鬼神"跟随着该家姑娘出嫁王家沟村W家，后因W家敬奉不周，经常闹，家里也不太平，最后导致W家男主人跳河自杀。后听说W家出嫁一女J到H家，"猫鬼神"也就跟随J到了H家。如果谁借H家的东西，或吃H家的饭，就会闹得谁家不太平。官亭秦家村Q女和J是高中同学，曾在J家住了一晚上，并吃了饭。回到家后，莫名其妙身体不适，上吐下泻，浑身发热，后找人一算说是J家的"猫鬼神"害的。民和官亭秦家村S家养有"猫鬼神"，做饭和吃饭时绝不能说饭少了，否则该家"猫鬼神"从别家偷来各种饭食，倒在锅里。秦家村的村民都不愿意从S家借东西。

地点：民和县中川乡E家

---

① 2008年3月乐都县李家乡马圈村村支书陈书记家访谈，被访谈者乐都县李家乡马圈村卫生员李洪寿，男，1946年出生，在场人：高永红（时任青海社会科学院法学研究所副研究员）、杜青华（时任青海社会科学院经济研究所助理研究员）。

个案 3 西宁城中区 被"猫鬼神"附体者的自述

我曾经有过被"猫鬼神"附体的经历,在这以前我只听说过关于"猫鬼神"的传说,对此不太相信。有一次,晚上八九点钟,因出差从兰州赶回西宁,由于肚子不舒服,到平安与乐都交界处时,我让司机停车,在僻静处方便了一下。然后上车回家。从那天以后,每一次晚上睡觉,就会发生梦魇。梦见有一男子,看不清脸部,压得喘不过气来。去了省医院、二医院,都查不清楚。后来,有一位吃斋念佛的朋友到我家做客,平时她来时晚上都住在我家里,但那天她死活不肯住在我家里。第二天我们在外边吃饭的时候,我问她昨晚为什么不住在我家里,她神秘地告诉我说,我家有邪东西。后来她带我去见一位师傅算了一下。师傅用一哈达把一颗桃木做的珠子穿起来,念咒打结,挂在房中。还算出这个"猫鬼神"是跟饿死鬼结合的,已害死两人,我差点成了第三个。

青海省某事业单位职工 wns 女士讲述 2006 年 4 月 × 日于城中区

个案 4 贵德 朋友被"猫鬼神"闹的真实原因

B 的朋友 L 在一地新建了一个庄廓,当 L 搬进新房以后,身体一直就感到不适,到医院检查没有查出什么毛病,后又求神问卜,说新居内有"猫鬼神"占居,后请法拉驱鬼,毫无效果。曰此"猫鬼神"太厉害,不是一般法力的法师所能驱赶的。一日 B 去 L 家做客,谈起此事,B 发现 L 的床正处在高压线下,电磁辐射正是 L 身体不适的主要原因,劝其移床他处,数日后 L 身体恢复。

贵德县河阴镇大史家村村民 B 讲述 2007 年 3 月于大史家村

个案 5 西宁湟中县 驱镇"猫鬼神"

我以前曾参与过一起驱镇"猫鬼神"的法事,当时西宁 PJ 村有一户女子突然发疯,其家认为是"猫鬼神"闹的,请我和几位师傅去抓"猫鬼神"。我们到其家时,该女子一丝不挂,坐在水泥地上,其动作行为似与人行云雨之事。我们知道确实被"猫鬼神"给迷住了。我们走到隔壁屋子,向主人要了十几斤酒,然后将酒倒在碗里,放在这女子的房间里。然后我们又找了几个会划拳的人，大声在隔壁屋子划拳，诱导"猫鬼神"喝酒，一会儿就有人去那屋碗里倒酒，如此反复。最后，我们听没有动静了，那女子也睡着了。我们将"猫鬼神"（仍然没有见到实物）放进捉鬼瓶里，连夜赶到贵德的十字路放了。①

邓启耀先生曾经对南方巫蛊信仰作了深入的研究，发现许多人患有生理上的病痛，但就医前都被误导到"蛊"这种文化性的传统诱因上去了。而且据他的经验，一些被现代医学诊断为常规病例并用西药治好的病人，他们也不完全改变"中蛊"的观念。他认为这种现象并非是一种个体性的非常意识状态，并非只是一种生理性或心理性的病症，同时也是一种集体性的非常意识状态和文化性的非常意识形态病症。②"非常意识状态"在更多情况下，是一种与传统意识形态或亚文化社会观念紧密联系的跨文化精神病理现象，而"猫鬼神"这一文化现象在甘青河湟地区更具有悠久的历史传统、深厚的文化背景和广泛的社会基础。它在河湟乡土社会中，在绝大多数民众中已形成了独特的观念系统、操作系统和象征系统。因此，以上的案例中，大多数人由于受到区域文化观念的影响，往往将生理上或精神上的病症统统归为"猫鬼神"的作祟，从而在民间产生了一系列驱除、镇压"猫鬼神"的方法和手段。

五 对"猫鬼神"信仰源流与族属身份的猜测

河湟地区地处黄土高原农耕区与青藏高原游牧区交错过渡的地带，历史上许多民族在这里频繁变动、迁徙流动、不断接触融合。有学者指出，我国北方东西走向的草原民族走廊和青藏高原东部边缘地带南北走向的藏彝民族走廊，共同构成了所谓边地半月形文化传播带，而"其转折点正在河湟一带，表明河湟地区乃具有多民族及其文化走廊之汇聚枢纽的地位"。河湟地区特有的地理位置、多民族共存的历史背景和氛围使之成为西部众多文化汇聚的枢纽，而众多文化的汇聚又导致和规约了河湟文化的多元性和包容性。河湟地区汉、藏、土等民族的民间信仰一方面保持了各

---

① 2008 年 9 月，西宁湟中县 X 村道士（高功）T 讲述。
② 参见邓启耀《中国巫蛊考察》，上海文艺出版社 1999 年版，第 340—341 页。

自的传承和特点，另一方面又结成了一种多元多边的文化互动关系，即各民族在民间信仰文化上的相互影响、相互渗透和相互吸收。神话将一层层边界外的人群妖魔化，让本群体的英雄祖先神圣化，因此边界让人恐惧而又崇敬，它使得圣洁与污秽成为一体两面。宗教特别是护卫神信仰，以神作为人群资源边界的守护者，让人们不敢暴露在本族之神守护的边界之外，所谓"神不歆非类，民不祀非族"[1]。"猫鬼神"信仰也是如此，是由历史上各民族信仰文化互相交流融合所致。有学者认为，唐代狐精故事的演变典型地反映了唐代民众对西域胡人认识的变化。在与胡人接触的初始阶段，由于胡人体貌、语言和技能等方面的特征，自然会使人产生某种恐惧感，于是敬奉为"狐神"，惧怕"狐魅"。随着胡人的大量流入和活动的增多，汉族民众逐渐消除了心理上的恐惧，但胡人大量进入唐代社会，这对唐人原有的生活习俗有所破坏，又会引起反感乃至于妒嫉与鄙视，因此，狐精被塑造为具有贪吃、贪财等毛病的形象。然而，随着民族进一步融合，狐精故事也随之变化。一方面，狐精操人语、着人衣，与汉人妇女或男子结婚，这正是胡人汉化的一种反映。这个过程在《广记》卷四五零《唐参军》条中反映得更清楚，即所谓"千年之狐，姓赵姓张，五百年狐，姓白姓康"。赵、张本为汉人常用之姓，汉化早的胡人已经与汉人没有多大区别了。白、康为胡人姓氏，入居中土稍晚一点，还有胡人的痕迹。[2]

有些学者也试着对"猫鬼神"信仰的源流和族属成分进行较为深入的分析与推测。如杨卫指出：土族信仰中的"猫鬼神"虽不属于藏传佛教神灵系统，但在日常生活中，若给"猫鬼神"念经，"班爹"或"宦爹"们一般将其视为藏传佛教中之"特让"。其还对吴均先生的观点[3]提出了一点自己的看法：土族民间信仰中的"猫鬼神"与"特让"的定义完全不符，根本不是"食肉的独足饿鬼"，更非铁匠与小孩的保护神。土族人认为，小孩若遇到，必将神经错乱，大病一场，严重者，会丢掉性

---

① 王明珂：《游牧者的抉择：面对汉帝国的北亚游牧部族》，广西师范大学出版社 2008 年版，第 247 页。

② 朱迪光：《精怪：民众意识的积淀》，《衡阳师专学报》1995 年第 4 期。

③ "特让，西北汉族地区称为魔鬼神，它是本教神祇，是在汉族中传播较广、影响较大的一位，尤其在河湟洮岷等地。藏族称它是铁匠和小孩的保护神。喜欢骰子游戏，有天特、空特、地特之分。"见吴均《论本教文化在江河源地区的影响》，《中国藏学》1994 年第 3 期。

命；藏传佛教中有"八部鬼神"之说，在土族民间根本无此说法，也没有这么多的鬼神。在土族人的信仰意识之中，也不可能将山神、龙神与"猫鬼神"相提并论，并将其置于一个层次。前两者在土族信仰中占据的地位很高，人们多以非常尊敬的心态对待，相信两位神一定能保佑自己，给自己带来好运。而对"猫鬼神"却怀着一种排斥、恐惧的心理，认为它除了干坏事之外，根本不会干好事，对其往往是由于反感而远之。"猫鬼神"之所以成为"特让"，应该是藏传佛教在土族地区占据统治地位后，由于藏传佛教文化与土族文化整合的结果而造成的。民间认为，班爹一般通过念经劝走"猫鬼神"，他们不杀生；宦爹则通常抓住并杀死它；而"波奥"（土族对古老原始宗教——萨满教巫师的称呼）敲响法鼓后，"猫鬼神"听到鼓声，便会头痛欲裂，仓皇而逃，此时若被抓住，一定会丧命于"波奥"之手。河湟地区的汉、藏民族中的"猫鬼神"信仰应与古老的羌族文化有关联。[①] 笔者同意"猫鬼神"成为"特让"，是藏传佛教文化与土族文化整合的结果这一观点。但根据第一节的史料和传说，认为"猫鬼神"这种信仰习俗应与古老的鲜卑族信仰遗俗联系紧密，而不是与羌族文化有关系。"猫鬼"的记载最早出现于《隋书》《北史》等官方史籍中，一种民间信仰在社会上盛行需要长时间的积淀和传播，我们有理由认为"猫鬼"信仰可能在魏晋南北朝时期民间就开始流播，到隋唐在社会上层盛行。而魏晋南北朝时期，除西晋短暂统一外，经常处于群雄割据、汉族和少数民族所建政权鼎力并存的状态，是我国分裂混战时期，也是各民族发生大规模迁徙和融合时期。可见，"猫鬼"信仰产生可能与前文中提到的"狐"信仰产生的原因一样，是中原汉民族对鲜卑等外族认识的反映。此外，笔者在青海民和县官亭地区调查到一些"猫鬼神"信仰的故事和传闻：

　　　　小时候，听老人们说，以前我们 E 家养有"猫鬼神"（duguli），"猫鬼神"一般随出嫁的女子到男方家，因此周边村落都不愿意与我们养"猫鬼神"的村落结为亲家，后来我们一个姑娘嫁到 H 家，猫鬼神也就跟着到了 H 家。后来该猫鬼神来回在 E 家和 H 家作祟，闹得我们 E 家不太平。E 家的老人们请 W 村著名活佛，在 E 家村口安

---

① 杨卫：《论土族的"猫鬼神"崇拜》，《青海民族学院学报》2007 年第 4 期。

了一个"镇"即修了一座"本康"。此后"猫鬼神"再也没有回来过。"猫鬼神"到底是个什么样的东西，谁也没见过，村里的老人们也说没见过。说我们 E 家有"猫鬼神"，也是被"猫鬼神"迷住的人迷住时说出来的。①

"猫鬼神"一般随出嫁女子而落户或跟着铁器走，据传官亭 E 家在 20 世纪 40 年代以前就养有"猫鬼神"，周边其他村落都不愿意与 E 家结亲。后因 E 家向 H 家卖出一条枪，该家"猫鬼神"转到 H 家，E 家请附近活佛在村界周围"下镇"以防止"猫鬼神"跑回娘家作祟，扰乱 E 村落。后 H 家一人被"猫鬼神"所迷糊，说 E 家村界有活佛下的"本康"太厉害，不敢回到 E 家。该"猫鬼神"一直居于 H 家，20 世纪 80 年代，H 家某老人向临夏大河家某人卖了一台拖拉机，此猫鬼神跟着拖拉机到河州那面去了。从此再无此类传闻。②

海南藏族自治州贵德县河东乡藏族村落也流传着"猫鬼神"的传说，当地民众一般不与养"猫鬼神"的人家结亲，即使该家的姑娘非常漂亮能干。因为如果该家的姑娘出嫁到哪一家，就必须由哪一家供养并保留神位，平时还要煨桑、献酒，"猫鬼神"也在婆家和娘家之间来回走动，以保佑女家和出嫁的姑娘。否则，会作祟于婆家。人们普遍认为猴是"猫鬼神"的天敌，一些人家为防止"猫鬼神"来作祟，还在门前挂猴毛或在门框上贴着一张猴砍"猫鬼神"的画像（"猫鬼神"的形象一般为一只三条腿的猫，或长发人头褐色猫身的怪物）。还认为"猫鬼神"翻越宅院有固定的路线和通道，一般在"猫鬼"作祟的人家院墙上可以看见"猫鬼神"的三个爪印，因此许多人家在墙头上放置一些认为可辟邪的羊头、牛头骨骸或猴屎。"猫鬼神"以魔力高低分几个等级，其中黑猫鬼神魔力最强，红猫鬼神次之，其次还有白猫鬼神等。据说"猫鬼神"比较好色，经常骚扰年轻美貌的女子。供养"猫鬼神"的人家一般条件很好，比较富有。③

这些故事和传闻中"猫鬼神"随出嫁的姑娘转到男方家的说法在土

① 2007 年 4 月 8 日，民和 E 村落 70 岁的老人 S 在其家中讲述，现已去世。
② 2006 年 3 月 18 日，H 村落 72 岁的老人 H 在其西宁家中讲述，现已去世。
③ 根据才项多杰（男，藏族，1972 年出生，海南州贵德县河东乡查达村人，时任青海社会科学院藏学研究所助理研究员）2008 年 11 月 20 日在笔者办公室讲述。

族、藏族地区非常普遍。而这类情节正好与《北史》卷六一《独孤陁传》中的记载相吻合。记载：陁性好左道，其外祖母高氏先事猫鬼，已杀其舅郭沙罗，因转入其家。上微闻而不信，会献皇后及杨素妻郑氏俱有疾，召医视之，皆曰："此猫鬼疾。"上以陁，后之异母弟，陁妻，杨素之异母妹，由是意陁所为，阴令其兄左监门郎将穆以情喻之。依《北史》之言，"猫鬼"源于郭氏家，最先与独孤陁的"外祖母高氏"有关，再由高氏传于其女郭氏，郭氏嫁给独孤信，于是"猫鬼"便也到了独孤家。① 而独孤部，《魏书·官氏志》入神元时内入鲜卑诸部，于拓跋部有殊勋，孝文帝定为臣八姓之一。平文帝以来，拓跋部与独孤世婚。北魏分裂后，独孤人物大量涌现，至隋唐更盛。② 而"独孤浑氏……后改为杜氏。吐谷浑之杜氏，后见于五代时代北吐谷浑中，今亦见存于河湟一带"③。民和土族把"猫鬼神"叫"独孤里"（duguerli），说谁谁家养"猫鬼神"，就说谁谁家有"独孤里"。青海社会科学院民族宗教研究所藏学副研究员桑杰端智先生也告诉笔者一个信息，一些藏族民间学者和民众认为"猫鬼神"最早可能是霍尔吐谷浑的信仰，后为甘青草原及周边地区藏、汉等民族所接受。在"猫鬼神"信仰较为流行的宕昌地区，有学者认为该地一些居民至今保留有不少吐谷浑的成分。如宕昌南阳人至今称兴化一带居民为土户子，土户子即退浑子、吐浑子，就是吐谷浑。④ 此外，本章第一节描述的格萨尔与霍尔国卦师玛茉冬帼相遇时，玛茉冬帼唱到的"各种魔鬼神保卫着霍尔国平安"等内容，也恰恰说明土族"猫鬼神"（独孤里）信仰中隐含着古老的"历史记忆"，告诉我们"猫鬼"信仰很有可能是古代鲜卑族的信仰遗俗，这种信仰文化随着鲜卑族与历史上多民族的融合，汇入到一些民族的信仰文化当中。

　　从文化人类学视角来看，任何一种社会文化现象，都有它产生的土壤，有它自己的生命力。许多学者在研究西南蛊文化时，认为"主流文化圈的边缘地带往往被指认为'蓄蛊之地'，而那里正是主流文化与非主流文化产生碰撞的地带。有趣的是，更加偏远、与主流文化圈尚没有频繁接触的地区往往暂时不会被列入'蓄蛊之地'，只有当主流文化圈的触角

① 卢向前：《武则天"畏猫说"与隋室"猫鬼之狱"》，《中国史研究》2006 年第 1 期。
② 参见田余庆《拓跋史探》，生活·读书·新知三联书店 2003 年版，第 77—91 页。
③ 吕建福：《土族史》，中国社会科学出版社 2002 年版，第 35 页。
④ 参见陈启生《宕昌地区的几位地方神》，《陇右文博》2005 年第 1 期。

到达此地时才会被纳入其中，而原来的那些'蓄蛊之地'由于完全融入了主流文化圈则逐渐退出人们的视野"①。笔者在对"猫鬼神"进行田野调查时发现，其流传地区大都在汉藏边界，而且在调查汉族时发现多数人认为其常被藏族人供奉，调查藏族人时则认为被汉族人供奉，认为近几年听到供奉有"猫鬼神"的人家越来越少。根据前面各种文献资料，我们知道在隋唐时期"猫鬼"信仰曾盛行于长安、洛阳等地，它似乎还成为王室政治斗争的一种工具。而养"猫鬼"的也是由一些边缘化、失去政治地位和经济利益的群体构成的。清代以后，在甘青河湟地区民众信仰生活中较为盛行。甘青河湟地区自古就是一条民族走廊，这里业已消失的许多古代民族曾经相互接触、彼此交流与汇聚并融合；文化间的影响也是相互重叠、交叉且发生部分或全部的文化涵化；语言也许已经消失殆尽，但是习俗、宗教、服饰和历史记忆仍旧或多或少得以延续。此外，"猫鬼"信仰盛行于湘西、黔东等地区的苗族群众中，也是由于这部分苗族处于我国中西部相接的边缘地带，受中原文化影响的程度深于其他地区的苗族的原因。可见，"猫鬼神"信仰与西南蛊文化一样，与一定时期宗教、政治巨变，主流文化圈的边缘不断向西扩张传播，不同文化间的冲突交融加剧等社会历史环境密切相关。

---

① 于赓哲：《"蓄蛊之地"：一项文化歧视符号的迁转流移》，《中国社会科学》2006 年第 2 期。

第八章　当代青海多民族民间
信仰的变迁与共享

　　青海多民族民间信仰传承千年、隐显变迁、伏脉千里，显示出独特的灵活性、适应性与变异性，以及强大的生命力。民间信仰在中心与边缘、草根与精英之间直接或间接沟通与互动中所呈现出的各种样态，反映出的是民众一般的心理诉求、思维习惯与底层意识。而这种心理诉求、思维习惯与底层意识归根结底源自于对权威的敬重、对乡土的眷恋、对原始事物的特殊情感等人类本能对精神家园的渴望、塑造与追求，而最终化归于抽象而庄严的"神圣性"。所以在当代社会，以"神圣性"为内核的青海多民族民间信仰仍然保持着与其他宗教和文化的交流与对话、向外辐射与自我调整，在这一过程中彰显出自己的存在与价值。在现代文明加速解构传统社会的过程中，青海多民族民间信仰不断通过自我调适，以新的形式与内容有机地渗入处在传统与现代之间的青海各民族社会文化之中；同时，在自我调适的过程中，青海多民族民间信仰在包容吸附现代文化因素的基础上，在传统与现代之间保持某种平衡性与开放性，并凸显着多元文化的共存与和谐共享。

第一节　青海多民族民间信仰的变迁

　　民间信仰的变迁隐含着众多的历史信息，民间信仰中传说和实物表达着民众的历史记忆和认知情感，反映着对现实生活的表述，与绵长的历史时段和广阔的全球化语境息息相关。随着当代国家权力和基层管理制度的变革，当代青海多民族民间信仰发生了剧烈变迁。青海多民族民间信仰核心文化和表层文化呈现出外来力量强制性断裂、自我恢复重构、自然消减流变的历史演变轨迹。

一　国家权力对青海多民族民间信仰的冲击

中华人民共和国成立以来，从 1949 年到 1979 年，民间信仰遭受了毁灭性的冲击，处于艰难延续的生存状态。1949 年至 1966 年间，国家虽然在法理层面上倡导宗教信仰自由，保护宗教的合法性活动，反对用强制性手段消灭宗教①，但民间信仰被视作"封建迷信"、"愚昧落后"，没有被看作一种宗教信仰，没有像制度性宗教那样受到保护和尊重。处于被边缘、受挤压的生存状态而受到冲击，特别是民间信仰物质层面的庙宇、神像等遭到破坏。"国家可以运用暴力工具捣毁民间仪式的场所和道具，也可以通过特定知识和规范的灌输促使受众自动放弃这些仪式。"②

1950 年开展的土地改革以及破除迷信运动，使青海许多村落村庙庙产、祠堂祖田被拆除或分配，村庙会首、派头等民间信仰组织也被取缔。青海一些法师、法拉被误判、误捕。如 1954 年，西宁地区与全国一样，开展了肃清反革命残余势力和破除迷信的运动，当年西宁较有名的陈明珠法师被逮捕，并判处 20 年有期徒刑，后因犯罪事实不确定，被提前释放回家。1957 年，"反右"运动、反陈规陋习、破除迷信等各种活动陆续展开，西宁地区有名的刘发祥法师也因从事"迷信"活动被关押到湟中县总寨乡坝沟门村"集训"3 年。1958 年乐都县专门下达指标："全县各类敌人的打击指标总捕人数是 400 至 450 名。其中宗教人员 7 至 9 名，地富分子 80 至 85 名，反坏分子 95 至 100 名……一贯道徒、巫神 30 至 36 名。"③

民间信仰被视为"封建迷信"、"四旧"，许多村庙被拆除，大部分神像被砸毁焚烧或被丢入黄河和湟水河，少部分庙宇因被用作粮库、学校、

① 1949 年的《共同纲领》规定："中华人民共和国公民有思想、言论、出版、集会、结社、通信、人身、居住、迁徙、保持或改革其风俗习惯及宗教信仰的自由。""各少数民族均有发展其语言文字，保持或改革其风俗习惯及宗教信仰的自由。"1954 年《中华人民共和国宪法》规定："各民族都有使用和发展自己的语言文字的自由，都有保持或改革自己的风俗习惯的自由。""中华人民共和国公民有宗教信仰的自由。"

② 高丙中：《民间的仪式与国家的在场》，载郭于华主编《仪式与社会变迁》，社会科学文献出版社 2000 年版，第 318 页。

③ 参见尹曙生《公安工作"大跃进"》，《炎黄春秋》2010 年第 1 期。尹曙生，安徽省公安厅原常务副厅长，1961 年曾调到青海省公安厅负责接待上访群众、处理申诉案件，配合中共青海省委复查案件办公室，调查、处理重大冤假错案。

食堂等而得以保留。如1958年，青海民和地区许多积极分子将村落保护神烧毁。互助地区一些个别积极分子骑在神像脖子上说"平时人抬着神像，神像骑在人头上，今天我让神也尝尝被人骑的滋味"等。① 但在绝大多数民众的心中，神灵仍具有强大的神圣性，极少数神像被虔诚又胆大的信徒藏匿。如乐都县达拉乡一些村落供奉的娘娘爷，被一些民众藏匿，并每天暗暗给神像烧香、磕头。② 这一时期，民间信仰仪式被政治仪式所代替，毛主席像和红宝书代替了神像，村民对着毛主席画像早请示、晚汇报，代替了对神灵的跪拜、祈祷。一些村落在打麦场或已拆除的村庙旧址上修建了悬挂有毛主席巨像的宣誓台，村落中的庙会等活动被学习班、读报会等形式所代替。这一时期，国家力量对青海乡村社会的控制超过了历史上任何时代，青海多民族民间信仰生存空间几乎被全部占据，自然传承延续的民间仪式出现了暂时的断裂。但这种断裂只有十几年，当时一些熟知民间信仰仪式规则的30岁至60岁的乡村精英至改革开放时大量健在，因此一些民间信仰仪式、规则和内容在十一届三中全会以后得到了很好的恢复和延续。如陈明珠法师儿子陈有云，1931年出生，17岁开始就师从父亲学习相关仪式与知识。1954年父亲被抓捕后，便停止了民间活动。1974年其父去世。1984年以后，随着改革开放的进一步深入，陈有云开始与王德成、高继元等法师一起参与村落庙会中设坛祭神等活动。③ 又如土族纳顿传承人之一的徐秀福在20世纪80年代初土族纳顿恢复之际，找到当时熟知土族纳顿仪式、内容的土族老人吕占林、张启鹏、吉文魁等学习了酬神、娱神的喜讯演唱，修习了傩戏表演和酬神舞蹈。互助东山乡岔尔沟村法师李占森1962年出生，6岁时其父亲就开始教他经文和舞蹈动作。在"文化大革命"期间，其父亲、三祖父因法师身份多次遭受批斗，整个家族还被安了"牛鬼蛇神家族"的罪名。1982年，年近20岁的李占森第一次以法师身份参加庙会时，李氏家族年龄大的法师，十分爱护和关心李占森，及时认真纠正他跳错的舞蹈动作和念错的经文。从1982年岔

---

① 2013年2月26日在互助东沟乡大庄村广福寺访谈调查资料，访谈者：鄂崇荣，受访者：李承铎（男，汉族，1948年出生，互助土族自治县东沟乡大庄村广福寺庙官），在场人：参看加，男，藏族，青海省社会科学院民族宗教研究所副研究员。

② 2013年3月7日，在乐都县李家乡乡政府访谈调查资料，访谈者：鄂崇荣，受访者：贺鹏祥（男，土族，1972年出生，乐都县李家乡党委副书记）。

③ 参见张有厚《河湟地区古道教中的法师》，载《西宁城中文史资料》（第15辑），中国人民政治协商会议西宁市城中区委员会文史资料委员会2003年编印。

尔沟村恢复庙会活动到 2009 年，该村法师从仅有的 5 人慢慢发展到 11 人。此外，1958 年至 1978 年的 20 年间，青海农村牧区一些村民牧民遇到突发性事件或疑难杂症时仍偷偷请阴阳、僧侣卜卦，或请法拉跳神。有些民兵或村干部迫于政治压力，在拆毁村庙等建筑或将神像丢入河流、峡谷时心中默默向神灵乞求原谅。有些胆大的牧民将经卷埋藏在地底或岩洞里，将嘛呢石投入河流中。

二　国家政治氛围的宽松与民间信仰的恢复

1978 年党的十一届三中全会以后，特别是 1982 年中共中央下达《关于我国社会主义时期宗教问题的基本观点和基本政策》文件以后，各级党委政府经过指导思想上的拨乱反正，开始重申和全面贯彻党的宗教信仰自由政策。从 1979 年开始，青海许多寺院和庙宇得到陆续开放和专款维修，一些宗教上层人士得到平反，部分寺院、庙宇被没收或损坏的财产得到了退赔。

随着国家政治环境的宽松，宗教政策的落实，青海多民族民间信仰及其仪式不仅逐渐得到恢复和发展，而且日益成为不同地域和族群争取社会资源和生存空间的文化象征符号。青海许多村落一些神灵的神迹传说开始流行（如在许多村落流传着破除"四旧"时期将村庙物件拿回自家的村民遭遇窘困，当初砸毁庙宇的村干部染恶疾或突然死亡等说法），乡村社会中人们普遍认为这是不敬神灵所致，村庙中丢失或占用的门窗、花瓶、案桌和法器等物品被村民陆续返还。

在青海许多村落，民间信仰中原有的庙管、侍神、通神等人员开始积极参与神像的重塑、村庙的修葺、仪式的恢复等活动。许多家庭也纷纷重新设置宝瓶、重绘家神、重修家谱。一些藏传佛教高僧大德和乡村精英也对此类活动大力支持。因这些事例不胜枚举，在此仅举几例。如 1984 年，塔尔寺附近的刘琦山神庙按原来样式重建，得到十世班禅额尔德尼·确吉坚赞的鼓励，赐布施人民币 1000 元。2002 年，又增扩刘琦山神庙 1 亩多面积，兴建双月宫、大殿 5 间，廊房 6 间，香房 8 间。[①] 1988 年乐都县峰堆乡荣氏家族不但重修家谱，而且续订了"荣姓大房第十八世以下排辈顺序"，即"元万常德国，光统安志昌。举贤树刚正，维新显盛强。焕发

---

① 2012 年 3 月 29 日，笔者在湟中县鲁沙尔镇刘琦山神庙调查时抄录。

毅祥富，文明宏伟章。功高现洲世，同心振华邦"①。1997 年乐都县峰堆乡李氏家族成立李氏文化研究会，搜集考订旧谱，并分新谱，排新的辈序即"华夏文明久，祖宗淮润泽。贤仁敦朴乐，昆裔勤创新。世守忠孝义，哲英永呈祥"②。与此同时，青海许多汉族、藏族、土族等群众将恢复供奉的神灵与"文革"时期所悬挂的开国领袖像一同供奉，将毛泽东等伟人看作大菩萨，与各类菩萨和神灵同时敬拜，表现出民间信仰强大的吸附性和适应性。

许多民间信仰仪式活动积极参与到地方政府组织的一些活动当中，折射出民间信仰在社会变迁进程中的适应性和妥协性。青海多民族民间信仰与官方处于一种双向互动交流的状态，官方在一些重大活动中常常在传统中寻求资源，在民间寻求支持；乡村精英为了使民间信仰得到官方的认可以获得国家层面的合法性，积极利用各种社会资源，努力寻求与地方政府的对话。如乐都县高庙镇路口有一鄂博，鄂博前建有一座高 1 米、宽 1.3 米的烧香炉，分为两层，顶部似庙宇屋檐，中间为烧香门洞。门洞两边刻有楹联"近路不断千年火，玉盏常明万载灯"，中间为"神灵有感"。与此同时，每年除夕还要贴小对联，如 2012 年粘贴的对联为"社会和谐得盈丰，国泰民安求财源"，横批为"普沾吉庆"。可见河湟流域普通民众随着时代发展，将"社会和谐"等官方流行语言吸收到了民间信仰内容当中。乐都县峰堆乡福神庙中除供奉着九天圣母塑像之外，还供奉名为"皇帝万岁万岁万万岁尊神之位"的牌位。该福神庙庙官许常兴老人告诉笔者一个有趣的故事：1982 年，福神庙恢复重建时，县公安局等部门专门派人来审查，当审查人员看到"皇帝万岁万岁万万岁尊神之位"这几个字时，就说这个庙没问题，立刻离开了福神庙。③ 在村庙或仪式中悬挂和供奉领袖塑像和画像，或悬挂"宏扬民族传统文化"等条幅，或庙宇中的牌匾请同乡籍的官员书写，等等，为青海民间信仰的恢复与发展提供了更大的空间。

---

① 笔者 2013 年 3 月 6 日，在乐都县峰堆乡联村村民荣国成家中抄录。在场人：乐都县电视台记者才让、王斌云。

② 笔者 2013 年 3 月 6 日，在乐都县峰堆乡下李家村李氏祠堂抄录。在场人：青海省社会科学院后勤中心傅生平。

③ 2013 年 3 月 6 日，访谈者：鄂崇荣，受访者：许常兴，汉族，1955 年生人，乐都县峰堆乡联村福神庙庙官，在场人：乐都县电视台记者才让、王斌云。

在此期间，祭祀青海湖等古老习俗也得到恢复。如 1989 年，青海湖畔白佛寺恢复了中断 40 多年的祭海活动。一些藏传佛教僧侣祭海前，按照宗教传统制作了坛城和祭祀青海湖时扔的宝瓶①。祭海时，青海湖边搭建固定或临时的煨桑台，穿着盛装的藏族、蒙古族群众手捧哈达，带着炒面、酥油、松柏等祭品②，前来参祭。寺院住持点燃松柏枝，僧侣齐声诵经。祭祀者沿顺时针绕行煨桑台三圈，同时向煨桑台投献哈达、白酒、糖果、五色粮食等祭品，向空中抛撒风马。祭献完毕，法师手捧五色丝线缠绕的宝瓶，带领诵经队伍，众人向湖里投掷祭品，祈求青海湖海神保佑民众吉祥幸福、人畜兴旺、地方平安。

三 当代青海多民族民间信仰的变迁与重构

青海许多民族民间信仰的产生、发展、复兴和再创造，源于民众日常生活的需求，并且是民众精神生活慰藉和情感宣泄的重要渠道，其融于人们日常生产、生活中，成为民众的生产生活样态。国家对民间信仰的态度与政策等多种因素，综合影响着当代青海多民族民间信仰的复兴与再造。过去地方政府常常警惕和排斥青海一些乡镇举行的庙会活动和庙宇的兴建扩建，害怕带来社会治安等诸多问题。进入 21 世纪以后，青海多民族民间信仰更多地与国家文化政策等因素联系在一起。各地对庙宇的恢复重建与各级政府"文化搭台、经济唱戏"等观念紧密联系在一起。

青海许多基层政府默许或支持乡村庙宇的修建，以求搞活本地经济，带动地方经济的发展，吸引游客。许多村落扩建庙宇、重修宗祠、树立墓碑、占卦堪舆等一些民间信仰活动越来越盛行，而且花费金额较大，如乐都县李家乡大洼庙 2012 年扩建时共花费 65549 元。有些村落的民间信仰甚至借助"国家力量"得到恢复和发展。如乐都县七里店每隔三年在农历正月十四至正月十六举行的"九曲黄河灯会"，届时七里店周围群众都到灯会现场旁边的村庙"赐福观"向玉皇大帝、三官、三霄娘娘等神灵进香、跪拜、祈福。届时，赐福观庙管会邀请附近剧团唱神戏。2008 年"九曲黄河灯会"进入国家第二批非物质文化保护遗产名录，赐福观庙官

---

① 宝瓶的制作非常讲究，用 40 多种草药配制而成。

② 祭品还有金银、玛瑙、珍珠、松石、冰糖、蜂蜜、水果、牛奶、酸奶和糌粑捏制的猪、羊等。但特别忌麝香、烟、铁、血、肉、葱、蒜等类的供品。

赵世荣被认定为国家级非物质文化遗产传承人。随着影响逐年扩大，香客人数增多，赐福观庙官会以促进非物质文化遗产的发掘保护为名，陆续扩建了庙宇和场地，这一现象表明民间信仰活动通过非物质文化遗产保护的途径获得了公开、合法的生存空间。

在国家层面，政府相继将传统节日春节、清明节、端午节、中秋节定为法定假日，这在无形中延续和强化了民间信仰。如国家未将清明节规定为法定节假日时，许多人因没有假期无法回乡祭祖扫墓。当清明节被确定为法定节假日后，以上矛盾得到了解决，而清明节祭祖扫墓的人越来越多，这些仪式和活动在一定程度上强化了敬祖观念。

正如英国著名民俗学家马雷特曾指出的那样，"原始宗教是通过舞蹈而不是通过信仰表现出来的"①。民间信仰祭祀是一个信仰文化表达的过程，是一个敬奉神灵的仪式，本身就具有戏剧的因素，因而，世界上许多民族的信仰文化中，多数戏剧表演的主要目的是娱神，甚至有些民族把信仰文化中的仪式过程直接转化为世俗的戏剧。民间信仰在许多场合都是一种表达的活动：它通过戏剧、诗歌、舞蹈、建筑、造型和绘画等艺术活动表达扫除人畜祸祟，祈祷神灵保佑本地风调雨顺、五谷丰登等美好愿望。同时，许多非物质文化遗产内容如民间文学（神话、传说、故事等）、音乐戏剧、民间礼俗和民间工艺等当中，又隐含着许多信仰元素。国家文化部门开展的非物质文化遗产抢救与保护运动，没有完全抛开民间信仰等"神圣性"精神文化内核。在当前非物质文化普查过程中，文化部等相关部门明确提出："民间音乐与民间风俗、民间信仰的关系问题，是这次普查中的重要内容。民间音乐具有较强的民俗特征，并与民间信仰及相关宗教活动联系紧密，从而构成了民间音乐特定的文化内涵，本次普查应当特别关注。""鉴于以往对民俗音乐、民间信仰中的仪式音乐调查存在的不足，在本次调查中应特别重视。"

青海多民族民间信仰与民间舞蹈音乐、民间工艺之间呈现出一种共生共存、互为混融的状态，甚至河湟流域许多民间信仰作为民间文化的基调和内驱力，催生和发展了非物质文化遗产。如河湟流域乡村中民众喜闻乐见的法师娱神舞蹈，法师手持羊皮单面鼓以歌、唱、念、讲、解、问、答

---

① 史宗主编：《20世纪西方宗教人类学文选》，金泽、宋立道、徐大建等译，上海三联书店1995年版，第2页。

等形式，叙述佛、道、儒教之起源及其历史，神佛的姓名，民间传说，历史人物，节气农事，讽刺故事，等等。诵唱曲调多样，节奏声调抑扬顿挫，具有神圣的美感。当前已列入国家级和省级非物质文化遗产代表作名录的阿尼玛卿雪山神话传说、青海藏族螭鼓舞、大通蛙图腾祭祀舞"四片瓦"、大通回族土族自治县和民和"目连宝卷"、青海湖祭海、海西蒙古族祭敖包、土族青苗会、大通老爷山朝山会、化隆香里胡拉村"护化"庙会、青海苏木世村农事祭祀等非物质文化遗产项目都带有浓厚的民间信仰色彩。

在多元化的影响下，青海多民族民间信仰正处在不断实践和重构的过程当中，通过对多元文化因子的摄融和扬弃，使自身一直处在活态流动的过程中。在当下，国家和地方政府对河湟流域民间信仰文化进行了利用与改造，将一些原有的民间信仰仪式活动进行了演绎，将其纳入了政府主导的轨道之中。

如 2005 年 6 月 19 日，被称为"青海首学"的西宁文庙被关闭近六十年之后，重新开放并举行了隆重的祭孔典礼。1981 年，在刚察县沙陀寺管委会的倡议和主持下，1949 年以后中断的祭祀青海湖仪式得到恢复，由当地压门宗玛、扎措、切吉、耶何莫、尼夏、巴德六个村轮流举办。由于受藏传佛教的影响，原有的祭海仪式已被改造为带有浓厚藏传佛教色彩的祭海仪式。如祭海第一步是煨桑，在桑台上点燃由茶叶、青稞炒面、酥油、松枝等搅拌混合而成的桑烟，敬奉海神及众神佛，而后众人围绕煨桑台顺时针转三圈，在此期间还要吹法号、抛风马，祈求平安吉祥。煨桑结束后，在场的高僧大德颂经，祈求海神降福于民。诵经、抛风马结束后，民众向青海湖中投宝瓶［是放入五色粮食（即青稞、小麦、豌豆、玉米、蚕豆）碾成粉末的珊瑚、蜜蜡、玛瑙，经幡，并由活佛加持系带的一个长约 20 厘米、宽约 10 厘米的布袋］仪式代表着祭海活动进入高潮，谁的宝瓶沉得越快，表示来年越吉祥如意。[①] 2000 年以后，刚察县等地方政府开始大力支

① 2013 年 7 月 8 日（农历六月初一），来自青海省海北藏族自治州刚察县伊克乌兰乡、泉吉乡、沙柳河镇、哈尔盖镇的数千名群众齐聚青海湖畔仙女湾，举行了青海湖祭海仪式。早上 9 时，刚察大寺的活佛色拉嵌巴和 30 余名僧人在青海湖畔念起了《平安经》《祈福经》，参加祭海仪式的群众轮流不停地将各自携带的酥油、青稞以及柏枝投入煨桑炉中，有的还在煨桑炉旁手持酒瓶抛洒青稞酒。煨桑后，在诵经的祈祷声中，信众将装有青稞、小麦、豌豆、玉米、蚕豆、珊瑚、蜜蜡、玛瑙等物的宝瓶投入湖中。

持民间祭海活动。2012 年 12 月，青海湖管理局、青海湖旅游集团开始策划祭海盛典仪式，邀请青海省民俗学学者参与策划方案的制订，等等。

青海海北藏族自治州海晏县和刚察县两县接壤的哈尔盖草原上有一座海拔约 4385 米、藏语称"阿尼年钦夏格日"的神山，其意为法力无边、白脸英俊的山神，汉藏民间传说西王母曾修行居住在该神山中。阿尼年钦夏格日山峰上有一表面光洁、突出山顶高约 3 米、腰围近 3 米的石柱，被当地藏族群众称为"镇山神柱"。青海一些地方学者认为其与《山海经》中记载的"昆仑铜柱"相通相联。近年来，"西王母修炼圣地"成为刚察县文化旅游部门打造县域文化的品牌之一。2012 年刚察县开始修建一座昆仑神祠大殿，面积约 381 平方米，外设护栏，地铺花岗岩石，策划实施前还广泛征集青海地方学者和当地藏传佛教寺院刚察大寺、赛德寺僧侣的意见，昆仑神祠兼融汉藏文化，得到了汉藏群众的认可。赛德寺还积极参与和主持了台湾同胞文化寻根之旅——西王母殿祭祀仪式。西宁市湟中县拦隆口镇金仓岭的慕家村，也巧妙地利用青海传统的二月二习俗，利用和发挥拜龙王和祭酒神等民间信仰仪式内容和功能，成功举办湟中县慕家酩馏文化旅游艺术节等活动，吸引了大量的游客，提升了慕家村酩馏酒酿造基地的知名度。

玉树地区的赛马会作为民族传统娱乐活动，可追溯到吐蕃时期。每年玉树赛马会都要以煨桑为序幕，煨桑祭祀源于藏族原始苯教祭山神仪式和吐蕃征战时代，每当迎战出征，都要以煨桑祈祷等形式祭祀战神和其他神灵，以求保佑，克敌制胜。这种古老习俗逐渐演变为如今官方赛马节的开场仪式，每位骑手进行马术表演前必须遵循传统仪规，围绕煨桑台（顺时针）转三圈。

从 2013 年开始，格尔木市在昆仑山脚下的西大滩已举办了两届中国青海昆仑山敬拜大典，中国大陆，香港，台湾，澳门及德国、美国、韩国、马来西亚、日本等国家的著名学者，中国大陆，香港，台湾，澳门主流媒体记者，格尔木各族各界人士共 2000 余人参加大典，目的是通过庄严、庄重的敬拜仪式去寻根问祖，追忆中华民族远古神话，唤起对文化根源的认同，对灵魂家园的追溯与思考。从 2010 年开始，湟源县连续举办了六届"中华昆仑文化周暨西王母祭拜大典"、"走进王母故里，缅怀中华母亲"、"中华母亲节暨西王母故里敬母大典"等多种祭拜西王母活动。在这些祭典活动中，中国民俗学会、西宁市人民政府、湟源县人民政府、青海省社会科学院、青海省民俗学会、青海省妇女联合会、青海昆仑文化研究会等各种政府和社会力量积极参与其中，以"念祖思亲、传孝敬母"为主题，巧妙地将西王母文化与发扬爱母、尊母、敬母、孝母等良好风尚结合起来，对西王母信仰进行了重构。海内外一些著名学者在《祭西王母文》等颂词祭文中对西王母信仰进行了梳理和提升①。而官方敬拜西王母大典等活动带动了当地普通民众敬奉西王母的热情，笔者在实地调查中

---

① 如2010年8月，中国民俗学会副会长赵宗福先生在"中华母亲节暨西王母故里敬母大典"专作祭文：

维公元2010年8月22日，岁次庚寅，时届初秋，金风和煦，稼禾硕黄。青海昆仑文化研究会、青海省对外文化交流协会诚邀省内外各界人士及湟源民众，云集王母故里，谨以拳拳之心、眷眷之情，敬献琼花玉醴，雅乐香荐，恭祭我民族母亲西王母曰：巍巍昆仑，神州文明故乡；赫赫王母，华夏民族萱堂。我族肇造，开辟洪荒。遂居石室，浴瑶池，使青鸟，孕灵藏。行五刑法制，序四时阴阳。乃以虎齿豹尾之形，统领西戎氏羌之邦。文化随族群渐神州迁播，精神以神话弥华夏弘扬。九州理水教复禹，七夕传德训汉皇。敦教风化，尊行伦理，亲睦九族，麻映八方。道德奉为女仙总领，黎民尊称天地母娘。懿德惠慈，绵绵久长。如昆仑巍巍，犹江河汤汤。星移斗转，岁月沧桑。革故鼎新，改革开放。故里宏业，载恢载煌。民族美美共荣，社会融融和畅。铁龙雪域穿梭，健儿环湖腾骧。诗坛风雅，昆乐流芳；经贸辐辏，聚会隆昌。我大美青海，令寰宇神往。人流摩踵，盛誉昭彰。河海昆仑，百业炽旺。值此居安思进，儿女使命不忘。科学创新，克成裕强。稳定发展，伟业小康。践行中枢壮猷，繁荣文化赞襄。饮流怀源，膏雨甘棠。赓续文明之源流，仰绍王母之祚光。昆仑江河，源远流长；王母湟水，文明发祥。数千年文脉承传，逢盛世光华未央。景仰先圣懿德，再创明朝辉煌。硕秋昭告，佑我阜康。大礼既成，伏惟尚飨。

又如2014年9月，台湾政治大学特聘教授高莉芬博士在"中华母亲节暨西王母故里敬母大典"专作祭文：

维公元二零一四年九月，岁次甲午，秋高气爽，硕果馨香。中华锦绣，龙凤呈祥。中国民俗学会、青海省民俗学会、青海省妇联、湟源县人民政府，诚邀海内外各界人士及湟源民众，谨怀赤诚之心，奉俎豆之仪，恭祭我民族母亲西王母曰：吾祖王母，厚德无量。我族肇基，开辟洪荒。穴居石室，司领戎羌。役使青鸟，歌舞凤凰。授图黄帝，天下安康。赐环虞舜，乐音管皇。赠策大禹，河水清扬。穆王八骏，瑶池宴张。白云赋诗，雅音难忘。汉武七夕，盛斋醮筋。蟠桃玉盘，训海布降。惠施黎群，泽及帝王。疗心医体，演礼法匡。济世救劫，秽俗涤荡。西华至妙，统摄阴阳。洞阴至尊，仙籍归掌。养育天地，位配西方。灵风朗啸，瑞气云翔。圣功懿德，万古流芳。女仙之首，天地母娘。昆仑巍巍，湟水汤汤。日月神山，屏障西海高冈。胜地古城，融集各族四方。扼江河之上游，控沃野之无疆。衢道四通，百业兴昌。故里宏业，成就辉煌。人杰地灵，经济科学裕强。风清日永，万物敷荣和良。文化承传，源远流长。杞梓楩楠，咸成栋梁。团结共荣，士农工商。地利人和，相得益彰。赓续中华之道统，仰绍王母之慈光。母恩浩荡，寰宇瞩望。造福生民，锡赐祯祥。巍巍昆仑，神州乡乡。赫赫王母，华胄共仰。元元情怀，拳拳心香。祈我天母，佑我家邦。

祭礼大成，伏维尚飨！

发现，每次在湟源县宗家沟举行的西王母敬拜大典仪式结束后，当地许多村民都自发到西王母石像前举行敬香、叩拜、点酥油灯和搭红等民间信仰活动。

在当代社会的变迁历程中，青海祭祀或拜祭孔子、西王母、青海湖等官方活动和仪式带有旅游和发展经济的目的，这反映出青海多民族民间信仰在当代的生命力，同时也可以看出，这些神祇或活动开始进入了国家和地方公祭领域，依赖于公共权力，影响着民众①，形成了一个独特的信仰实践模式。

在文化重构过程中，现实与历史的有效对接，神圣与世俗的紧密结合，促进了民间信仰的恢复。热衷于发展地方经济的官员；追求权威与声誉的乡村精英；致力于保护非物质文化遗产和提升地域文化目的的学者；为谋生计和获尊重的民间教职人员，都积极参与到许多民间信仰活动当中，或提供宽松的活动空间，或动员民众和资金，或提供灵性咨询，或提供理论支持。青海多民族民间信仰成为多种文化碎片缀合的载体，并日益合法化，获得了更广阔的发展空间。

第二节　当代青海多民族民间信仰与多元文化和谐共享的基础

在多元文化交融的青海地区，民间信仰成为各民族、多群体和睦相处，多文化和谐共存的润滑剂。青海多民族民间信仰共通的自然古朴生态伦理观、道德价值观以及基于万物有灵的"神圣"观念，则为青海多元文化的融合与共享提供了平台。

一　自然古朴生态伦理观

人类是伴随着"人类中心主义"的理念而步入现代社会的，以人为中心的文化观念凌驾于其他文化观念之上，必然导致一元文化观念的形成。当代人类社会面临的一些诸如环境恶化、物种消失、资源枯竭等现代化疾病，已经表明一元文化观存在的弊病。在青海多民族民间信仰体系

---

① 如2012年至2014年，笔者在对湟源祭拜西王母大典进行连续性田野考察时发现，3年中，湟源县宗家沟附近一些民众自发参与敬拜西王母石像人数逐年提升，许多民众每次在官方结束"祭拜西王母大典"的仪式后，都要在西王母石室和雕像前虔诚地跪拜、进香、烧黄表纸、搭红被面、献哈达、点酥油灯，祈求西王母能保佑平安，带来福运、财运。

中，"人"并不处于绝对和中心的地位，人与自然的关系中普遍地表现出对自然的尊崇，由此延伸出对自然界种种生命的尊崇，因而就具有了平等、自然的生态伦理观的理念。

青海多民族民间信仰中一些看似朴素简单的观念，却反映出青海各种宗教共通的文化理念。青海多民族民间信仰中普遍的对天地的尊崇与感激，其实质就是对自然的敬畏或珍爱。如蒙古族认为"天是我的腾格里父，地是我的大地母"。在青海信仰伊斯兰教的回族、撒拉族民众观念中，土地等万物都为真主所有。人只具有替真主保管的权利。人类只能合理利用自然，有节制地索取，享受真主的恩赐。如《古兰经》中规定："真主是创造万物的，也是监护万物的。"（《古兰经》39：62）"天地的库藏，只是真主的。"（《古兰经》63：7）。认为浪费水是不合法的行为，禁止污染水源的一切行径。不论何种动物，在没有造成对人畜的威胁伤害时，不得伤害它们。禁止以动物来取乐和营生，如街头耍猴、动物表演之类均在禁忌之列。① 青海大通等地一些回族群众中还流传有《鸽子救圣人》的民间故事和保护鸽子的习俗。

青海许多民族都对土地怀有深刻的情感。青海汉族、回族、土族等民族离开家乡时都要带一抔土，在异乡感到水土不服时，在茶壶中放一点冲服。青海少数回族朝觐或从国外经商归来，一踏上祖国领土，便伏下身躯亲吻土地，或用额头碰触土地。青海藏族、汉族、土族多将土地、山脉、水源视作有生命的物体，重大节日或遇危难时到神泉、神山和神湖旁祭拜祈福。撒拉族民间也有类似的禁忌和观念：不能向水中撒尿，这是撒拉族很重要的禁忌，违反者分别要向天空、地面各吐三次唾沫，以示悔改。我们小时候就是被这样要求的。在撒拉族的观念中，水不仅是生命之源，养育着撒拉族儿女，而且他们认为水是有魂的，水的魂一般为各种可爱的动物。② 而在这些仪式和禁忌中，禁止乱伐、节约用水、保护动物、爱护环

---

① 崔永红、张生寅、杨军：《青海和谐社会建设的历史借鉴与启示》，《青海民族学院学报》2008 年第 3 期。

② 传说在几十年前，循化县丁江村东边的泉水一夜之间干涸了，原因是该泉的魂跑了。于是他们请来了街子的一位著名的阿訇，阿訇跪在泉边念阿，最后泉的魂回来了，那是一条可怕的蟒蛇，它威胁着阿訇，阿訇则加紧念阿。二者经过一段时间的对峙，最后蟒蛇被制服了，它自行进入了泉内，泉水重新流出来，从此，该泉水再也没有干枯过。当蟒蛇被制服、进入泉内之后，阿訇也晕过去了。（讲述人：HM，撒拉族，1948 年出生，街子镇三立方人，2012 年 10 月 11 日在其家中讲述，应讲述人要求隐去其真实姓名。）

境与现代社会的环保理念是一致的。此外，青海汉族、土族、藏族、撒拉族等民族都强调尊重太阳和月亮，禁止故意对着太阳撒尿。青海各民族都有"如果用手指着月亮，那么，当人们睡觉的时候，月亮会割破指月人的耳朵"的说法。

二　朴素共通的道德价值观

　　民间信仰中"神灵无处不在"的观念，与"因果报应"、"天堂地狱"一些制度性宗教思想相互融合在一起，形成以"行善积德"为核心的道德价值观，被青海许多民族普遍接受，并且有形无形地规范和约束着民众的日常行为。回族谚语提倡"回汉是两教，理是一个理"就说明，回汉两族虽然信仰不同的宗教，但终极价值观上不同宗教却保持了某种一致性，这种一致性在道德层面指向的就是"行善积德"这种青海多民族民间信仰中共通的道德理念。青海不同民族中流行的"人恶人怕天不怕，人善人欺天不欺"或"人亏人，胡大不亏人"等不同格言或谚语，表达的也是劝人"行善积德"的基本观念。

　　民间信仰中一些淳朴的道德观念虽然零散，不具备严格完善的理论系统，但常常"以非常灵活的方式始终存在于人们的日常生活中……具有制度性宗教所无法替代的道德影响力"①。虽然普通民众只知"善有善报，恶有恶报"，不懂佛教中的"三报"（即现报、生报、后报），更不了解伊斯兰教中的"后世一次受"；但"惩恶扬善"、"诚实正直"、"宽容谦让"、"忠厚善良"等这些淳朴的道德观念，为民间信仰与多种宗教互动与容纳奠定了思想基础。制度性宗教和官方政治权力常常借助其理论和话语权将这些淳朴的道德观念进一步理论化，或在新的语境下赋予新的内容。当前青海许多民族家中的佛堂或堂屋都供奉着建国领袖（画）像，这既是特定历史时期的产物，也表明在国家意识形态控制和引导下形成的对领袖的热爱、敬畏和崇拜，已慢慢演变成了一种民间信仰。这种对伟人的信仰，其实质与《礼记·祭法》讲求的"夫圣王之制祭祀也，法施于民则祀之，以死勤事则祀之，以劳定国则祀之，能御大菑则祀之，能捍大患则祀之"等原则一致，表达了一种对伟人的热爱、敬畏和感恩。

---

　　①　范丽珠：《"善"作为中国的宗教伦理》，《甘肃理论学刊》2007 年第 6 期。

三　以"神圣"观念为底层的原始信仰因子

青海不同地方和民族的民间信仰由于受不同地理环境、历史文化和宗教传播因素影响，已经包含着多宗教文化元素与多族群文化因子，与考古遗址层层叠压的文化地层不大相同，许多信仰文化在层层叠压的同时，已经你中有我、我中有你，水乳交融，不能层层剖析剥离。在千百年来的传承变迁中，青海多民族民间信仰在容纳多元文化的同时，又培育出包含多元文化因素的新的民间信仰，因而表现出了强大的自我调试能力和持久旺盛的生命力。青海民间信仰之所以能够不断容纳多元文化，并且不断培育出包含多元文化因素的新的民间信仰，在于其以万物有灵思想为文化底层的"神圣"观念。"神圣"观念因其超验性而具有了容纳大千世界的内涵，现实世界的人对这种因超验性而具有的神圣性，自觉或不自觉地敬畏、尊崇、景仰与向往，从而在心理、情感、精神、意识等方面表现出一致的诉求与渴望，这也成为多元文化因素能够融合的基础；另一方面，这种因超验性而具有的神圣性，对现实之人又表现出威慑、监督、劝诫与惩罚；二者交互作用，使青海不同地区不同民族民间信仰呈现出多元文化和合共生的态势。

青海藏族的民间信仰以万物有灵思想为基础，同时受藏传佛教、苯教、道教和周边民族民间信仰的影响。其信仰的神灵有有形的和无形的，有有名的和无名的，既有藏传佛教寺院供奉的各种佛、菩萨、护法神、活佛塑像或照片，也有格萨尔王等文化英雄，还有祖先、村落神、灶神、山神及各种野鬼等，并且与各种宗教相互弥补，相互融合。青海土族、蒙古族等也是基于万物有灵的思想敬天地鬼神，后逐渐受儒道文化、藏传佛教文化的影响，除了敬天地鬼神还敬祖先、先贤、土地、山神、灶神、福禄寿三星等神灵。青海回族、东乡族、撒拉族等民族虽然信仰伊斯兰教，但也未完全排斥或清除先民的原始信仰或周边其他民族的民间信仰，在这些民族生产生活中仍流行着一些禁忌和巫术。另外，一些原始信仰现象被重新赋予符合伊斯兰教教义思想的解释和内涵。如伊斯兰教产生以前，阿拉伯人认为这些崇拜对象和守护神附身于树木里、水泉中尤其是神圣的石头里。[1] 克尔白天房黑色陨石，

---

① 参见［英］Bernard Lewis：《阿拉伯人的历史》，蔡百铨译，联经出版事业股份有限公司1986 年版，第 26 页。

被整个半岛视为圣物。① 渗渗泉②在伊斯兰教创立之前就被视为是圣洁的。古代阿拉伯人还崇拜天体，月亮成为中心，在万神庙里是居首位的。月亮被认为是一个阳性的神，地位高于太阳，太阳是他的配偶③。《古兰经》中曾多次批评古代阿拉伯人崇拜月亮的行为。④ 古代阿拉伯人对星星也怀有崇敬的感情，星星可以为人指引方向。传说中金星"欧扎"在古莱氏人中是最受尊崇的。⑤ 因此，可以说当今青海清真寺顶上置月亮和星星的标志，很可能是阿拉伯半岛原始信仰文化中的种种遗俗。但在现代，青海一些穆斯林群众将其解释为：伊斯兰教象征着如同新月般的新生力量，上升扩大，可以摧枯拉朽、战胜黑暗、圆满功行、光明世界。今天，朝觐者游转天房经过黑色陨石时，都要争先与之亲吻或举双手致意。所有从麦加朝觐归来的穆斯林都要带一点"渗渗泉"圣水，分享给亲朋好友。这些活动、仪式的根源与古代阿拉伯半岛上的原始宗教有着千丝万缕的联系，并影响着青海穆斯林的思想观念和生活。

四 促进多元文化和谐共享

由于民间信仰所包含的生态伦理观、道德价值观以及内具的神圣性，与青海许多村落、家族、区域的发展兴盛密切联系在一起，民间信仰的存在有利于促进乡村社会和谐与有序。比如，由于青海许多地区水资源缺乏，民间信仰仪式调整和协调着人与自然之间、村落与村民之间的紧张关系，缓解着水源、灌溉等方面的冲突。

青海多民族聚居区的许多神祇或神庙吸收了不同的宗教文化元素和民族文化因子，演变为区域性的多民族共享文化，隐藏着对他文化的理解和认同。如乐都县马营乡和李家乡交界之处的水峡有一奇特石峰，因形似人坐，民间称石佛。当地汉族、藏族对水峡石佛极为崇拜，称水峡石佛为

---

① 郭应德：《阿拉伯人的原始宗教信仰》，《阿拉伯世界》1981 年第 5 期。
② "渗渗泉"指在天房旁边的一洞泉水。——马坚注
③ 在阿拉伯语里，月亮的名称是阳性的，太阳的名称是阴性。——马坚注
④ 《古兰经》中记载："当他看见月亮升起的时候，他说：'这是我的主。'当月亮没落的时候，他说：'如果我的主没有引导我，那末，我必定会成为迷误者。'"（6：77）"真的，以月亮盟誓"（74：32），"以圆满时的月亮盟誓"（84：18）。
⑤ 郭应德：《阿拉伯人的原始宗教信仰》，《阿拉伯世界》1981 年第 5 期。《古兰经》中也批评了这类行为："当黑夜笼罩着他的时候，他看见一颗星宿，就说：'这是我的主。'当那颗星宿没落的时候，他说：'我不爱没落的。'"（6：76）。

"阿米格什加"，同时称永登清山为"阿米西宁"、称松花顶为"阿米松多"，认为这三山为三兄弟，松花顶为老大，水峡石佛山为老二，永登清山为老三。每年六月初六，附近各族群众来到水峡石佛前参加朝山大会，烧香磕头，祈求平安。附近汉族认为他是"番神"，俗称"石头佛爷"，认为他是乐都北山总神，在村庙中将"阿米格什加"人形化，其塑像装束带有浓厚的藏文化色彩，并配有汉文化特色的神轿。每个村子村庙中供奉的"阿米格什加"形式不统一，如李家乡甘沟岭村供奉的"石头佛爷"高束发髻，面庞白皙，不留胡须。李家乡民族村分路庙中供奉的"石头佛爷"，头戴毡帽，留须。民和县川口镇享堂村的民间信仰也表现出汉藏文化相融特色，庙内主殿供奉着金善娘娘，并点置清油灯和鲜花果品；东殿供奉着藏传佛教的护法神，供桌上为酥油灯。由于享堂村受藏传佛教文化和历史惯例影响，至今该村村庙与该村藏传佛教寺院莲花寺保持着香火供奉关系，每年村庙向莲花寺进奉当地村民俗称为"粮草"的香火贡品。除此之外，享堂村庙内还供奉着莲花寺中各类神佛的牌位，每逢正月初一、九月九等重大节日，村庙还要请道士和藏传佛教僧侣念经。

又如海南贵德等地许多文昌庙为汉族、藏族、土族等民族所共同修建，庙内签书也分汉、藏两种文字。但有些庙宇中的文昌、魁星等神像外貌也发生了变化，深受藏传佛教文化影响，与湟源、乐都等地神像不同。[①] 二郎神为当地汉族、藏族、土族所广泛信仰，在黄南、海东等地形象特征各具特色。循化撒拉族自治县道帏藏族乡的汉族村起台堡村和藏族村张沙村都建有"五山庙"，供奉明朝大将常遇春，每年两村联合举行庙会活动，加深了村民间的互动与磨合。河湟流域各民族敬惜字纸，民国时期西宁城南大街路东土地庙旁，设有一个焚纸的壁炉，青砖砌成，两层，两米多高，一米宽，顶部似屋檐，檐下有"敬惜字纸"的砖刻小额。[②]

当前世界上许多区域，不同宗教和族群矛盾与冲突日益加深，许多政

---

① 湟源、乐都等地的魁星形象与内地魁星形象相似，体型巨大，塑像头大如牛，身高丈八余，青面红长发，浓眉大眼，神态威严。左手持笏板，右手执巨型毛笔，左脚起后伸，右脚尖点地起飞，上身倾斜，双眼俯视大地，呈现出准备"点状元"的姿态。藏族聚居区的魁星形象发生很大变化，其与藏传佛教中的护法神形象近似，面目多为狰狞可怖，体态粗矮肥壮，常作怒目獠牙、赤发冲冠之状。如贵德供拜村文昌庙的奎星形象像，头顶上饰有人头骨骸，共和新寺文昌庙内的奎星双目变成三目。这说明民间信仰神祇在传播过程中，具有适应性和再生产性，常常被在地化，其形象常演变为当地文化精英和普通民众心目中欢迎和接受的形象。

② 巢生祥：《湟川杂摭》，青海人民出版社 2002 年版，第 107 页。

府和学者追求不同文化间的对话，在多样性中寻求统一性，在差异性中找寻共通性，谋求一种解决之道。我国正确的民族宗教政策为青海各民族和睦共处，举行正常宗教信仰活动创造了良好的氛围，也为各民族民间信仰平等互融，提供了彼此交界、相互尊重、和而不同、美美与共的文化土壤。

青海是多民族、多宗教交流与互动频繁的地区，青海多民族民间信仰是不同信仰文化渗透和交融的载体，处于一种变化流动、选择性摄融的过程中。表现出小区域社会不同群体基于共同的利益，以民间信仰为凝聚载体，形成草根社会基本伦理价值和善恶规范等地方性共识。青海多民族相互嵌入式的居住格局，相互渗透辐射性的民间信仰元素，为青海多民族深度理解和认同彼此民族文化、宗教禁忌、生活习俗等提供了空间和要素。青海多民族民间信仰所囊括的精神文化和神圣性观念，所蕴含的包容性、多样性和开放性，与多宗教之间的交流互动，为我们如何保持多宗教、多民族文化和美共荣提供了重要借鉴和学术研究的实验地。

参考文献

一 古籍文献及地方志

[1]（宋）洪迈：《夷坚志》，中华书局 1981 年版。

[2]（晋）干宝撰，汪绍楹校注：《搜神记》，中华书局 1979 年版。

[3]（清）梁份著，赵盛世、王子贞、陈希夷校注：《秦边纪略》，青海人民出版社 1987 年版。

[4]（清）龚景瀚编，李本源校：《循化志》，青海人民出版社 1981 年版。

[5]（清）苏铣纂修，王昱、马忠校注：《西宁志》（顺治十四年刻本），青海人民出版社 1993 年版。

[6]（清）杨应琚撰，李文实校勘：《西宁府新志》，青海人民出版社 1988 年版。

[7]（清）邓承伟等编，李义实校勘：《西宁府续志》，青海人民出版社 1985 年版。

[8]（明）刘敏宽、龙膺纂修，王继光辑注：《西宁卫志》，青海人民出版社 1993 年版。

[9] 青海省民委少数民族古籍整理规划办公室：《青海地方旧志五种》，青海人民出版社 1987 年版。

[10]（清）康敷熔纂修：《青海地志略》，台湾成文出版社抄本影印本。

[11]（明）吴祯著，马志勇校，黄选平审：《河州志校刊》，甘肃文化出版社 2004 年版。

[12] 青海省地方志编纂委员会编，王昱著：《青海省志·建置沿革志》，青海人民出版社 2001 年版。

[13] 黄南藏族自治州志编纂委员会：《黄南州志》，甘肃人民出版社 1999 年版。

[14] 玉树藏族自治州地方志编纂委员会：《玉树州志》（上、下），三秦出版社2005年版。

[15] 民和县志编纂委员会：《民和县志》，陕西人民出版社1993年版。

[16] 平安县志编纂委员会：《平安县志》，陕西人民出版社1996年版。

[17] 朱世奎主编：《青海风俗简志》，青海人民出版社1994年版。

[18] 同仁县志编纂委员会：《同仁县志》，三秦出版社2001年版。

[19] 智观巴·贡却乎丹巴绕吉著，吴均、毛继祖、马世林译：《安多政教史》，甘肃民族出版社1989年版。

[20]《青海王旗志》，内蒙古出版集团、内蒙古科学技术出版社2012年版。

二 辞书及资料类编

（一）辞书

[1] 中国大百科全书出版社编辑部：《中国大百科全书·民族》，中国大百科全书出版社1998年版。

[2]《中国各民族宗教神话大辞典》，学苑出版社1990年版。

[3] 吴效群主编：《中原文化大典·民俗典·民间信仰》，中州古籍出版社2008年版。

（二）宗教经典和资料类编

[1]《古兰经》，马坚译，中国社会科学出版社1996年版。

[2]《圣经》，中国基督教三自爱国运动委员会、中国基督教协会2009年版。

[3] 吕大吉、何耀华：《中国各民族原始宗教资料集成》（考古卷）、（鄂伦春族鄂温克族赫哲族达斡尔族锡伯族满族卷）（蒙古族藏族卷），中国社会科学出版社1996年版。

[4] 史宗主编：《20世纪西方宗教人类学文选》（上、下册），上海三联书店1995年版。

[5] 吉林省民族研究所编：《萨满教文化研究》（第二辑），天津古籍出版社1990年版。

[6]《陇右金石录》，甘肃省文献征集委员会校印，1943年版。

［7］谢佐：《青海金石录》，青海人民出版社 1993 年版。

［8］甘肃省图书馆书目参考部编：《西北民族宗教史料文摘·青海分册》
（上、下），甘肃省图书馆 1986 年版。

［9］青海省图书馆编：《馆藏青海文献目录》，青海人民出版社 1988
年版。

［10］青海省社会科学院、青海省地方志编纂委员会、王昱主编：《青海
方志资料类编》（上、下），青海人民出版社 1987、1988 年版。

［11］中国人民政治协商会议西宁市城中区委员会文史资料委员会编：
《西宁城中文史资料》第 15 辑，中国人民政治协商会议西宁市城中区
委员会文史资料委员会内部编印，2003 年版。

［12］久美却吉多杰编著：《藏传佛教神明大全》（上、下），曲甘·完玛
多杰译，青海人民出版社 2004 年版。

［13］《民族宗教工作文件汇集》（1949—1959），中共青海省委统战部内
部编印，1959 年版。

［14］米海萍、乔生华辑：《青海土族史料集》，青海人民出版社 2006
年版。

［15］同仁县志编纂委员会：《同仁县志》，三秦出版社 2001 年版。

［16］惠爱宁主编：《守望精神家园——百位青海非物质文化遗产项目代
表性传承人讲述》，青海省政协学习和文史委员会 2011 年内部编印。

［17］《青海省非物质文化遗产名录图典》编辑委员会编：《青海省非物质
文化遗产名录图典》，青海人民出版社 2012 年版。

三　专著类

（一）大陆及港台学者专著

［1］许地山：《扶箕迷信的研究》，商务印书馆 1999 年版。

［2］钟敬文：《民俗学概论》，上海文艺出版社 1998 年版。

［3］乌丙安：《中国民间信仰》，上海人民出版社 1995 年版。

［4］赵世瑜：《狂欢与日常——明清以来的庙会与民间信仰》，生活·读
书·新知三联书店 2002 年版。

［5］赵世瑜：《历史与大历史——区域社会史的理念、方法与实践》，生
活·读书·新知三联书店 2006 年版。

［6］王铭铭：《社会人类学与中国研究》，广西师范大学出版社 2005
年版。

［7］王铭铭：《村落视野中的文化与权力》，生活·读书·新知三联书店
1997 年版。

［8］蒲慕州：《追寻一己之福——中国古代的信仰世界》，上海古籍出版
社 2007 年版。

［9］郭于华：《仪式与社会变迁》，社会科学文献出版社 2000 年版。

［10］皮庆生：《宋代民众祠神信仰研究》，上海古籍出版社 2008 年版。

［11］张忠孝：《青海地理》，青海人民出版社 2009 年版。

［12］黄秋桂：《壮族社会民间信仰研究》，中国社会科学出版社 2010
年版。

［13］祝启源：《唃厮啰——宋代藏族政权》，青海人民出版社 1988 年版。

［14］金泽：《宗教人类学导论》，宗教文化出版社 2002 年版。

［15］金泽：《中国民间信仰》，浙江教育出版社 1990 年版。

［16］金泽：《宗教人类学学说史纲要》，中国社会科学出版社 2010 年版。

［17］纳日碧力戈：《现代背景下的族群建构》，云南教育出版社 2001
年版。

［18］纳日碧力戈等：《人类学理论的新格局》，社会科学文献出版社
2001 年版。

［19］刘晓春：《仪式与象征的秩序——一个客家村落的历史、权力与记
忆》，商务印书馆 2003 年版。

［20］吕大吉：《宗教学通论新编》，中国社会科学出版社 1998 年版。

［21］蒲文成：《青海佛教史》，青海人民出版社 2001 年版。

［22］丹珠昂奔：《藏族神灵论》，中国社会科学出版社 1990 年版。

［23］林国平：《闽台民间信仰源流》，福建人民出版社 2003 年版。

［24］林国平：《福建民间信仰》，福建人民出版社 1993 年版。

［25］安德明：《天人之际的非常对话》，中国社会科学出版社 2003 年版。

［26］贾二强：《唐宋民间信仰》，福建人民出版社 2002 年版。

［27］梁景之：《清代民间宗教与乡土社会》，社会科学文献出版社 2004
年版。

［28］王景琳：《鬼神的魔力——汉民族鬼神信仰》，生活·读书·新知三
联书店 1992 年版。

［29］陈麟书、袁亚愚:《宗教社会学通论》,四川大学出版社1992年版。

［30］戴康生、彭耀:《宗教社会学》,社会科学文献出版社2000年版。

［31］王明珂:《华夏边缘:历史记忆与族群认同》,社会科学文献出版社2006年版。

［32］王明珂:《羌在汉藏之间:一个华夏历史边缘的历史人类学研究》,联经出版事业股份有限公司2003年版。

［33］王明珂:《英雄祖先与弟兄民族——根基历史的文本与情节》,允晨文化实业股份有限公司2006年版。

［34］高国藩:《中国巫术史》,上海三联书店1999年版。

［35］李安宅:《藏族宗教史之实地研究》,上海世纪出版集团、上海人民出版社2005年版。

［36］黄淑聘、龚佩华:《文化人类学理论方法研究》,广东高等教育出版社1998年版。

［37］费孝通主编:《中华民族多元一体格局》,中央民族大学出版社1999年版。

［38］费孝通:《乡土中国　生育制度》,北京大学出版社1998年版。

［39］赵宗福等:《青海多元民俗文化圈研究》,中国社会科学出版社2012年版。

［40］赵宗福、马成俊主编:《青海民俗》,甘肃人民出版社2004年版。

［41］周伟洲:《吐谷浑史》,宁夏人民出版社1984年版。

［42］吕建福:《土族史》,中国社会科学出版社2002年版。

［43］马西沙、韩秉方:《中国民间宗教史》(上、下册),中国社会科学出版社2004年版。

［44］马光星:《土族文学史》,青海人民出版社1999年版。

［45］祁进玉:《群体身份与多元认同——基于三个土族社区的人类学对比研究》,社会科学文献出版社2008年版。

［46］翁独健主编:《中国民族关系史纲要》,中国社会科学出版社2001年版。

［47］侯杰、范丽珠:《世俗与神圣——中国民众宗教意识》,天津人民出版社2001年版。

［48］牟中鉴、张践:《中国宗教通史》,中国社会科学出版社2003年版。

［49］葛兆光:《中国思想史》(导论、第一卷、第二卷),复旦大学出版

社 2001 年版。

[50] 李亦园：《宗教与神话》，广西师范大学出版社 2004 年版。

[51] 李亦园：《李亦园自选集》，上海教育出版社 2002 年版。

[52] 崔永红等主编：《青海通史》，青海人民出版社 1999 年版。

[53] 王建新、刘昭瑞编：《地域社会与信仰习俗——立足田野的人类学研究》，中山大学出版社 2007 年版。

[54] 刘仲宇：《中国精怪文化》，上海人民出版社 1997 年版。

[55] 黄世杰：《蛊毒：财富和权力的幻觉——南方民族使用传统毒药与解药的人类学考察》，广西民族出版社 2004 年版。

[56] 彭兆荣：《人类学仪式的理论与实践》，民族出版社 2007 年版。

[57] 何星亮：《中国自然神崇拜》，凤凰出版传媒集团、江苏人民出版社 2008 年版。

[58] 刘黎明：《宋代民间巫术研究》，四川出版集团、巴蜀书社 2004 年版。

[59] 朱狄：《原始文化研究》，生活·读书·新知三联书店 1988 年版。

[60] 万建中：《解读禁忌》，商务印书馆 2001 年版。

[61] 汪毅夫：《客家民间信仰》，福建教育出版社 1995 年版。

[62] 马倡仪：《中国灵魂信仰》，上海文艺出版社 2001 年版。

[63] 邓启耀：《中国巫蛊考察》，上海文艺出版社 1999 年版。

[64] 刘锡诚：《中国原始艺术》，上海文艺出版社 1998 年版。

[65] 何星亮：《中国自然神与自然崇拜》，上海三联书店 1992 年版。

[66] 马强：《流动的精神社区——人类学视野下的广州穆斯林哲玛提研究》，中国社会科学出版社 2006 年版。

[67] 高丙中：《民俗文化与民俗生活》，中国社会科学出版社 1994 年版。

[68] 才让：《藏传佛教信仰与民俗》，民族出版社 1999 年版。

[69] 雷闻：《郊庙之外——隋唐国家祭祀与宗教》，生活·读书·新知三联书店 2009 年版。

[70] 孟慧英：《西方民俗学史》，中国社会科学出版社 2006 年版。

[71] 尕藏加：《藏区宗教文化生态》，社会科学文献出版社 2010 年版。

[72] 曹兴：《民族宗教和谐关系密码：宗教相通性精神中国启示录》，中国政法大学出版社 2007 年版。

[73] 华锐·东智：《华锐民俗文化》，甘肃民族出版社 2008 年版。

［74］向柏松：《传统民间信仰与现代生活》，中国社会科学出版社 2011 年版。

［75］路遥等：《中国民间信仰研究述评》（路遥主编，民间信仰与中国社会研究系列），上海人民出版社 2012 年版。

［76］［日］酒井忠夫等：《民间信仰与社会生活》（路遥主编，民间信仰与中国社会研究系列），上海人民出版社 2011 年版。

［77］李利安等：《四大菩萨与民间信仰》（路遥主编，民间信仰与中国社会研究系列），上海人民出版社 2011 年版。

［78］王见川、皮庆生：《中国近世民间信仰：宋元明清》（路遥主编，民间信仰与中国社会研究系列），上海人民出版社 2011 年版。

［79］马新、贾艳红、李浩：《中国古代民间信仰：远古——隋唐五代》（路遥主编，民间信仰与中国社会研究系列），上海人民出版社 2010 年版。

［80］李远国、刘仲宇、许尚枢：《道教与民间信仰》（路遥主编，民间信仰与中国社会研究系列），上海人民出版社 2011 年版。

［81］朱海滨：《祭祀政策与民间信仰变迁：近世浙江民间信仰研究》，复旦大学出版社 2008 年版。

［82］林美容：《妈祖信仰与汉人社会》，黑龙江人民出版社 2003 年版。

［83］林美容编：《台湾民间信仰研究书目》，中研院民族学研究所编印，1991 年。

［84］郑志明：《传统宗教的文化诠释——天地人鬼神五位一体》，文津出版社 2009 年版。

［85］曾玲：《新加坡华人的祖先崇拜与宗乡社群整合——以战后三十年广慧肇碧山亭为例》，唐山出版社 2000 年版。

［86］黄萍瑛：《台湾民间信仰"孤娘"的奉祀——一个社会史的考察》，稻香出版社 2006 年版。

［87］刘永红：《青海宝卷研究》，中国社会科学出版社 2013 年版。

［88］马建春：《多元视阈中的河湟：族群互动、文化认同与地缘关系》，社会科学文献出版社 2014 年版。

［89］关丙胜：《民国时期的河湟地方社会》，知识产权出版社 2014 年版。

（二）国外学者著作

［1］［英］爱德华·泰勒：《原始文化》，连树生译，谢继胜、尹虎彬、

姜顺德校，广西师范大学出版社 2005 年版。

[2]［英］马林诺夫斯基：《文化论》，费孝通译，华夏出版社 2002 年版。

[3]［英］马林诺夫斯基：《巫术 科学 宗教与神话》，李安宅译，中国
民间文艺出版社 1986 年版。

[4]［英］麦克·阿盖尔：《宗教心理学导论》，陈彪译，高师宁校，中
国人民大学出版社 2005 年版。

[5]［英］埃文思－普里查德：《原始宗教理论》，孙尚扬译，商务印书
馆 2001 年版。

[6]［英］菲奥纳·鲍伊：《宗教人类学导论》，金泽、何其敏译，中国
人民大学出版社 2004 年版。

[7]［英］布林·莫利斯：《宗教人类学》（王志远主编，宗教文化丛
书），周国黎译，姜建国校，今日中国出版社 1992 年版。

[8]［英］詹·乔·弗雷泽：《魔鬼的律师》，阎云祥、龚小夏译，东方
艺文出版社 1988 年版。

[9]［法］列维－布留尔：《原始思维》，丁由译，商务印书馆 1981 年版。

[10]［法］克劳德·列维－斯特劳斯：《结构人类学》，陆晓禾、黄锡光
等译，文化艺术出版社 1989 年版。

[11]［法］列维－斯特劳斯：《野性的思维》，李幼蒸译，商务印书馆
1987 年版。

[12]［法］E. 杜尔干：《宗教生活的初级形式》，林宗锦、彭守义译，林
耀华校，中央民族大学出版社 1999 年版。

[13]［法］爱弥尔·涂尔干：《宗教生活的基本形式》，渠东、汲哲译，
上海人民出版社 1999 年版。

[14]［法］马塞尔·莫斯、昂利·内贝尔：《巫术的一般理论献祭的性质
与功能》，杨渝东、梁永佳、赵丙祥译，广西师范大学出版社 2007
年版。

[15]［法］埃马纽埃尔·勒华拉杜里：《蒙塔尤：1294—1324 年奥克西
坦尼的一个山村》，许明龙、马胜利译，商务印书馆 2003 年版。

[16]［美］克利福德·格尔茨：《地方性知识》，王海龙、张家瑄译，中
央编译出版社 2000 年版。

[17]［美］克利福德·格尔茨：《文化的解释》，韩莉译，译林出版社
1999 年版。

[18]［美］杜赞奇：《文化、权力与国家——1900—1942 的华北农村》，王福明译，江苏人民出版社 2003 年版。

[19]［美］马歇尔·萨林斯：《甜蜜的悲哀》，王铭铭、胡宗泽译，生活·读书·新知三联书店 2000 年版。

[20]［美］马歇尔·萨林斯：《文化与实践理性》，赵丙祥译，张宏明校，上海人民出版社 2002 年版。

[21]［美］杨庆堃：《中国社会中的宗教——宗教的现代社会功能与其历史因素之研究》，范丽珠等译，世纪出版集团、上海人民出版社 2007 年版。

[22]［美］保罗·康纳顿：《社会如何记忆》，纳日碧力戈译，上海人民出版社 2000 年版。

[23]［美］施坚雅：《中国农村的市场和社会结构》（王庆成主编，中国近代史研究译丛），史建云、徐秀丽译，中国社会科学出版社 1998 年版。

[24]［美］克莱德·克鲁克洪：《文化与个人》，高佳、何红、何维凌译，浙江人民出版社 1986 年版。

[25]［德］恩斯特·卡西尔：《人论》，甘阳译，上海译文出版社 1985 年版。

[26]［德］马克思·韦伯：《宗教社会学》，康乐、简惠美译，广西师范大学出版社 2005 年版。

[27]［日］渡边欣雄：《汉族的民俗宗教》，周星译，天津人民出版社 1998 年版。

[28]［日］滨岛敦俊：《明清江南农村社会与民间信仰》，朱海滨译，厦门大学出版社 2008 年版。

[29]［比］许让神父：《甘肃土人的婚姻》，费孝通、王同惠合译，辽宁教育出版社 1998 年版。

[30]［比］Louis Schram：《甘青边界蒙古尔人的起源、历史及社会组织》，李美玲译，青海人民出版社 2007 年版。

[31]［奥］勒内·德·内贝斯基·沃杰科维茨：《西藏的神灵和鬼怪》，谢继胜译，西藏人民出版社 1999 年版。

四 论文

期刊论文

1. 大陆地区

[1] 班班多杰:《和而不同:青海多民族文化和睦相处经验考察》,《中国社会科学》2007 年第 6 期。

[2] 赵宗福:《地方文化系统中的王母娘娘信仰——甘肃省泾川王母宫庙会及王母娘娘信仰调查研究》,《民间文化论坛》2005 年第 6 期。

[3] 吕建福:《论宗教与民族认同》,《陕西师范大学学报》2006 年第5 期。

[4] 吕建福:《青海湖流域的人文生态——吐谷浑人对青海湖流域的经营》,《中国历史地理论丛》2009 年第 4 期。

[5] 陈新海:《河湟文化的历史地理特征》,《青海民族学院学报》2002年第 2 期。

[6] 索端智:《历史事实·社会记忆·族群认同——以青海黄南吾屯土族为个案的研究》,《青海民族学院学报》2006 年第 1 期。

[7] 索端智:《藏族信仰崇拜中的山神体系及其地域社会象征——以热贡藏区的田野研究为例》,《思想战线》2006 年第 2 期。

[8] 索端智:《从民间信仰层面透视高原藏族的生态伦理——以青海黄南藏区的田野研究为例》,《青海民族研究》2007 年第 1 期。

[9] 索端智:《信仰与仪式中的文化、权力和秩序——隆务河流域"六月勒如"仪式发微》,《青海民族学院学报》2008 年第 1 期。

[10] 戴燕:《天主教在河湟地域空间传播历史探究》,《青海民族研究》2011 年第 2 期。

[11] 陈勤建、尹笑非:《地方神灵民间信仰与民众生活的互动联系——以黄道婆、王元等地方神灵为例》,《西北民族研究》2011 年第 1 期。

[12] 孙林、张泽洪:《藏区乡村与民间社会中的巫师》,《世界宗教研究》2009 年第 3 期。

[13] 孙林:《西藏民间宗教中的"山神"——希达、念神、赞神关系考析》,《中国藏学》2009 年第 3 期。

[14] 僧格:《青海蒙古族"羊肩胛骨"及民俗》,《西北民族研究》1989

年第 1 期。

［15］梁玉金、邹晓飞、胡玉昆：《文化圈理论之下的青海河湟汉族求子风俗探析——以湟中县为个案研究》，《青海民族研究》2012 年第 1 期。

［16］解占录：《西方文化在湟源的传播和影响》，《青海社会科学》2011 年第 5 期。

［17］李建华：《清代青海湖祭海活动研究浅析》，《思想战线》2011 年第 S1 期。

［18］先巴等：《贵德三屯民间文化调查报告》，《青海民族研究》2006 年第 1 期。

［19］先巴：《明代卫所制度与青海高原屯寨文化的形成》，《青海民族大学学报》（社会科学版）2010 年第 3 期。

［20］李健胜：《汉族移民与河湟地区的人文生态变迁》，《西北人口》2010 年第 4 期。

［21］丁柏峰：《河湟文化圈的形成历史与特征》，《青海师范大学学报》（哲学社会科学版）2007 年第 6 期。

［22］马成俊：《循化汉族社会文化的建构：从河源神庙到积石宫》，《青海民族学院学报》2009 年第 2 期。

［23］李向平：《宗教与信仰的双重社会化——当代中国宗教——信仰的基本变迁》，《创新》2012 年第 3 期。

［24］路遥：《中国民间信仰研究刍议》，《中国社会科学院院报》2004 年 4 月 8 日第 3 版。

［25］马建春：《浅析族群关系中的文化认同——以河湟地区族群为例》，《西北民族大学学报》2005 年第 4 期。

［26］杜常顺：《论清代青海东部地区的行政变革与地方民族社会》，《民族研究》2011 年第 2 期。

［27］徐吉军：《论黄河文化的概念与黄河文化区的划分》，《浙江学刊》1999 年第 6 期。

［28］段继业：《河湟多元文化的起源、价值与现实》，《青海社会科学》2002 年第 5 期。

［29］吴景山：《〈青海金石录〉一书编纂之得失》，《青海社会科学》1999 年第 6 期。

［30］ 马宁：《中国西北民间信仰研究综述》，《西北民族大学学报》（哲学社会科学版）2009 年第 4 期。

［31］ 看本加：《安多藏区的文昌神信仰研究》，《世界宗教研究》2011 年第 1 期。

［32］ 看本加：《安多藏区文昌神信仰的人类学研究——以赤噶尤拉颇章为例》，《西北民族大学学报》（哲学社会科学版）2008 年第 3 期。

［33］ 陈崇凯：《藏传佛教地区的关帝崇拜与关帝庙考述》，《西北民族研究》1999 年第 2 期。

［34］ 才让：《藏传佛教中的关公信仰》，《中国藏学》1996 年第 1 期。

［35］ 张振国：《民间信仰与社会整合》，《求索》2010 年第 11 期。

［36］ 洛桑东知：《集体记忆与族群认同：一个边缘化藏族社区的山神体系对族群认同的功能》，《四川民族学院学报》2012 年第 3 期。

［37］ 华锐·东智：《安多藏区民间多神崇拜文化读解》，《西藏艺术研究》2011 年第 1 期。

［38］ 付永正：《清代甘肃地区马神庙修建概况管窥》，《陇东学院学报》2011 年第 5 期。

［39］ 祁进玉：《文化多样性与宗教认同——民和三川地区土族宗教的多样共存性考察》，《宗教学研究》2008 年第 1 期。

［40］ 卢云峰：《从类型学到动态研究：兼论信仰的流动》，《社会》2003 年第 2 期第 33 卷。

［41］ 卢云峰：《变迁社会中的宗教增长》，《北京大学学报》（哲学社会科学版）2010 年第 6 期。

［42］ 徐敏：《乡村民间宗教的研究综述》，《农村经济与科技》2009 年第 4 期。

［43］ 张科：《论传教士对近代青海的认知》，《西北民族研究》2010 年第 2 期。

［44］ 马明忠：《近代青海地区基督教传播的特点及社会影响》，《青海民族研究》2010 年第 2 期。

［45］ 习五一：《简论当代福建地区的民间信仰》，《世界宗教研究》2008 年第 2 期。

［46］ 扎洛：《青海卓仓地区藏人的地域保护神崇拜——对三份焚香祭祀文的释读与研究》，《安多研究》（第一辑），中国藏学出版社 2005

年版。

［47］周拉、夏吾交巴、炬华：《共享和谐——青海省循化县多民族、多宗教共同信仰阿尼夏吾神山现象分析》，《世界宗教研究》2013 年第 2 期。

［48］马婧杰、马明忠：《青海河湟地区藏传佛教与道教互动》，《青海民族研究》2013 年第 3 期。

港台期刊

［1］巫能恕：《节庆、信仰与抗争——明清城隍信仰与城市群众的集体抗议行为》，《中研院近代史研究所集刊》2000 年第 34 期。

［2］Uradyn E. Bulag：《青海湖祭：民族关系与仪式政治》，《中国边政》2004 年第 160 期。

［3］林富士：《医者或病人——童乩在台湾社会中的角色与形象》，《中研院历史语言研究所集刊》2005 年第 73 期。

［4］张珣：《台湾汉人的医疗体系与医疗行为——一个台湾北部农村的医学人类学研究》，《中研院民族学研究所集刊》1983 年第 56 期。

［5］陈丽华：《客家人的宗族建构与历史记忆塑造：以台湾六堆地区为例》，《台湾史研究》2010 年第 4 期。

［6］王怡茹：《淡水清水岩祖师庙进境仪式建构下的信仰空间》，《北市教大社教学报》2008 年第 7 期。

硕博论文

大陆硕博论文

［1］马宁：《藏汉结合部多元宗教共存与对话研究——以舟曲地方为例》，导师：刘昭瑞教授，中山大学博士学位论文，2010 年。

［2］白建灵：《从宗教的认同性和别异性探讨甘宁青地区民族社会的历史发展》，导师：吕大吉教授，中央民族大学博士学位论文，2009 年。

［3］王福昌：《生态·社会·共同体——明清以来问粤赣三边地区生态与社会的互动研究》，导师：唐力行教授，上海师范大学博士学位论文，2006 年。

［4］刘雯：《历史时期青海地区自然灾害与区域社会经济发展研究》，导师：卜风贤教授，西北农林科技大学硕士学位论文，2009 年。

［5］李智君：《边塞农牧文化的历史互动与地域分野——河陇历史文化地理研究》，导师：周振鹤教授，复旦大学博士学位论文，2005 年。

［6］赵洁：《明清河湟岷洮地区少数民族国家认同研究》，导师：武沐教授，兰州大学硕士学位论文，2010 年。

［7］李利安：《古代印度观音信仰的演变及其向中国的传播》，导师：彭树智教授，西北大学博士学位论文，2003 年。

［8］加央平措：《关帝信仰在藏传佛教文化圈演化成格萨尔崇拜的文化现象解析》，导师：班班多杰教授，中央民族大学博士学位论文，2010 年。

［9］索南旺杰：《热贡山神祭祀文化研究》，导师：嘉雍群培教授，中央民族大学硕士学位论文，2007 年。

［10］巨晶：《神山、自然与部落》，导师：洲塔教授，兰州大学硕士学位论文，2011 年。

［11］鄯文娟：《河源信仰研究》，导师：赵宗福教授，青海师范大学硕士学位论文，2009 年。

［12］梁艳：《当代安多藏区宗教与社会研究》，导师：苏发祥教授，中央民族大学博士学位论文，2012 年。

［13］王海燕：《藏羌彝走廊邪神信仰一体多元的人类学研究》，导师：张曦教授，中央民族大学博士学位论文，2012 年。

港台地区硕博论文

［1］杨淑玲：《台南地区姑娘妈信仰与传说之研究》，指导教授：陈益源，台湾成功大学硕士学位论文，2006 年。

［2］陈幼君：《青海湖祭与青海地区的蒙藏关系（1773—1940）》，指导教授：蓝美华，台湾政治大学硕士学位论文，2005 年。

［3］蔡雪枝：《信仰与地方场域构成之研究——以台中县乌日乡东园村为例》，指导教授：魏光莒，台湾南华大学硕士学位论文，2011 年。

后　记

首先想借这本书纪念 2010 年农历八月十一去世的祖父。祖父生前思维清晰、豁达开朗、热情和善，对少时资质愚钝、木讷寡言的我勉励有加，鼓励着我心生自信心和进取心一路向前。在我美丽的故乡三川，祖父的威望远近闻名。老人曾在民和县水利局和官亭、前河等一些乡镇担任过领导职务，退休后从县城回到熟悉的村子，还被本村落民众推选为一届纳顿会大派头，作为亲历者，他老人家对青海东部乡村社会的信仰仪式有着清晰的认识和把握。而我很有幸，本书中一些问题的思考与感悟皆来源于和祖父的日常交流，那种亲近平和的氛围至今难忘。

其次，感谢我的父母亲，随着自身年龄的增长和阅历的丰富，越发感觉到父母的伟大和善良，进一步理解和钦佩父亲的忠厚善良、谦和忍让、勤奋认真等可贵品质，母亲的勤劳坚韧与乐观豁达，父母一直默默无私地支持着我的事业和学业，还帮我们精心照料幼子，使我能心无旁骛专心于业。感谢我的妻子，不仅作为我的生活伴侣照料家务，还作为我事业上的同道承担了撰写本书第一章以及书稿校对等工作。妻比我聪慧，更具灵气与才气，十几年来却专心于相夫教子，从容度日，放弃了深造和发展的机会，使我深感相濡以沫的可贵。也感谢两个孩子，长子洋洋聪慧懂事，喜欢读书，幼子安安活泼可爱，使我享受到为人父的快乐。

特别感谢赵宗福教授，先生与我虽无师生之名，但跟随先生进行诸多研究工作时，收获颇多，我心中早已将先生尊为了自己的良师。感谢我的博士生导师吕建福教授，本书部分内容与我的博士论文部分内容紧密相关，承蒙恩师收归门下指点提携，获益良多。赵宗福、吕建福两位先生的博学笃实、严谨学风、睿智率真和卓越的学术组织力，使我在做人和治学道路上获益匪浅。还要感谢穆兴天教授、马连龙研究员，他们具有智库特色的研究风格和学术追求，使我在学术研究中有了很深的问题意识，他们的幽默开朗和对生活的热爱，使我明白学者更应该学会品味生活，珍惜当下。也感谢我的硕士生导师马成俊教授，本书中个别内容和观点始发于读硕期间与马先生的交流。

感谢同事杨军撰写完成本书第七章第二节内容，韩得福、吉乎林搜集整理部分撒拉族、蒙古族宗教信仰访谈资料。同时感谢参看加研究员、党措博士、张彤磊博士、王效锋博士等好友，在藏文翻译、结构调整等方面提供的帮助和宝贵建议。也感谢在我学术成长道路上给予鼓励，或提供过重要帮助和思想启发的余中水（去世）、邢海宁（去世）、王恒生、星全成、秦永章、梁景之、马林、何峰、谢扬举、王佐龙、李清、马光星、赵兰郁、先巴、索端智、杨虎德、陈进国、黄中祥、郑志明、丁宏、徐万邦、韩中义、米海萍、文忠祥、徐秀福、乔志良等诸多师长。感谢梁俊海、张前、张剑文、李劲松、丁柏峰、张科、李少波、唐仲山、桑杰端智、李国胜、王学君、邓福林、南杰·隆应强、杜青华、刘成明、李卫青、东文寿、马宁、辛元戎、谈惠宗、段新龙、郑国祥、卞盈、侯雍、金凤玉、王文翠、张文卓、刘鑫等诸多朋友和同学曾经给予的各种鼓励和帮助。每每想起师友给予我的温暖与感动，我无以回报，只有激励自己做得更好。

撰写此书过程中，得到青海省社会科学院领导和同事们提供的各种支持和帮助。本书的出版，得到中国社会科学出版社的支持，尤其是作为本书责任编辑的刘艳女士，为此书出版费心费力，认真负责，在此一并致谢！

学无止境。新书出版，也深感惭愧和不安，面对众多师长和亲友的期盼，由于自己顺其自然随遇而安的处事原则，加之在撰写此书期间应急性工作事务繁多，故精力有所分散，对一些问题不够深入甚至对个别问题浅尝辄止，实为遗憾。只待今后有机缘时再做进一步地深入，或愿其他有兴趣的相关学者查缺补漏，切盼方家批评指正。

2015 年 6 月 9 日于西宁